사회사상을
소설로 만나다

사회 사상을 소설로 만나다

– 가능한 최선의 사회를 찾아서

스티븐 룩스 지음 | 한준 옮김

북&월드

차례

머리말

철학자는 철학을 한다. 소설 작가는 이야기를 지어낸다. 지독하게 현실적인 이야기에서 꿈처럼 멋진 이야기에 이르기까지 온갖 이야기를 지어낸다. 철학자들은 늘 진지한 생각이 논증에만 존재한다고 생각한다. 그들의 사유 스타일은 다양하다. 서로 다른 철학적 전통은 좋은 논증이 어떤 것인가에 대해 이견을 보인다. 하지만 그들은 스토리텔링이 문학 내부에 위치하는 완전히 다른 장르라는 일반 견해에 대부분 동의한다. 그리고 정말로 스탠리 카벨Stanley Cavell이나 마사 누스바움Martha Nussbaum과 같은 일부 철학자들은 소설에 대해 설득력있는 글을 썼다. 물론 우리는 노벨상을 수여하고 비평과 이론으로 포용하며 소설 작가들에게 마땅한 존경을 표한다. 우리는 소설이 진지한 철학자들은 접근할 수 없는 진실에 도달해서 그것들을 철학자들은 할 수 없는 방식으로 전달한다는 점을 인정한다. 하지만 우리는 이들 장르가 명확하게 경계 구분되었으며, 이러한 경계는 서점, 출판사 그리고 도서관의 목록에 의해 재생산된다는 것을 알게 되었다. 장 폴 싸르뜨르Jean-Paul Sartre나 아리이스 머독Iris Murdoch

처럼 경계를 넘어선 사람들은 극히 드물며 그들은 이러한 규칙을 증명하는— 즉 시험하고, 그럼으로써 확증하는— 예외들임이 분명하다.

하지만 언제나 그러했던 것은 아니다. 플라톤에서 몽테스키외, 루소와 볼테르에 이르기까지 철학자들은 신화, 소설, 우화, 풍자를 통해 **사유**해왔다. 그런데 19세기에 이르러 철학은 근엄한 직업으로 바뀌었다. 스토리텔링은 작가들의 몫이 되었으며, 그럼에도 불구하고 마르셀 푸르스트Marcel Proust나 로버트 뮤질Robert Musil에서 보듯이 작가들의 상상의 세계는 철학적 성찰로 충만할 수 있었고, 특히 공상 과학 소설과 같은 새로운 하위 분야에서는 더욱 그러했다. 이제 철학자들에게 남겨진 것은 단지 '생각의 실험'만을 할 따름인 척박한 관행이었고, 이러한 실험에서 핵심은 '가능한 세계들'을 상상함으로써 적절한 '반反사실'counterfactuals* 들을 탐색하는 것이다. 그들은 이것들을 열의 없이 서술하고 과감하게 단순화시켰다. 그들은 관련이 없는 모든 세부 사항들은 제외시켜버렸다.

스토리텔링이 동시에 사유의 방법일 수는 없는 걸까? 나는 초대에 어떻게 응할 것인가를 고민하면서 이 질문에 맞닥뜨렸다. 국제 암네스티에서는 인권을 주제로 한 일련의 공개 강연의 일환으로 내가 정치학과 사회학을 가르치고 있던 옥스퍼드 대학교에서 강연해줄 것을 청했다. 이 주제에 대한 학술 문헌들을 뒤지면서 나는 아무런 도움도 얻지 못했다. 일련의 잘 알려진 주장들을 통해 나는 왜 다양한 이론적 전통들이 권리라는 바로 그 개념, 특히 인권의 개념을 구용하는 데 어려움을 겪고 있는지를 알 수 있었다. 공리주의와 공동체주의 사상가들은 이러한 난점들에 직면해서 해결하고자 헛되이 노력했던 것으로 악명이 높다. 맑스주의는

---

* '만약 ~이 아니었더라면'이라고 지나간 과거의 사건이나 현상에 대해 가정법적으로 질문을 던지는 것을 의미한다.

애초부터 권리와 인권에 대한 담화에 비호의적이었으며, 그에 대해 나는 『맑스주의와 윤리』에서 장황하게 주장했다. 또한 개인주의의 과잉과 시장에 대한 찬양을 특징으로 하는 자유주의libertarian 사상은 이러한 권리들에 대한 협소한 해석을 포용해서 결과적으로 이들 권리의 핵심을 뒤집어버린다. 그밖에도 '권리들'에 대한 친숙한 분석과 '인간의' 권리라는 사고를 정당화하려는 시도들이 많이 있었다. 나는 이러한 분석들과 정당화의 시도들에 조금이라도 보탤 것이 있을지 의문이 들었다. 이들을 개관한다는 것은 아무리 명쾌하더라도 불필요해 보였다.

그래서 나는 이들 학술적 저술들에는 부재한 다음과 같은 질문을 제기하게 되었다. 곧, 이 이론들 중의 하나가 지배적인 세계관이자 조직 원리인 세상에 산다는 것을 어떤 것일까? 그 결과는 옥스퍼드 시의사당에서 했던 '인권에 대한 다섯 우화'라는 제목의 강연이었으며, 그로부터 이갈리타리아를 찾아헤매는 캐리타트 교수의 우화가 자라나게 되었다. 강연문을 작성하면서 나는 무엇보다도 이사이야 벌린Isaiah Berlin과 존 롤스 John Rawls의 저술들에서 제기된 또 하나의 일반적인 질문을 만나게 되었다. 그것은 다음과 같다. 곧, 서로 양립 불가능한 여러 '가치들' 혹은 '선에 대한 개념들' 중에서 다른 것들은 배제하고 오직 하나에만 기초해서 사회적, 정치적 삶을 조직한다면 그 결과는 어떤 것일까?

강연이 끝날 무렵에 두 개의 흥미로운 대화가 이어졌다. 그 하나는 강연 시리즈의 또 하나를 맡았던 존 롤스와의 대화였다. 그는 나의 강연이 흥미로웠다고 하면서도 진심어린 도전적인 말투로 덧붙였다. "이갈리타리아*에 대해 더 알고 싶군요." "저 역시 그렇습니다." 나의 답변이었다. 나는 종종 그의 도전에 어떻게 응해야 옳을지 생각한다. 이갈리타리아에

---

* 평등주의가 지배하는 사회로서 이 소설에 등장하는 이상적인 사회의 하나이다.

서 산다는 것은 과연 어떤 것일까?

또 하나의 대화는 학부 여학생과의 대화였는데, 그녀는 내 친구의 딸로서 곧 기말 시험 답안을 제출할 예정이었고, 그 중에는 정치 이론 시험도 포함되어 있었다. 그녀는 나의 강연을 듣고서 답안을 고쳐쓰는 데 매우 도움이 되었다고 말했다.

그녀의 말을 듣고서 나는 자신들의 학업에 도움이 될 것이라는 희망에서 이 책을 집어들 미래의 학생들에게 경고할 필요가 있음을 깨달았다. 캐리타트 교수의 여행기는 반反유토피아적dystopian 풍자로서 그 핵심은 다루는 주제들을 온당하게 취급하는 것이 아니다. 그가 방문하는 나라들은 희화적으로 묘사되어 있다. 성공적 희화에서는 그 주제에서 가장 취약한 것들을 골라낸다.

이 기회를 빌어 책의 저술에 도움을 준 두 여성에게 감사를 표하고자 한다. 하나는 고인이 된 나의 부인 니나이다. 그녀는 모든 문장을 듣고 반응해주었다. 또 하나는 이제는 보그 잡지의 패션 뉴스 및 특집 부장이지만 당시에는 버소 출판사의 편집자였던 샐리 싱어이다. 그녀보다 더 훌륭한 편집자는 없을 것이다.

스티븐 룩스
2009

1
체포

　니콜라스 캐리타트Nicholas Caritat 교수의 체포에서 최악의 사태는 그의 안경을 짓밟아버렸다는 것이었다. 그것은 그가 가장 두려워하는 동시에, 가장 예기치 못했던 일이기도 했다. 그들은 사물의 모습에 대한 그의 통제를 약하게 만듦으로써 현실에 대한 자신들의 통제를 강화시켰다.

　니콜라스는 그의 서재에서, 계몽주의 사상가들과 벌이는 심야 토론 때마다 그가 늘 입는 은백색 털의 깃이 달린 검정 벨벳 망토에 싸여, 평화롭게 독서를 하고 있었다. 잠자리에 늦게 든 그는 뒤척이며 자신의 여러 친구의 운명으로 판단하건데, 자신에게도 자유의 나날이 얼마 남지 않았다는 것을 불안하게 생각하고 있었다. 하지만 그는 몸을 숨기거나 하지는 않았다. 그는 늘 정치적 연루에 대해 타협하기를 거부해왔다. 그는 학자이자 사상사 연구자였고 철학자였다ㅡ그리고, 따라서 희망컨대 주요 인물이 아니었다.

　갑작스럽게 앞문을 날카롭게 두들기는 소리가 들렸다. 그는 잠자리에서 일어나 귀 기울였다. 탈출의 희망은 전혀 없었다. 그들은 건물을 에워쌌을 것이고 그에게 즉각 사격할 것이다. 그는 창 밖에서 번쩍이는 불빛들을 볼 수 있었다. 문을 더 거세게 두드리는 소리가 들렸다. 그는 침대에서 몸을 일으켜 안경을 끼고 실크 가운을 입고서는, 어둠 속에서 신중한 걸음걸이로 카펫이 깔린 좁은 복도를 따라 소리가 나는 쪽으로 걸어갔다. 문에 다다르기도 전에 그는 요란하게 문틀의 나무가 빠개지는 소리를 들었다. 또 한 번의 파괴음과 함께 자물쇠가 부서지고, 그의 앞에는 허름한 차림새의 군인 네 명이 침묵한 채 복도의 어두침침한 불빛 속에서 있었다. 그들은 아파트에 진입하여 아무 말 없이 전등 스위치를 켜고는 복도의 끝에 있는 그의 서재로 성큼성큼 나아갔다. 니콜라스는 그들을 따라 방으로 들어갔다. 무리 중에서 가장 어린, 소년티가 나는 지휘자는 그를 위협적인 무관심으로 쳐다보았다.

"가서 옷을 입으시오!" 그는 명령하였다.

그리고는 난데없이 그의 안경이 습격을 당했다. 그가 침실로 들어가려 몸을 돌리려 할 때, 억세고 땀을 흘리며 씩씩거리는 병사 한 명이 그에게로 다가와 얼굴에서 안경을 벗겨서는 카펫 위에 내동댕이치더니 두 발로 산산조각을 내버렸다. 니콜라스는 안경알의 짓밟힘과 뒤틀린 안경테의 흐릿한 형상을 유별나게 고통스럽게 느꼈다.

그것이 없는 세상은 깜박이는 희미함이었다. 그는 장님이 되는 것의 기묘한 즐거움에 대한 제임스 터버James Thurber* 의 고무적인 생각들을 떠올렸다. 사람들은 시력이 떨어짐에 따라 자기 눈에 들어오는 것을 받아들이는 데 있어서 외부 세계의 역할이 줄어들고 해석의 역할이 커진다. 따라서 여성들의 아름다움을, 건물들의 우아함을, 해가 빛나는 것을 보

---

* 미국의 소설가이자 카툰 작가

기 위해서는 낙천적이기만 하면 된다. 하지만 그의 현재 상황 혹은 실로 밀리타리아*의 정세에 대해 낙관적일 수 있는 근거는 거의 없었다.

가장 최근의 쿠데타는 가장 최악의 것이었다. 새로운 군사 정권은 새로운 공포의 물결을 일으켰다. 그들이 내세운 목표는 어떤 대가를 치르더라도 게릴라 운동인 비져블 핸드Visible Hand를 전멸시키는 것이었다. 어떤 도발에 대해 누가 책임이 있는지는 아무도 몰랐다. 게릴라들인지 아니면 정부의 앞잡이들인지. 최근까지도 핸드는 두 개의 당파로 갈려 있었다. 좌파 비져블 핸드와 우파 비져블 핸드로. 언제나 이들은 상대방을 살인과 폭파의 원흉으로 비방하였다. 확실하다고 여겨지는 것이라고는 어느 누구도 상대방이 무엇을 하고 있는지 알지 못하며, 둘 다 모두 피를 묻혔다는 것이다. 기차역이 폭파당했으며, 은행 강도는 일상사였다. 두 달 전에는 수도의 중앙 경찰청이 불탔다. 게릴라들은 사업가들을 납치하였고, 군부는 변호사들을 살해했다. 수천 명의 사람이 '실종'되었는데, 일부는 헬리콥터에서 바다로 내던져졌다. 그의 친구들과 예전 학생들은 은신중이었다. 회색의 포드 팔콘Ford Falcon 자동차들이 번호판도 달지 않은 채 거리를 누볐다. 타격대와 결사대가 자유로이 배회하고 다녔다. 육, 해, 공군 및 헌병의 서로 다른 부분들은 각기 다른 전략과 다른 적들을 쫓고 있었다. 한 마디로 군의 여러 부분은 통제 불능이었다.

하지만 이제 새로운 군사 정권의 테러는 더 체계적이었고 게릴라들은 통일되어 있었다. 정권의 지지자들과 반대자들 모두 위기에 처해 있었다. 그는 만약 자신이 붙잡힌다면 자신의 부재가 외부 세계에 전혀 알려지지 않은 채 지나쳐질 것이라고 오랫동안 걱정해왔다. 그의 해외

---

* 이 소설은 다양한 사회의 특성을 반영하여 이름을 붙였다. 밀리타리아Militaria는 캐리타트 교수를 체포한 군사 독재 정권이 지배하는 사회이다.

동료들이 연대하여 학문적 보이콧을 선언한 이후에 그 자신의 학문적 연락처들은 사라져버린 지 오래였다. 그의 아들과 딸로 말하자면, 누구도 도움을 줄 수 없었다. 마르커스Markus는 핸드를 위해 싸우는 어떤 게릴라 기지에 속해 있었으며, 틀림없이 그가 체포된 이유 아니면 핑계 가운데 하나였다. 엘리자Eliza 역시 지하에서 인권 운동가로 활동하고 있으므로 연락할 수 없었다. 그녀는 그가 잡혔다는 소식을 듣는다면 틀림없이 해외 정부와 언론을 접촉하여 그의 석방을 위해 캠페인을 벌이겠지만 이렇게도 체포와 실종, 고문이 많은 데 누가 귀 기울이겠는가?

옷을 입으라는 명령은 당당한 풍모를 지닌 젊은 동안의 장교가 내렸다. 세 명의 거대한 동행자들은 분명히 그를 두려워하고 있었으며, 조련사의 통제 밑에서 억제된 위협적인 에너지를 지닌 신경질적인 불독처럼 씰룩거리며 떨고 있었다. 모두 네 명의 침입자들은 니콜라스를 따라 그의 침실로 들어갔다. 그들의 앞에서 천천히 옷을 입으면서 그는 조련사에게 뻔한 질문을 해보기로 마음먹었다.

"나를 체포하는 이유가 무엇이지?"

표정 없이 조련사는 말했다. "왜 우리가 당신을 체포하느냐고?"

이 질문이 대답이었던가? 아니면 그는 질문을 더 잘 이해하기 위해 되풀이한 것일까? 아니면 그것을 자신의 불독들에게 분명히 하기 위함일까? 아니면 대답이 질문이었나? 그는 자신의 질문에 대답하고자 했을까? 아니면 조련사는 질문을 조롱하고 있었을까? 결국 그가 체포되지 말아야 할 이유는 무엇인가? 밀리타리아에서 오늘날 군대는 이유를 필요로 하지 않았다.

그는 가능한 한 가장 우아하게 (기회가 곧 다시 올 것 같지 않았기에) 옷 입기를 계속하면서 다른 할 말이 있는지 기다렸다.

조련사는 대답했다. "우리는 당신을 체포하는 것이 아니오."

이것은 별다른 도움을 주지 못했다. 물론 그들에게는 체포 영장이 없었지만, 이미 법원이 기능을 멈추었기 때문에 영장은 무의미한 것이었다. 그, 니콜라스 캐리타트는 아무도 모르게 누구의 애도도 없이, 그의 인생은 충족되지 못하고 그의 평생의 작업은 미완성인 채로 블랙 홀과도 같은 것 속으로 막 사라지려는 순간이었다.

그의 작업은 이제까지 그를 지탱해온 것이었다. 18세기 진보 사상에 대한 연구는 30여 년 동안 그의 연구와 교육의 초점이었다. 그는 현재에 대한 긴밀한 관심을 배제한 채 미래에 대한 과거 사상들의 연구에 집착해왔다. 인류의 미래에 희망을 걸기에 충분한 이유들은 있는 것일까? 그 이유들 가운데 하나라도 여전히 유효한가? 금세기의 이 모든 끔찍한 일을 겪고 나서 그러한 희망을 더 이상 가질 수 있을까? 그가 애호하는 사상가들은 진정한 신자들의 눈을 멀게 하는 위험한 환상의 전파자들이며 자코뱅의 테러 이래로 인류에게 재앙만 가져온 합리주의의 도그마로 무장된 냉소적 사기꾼에 불과했던 것인가? 한 마디로 낙관주의는 그의 주제이자 대상이었다.

체포자들의 강요로 니콜라스는 여행 가방을 챙기기 시작했다. 그는 디드로와 달랑베르, 라이프니츠와 칸트, 엘베시우스와 볼테르 등과 앞으로 벌일 저녁 토론을 위해 그의 망토를 단정하게 접었다. 그는 또한 세면 도구와 바지 두 벌, 윗도리, 몇 개의 셔츠와 넥타이, 그리고 낙관적인 마음으로 빈 안경집을 쌌다.

조련사가 그를 현관 아래로 이끌고 갈 때에, 니콜라스는 자신이 낮에는 연구하고 밤에는 대화를 나눈 보금자리였던 서재를 마지막으로 한참 쳐다보며 마지막 흐릿한 이미지를 기억 속에 간직했다. 마루 전체를 거의 덮다시피 한 커다란 짙은 붉은색의 동양 양탄자, 그의 잘 손질된 정원을 내려다보는 밖으로 튀어나온 창, 책이 들어찬 벽들, 그의 셔터 식 뚜껑이 달린 책상과 등나무 흔들의자, 그리고 격자무늬 보호망 뒤에 얼룩진 밤색의 18세기 장서들이 들어찬 마호가니 책장들.

조련사는 열린 출입문을 가리켰다. 일단 밖에 나오자 그는 고삐 풀린 세 불독이 수색 명령을 수행하면서 그의 내밀한 서재를 때려 부수는 소리를 들었다.

2
감옥

조련사가 그의 어깨를 움켜쥐고 차의 뒷좌석으로 밀어넣자, 두 명의 군인이 그의 양편에 들어와 앉았다. 조련사가 운전사 옆의 앞좌석에 앉고 차가 움직이기 시작하자, 그들은 그의 눈을 가리고 수갑을 채웠다. 눈을 가린 것은 다행스럽기도 했는데, 왜냐하면 어두워 한 치 앞도 잘 안 보이는 안개 사이로 쳐다보려 노력하는 수고를 덜어주었기 때문이다. 수갑을 채운 것은 그의 육체적 감금이 시작되었음을 나타내며, 그가 앞으로 감내해야 할 것들에 비해 경미한 불편에 불과하다는 것은 의심할 여지가 없었다.

차는 한 시간 가량 속도를 내어 달렸다. 그것은 마침내 니콜라스가 군사 감옥일 거라고 생각한 곳에 멈추었다. 그는 숨죽인 목소리와 문 여닫는 소리와 심지어는 비록 확실치는 않았지만 멀리서 들리는 고통의 — 아니면 절망 혹은 분노의? — 울부짖음을 들을 수 있었다. 그는 차 밖으로 밀쳐져 나왔으며 돌계단 두 개를, 그리고는 긴 통로를 떠밀려갔다. 그리고

서 아무런 경고도 없이 그는 감방임에 틀림없을 곳으로 내던져졌다. 문을 세차게 닫는 금속성의 소리는 무거운 발자국 소리가 멀어져가는 복도에 울렸다. 니콜라스는 철저한 암흑과 적막 속에 그의 손을 무릎 사이에 둔 채 좁은 침대 위에 앉아 있었다. 움직일 때마다 수갑은 더 조여왔고 그의 밀실 공포증은 더 심해졌다. 수많은 소설과 감옥에 대한 회고록에서 그는 이러한 순간에 대해 읽어보긴 했지만, 그것이 가져다주는 마지막이라는 섬뜩한 느낌에 대해 그리고 그 자신이 그것을 경험해보리라고는 상상도 하지 못했다. 신체적 위험으로부터 더 이상 자신을 방어할 수 없게 된 그는 계몽주의의 가장 뛰어나고 고결한 철학자였던 불쌍한 꽁도르세에 대하여 생각했다. 그는 프랑스 혁명의 공포 정치 시기에 자신의 영지에서 일꾼으로 변장한 채 도망가다가 붙잡혀 투옥되었다. 더 이상 마르끼 쟝 마리 앙뜨윈 니꼴라 까리따 드 꽁도르세Marquis Jean-Marie-Antonie-Nicolas Caritat de Condorcet가 아닌 평범한 '삐에르 시몽'으로서, 그는 이틀 뒤 감옥에서 세상을 떠났다. 정말 그는 '자연사'를 한 것일까, 아니면 자신의 귀족 반지에서 꺼낸 독약을 먹은 것일까?

갑자기 문이 쾅 열리며, 그의 수갑이 퉁명스럽게 벗겨지더니 눈가리개가 치워졌다. 그의 눈이 가냘픈 전구 불빛에 익숙해질 무렵, 그는 자신이 양심수의 대열에 동참했음을 깨닫게 되었다.

아주 잠시나마 그는 눈가리개와 수갑을 벗겨준 사람에게 고마운 마음마저 들었다. 하지만 좀 더 자세히 쳐다보고서 그는 그런 당치 않은 사의를 접어두게 되었는데, 그가 고맙게 생각할 뻔한 사람이 특별히 기분 나쁘게 생겼기 때문이었다. 그 교도관은 악당의 전형적인 특징—팔의 문신, 뺨 위의 흉터, 입가의 기분 나쁜 웃음과 벗겨진 대머리—을 모두 지녔을 뿐 아니라, 협박의 전문가임에 틀림없었다. 니콜라스의 면전에 권총을 휘두르며 그는 교도소의 기본 수칙을 일러주었다. 독서 금지, 저술 금지, 대화 금지.

생각하는 건 어떠냐고 학자는 질문할까 했지만, 마음을 고쳐먹었다.

"너는 그러니까 교수 같은 놈이지, 그렇지?" 대머리가 물었다. 그는 정말 역겨운 뭔가를 묘사하기라도 하는 것처럼, 거칠고 시끄럽고 목쉰 소리로 말을 내뱉었다. "우리한테 잔꾀를 피울 생각은 하지 않는 게 좋을걸!" 그는 소리를 지르고는 감방 문을 쾅 닫고 나가버렸다.

이제 생각하는 것은 가능할 뿐만 아니라 필요하기까지 하다는 것을 니콜라스는 깨달았다. 두 갈래의 생각이 그의 앞에 무한히 뻗쳐 있었다. 하나는 중요한 질문에 관련된 것이었다. 곧, 인류의 미래를 어떻게 생각할 것인가? 두 번째도 그 못지않게 다급한 것이었다. 니콜라스 캐리타트의 미래를 어떻게 보존할 것인가?

그는 이 두 가지 생각의 여정을 구상하기 시작했다. 하지만 그러면서 그는 밀려오는 고독감에 압도당해버렸다. 그는 자신을 인간이게끔 해주었던 대부분의 사회적 관계들을 상실하고 말았다. 그는 모든 것을 잃어버린 사람이요, 연결이 풀어져버린 입자요, 분자가 없는 원자였다. 군사적인 테러는 그로부터 지속적인 동반자를, 친구 및 동료의 위안을 앗아가버렸을 뿐 아니라, 애를 낳다가 아내 수잔나가 죽은 이후에 더욱 결속이 강해졌던 가족이라는 보호의 중심을 분열시켜버렸다. 수잔나, 마르커스, 엘리자와 니콜라스 자신을 포함한 가족 모두가 이성적이고자 노력했으며, 가장 부조리한 상황 속에서도 이성적인 것이 무엇인지 알고 있다고 강조해왔다.

의료 사고로 인해―어떤 항의도 소용이 없었다―수잔나가 죽었을 때, 정권의 전횡과 테러리즘은 아직 초기 단계였다. 니콜라스는 아직도 종종 그녀의 창백하고 근심스러워 보이는 입술을 굳게 다문 얼굴과 그의 학문적 도피주의를 나무라는 듯한 눈빛, 그리고 어깨에 두른 쇼올에 휘감긴 그녀의 작고 긴장된 몸을 그려보곤 했다. 그를 처음 그녀에게로 이 끌었던 것도 그녀의 강한 열정과 격렬함이었다. 그녀의 열정은 미술, 음 악, 문학, 친구, 여행, 그리고 아이를 갖고 삶을 즐기는 것을 모두 포괄했 다. 그러나 엘리자를 낳기 이전에도 암울해져가는 정치 상황은 위협과 불안을 그들 삶의 현실로 만들기 시작했고, 그녀의 열정은 이제 범위를 좁혀 단 하나의 가장 중요한 것에 초점을 맞추게 되었다. 그것은 근심스 러운 새가 자신의 보금자리 주위에서 움추리는 것처럼 자신의 직계를 돌 보는 것이었다. 죽음의 시점에 이르러 그녀의 이성은 자신의 열정의 노 예가 되어버렸다. 그녀는 군 경찰과 정보원들, 그리고 의심스러운 친구 들의 위협적인 세계로부터 가족들을 보호하는 것이라면 무슨 일이든 하 려 했다. 수잔나에게 이성적인 것은 조심성 있는 것이었다.

마르커스에게 이성적인 것은 문제들을 해결하는 것이었다. 어릴 적 부터 그 아이는 세상의 복잡성에 대해 두드러질 정도로 성급한 태도를 보였다. 문제가 해결 가능하게 보이면, 그 아이는 그것의 핵심을 재빨리 움켜쥐었다. 만약 그렇지 않을 때에는 그것을 외면하거나 회피했다. 어 릴 적에 그 아이는 물건을 수리하기 위해 분해하기를 좋아했다. 하지만 그 아이는 언제나 사회적 관계들에 당황해 했고, 따라서 그것을 피했다. 사춘기 내내 그 아이는 세상의 복잡성을 어떤 다루기 쉬운 질서로 단순 화시킬 도식을 모색하였으며, 아주 잠시 동안의 매료 이후에 종교가 그 것을 제공하지 못한다고 단정지었다. 그러한 경험과 대안들에 대한 요약 적 숙독을 통해 그 아이는 종교의 요점은 어려운 문제들에 대해 설명을 제시하기보다는 이해할 수 없거나 역설적이거나 모순적인 기적들을 제 공함으로써 문제들을 불가능하게 보이도록 하는 것이라고 결론내렸다. 마르커스는 참도 거짓도 아니기 때문에, 최소한 거짓임을 알 수 있는 환 상만도 못한 기적들을 증오했다. 니콜라스는 자기 아들의 거침없는 합리주의에 대한 자신의 자부심을 기억했다. 학창 시절 키 크고 호리호리하며 검은 머리와 확신에 찬 굵은 목소리를 지닌 마르커스가 가족의 점심 식탁에서 군사 정권의 시녀가 된 굽신거리는 사제들이 대중의 고지식함을 이용하는 것을 통렬히 비난하던 것에 대한 자부심을. 하지만 그의 회상은 괴롭기도 했는데, 대학에 진학하자 마르커스는 핸드의 손아귀에 빠졌으며, 그러한 결정이 틀림없이 현재 니콜라스가 구속된 이유이기 때문이었다.

엘리자에게 이성적인 것은 원칙—그것도 하나의 원칙—에 따라 사는 것이었다. 그 원칙은 민중을 이용하는 것은 그들을 오용하는 것이며, 어느 누구도 다른 사람들의 목적 혹은 보다 거대한 사회적 목적을 위한 수단으로 취급해서는 안 된다는 것이었다. 그렇게 살겠다는 그 아이의 결정은 칸트 혹은 다른 어느 철학자를 읽음으로써 도출된 것이 아니라 직접 공감하고, 관찰하고, 경험한 결과였다. 수잔나처럼 작고 창백한 그 아이는 자기 엄마의 모든 강렬한 열정을 빼어 닮았고, 그것을 자기 남동생의 대담하고, 무모한 주장과 또한 세상을 추악하게 만든 악마의 존재가 없다면 세상이 어떨지를 마음속에 그려보는 니콜라스의 본능적 충동과 결합시켰다. 하지만 자기 아버지와 달리, 그 아이는 가장 두드러진 악마와 집중적으로 싸움으로써 지금 여기에 즉각적으로 그러한 미래상을 실현하고자 했다. 그 아이는 마르커스가 핸드에 가담하는 것을 비판하지는 않았지만 걱정은 했다. "조심해." 그 아이는 마르커스에게 경고했다. "핸드는 조작을 잘 해." 그 아이는 또한 '사회적 세력'이나 '구조' 그리고 '기제' 등과 같은 모든 핸드주의적 어투를 싫어했다. 억압의 모든 피해자 각각은 그 아이의 주의와 정열을 즉각 요구할 수 있었다. 그 아이는 학대당하는 자들을 위한 자기 발전기가 되었다. 그 아이는 '실종자'의 어머니들을 조직하였고, 위험에 빠진 자들의 탈출을 주선하였으며 개별 사례들을 알리기 위해 해외 연락처들을 개발했다. 밀리타리아의 상황이 악화되자 엘리자는 자신이 얼마나 취약한지를 깨닫고서는 자신의 활동을 지속하기 위해 지하로 잠적해버렸다.

이렇게 해서 그의 가족 세계는 제대로 작별 인사를 하거나 감정을 정리할 틈도 없이 갑자기 산산조각나고 말았다. 핸드에 가담한 마르커스는 사라져서 기지 중의 하나에서 훈련중이었고, 엘리자는 자신의 일을 보이지 않게 지속하겠다고 다짐하면서 갑작스레 짐을 꾸려서 은밀히 떠났다.

그러면, 니콜라스 자신은 이성적이었던가? 그의 자식들 누구도 그렇게 생각하지는 않았다. 비록 엘리자는 좀 더 공감하기는 했지만. 아이들 모두 그를 주변의 공포와 위험에 눈감아버리는 도피주의자로 보았다. "어떻게 아버지는 코는 책 속에 처박고 귀는 땅을 향하고 계시지요?" 아이들은 동의했다. 마르커스는 자신의 아버지가 핸드 혹은 밀리타리아의 정세에 대한 핸드의 분석 어느 쪽도 이해하지 못할 뿐만 아니라 하려 들지도 않는다고 생각하고서 아버지를 정말 딱하게 여겼다. 그 아이의 부재를 니콜라스가 가장 절실하게 느끼는 엘리자에게 아버지는 현재 속에서 활동하기보다는 과거와 대화하는 추상적 사색가에 지나지 않았다. 그러나 그의 목표는 무엇이 이성적인가를 이해하는 것이었으며 그것은 동일한 목표를 지닌 다른 이들과 상담하지 않고는 이루어질 수 없는 것이었다. 희망할 수 있는 이성적인 것은 무엇일까? 어떤 원칙 위에서 이성적 사회 질서는 건설될 수 있을까? 이러한 질문들에 답하려 노력하는 것이 어찌 이성적이지 않을 수 있는가?

몇 시간은 족히 지난 뒤에 대머리는 돌아와서 그의 감방 문을 획 열어젖히고 그의 면전에 권총을 휘둘렀다.

"일어나, 교수." 그는 소리쳤다. "그들이 당신을 보재."

대머리가 그를 감방으로부터 침침한 불빛의 복도로 떠밀어내고, 손을 뒤로 묶어 문이 잠긴 여러 개의 감방을 지나가더니, 이윽고 그들은 흰색 벽의 큰 정사각형 사무실로 보이는 방의 열린 문 앞에 이르렀다. 그곳은 복도보다도 불빛이 어두웠다. 높은 천장에 하나의 어두침침한 전구가 매달려 있었다. 애써 응시하자 니콜라스는 겨우 멀리 방 구석에 두 명이, 서류를 비추기 위해 독서 스탠드의 불빛이 아래로 향한 금속제 책상에 앉아 있는 것을 분간할 수 있었다. 그밖에는 사무실은 불길이 치솟기 직전의 스파르타의 무대처럼 빈 듯이 보였다. 대머리가 나갔다.

"앉으시오." 방 가운데 있는 나무의자를 가리키며 왼쪽 사람이 말했다.

그의 두 심문관들은 이상스러울 정도로 어떤 맥락도 특성도 없는 듯이 보였다. 낮은 불빛 아래 그의 엉망인 시력은 존재하지 않는 듯한 특질을 부여했다. 마치 인간 조건의 쓸쓸한 절망을 표현하기 위해 존재하는 사뮤엘 베케트 연극의 두 등장 인물처럼.

"당신의 안경에 발생한 사태에 대해서는 유감이오." 왼편의 1번이 노골적으로 불성실하게 말했다. "그것은 불행한 일이었소. 우리는 당신이 과도하게 불편을 겪지는 않았으리라고 믿소만."

과도하게 불편하다니! 어떻게 대응해야 할까? "아니 괜찮습니다. 흔히 있는 일이지요?" "신경쓰실 것 없습니다. 안경 없이도 지낼만 합니다." 안경이 없다는 사실만이 언급할 만하다고 생각되는 불편인 듯 싶었다. 그는 아무 말도 하지 않았다.

"하지만" 1번은 계속 말했다. "만약 당신이 우리에게 협조한다면, 당신의 불편은 오래가지 않을 것이오."

그러자 오른편의 2번은 몸을 앞으로 숙이면서 존경을 가장하는 듯한 어조로 그에게 말을 걸었다.

"당신의 협조가 조국을 위해 무한한 가치를 지닐 것이오, 캐리타트 교수. 밀리타리아는 이 암울하고 고통스러운 시대에 당신의 충성과 협조를 요구하고 있소."

그는 다시 한 번 자신이 대답을 구하고자 하는 질문을 하기로 마음먹었다.

그는 2번에게 물었다. "왜 당신들은 나를 체포했소?"

"왜 우리가 당신을 체포했느냐고?" 그것이 2번의 앵무새 같은 대답이었다. "우리는 당신을 체포하지 않았소."

"그렇다면 왜 내가 여기 있지요?" 그는 버텼다.

"이보시오, 캐리타트 교수." 2번이 자신이 인내심을 발휘하고 있다는 것을 강조하며 조급하게 말했다. "당신은 대단히 지적인 사람이오. 당신은 마땅히 밀리타리아에서 뛰어난 지성으로 인정받고 있소. 이제까지 당신은 생각만 하는 것으로 보수를 받아왔소. 하지만 당신은 자신의 생각의 중요성을 이해하지 못하는 듯이 보이는군."

"하지만" 그는 맞섰다. "나는 계몽을 연구하는 학자요."

"계몽이라고." 2번이 말을 끊었다. "불이 없이 빛이 있을 수 없소. 우리는 전쟁중에 있소, 교수. 우리 사회를 낙관주의가 갉아먹고 있단 말이오. 당신은 우리 나라의 적들에게 협조와 위안을 제공해왔소."

"나는 학자요." 그는 되풀이 했다. "학자이지, 이념가(그는 혐오를 느끼며 단어를 내뱉었다)가 아니란 말이오."

1번이 토론에 다시 끼어들었다. "당신의 학문은 (그는 혐오의 표현을 흉내내고 있었다) 비져블 핸드가 분명 인정하고 있소. 당신의 저작물들이 그들의 훈련 기지에서 발견되고 있소. 당신은 그들의 독서 목록에 포함되어 있단 말이오."

"교수 당신과 달리," 2번이 덧붙였다. "그들 ─ 그리고 우리 ─ 은 당신의 사상을 심각하게 여기고 있소."

"내게 원하는 게 뭐요?" 그는 물었다.

"우선," 1번이 즉각적으로 대답했다. "우리는 당신이 낙관주의적 분자들의 야간 모임에 참여해왔다는 것을 알고 있어. 우린 그들의 이름을 원하지. 모조리. 둘째, 우리는 당신으로부터 낙관주의를 부정하는, 그리고 낙관주의를 계속해서 받아들이는 자 모두와 관계를 끊겠다는 서명된 진술서를 받기를 원하오. 셋째, 낙관주의적 사상을 설명하거나 낙관주의적 분자와 손잡지 않겠다는 의사를 밝힌 서명이 들어간 선언을 원하오."

니콜라스는 조심스럽게 질문했다. "내가 만약 그런 일들을 한다면 어떻게 되지요?" 그의 생각에는 저들로 하여금 자신이 궁극적으로 응할 것이라고 믿도록 조장하는 것이 가장 좋을 것 같았다.

"우리는 물론 당신에게 어떤 희망을 줄 수 없소." 2번이 대답했다.

"하지만 우리는 당신의 안경을 바꾸어줄 수는 있소." 1번이 말했다.

저들은 나에게 안경 한 짝에 계몽을 배신할 것을 바란단 말인가, 그는 혼자 생각했다. 그는 아무 말도 않고 몇 분을 보냈다. 1번과 2번은 말 없이 기다렸다. 1번이 자신의 펜을 책상 표면에 두드렸다, 길어지는 침묵은 위압적으로 바뀌기 시작했다.

실망했을 것이 뻔한 1번은 잠정적으로 그들의 토론을 마무리짓기로 했다. "당신의 호화로운 숙소에서 이 문제를 잘 생각해보는 게 어떨까?" 그가 단추를 누르자 대머리가 그를 감방으로 다시 끌고 갈 준비를 하고 즉각 다시 나타났다.

이제 더욱 심한 모욕의 시간이 왔다. 대머리는 니콜라스에게 거친 회색 화장실용 화장지를 건네고는 구석의 양동이를 가리켰다. 그리고 그에게 옷을 벗고 죄수복을 입으라고 소리쳤다. 죄수복은 거친 천으로 만든 잘 맞지 않는 셔츠와 헐렁한 바지였다. (그의 여행 가방은 어디에도 보이지 않았다) 한 바가지의 찬 물, 면도기, 작은 조각 비누, 때 묻은 수건이 지급되었다. 그리고 대머리가 그에게 마찬가지로 더러운 식사를 가져왔다. 그것은 버터가 없는 반쯤 굳어버린 빵, 맛없는 으깬 감자, 가죽 같이 질긴 고기, 딱딱한 치즈와 물 한 병이었다. 그리고서 그는 첫 날의 나머지를 오줌 냄새가 진동하고 전구 하나만 켜진, 작고 창문 없는 감방에서 자신과 인류의 미래에 대해 생각하도록 혼자 남겨졌다.

그는 시간이 지나면서 시간 감각을 잃어가기 시작했다. 안경을 깨뜨림으로써 그를 체포한 자들은 공간에 대한 그의 통제력을 대부분 제거해 버렸다. 이제 그는 그들이 자신의 주춤거리는 시간 개념을 장악하고 있다는 것을 깨달았다. 따라서 더러운 저녁 식사는 그에게 다소간 구원이 되기도 했는데, 그의 수감 첫 날이 거의 끝나는 것을 나타냈기 때문이다.

저녁 식사 뒤에 그는 '계몽이란 무엇인가'에 대해 임마누엘 칸트와 토론을 했다.

"계몽이란," 칸트가 특징이 없는 직설적인 어투로 말했다. "스스로 생각하는 것이다. 그것은 자기 스스로 초래한 미숙으로부터의 인간의 등장이다. 계몽의 모토는 이것이다. 네 스스로 오성을 발휘할 용기를 가지라!"

"대단히 훌륭합니다." 니콜라스는 말했다. "하지만 그것이 언제나 그렇게 쉬운 것만은 아니지요…….'

"물론 그것은 **쉽지** 않지!" 다소 언짢은 듯 칸트가 말했다. "게으름과 비겁 때문에 그렇게도 많은 사람이 평생 기꺼이 미숙한 채로 머물게 되지. 미숙한 것이 너무도 편하니까! 만약 오성을 나에게 제공할 책이 있다면, 나를 대신할 도덕심을 가진 정신적 조언자가 있다면, 나의 식단을 결정해줄 의사가 있다면 그렇다면 나는 아무런 노력도 할 필요가 없을 것이야. 지불할 능력만 있다면 나는 생각할 필요도 없지. 다른 사람들이 그

지겨운 일들을 나로부터 기꺼이 떠맡겠지."

"당신의 사상은 고결합니다." 니콜라스가 말했다. "하지만 인간이 그에 도달할 수 있을까요? 당신은 영원한 평화에 헌신하며, 연합으로 통일된 공화국에서 법의 통치 하에 자유롭게 살고 있는 계몽된 시민들의 모습을 우리에게 제시합니다. 하지만 루소가 옳은지도 모르겠어요. 아마도 그런 이상은 천사들에게나 어울릴지도 모르겠군요."

"루소가 그렇게 이야기하는 걸 알지." 칸트가 대답했다. "하지만 그 사람은 너무 비관적이야. 그는 잘 만들어진 헌법이 인간의 연약함을 보완할 수 있다는 걸 알지 못했어. 그는 이기주의적인 본성을 지닌 인간이 그렇게 숭고한 헌법을 지키지 못할 것이라고 생각하지. 하지만 실제로는 그 자체로 대단히 우수함에도 불구하고 실천에는 무력한 인간의 보편 합리적인 의지를 자연이 도울 뿐 아니라, 그렇게 하기 위해 바로 그 인간의 이기주의적 성향을 활용하지. 오직 필요한 것은 인간들이 훌륭한 국가 조직을 창출하고—이런 과제는 충분히 인간이 할 수 있는 것이야—자신들의 이기주의적 열정들이 서로 대립하고, 그럼으로써 서로의 파괴적 효과들이 중화되고 상쇄될 수 있도록 국가 조직을 배치하는 것뿐이지. 그 결과는 인간의 이기적 성향들이 존재하지 않는 경우와 마찬가지일 것이기 때문에 결국 인간은 그 자체가 도덕적으로 훌륭하지는 못하지만, 그럼에도 불구하고 떠밀려서 훌륭한 시민이 되는 것이지. 이상하게 들릴지 모르지만 국가를 구성하는 문제는 악마들이라도, 만약 그들이 오성을 지닌다면 해결할 수 있다네. 그런 악마들에게도 정의와 평화는 피할 수 없는 것이지."

"심지어 밀리타리아에서도?"

"다른 어느 곳보다도 밀리타리아에서. 밀리타리아는 정의와 평화가 실현되는 데 핵심적 역할을 할 것이네. 전쟁들, 끊임없이 긴장된 군사 준비, 그리고 결과적으로 모든 국가들이 심지어 평화의 와중에도 그 내부에서 결국에는 겪을 수밖에 없는 고통. 이러한 것들을 통해 자연은 국가들로 하여금 애초에는 불완전한 시도들을 하게 하지만, 결국에는 많은 참상들과, 동란, 그리고 심지어는 거의 완전한 국력의 소진을 겪은 뒤에 그렇게도 비참한 경험을 겪지 않고도 이성이 제안했을 조치들을 취하지 않을 수 없도록 한다네. 그것들은 무법의 야만적 상태를 포기하고 인류의 연합을 시작하는 것이지.”

“하지만,” 니콜라스는 맞섰다. “그러한 목표를 달성하는 것이 너무도 비현실적으로 보이기 때문에, 그것을 선언하는 것은 오직 낙담시킬 뿐이기 때문에, 차라리 실행 가능한 목적들을 바라보는 것이 차라리 낫지 않겠냐고 하지 않을까요. 특정한 부정의에 맞서 싸우고, 전쟁을 억제하고, 타협을 위해 협상을 하는 등등.”

“정의와 평화는 피할 수 없을 뿐 아니라 비타협적이네.” 칸트는 선언했다. “밀리타리아의 폭군들 또한 명목상 그러한 명분으로 행동한다는 것을 주목하게. 실현 가능한 최선의 세계라고 하는 생각이 더 나은 세상을 이루려는 모든―진정한 것이건 위선적인 것이건―시도들에 깔려 있지.”

“글쎄요, 아마 당신이 옳을지도 모르지요.” 니콜라스는 인정했다. 그리고는 대단히 고무되어 딱딱한 침대 위의 회색 모포로 몸을 감싸고 깊이 기분 좋게 잠들었다.

3
시력 검사

이튿날 이른 아침, 대머리는 니콜라스를 독서 스탠드 불빛이 밝혀진 책상에 앉아 있는 1번과 2번에게로 데려갔다.

"어디" 2번이 기대하는 듯이 물었다. "당신을 필요로 하는 이때에 당신은 밀리타리아를 돕기로 마음먹었소?"

그는 거절하지 않고 알쏭달쏭하게 나가기로 했다.

그는 진실하게 말했다. "나는 곰곰이 생각해보고 있소." 그리고 그는 침묵에 빠졌다.

"우리 역시 곰곰이 생각해보았는데" 1번이 몇 분 동안의 하릴없는 침묵 끝에 말했다. "캐리타트 교수, 당신에게 다소 고무적인 것을 제공하기로 결정했소. 우리는 당신의 안경을 새 것으로 바꿔주겠소."

"그러면" 2번이 덧붙였다. "틀림없이 당신이 우리 방식으로 사물을 보겠지?"

"그러길 바랍시다." 그가 아무 생각 없이 대답했다. 그것은 아주 영리한 대답은 아니었는데, 대머리가 그를 감방으로 다시 끌고 가, 그곳에서 상당히 마음 놓이게도 자신의 양동이가 비워진 것을 발견했을 때 그는 자신의 대답을 후회했다.

오래 지나지 않아 아침의 만남은 결실을 거두었다. 한 시간 가량이 지난 뒤에 말끔하게 군인 제복을 입은 장교가 그의 감방 문을 열었는데, 니콜라스는 그에게 거의 순간적인 혐오감을 느꼈다. 그 젊은이는 작고 단단해 보였으며, 주근깨 있는 얼굴과 생기 없는 눈과 주제넘을 정도로 낯익은 시선을 지녔다. 장교는 그에게 확인할 수는 없지만 분명히 마음에 들지는 않는 무엇인가를 상기시켰다.

"잘 주무셨는가, 캐리타트 교수님?" 장교는 예상치 못했던 친밀한 목소리로 말했다.

"듣기에 당신이 별로 협조적이지 않다고 하던데." 장교는 느릿느릿 탐색하듯이 말했다. 니콜라스는 가만히 있었다.

"물론 당신은 늘 그렇듯이 당면 사안을 꼼꼼하게 따져봤으리라 확신하오. 이리 오시오. 당신의 시력을 검사할 거요."

그는 지난 번 외출 때와 반대 방향으로 복도를 따라 장교를 따라갔다. 그들은 심문실과 비슷하지만 불빛이 더 밝은 다른 사무실로 들어갔다. 방의 한 가운데 놓인 탁자에는 신경질적으로 보이는 붉은 머리와 턱수염의 젊은이가 흰 가운을 입고 앉아 있었다. 탁자 위에는 길쭉한 나무상자 몇 개와 다양한 검안 기구들이 놓여 있었다. 방 건너편 끝, 니콜라스를 마주 향해 커다란 백색의 종이가 있었는데, 그 위에는 다양한 문자가 위에서 아래로 크기 순으로 줄지어 인쇄되어 있었다.

장교는 흰 가운을 입은 검안사를 소개했는데, 그는 조금만 일이 잘못되어도 벽 위의 파이프 가운데 하나를 기어 올라갈 준비가 되어 있는 겁먹은 다람쥐 같아 보였다. 니콜라스는 고개를 까딱해 인사하고 그의 옆에 흰 종이를 마주보고 앉았다. 장교는 그들 뒤에 검사를 도와주듯이 서 있었다.

"당신에게 보이는 것을 우리에게 말해보십시오." 검안사가 말했다.

그는 맨 윗줄을 읽었다. "U······R"

그 다음 줄은. "O······U······R······"

"잘 하셨습니다." 검안사가 격려하듯이 말했다.

다음 줄은 더 작았지만 아직 쉬웠다. "O······NL······Y······"

"계속 하십시오." 검안사가 간절히 말했다.

다음 줄을 읽기에는 다소 노력이 필요했지만, 그는 약간의 머뭇거림 뒤에는 그것을 읽을 수 있었다. "H······O······P······E······"

이 글자들이 단어를 구성하는 것이 이상하기도 하다고 그는 생각했다. 대개 그렇지 않은데. 그때 갑자기 이제까지 종이 전체의 의미가 "You are our only hope(당신이 우리의 유일한 희망)"이라는 생각이 문득 떠올랐다. 검안사는 그에게 메시지를 보내고 있었다.

'HOPE'라는 단어 밑에는 빨간 선이 있었고, 그 밑에는 그가 식별하기 힘든 점점 작아지는 글씨로 세 줄이 더 있었다.

"다음 줄을 읽어보십시오." 그를 재촉하며 점점 흥분해서 검안사가 말했다.

"더 이상 보이지 않는구려." 그가 말했다.

검안사는 니콜라스의 코 위에 무거운 안경테를 걸치더니 상자 가운데 하나로부터 두 개의 렌즈를 꺼내 끼웠다. 그의 희미한 시력은 더욱 희미해졌고 종이 위의 모든 글자들은 구별할 수 없게 되어버렸다.

"더 안 보이는데." 그가 말했다.

검안사는 또 다른 렌즈를 꺼냈다. 이것들은 다소 사태를 낫게 만들었지만 많이는 아니었다. 또 다른 렌즈를 끼우자 갑자기 다음 줄을 읽을 수 있게 되었다.

"D⋯⋯E⋯⋯F⋯⋯E⋯⋯N⋯⋯D⋯⋯" 그는 소리내어 읽었다.

이쯤 이르자 검안사는 공포로 떨고 있었다.

"그 다음 것은 어쩔 도리가 없겠는걸." 글자들은 어슴푸레한 수족관 안의 작은 검정색 물고기들처럼 춤추고 있었다.

검안사는 다음 렌즈들을 끼웠다. 애를 쓰면서 그는 다음 행의 글자들을 천천히 읽어갔다.

"O⋯⋯P⋯⋯T⋯⋯I⋯⋯C⋯⋯I⋯⋯A⋯⋯N⋯⋯S⋯⋯"

검안사? 그는 생각했다. 그들에게 무슨 문제가 있나? 내가 어떻게 그들을 방어한단 말이지? 왜 그들이 나를 지켜주지는 않는가?

검안사는 명백히 당황했다.

"움직이세요, 교수님." 그는 소리쳤다. "좀 더 가까이 다가가세요!"

니콜라스는 시킨대로 그의 의자를 앞으로 옮겼다. 마침내 다음 줄이 안정되었고 그는 그것을 보다 분명하게 읽을 수 있었다.

씌어 있는 것은 "O⋯⋯P⋯⋯T⋯⋯I⋯⋯M⋯⋯I⋯⋯S⋯⋯M⋯⋯"

앞으로 더 나아가서 그는 마지막 줄도 읽었다. "T⋯⋯H⋯⋯E⋯⋯ H⋯⋯A⋯⋯N⋯⋯D⋯⋯"

그가 마지막 줄을 읽자, 검안사는 앞으로 달려가서 흰 종이를 뒤집어, 단어를 이루지 못하는 뒤죽박죽의 글자들의 챠트를 드러냈다.

모든 것은 이제 명백했다. 검안사와 젊은 장교는 분명히 게릴라를 위해 일하고 있었으며 바로 그 순간 위험을 무릅쓰고 그에게 그것을 알리고 있었다.

"이들 렌즈가 제가 해드릴 수 있는 최선입니다." 검안사가 말하며 렌즈가 끼워진 테를 그의 코로부터 치우려 하였지만, 니콜라스는 손짓하여 그에게 안경을 조금 더 오래 끼고 싶다는 표시를 했다. 그는 젊은 장교를 보기 위해 고개를 돌렸는데, 그를 이제 처음 분명하게 볼 수 있었다. 갑작스레 알아보게 된 충격과 함께, 그는 그가 학생 운동이 치열할 당시 정치적인 활동가인, 마르커스와 엘리자의 선배이자 친구이기도 한, 대학교에서의 그의 옛 제자 저스틴이라는 것을 깨달았다. 그는 게릴라 저항 운동의 극단적 축의 지도적인 성원이었다. 니콜라스는 마르커스를 핸드에 가담하도록, 그리고 학문적 추구를 지적 도피주의에 불과한 것으로— 경멸을 숨기지 않고— 치부해버리도록 설득한 것이 저스틴이었다고 언제나 의심해왔다. 저스틴은 마르커스와 엘리자에게 세계를 해석만 하는 것이 아니라 변화시키는 철학자의 이미지를 제공했다. 그는 그들로 하여금 니콜라스가 신봉하는 몇 가지 기본적인 원칙을 버리도록 가르쳤다. 그 원칙들은 당파성이 분석의 결과를 미리 결정해버리면 안되고, 단순 이분법은 주의를 가지고 보아야 하며, 이성적일 수 있는 상이한 여러 갈래의 비수렴적인 길들이 존재하고, 가장 지독한 적들의 사상일지라도 심각하게 고려할 가치가 있으며, 세계 변혁의 사상들을 해석하는 데 시간을 보내는 것도 가치가 있다는 등이었다. 그들의 만남은 언제나 냉냉한 것이었다. 만나면 언제나 니콜라스와 저스틴은 서로 눈을 마주친 적이 없었다.

니콜라스가 기억하기에 그 젊은이는 사상을 도구로서, 그리고 대개는 무기로서 취급하는 그런 강경파의 일원이었다. 학문적 작업에 대한 그의 유일한 관심은 군중 연설에서, 그리고 구호로서 쓸모 있는 재료들을 찾는 것처럼 보였다. 그는 언젠가 저스틴에게 교육pedagogy보다는 차라리 대중 선동demagogy을 추구하도록 충고한 적이 있었지만, 이제 그의 예전 학생은 전혀 다른 엉뚱한 경력을 택한 듯이 보였다.

"나는 자네를 젊은 군 장교로서 생각해봤던 적은 없네." 그는 건조하게 관찰했다.

"위장 취업이지요." 저스틴이 설명했다. "호랑이를 잡으려면 범의 굴로 들어가야 하니까."

단연코 낙관주의적인 견해라고 니콜라스는 생각했다.

"시간을 낭비하면 안 되겠지요." 저스틴은 짧고 빠르게 속삭였다. "언제 우리가 탄로날 지 모릅니다. 우리는 당신의 탈출을 계획하고 있습니다. 내일 당신의 새 안경을 갖고 돌아올 때 상세한 것을 설명하겠습니다. 그동안 예전처럼 행동하십시오. 이제 안경테와 렌즈를 주시지요."

명료함으로부터 희미함으로 되돌아왔지만, 니콜라스는 기분이 좋아져서 저스틴이 그를 감방으로 돌려보낼 때 혼자서 휘파람을 불었다. 저스틴은 떠나면서 왼손을 들었다.

4
준비

저스틴은 다음날 아침 일찍 도착했다. 그는 감방에 들어와서 간이 침대에 니콜라스 곁에 앉아서는 빠르게 낮은 목소리로 말했다.

"당신에게 위조된 서류들이 지급될 것이오. 당신의 가명은 팽글로스 박사가 될 겁니다. 전체 작전의 암호명은 '돕는 손Helping Hand'입니다."

"왜" 니콜라스는 물었다 "나를 위해 이런 일을 하는 거지? 핸드가 왜 나를 돕지?"

"솔직히 말하지요." 저스틴이 대답했다. "우리는 당신을 돕는 것이 아닙니다. 당신이 우리를 도와야 합니다. 캐리타트 교수, 핸드는 자선 단체가 아닙니다. 우리는 당신을 다른 나라로 보낼 겁니다. 당신의 사명은 낙관주의의 근거를 찾는 것 — 우리 민중에게 희망을 줄 생활 방식을 찾는 것입니다. 만약 당신이 어떤 나라에서 우리가 찾고자 하는 것을 찾지 못한다면 당신은 임무를 완수할 때까지 다른, 그리고 또 다른 나라로 옮겨

가야 합니다. 당신만이 우리의 유일한 희망입니다."

"하지만 물론," 그는 맞섰다. "어떤 생활 방식이라도 밀리타리아의 것 보다는 더 나을 걸."

"당신이나 나나 그렇게 말하지요." 저스틴이 말했다. "하지만 민중은 더 나은 것의 가능성에 대한 신념을 잃어버렸기 때문에 현상태를 받아들 이게 되지요. 그들은 우리가 표방하는 것을 신봉하지 않으며 우리는 그 것이 무엇인지 모릅니다. 어떤 대안을 우리는 제공할 수 있으며 그것이 더 나은 것은 어째서일까요? 어떤 대의를 위해서 우리는 싸우고 마땅한 희생을 요구할 수 있을까요? 우리는 우리가 반대하는 것은 알지만 우리 가 찾고 있는 것은 무엇일까요?"

이것은 정말 솔직한 말이었다. 그는 저스틴을 보다 좋게 생각하기 시 작했다. 저스틴은 무엇을 신봉할 것인가에 대해 일반적인 불확실성을 표 현하고 있는 듯 싶었다. 아마도 니콜라스가 핸드를 오판했는지도 모른 다. 정말? 그들이 납득시킬 수 있는 주장이나 설득력 있는 수사를 찾고 있었던가? 이것은 보다 나은 세상을 찾고자 하는 것인가, 아니면 그것의 가장 효과적인 환상을 찾고자 하는 것인가?

"우리는 당신이 실현 가능한 최상의 세상을 우리에게 찾아주기를 원 합니다." 저스틴은 결론을 지었다.

니콜라스는 물었다. "왜 당신들은 나를 선택했지?"

저스틴의 어조는 경직되었다. "왜냐하면" 그는 대답했다. "당신이 우 리의 낙관주의에 대해 책임이 있음에도 불구하고, 당신은 그러한 희망이 정당한 것인지 보는 것을 자신의 과제의 일부로 한 번도 생각하지 않았 기 때문이오. 당신은 언제나 사상들에 대해 호기심을 느꼈고, 흥분되었 고, 매혹되었지. 강연할 때에도 역시 당신은 그것들이 우리에게도 생생 하게 다가오도록 했지. 당신은 우리에게 사상사란 위대한 모험이 될 수 있다고 가르쳤소."

이상하군, 니콜라스는 생각했다. 나는 저스틴에게 어떤 것도 가르쳤다는 인상이 없는데. 사람이 얼마나 쉽게 착각을 하는지!

"이제" 저스틴은 계속 말했다. "우리는 당신을 위대한 모험에 보낼 것을 제안합니다. 당신은 계몽주의 사상가들과 그 비판가들에 대해, 사회에 대한 그들의 사상에 대해, 그들이 상상했던 세상에 대해 강연을 하곤 했지요. 우리는 사상에 의해 살고, 상상한 세계 속에서 산다는 것이 무엇을 의미하는지 알아야겠습니다. 캐리타트 교수님, 우리는 당신이 우리의 교육을 마쳐주길 바랍니다. 우리는 당신이 간직해온 사상들이 현실 속에서 어떻게 실현되었는지를 보고해줄 것으로 믿습니다. 남은 게 뭘까요? 우리는 우리가 희망할 수 있는 것이 무엇인지 알아야겠습니다."

"당신들은 나를 어디로 보낼 것을 제안하는 건가?" 그가 물었다.

"이것은 미리 당신에게 발설할 수 없습니다." 저스틴이 말했다. "하지만 당신은 언제라도 달아날 준비가 되어 있어야 합니다." 저스틴은 니콜라스에게 지령을 내리면서 어조를 또 한 번 바꾸었다. 그는 이제 지시하는 듯이 들렸고, 심지어는 질책하는 듯하기도 했다. "우리는 교수님 당신이 자신의 학문적 골방으로부터 벗어나 자신의 학자적 울타리를 뛰어넘기를 기대하오. 나는 일단 여행이 진행되면 당신으로부터 진척에 대한 정기적인 보고를 받기를 기대하오. 당신이 그것들을 우방국에 있는 주소로 보내면 그것들은 나에게 안전하게 도착할 것이오. 당신의 탈출 시기가 오면, 나는 적절한 방식으로 그것을 알려주겠소(그는 손을 들어올렸다) 그리고 당신을 공항으로 데려가겠소. 방심하지 말고 강건하게 지내시오."

"고맙군." 니콜라스는 다소 자동적으로 대꾸했다.

"고마워할 필요는 없소." 떠날 차비를 하면서 저스틴은 말했다.

"내가 마지막으로 한 가지 물어봐도 괜찮을까?" 니콜라스가 물었다. "나에게 마르커스나 엘리자의 소식을 어떤 거라도 좋으니 말해줄 수 있나?" 아마도 마르커스는 저스틴의 회의와 문제제기를 공유할지도 모른다고 그는 생각했다. 그런 생각은 그에게 위로가 되었다.

"마르커스는" 저스틴이 말했다. "잘 보호받고 있습니다. 그는 잘 지내며 당신의 임무에 대해서도 알고 있습니다. 우리는 그에게 당신의 경과에 대해 알려줄 것이고 나도 그에게 직접 당신의 보고서들을 보여주겠습니다. 엘리자는 일을 잘하고 있고 운동에 많은 도움이 된다는 걸 보여주고 있습니다. 그녀가 좋아하건 말건, 그녀 또한 안전합니다."

"고맙네." 니콜라스는 또 한 번 말했다. 아무 말 없이 저스틴은 그에게 안경집을 건네고는 떠났다.

니콜라스는 새 안경을 썼다. 그에게 이제까지 보이지 않았던 그를 둘러싼 자잘한 주변 환경이 보이기 시작했다. 쓸지 않은 마루, 더러운 침대보, 때 묻은 벽, 반대편에서 엿볼 수 있는 구멍이 있는 녹슨 문. 하지만 그는 낙심하지 않았다. 점심 식사도 좀 더 먹을 만했고, 그의 새로운 안경은 이상하게도 분홍 색조를 띤 듯이 보였다.

5
저항

오후에 대머리는 그를 다시 심문실로 데려갔다. 불빛은 더 환했고, 새 안경을 낀 그는 이제 더 선명하게 1번과 2번을 볼 수 있었다. 둘 다 제복을 입고 있었지만, 짐작컨대 오십대로 보이는 그들은 그에 대해 매우 상이한 태도를 보이고 있었다. 창백하고 입술이 얇은 1번은 방에 들어서는 그를 철저히 무시했다. 문서들을 추리고 메모를 하는 그의 표정은 고정되고 집중되어 비인간적, 사무적인인 능률의 인상을 주었다. 2번은 반대로 표정이 계속 바뀌었지만 보다 개방적이고 표정이 풍부한 얼굴이었다. 그의 눈은 지속적으로 그를 쳐다보고, 그를 자세히 관찰하며, 회유와 적대를 오가는 묘한 미소를 띠고 있었다. 1번은 짙은 색의 안경을 끼고 있었으며, 2번은 오른손에 안경을 쥐고 니콜라스에게 흔들어대며 앉으라고 손짓했다.

"자 이제," 2번이 고무적으로 시작했다. "당신에게 새 안경이 생겼군. 그럼 우리가 어디까지 했더라?"

"이름부터 시작합시다." 1번이 펜을 돌리며 기운차게 끼어들었다.

"나는 이름에는 약하오." 니콜라스가 말했다.

2번의 미소는 즉각 적대적인 것으로 바뀌었다. 그는 자신의 짙은 색 안경을 썼다.

"당신은 낙관주의를 부정하고 모든 낙관주의자들을 비판할 준비가 되었소?" 1번이 날카롭게 물었다.

"나는 부정하거나 비판하는 것도 잘하지 못하오." 그가 말했다.

"당신은 다시는 마음속에 낙관주의 사상을 품거나 낙관주의 분자를 가족으로 용납하지 않겠다고 맹세할 각오가 되어 있소?" 1번은 가차 없이 계속했다.

"나는 맹세할 수 없소." 그는 실제 협조하지 않으면서 협조적으로 보이려고 노력하면서 대답했다.

2번은 자신의 적대감을 지속했다. "당신은 우리가 겪고 있는 위기의 본질을 깨닫지 못하고 있나본데, 캐리타트(그는 자신의 학문적 지위가 방금 박탈되었음을 깨달았다). 낙관주의는 밀리타리아에서 우리가 표방하는 모든 것에 반대되며, 따라서 우리는 그것을 근절시키고야 말 것이야. 당신이 그것을 지지하거나 그것을 부정하지 못한다면 우리는 당신도 파멸시킬 거요. 이제 당신이 결정할 순간이야, 캐리타트. 너는 우리 편이냐 반대편이냐?" 니콜라스는 아무 말도 하지 않았다.

다시 안경을 벗으며, 2번은 회유로 돌아섰다. "우리가 당신에게 제안하는 것은 희망보다 훨씬 더 실제적인 것이야. 우리는 작위, 명예, 자존심, 그리고 나라를 구하고 그에 봉사한다는 만족감을 제공하지."

"우리는 또한" 1번이 덧붙였다. "고위 직책과 평생 봉급, 당신이 늘 이용할 수 있는 운전수가 딸린 고급 승용차, 그리고 (효과를 높이려는 듯 뜸을 들였다) 당신만의 TV 프로그램을 제공할 수 있지."

"당신은 업적과 명성이 있는 사상가요." 2번이 말했다. "당신은 우리의 문화 자문가, 아니 언젠가는 문화 장관도 될 수 있소. 당신은 밀리타리아 지성계의 지도자가 될 수 있소."

"당신은," 1번이 말했다. "오르빌 글로불루스 박사를 대신할 수도 있을 것이오."

글로불루스! 니콜라스는 혐오감에 진절머리를 쳤다. 글로불루스와 그는 대학 동창이었다. 사람들은 언제나 그들의 외모가 얼마나 흡사한지를 말하곤 했다. 하지만 피상적인 유사성을 제외하면, 그들은 더 이상 다를 수가 없었다. 글로불루스는 최고의 기회주의자였고, 철저하게 천박했으며, '철학자'인 양하는 심리 치료사였으며, 잠시 핸드의 이념Handism에 손을 대긴 했지만 이제는 정부에 가장 충성스럽고 신임받는 변호가이자 이념가였다─ 적어도 그렇게 보였다. 그는 밤마다 TV에 등장하여 현 정권이 하는 모든 것에 대해 변호하였으며, 정권이 저주하고자 하는 모든 것을 격렬하게 저주했다. 그의 심리 치료 전문 분야는 편집증이었다. 그가 누구보다도 잘 수행하고 있는 현재의 역할은 편집증을 퍼뜨리는 것이었다. 적들은 글로불루스의 세계를 에워싸고 몰려들었다.

"가장 좋은 일은," 2번이 결론을 내렸다. "이제까지 당신의 편협한 시야를 고려해서 당신과 글로불루스 박사의 만남을 우리가 주선하는 거요. 그 사이에 캐리타트, 나는 당신이 이제까지 벌어먹던 일을 계속하는 게 좋을 듯 싶소. 물론 생각하는 것이지."

종이 울리고 니콜라스는 유난히 적대적인 대머리와 함께 자신의 감방으로 돌아왔다. 그는 맛없는 저녁 식사를 가져왔고 지저분한 양동이를 그대로 놔두어 그의 입맛을 버렸다. 그날 밤 니콜라스는 무상함과 그것의 유혹에 대해 존슨 박사* 및 알렉산더 포프**와 함께 토론을 벌임으로 써 자신의 기분을 풀려고 했다.

사뮤엘 존슨은 이제까지 그가 당연시 해왔던 안락하고 보호받는 학 자적 삶의 낯선 전망을 제시하며 다음과 같이 말했다.

> 현실 세계에 강림하여 너의 눈을 돌려보라.
> 글자 읽기를 잠시 멈추고 현명해지라.
> 학자의 삶에 닥쳐오는 고난에 주의하라.
> 노고, 질투, 곤궁, 후원자, 그리고 감옥.***

2번이 제안했던 인정을 고려할 가치가 있을까? 그것은 틀림없이 존 슨이 언급했던 학문적 공로에 대한 인정은 아닐 것이다.

> 보라 열국은 느리게 현명하고, 인색하게 공정해서
> 이미 묻혀버린 가치에 더디게 흉상을 세우는구나.

하지만 알렉산더 포프는 2번의 제안에 끌려서는 안 된다고 훨씬 강력 하게 주장했다. "명성이란 무엇인가?" 그는 물었다. 타인들의 호흡 속에 서 '멋있게 그려진' 인생,

---

* 영국 역사상 가장 훌륭한 시인이자 평론가로 알려진 사뮤엘 존슨Samuel Johnson (1709~1784)은 가난 때문에 옥스퍼드 대학을 중퇴했지만 문학상의 뛰어난 업적과 최초의 영어 사전을 편찬한 공을 인정받아 존슨 박사로 불렸다.

** 그리스 고전 일리아드와 오디세이를 영어로 처음 번역한 영국의 시인 알렉산더 포프Alexander Pope(1688~1744)는 풍자적인 시로 유명하다.

*** 사뮤엘 존슨이 1749년 저술한 그의 가장 위대한 시 「욕망의 공허The Vanity of Human Wishes」에 나오는 구절로 학자의 삶을 소재로 했다.

우리가 죽기 전에도 이미 우리를 벗어난 것……
우리가 그것에 대해 느끼는 모든 것은
적과 동료의 작은 집단 안에서 시작되고 끝난다.*

  그들 모두 옳았다. 쓰러져 잠에 들면서 그는 자신이 바라지 않는 글로 불루스와의 대면에 대해 힘을 얻었다고 느꼈다.

---

* 알렉산더 포프가 14세기 초서의 시 「명성의 집House of Fame」을 바탕으로 1711년에 쓴 「명성의 사원Temple of Fame」에 나오는 구절로 타인의 인정에 기대는 명성의 헛됨을 풍자하며 개탄한다.

6
대립

그 다음날 아침, 식사를 마치고 얼마 지나지 않았을 때였다. 문 밖에서 독방 문을 두드리는 의외의 노크 소리가 들려왔다.

"들어와요!" 그는 마치 대학에 있는 그의 연구실을 찾아온 방문객을 환영하는 것처럼 큰 소리로 말했다.

철문이 천천히 열렸고, 대머리가 어떤 방문객 한 명을 방 안으로 안내해 들어왔다. 그 방문객에게 대머리는 지금까지 본 적이 없는 예의를 갖추고 있었다. 그는 양동이는 들지 않았지만 불행하게도 몸에서 그 악취는 없애지 못했다. 그는 문을 닫고 나갔다. 방문객은 성직자처럼 보였다. 그는 사제복으로 보이는 검은 옷을 입고 있었고, 손에는 추기경이 쓰는 것과 같은 모자가 들려 있었다. 그는 젊고 키가 컸으며, 정중한 태도를 취하고 있었다. 수염이 난 그의 길고 갸름한 얼굴은 슬픔에 잠긴 듯한 표정을 짓고 있었지만, 신심에 찬 푸른 눈은 한결 같이 진지한 빛을 내면서 그의 얼굴을 지배하고 있었다.

"나의 방문을 허락해주시기 바랍니다, 캐리타트 교수님." 사제는 낮고 깊은 바리톤 목소리로 말했다. "나는 당신이 종교나 종교 철학에 특별한 관심이 없다는 것을 알고 있습니다. 그렇지만, 저와 대화를 나누는 것이 약간은 유용할 거라고 생각했습니다."

유용하다구? 누구에게? 니콜라스는 그의 말을 이상하게 여겼다. 사제의 판단이 옳았다. 그는 종교 쪽에는 소질이 없었던 것이다. 게다가, 거의 예외 없이 밀리타리아에서 교회는 오랫동안 다양한 군사 정권을 언제나 모호한 태도로 지지해왔다. 그리고 동시에, 그들은 그러한 태도 속에 자신들의 교세와 가르침을 적절히 배치해왔다.

니콜라스는 냉담한 눈빛으로 "사실 나는 위안보다는 명료함을 선호하는 편이요."라고 말했다.

사제는 침대 끄트머리에 앉으면서, "이렇게 말하는 것이 적절한지는 모르겠지만, 신념에 눈이 멀어 있는 사람은 내가 아니라 바로 당신인 것 같군요."라고 말했다. "세계는 인간의 의도에 대해 우호적인hospitable 태도를 취한다는 당신의 신념에 대해 말한 것입니다. 당신은 자연과 인간의 제도들이 인류가 이해할 수 있는 원리에 의해 다스려지고 있다는 믿음을 가지고 있습니다. 또 당신은 바로 그런 사실을 이해함으로써 계몽된 인류가 자신들의 자연적, 사회적 환경들을 점진적으로 예측하고 통제할 수 있다고 믿고 있습니다. 그렇다면, 그들이 가꾸어가는 삶에 대해 당신은 어떤 관점을 가지고 있습니까? 아마도 당신은 사람들이 스스로 선택한 바에 따라 자신의 삶을 이끌어갈 것이라고 상상하시겠지요. 그리고 이렇게 생각할 지도 모르겠습니다. 사람들은 결국에는 전쟁을 무엇보다도 무서운 재앙이며, 무엇보다도 두려운 범죄라고 생각하게 될 것이다. 그리하여 그들은 더 이상 피부 색깔이나 정치적 신조가 다른 사람들을 잔혹하게 다루고 그들에 치욕감을 주려는 마음을 먹지 않게 될 것이다. 그들은 자연에 의해 고취되고 이성에 의해 승인된 자유로운 계약의 습성에 따라 생활하게 될 것이다. 그들은 법을 만들 것이고, 각자의 이익을 만인의 이익과 동일시할 것이며, 이는 덕을 향한 길을 더 이상 어렵지 않은 것으로 만들 것이다. 그리고 그들은 여성의 타고난 권리가 남성과 정확히 동일한 것이라는 점을 인식하게 될 것이고, 시민권으로부터 인류의 절반을 냉정하게 배제하는 전제 권력을 더 이상 용납하지 않을 것이다."

"당신은 또 이렇게 생각하겠지요. 서로의 느낌, 생각, 언어를 이해하는 사람들 사이에서 계몽이나 특별한 재능에서의 차이가 더 이상 장벽으로 작용하지 않게 된다면, 그곳에서 사람들은 당신이 실질적 평등이라고 부르는 것을 달성할 것이라고 말입니다. 그런 상황에서 어떤 사람들은 다른 사람들에게 가르침을 받고자 할 수 있지만, 그들이 그러기 위해 다른 이들에 의해 통제될 필요는 더 이상 없어지겠지요. 그들은 또 정부의 활동을 보다 능력 있는 사람에게 맡기고자 할 수도 있겠지만, 그렇다고 해서 맹목적인 신뢰로 자신들을 절대 권력에 복종시킬 필요는 없겠지요.

제가 염려하는 건, 이런 모든 것을 신봉하면서 위안을 찾고자 하는 사람은 제가 아니라 바로 당신, 캐리타트 교수님이라는 것입니다. 당신은 여전히 이 지구를 더럽히고 있는 인간의 오류와 범죄 그리고 부정의를 가슴 아프게 생각합니다. 하지만 진리, 미덕, 행복을 향한 길을 따라 탄탄하고 확실한 발걸음을 옮기면서 인류는 마침내 운명의 왕국으로부터, 그리고 진보의 적들로부터 해방될 것이라고 당신은 믿고 있습니다. 당신은 이러한 당신의 관점에서 위안을 찾습니다. 이것이 당신의 신조입니다."

니콜라스는 자신의 신념을 이렇게 유려하게 요약할 수 있는 재치에 놀랐다. 그러나 동시에 그를 놀라게 한 것은, 사제가 바로 꽁도르세의 단어들, 즉 그가 비극적으로 죽기 직전에 공포 정치를 피해 있는 동안에 씌어진 글들로 자신의 신념들을 요약했다는 사실이었다. 니콜라스는 약간의 존경심을 느끼면서, 사제가 말했던 것들을 완화하고 발전시키고 싶은 충동을 느꼈다. 그러나 일단은 계속되는 사제의 말을 듣기 위해 침묵을 유지했다.

사제는 말했다. "캐리타트 교수님, 당신의 신념과 바람은 당신의 자애로움을 증명합니다. 그러나 제가 우려하는 것은, 그것들이 모두 소용없다는 것입니다. 당신은 인간 본성에 대한 신념과 그에 대한 희망, 그리고 그를 향한 사랑을 모두 가지고 있습니다. 하지만 인간의 본성은 그럴 만한 가치가 없습니다. 인류는 어떤 악행도 저지를 수 있다는 사실을 당신이 어떻게 부인하실 수 있겠습니까? 그리고 그들은 미천하고 완전히 경멸할 만한 피조물이며, 그들에게는 어떠한 희생도, 그리고 확실히 당신이 사랑하는 계몽의 이름으로 진행된 당신 쪽의 자기 희생도 가치 없는 것이라는 사실을 어떻게 부인하실 수 있겠습니까?"

니콜라스는 이러한 말에 충격을 받았다. 그것은 사제들이 일반적으로 말하는 방식이 아니었던 것이다.

마침내 그가 대답했다. "물론, 인류는 가장 열광적이었던 18세기의 상상력으로도 상상할 수 없었던 그런 심연 속으로 빠져들 수 있습니다. 그리고 지금 우리가 그러한 사실을 알고 있다는 당신의 지적에 저는 동의합니다. 하지만 이러한 깨달음 속에서 우리는 할 수 있으며, 해야 하는 것은 무엇일까요? 그들이 썩은 구렁텅이 속으로 더 깊이 빠져드는 것을 지켜보아야 할까요? 등을 돌려서 안전한 온실 속으로 도망쳐야 할까요? 그렇지 않다면 개인적으로 그리고 집단적으로, 예컨대 양육을 통해서, 공적인 교육을 통해서, 제도들을 구축하고 법률을 만들면서 그들을 끌어올리려고 노력해야만 할까요?"

"당신이 신봉하는 항목들은 환상 속에서 길을 잃고 있던 사람들에 의해 씌어졌던 것입니다." 사제는 계속해서 말했다. "그들은 인간적인 삶의 조건들이 개혁될 수 있거나 변형될 수 있는 것이라고 믿었습니다. 그들은 이러한 열망에 눈이 먼 나머지, 개별적인 인간 존재는 구제할 수 없으며 그들의 약점과 실패는 치유할 수 없다는 사실을 보지 못했습니다. 인간 행위의 영역은 거대한 두 개의 원리에 의해 철저히 지배됩니다. 사악함과 공허함이 바로 그것이지요. 사악함은 선한 의지가 지옥을 향한 길을 닦도록 만듭니다. 즉, 이 세계를 더 좋게 만들려는 시도들은 확실히 세상을 더 나쁘게 만들 뿐이죠. 공허함은 '진보'나 '개혁'의 이름이 붙은 길을 불모지로 이끌고 결국에는 모래 구렁텅이에 처박아넣습니다. 이와 다른 곳을 표시해주는 어떤 지도도 이 세상의 지도가 아닙니다."

"당신 주장의 확실성은 의심스럽습니다." 니콜라스가 말을 가로막았다. "당신의 주장은 대체로 가장 희미한 근거에 대한 가장 암담한 해석에 토대를 두고 있습니다. 그리고 미래에 대한 당신의 묘사는 명백히 특정 노선을 전제하고 있습니다. 그것은 고정되고, 예정되어 있으며 수정할 수 없는 것으로 전제되어 있습니다. 그러나 당신은 그것을 어떻게 알 수 있습니까?" 그는 논쟁의 불을 지폈다. "게다가, 당신의 주장은 스스로 모순됩니다. 한편으로, 세계를 더 좋은 것으로 만들기 위한 인류의 노력이 그것을 더 나쁜 것으로 만드는 그들의 이상하고 사악한 힘으로 귀결된다고 당신은 말합니다. 그리고 다른 한편으로, 그러한 모든 노력은 믿을 수 없을 정도로 허약한 것이며, 따라서 결국은 공허로 끝나고 만다고 당신은 말합니다."

사제는 이러한 논박에 흔들리지 않는 것처럼 보였다. "당신은 내가 불확실하고 비논리적인 편향된 근거에 의존하고 있다고 비난했습니다. 당신은 내가 엄청나게 과장하고 있다고 생각합니다. 그러나 내가 과장하고 있나요? 당신의 바람과 믿음이 뿌리를 내리고 있는 그러한 '본성'은 무엇입니까? 그것은 끊임없는 폭력과 고통, 파괴의 양상을 띠고 있습니다.

우리가 살고 있는 이 세계는, 모든 삶이 끊임없이 희생되어야 하는 거대한 핏빛 제단으로 변해가고 있습니다. 오늘날 하나의 숨겨진 힘이 위력을 떨치고 있습니다. 그 힘은 지구상의 모든 생명체가 오직 폭력을 통해서만 존속할 수 있게 만들고 있습니다. 또한 그 힘은 모든 동물 종 중에서 다른 종들, 예컨대 벌레, 파충류, 새, 물고기, 포유류 등을 먹어치워야만 하는 몇몇 종을 선택합니다. 그렇다면 이러한 동물 중의 왕은 누구이며, 생명이 있는 어떤 것도 살려두지 않는 것은 누구의 파괴적인 손입니까? 인간은 음식을 먹기 위해 죽입니다. 그리고 옷을 입기 위해, 치장을 위해, 스스로를 방어하기 위해, 스스로를 교육하기 위해, 스스로를 기쁘게 하기 위해, 그리고 종국에는 죽이기 위해 죽입니다. 그들은 영구적인 대학살의 세계에 거주하고 있습니다. 그가 연주하는 바이올린 현의 줄에서부터 저녁 식사 때 그가 등에 걸치는 옷에 이르기까지, 세상 만물은 시체들로 어지럽혀져 있습니다.

그리고 인간은 이러한 성향을 저급한 피조물에게 국한하지 않습니다. 당신은 이러한 인류에게, 그리고 그들의 이성, 도덕 감정, 타고난 동정심, 정의에 대한 열망, 그리고 눈물을 흘릴 수 있는 능력에 희망과 신뢰를 보내고 무한한 애정을 보이고 있습니다. 하지만 이들 인류가 동료들에게 끼칠 수 없는 공포 또한 무엇이 있겠습니까? 존경스러운 계몽 철학 교수님, 금세기의 경험은 당신에게 무엇을 보여주었습니까? 언젠가 불태워질 운명을 가진 우리 모두의 육신이 가축 트럭에 뒤죽박죽 던져지고, 아귀다툼을 하면서 서로서로 밀어붙이는 그런 일을 우리는 경험했습니다. 우리의 마을과 집이 흙더미 속으로 무너져내리고 난 뒤에 연약한 어린이들과 초라한 소지품들을 챙겨들고서 이글거리는 태양 아래에서 끝없이 뻗어 있는 먼지 길을 따라 공포 속에 걸어가다가 결국 굶주림이나 병으로 죽음에 빠져드는 것을 경험했습니다. 우리의 이웃이었던 사람들에 의해 끊임없이 자행되는 폭격 속에서 의약품이나 마취제도 없이 몸서리치는 고통을 안고 상처입은 채 병원에 누워 있는 경험을 했습니다. 핵 폭발로 인한 방사능에 의해 불타 죽거나, 독가스에 의해 질식되어 숨지거나 폭탄 파편 더미에 의해 관통되는 경험을 했습니다. 우리의 사적이고 내밀한 고뇌에 거의 무관심한 일군의 군인이 비아냥거리면서 우리를 강간하고 목매달아 죽이는 것을 경험했습니다. 단지 누군가가 당신을 부농이나 계급의 적이라고 규정했기 때문에, 혹은 나쁜 인종적인 범주에 속해 있거나 당신이 그릇된 생각을 가졌다고 규정했기 때문에 무기한으로 외딴 노역장이나 정신 병동에 감금되어 어떤 구제의 희망도 없이 살아가야 한다는 것을 생각해본 적이 있습니까? 그런 곳에 비한다면, (사제는 주위를 둘러보았다) 아마 이곳은 훨씬 살 만한 곳처럼 보일 것입니다. 지난 20세기에 얼마나 많은 사람이 그런 이유 때문에 학살당해왔습니까? 당신의 바로 그 계몽에 뿌리를 둔 이념의 이름으로 얼마나 많은 사람이 희생되어왔습니까? 우주는 조화를 이루고 있어서 완벽한 평등과 통일성, 그리고 형제애와 행복의 미래가 멀지 않다고 믿었고, 그 길을 가로막는 것은 모두 그들의 적이라고 확신했던 광신자들과 그들의 눈먼 추종자들에 의해 이런 일들이 자행되어왔던 것입니다."

"나는 어떤 토대 위에서 우주가 조화를 이루고 있는지 알지 못합니다." 니콜라스가 문제를 제기했다. "사실, 그것이 조화를 이루고 있다고 말할 근거도 가지고 있지 않습니다. 아마 이러한 사실이, 물론 그렇게 적극적인 이유가 되지는 못하지만 우주와 그 속에서의 삶에 대해 긍정적으로 생각할 수 있는 한 가지 이유가 될 것입니다. 즉, 이처럼 우주의 조화에 대해 우리가 잘 모르기 때문에 우주를 보다 살 만하게 만들고, 그 속에서의 삶을 더 훌륭하게 만들려고 노력할 만한 가치가 있다고 생각할 수도 있는 것입니다. 그런데 대조적으로 당신은 그러한 문제들에 대해 너무나도 분명하게 확신하고 있는 것처럼 보이는군요."

"나는 신의 섭리가 의도하는 바에 대해 어떤 특별한 통찰도 가지고 있지 않습니다." 사제는 계속해서 말했다. "물론 당신도 마찬가집니다. 내가 알고 있는 것은 간단한 한 가지 사실입니다. 그것은 세계가 인류의 이익을 위해 조화를 이루고 있지는 않다는 것을 깨달을 만큼의 지식을 지금 우리는 가지고 있다는 것입니다. 사악과 공허! 이러한 모든 고통과 비참함 나아가 죽음을, 죄지은 자와 그렇지 않은 자 모두에게 동등하게 배당된 신성한 처벌이고 죄 많은 인류의 죄를 사하기 위해 신이 선택한 방식이라고 추측하는 것도 어찌 보면 당연합니다. 교수님, 세속의 세계에는 너무나도 많은 죄악이 퍼져 있고, 그것은 그 만큼의 고통에 의해서만 속죄할 수 있습니다. 부모들의 죄악에 대한 속죄의 징벌은 자식들에게까지도 이어집니다. 인류가 그들 스스로 창조해온 심연 속으로 빠져들 때 신의 노여움은 그들을 붙잡아서 결백한 살인자, 그러니까 자신이 누군가를 죽이지 않았지만 결과적으로 누군가를 죽이는 사람으로 만들고 동시에 어떤 강한 힘의 수동적 도구로 만듭니다."

"당신은 극단주의자요!" 니콜라스가 목소리를 높혔다. "인간의 역사에 대한 당신의 전망은 오직 극단에만, 즉 인류가 서로에 대해 할 수 있는 최악의 것에 대한 증거들에만 초점을 맞추고 있소. 물론 나도 그러한 증거들을 부인하거나 혹은 과소 평가하지 않소. 그러나 나머지 모든 것에 대해서는 어떻게 생각하시오? 최선의 것들은 말할 것도 없고, 그냥 좋은 것이나 혹은 심지어 약간 나쁜 것 등에 대해서는 어떻게 생각하시오?"

"당신은 내가 과장하고 있다고 말씀하시는군요. 당신은 이러한 암흑 속에서 빛이 비치고 있는 몇몇 군데에 대해 질문하고 있습니다. 아마 그곳에는 약간의 질서와 평화 그리고 번영과 문명화된 삶이 존재하겠지요? 나는 이렇게 말합니다. 그런 장소들을 더 가까이에서 살펴보아라, 그러면 당신은 그 주변을 둘러싸고 있는, 그리고 그 저변에 깔려 있는 타락, 빈곤, 절망 등을 보게 될 것이다. 또한 그처럼 번듯하게 존재하고 있는 문명은 타락, 빈곤, 절망 등에 토대를 두고 있음에 틀림이 없다는 것을 알게 될 것이다. 또한 나는 이렇게 말합니다. 그곳은 등대가 아니라 함정이며, 그릇된 희망을 불러일으키고 어리석은 인간들을 나쁜 길로 인도할 뿐이라고……"

니콜라스는 사제의 말을 가로막으면서 말했다. "당신이 관심을 가지고 있는 것은, 사람들을 계몽하는 것이 아니라 현혹시키고, 그들을 유혹하고 그들에게 편견을 불어넣는 것입니다."

사제가 응수했다. "그것은 당신의 친애하는 이성의 불빛이 너무나도 쉽게 소진되어버리는, 창백하고도 명멸하는 불빛이기 때문입니다."

니콜라스가 말했다. "당신은 나에게 당신의 비관주의적 전망을 받아들일 수 있는 단 하나의 근거도 제공하지 못했습니다."

사제는 웃었다. "그래서 당신은 나를 비관주의자라고 생각하는군요. 이제 내 말을 들어보시오." 그는 꽤나 몰두한 듯이 몸을 앞쪽으로 기울였다. "비관주의자는 이렇게 말합니다. 사태가 이보다 더 나빴던 적은 없었다. 그리고 낙관주의자는 이렇게 말합니다. 오 그래? 하지만 이보다 더 나빴던 적도 있어. 이런 의미에서 보자면, 나는 단호한 낙관주의자입니다. 나는 당신에게 또 다른 어떤 것도 말할 수 있습니다." 그는 더 가까이 몸을 기울였고 그의 목소리를 낮추었다. "나는 언제나 군사 정권을 혐오해왔고, 지금도 혐오하고 앞으로 평생 그럴 것입니다. 전쟁 기술들로 가득찬 세상에서 완성된 어떤 것도 순수하고 단순한 불행일 뿐이지요. 확실히 이 나라를 이끄는 놋쇠로 된 멍청이들은 당신의 존중이나 존경, 혹은 나의 존중이나 존경을 받을 가치가 없습니다. 그들은 단순한 전쟁 기술자들일 뿐입니다. 게다가 어리석은 기술자이지요. 그들은 신성한 임무

혹은 보다 고귀한 의도에 대한 어떤 분별력도 없으며, 단지 힘에만 집착할 뿐이지요. 그러나 우리는 암흑기 중에서 가장 어두운 때를 살아가고 있어요. 무정부와 혼돈에 직면해서 인류는 보다 우월한 힘의 그늘에 스스로를 의탁하기 위해 공포에 가득찬 채 모여들고 있습니다. 어느 정도의 냉혹함, 아마도 그렇게 달가운 것은 아닐 냉혹함이 요구되기도 합니다. 사태가 그보다 더 나빠지는 것을 막기 위해서 말입니다. 고문 기술자와 사형 집행인은 만인에 대한 만인의 전쟁으로부터 우리를 지켜줍니다. 그들의 존재가 나의 낙관주의가 뿌리내리고 있는 원천이고, 그것이 터를 잡고 있는 반석입니다. 교수님, 그들이 우리의 유일한 희망입니다. 확실히, 이성의 불빛은 아무 것도 제공해주지 못합니다."

사제는 침대에서 일어섰다. 그는 말을 끝냈고, 더 이상 할 말이 없는 것처럼 보였다. 니콜라스는 그를 전에 한 번도 만난 적이 없었지만, 그가 무슨 말을 하고 있는지, 그리고 그가 사용한 단어들이 어떤 것들인지 알 수 있었다. 틀림없이, 그는 계몽과 프랑스 혁명에 대해 가혹하고 무자비한 최고의 적이었던 조셉 드 메뜨르Joseph de Maistre의 단어와 어조로 말하고 있었다. 니콜라스도 일어섰다. 당장에는 뛰어넘을 수 없는 것처럼 보이는 대화의 장벽이 그들 사이에 놓여 있었다. 사제는 이런 상황을 이해한 듯 웃음을 지었고, 그로부터 만족감을 끌어내려고 하는 것처럼 보였다.

"우리의 대화가 약간은 도움이 되었겠지요." 대머리를 호출하기 위해 문에 달린 벨을 누르면서, 사제가 말했다. 누구에게 유용했지? 니콜라스는 또 한 번 의문스러웠다. 이때 밖에서 이쪽을 향해 다가오는 발자국 소리가 들렸고, 대머리가 문을 연 뒤에 사제를 데리고 나갔다.

약 30분 동안, 니콜라스는 입을 다문 채 사제가 그들의 '대화'라 칭했던 것의 기묘함에 대해 생각하면서 앉아 있었다. 그것을 회상하는 것이 유쾌하지 않다는 것을 그는 깨달았다. 각각은 이야기를 들었고, 다른 사람에게 반응을 보였다. 하지만 그들이 소통을 했던가? 사제가 주장했듯이, 사실상 그들을 분리시키고 있었던 것이 신념의 대립이었고, 거기에서 이성은 중재자가 아니라 하나의 당파에 불과하다면 어떻게 그들이 소통할 수 있었겠는가? 그날 아침은 별로 좋은 시작을 보이지 못했다.

문이 갑자기 열렸고, 시종 공격적인 대머리가 불쑥 들어왔다.

"이제 너를 철저하게 뜯어고쳐줄 사람을 만나러 갈 거야." 니콜라스를 방 밖으로 끌고 나가면서 그가 거칠게 말했다.

그들은 오른 쪽으로 돌아서, 시력 검사실 방향으로 걸어갔다. 어떤 사무실 문 앞에서 대머리는 멈추었고, 정중하게 노크를 했다.

"들어와요." 친밀감이 있지만 위압적인 느낌을 주는 목소리가 들렸다.

대머리는 그를 거칠게 안으로 떠밀었고, 그리고 나서는 무엇을 해야할지 혼란스러워하는 것처럼 보였다. 그는 먼저 인사를 했고, 이어서 경례를 했으며, 마지막으로 이렇게 말했다. "죄수를 데리고 오게 되어 영광입니다."

"좋아요, 이제 나가봐요." 글로불루스가 퉁명스럽게 대답했다.

대머리는 약간은 쓸쓸하게 보이면서 밖으로 나갔다.

"니콜라스, 엄청나게 반갑군!" 글로불루스가 그에게 몸을 돌리면서 말했다. 그는 화려한 의상을 걸친 채 자리에 앉아 있었다. 그는 암녹색 벨벳 정장에 밝은 노란색 셔츠를 입고 있었고, 붉은 점이 있는 매우 큰 나비 넥타이를 매고 있었다. 그들 둘은 신체적인 외양이 놀랄 만큼 비슷하다고 니콜라스는 마지못해 인정해야만 했다. 둘 다 키가 컸고, 몸집이 컸으며 허리는 약간 구부정했다. 그리고 둘 다 어스름한 관자놀이에 풍부한 흑발의 곱슬머리와 넓은 이마, 길고 곧은 코, 넉넉하고 인상적인 입을 소유하고 있었다. 그러나 글로불루스의 웃는 얼굴은 비싼 휴양지에서 썬텐을 한 것이었고, 최고 음식점에서 무수히 많은 음식을 먹어서 살쪄 있었던 반면, 니콜라스의 얼굴은 창백하고 일그러져 있었는데, 그것은 학자의 창백함이었다. 그리고 니콜라스와 달리 글로불루스는 우아하게 다듬어진 회색빛 턱수염을 뽐내고 있었다. 각자는 검고 짙은 눈썹 아래에 회색과 청색이 섞인 눈을 가지고 있었고, 그 위에 금테 안경을 쓰고 있었다. 니콜라스와 마찬가지로 글로불루스의 눈은 누군가 자신을 나쁘게 생각할지도 모른다고 인정하는 다소 순박하고 멍청한 인상이었다. 물론 그는 니콜라스가 바로 그런 사람일지도 모른다고 언제나 의심해왔었다.

"나는 언제나 자네 저작들을 즐겨 읽곤 했지." 글로불루스가 말문을 열었다. "그리고 나는 자네의 위대한 저작들을 아주 오랫동안 존경해왔네. 물론 우리가 처한 상황은 우리의 친구 하버마스가 이상적 담화 상황이라고 말했던 것과는 다르지. 하지만 우리는 최선을 다해야만 하네."

사제의 경우와 마찬가지로, 니콜라스는 자신의 세계관이 도전받는, 화해할 수 없는 세계관의 경쟁 속에 빠져들고 있다는 느낌이 들었다. 이제 그는 자기 자신의 명예를 손상시키지 않기 위해 침묵을 유지하는 것이 나을 것 같다고 생각했다.

"니콜라스," 글로불루스는 그를 똑바로 쳐다보며, 긴급하면서도 확신에 찬 어조로 말했다. "우리는 포위되어 있네. 그들의 멋진 말들에 놀아나서는 안 되네. 그들은 무자비해. 장담컨대, 무자비하다구."

"누구를 말하는 거야?" 니콜라스는 자신의 질문을 참을 수 없었다.

"그들 모두." 글로불루스는 여러 명의 이름을 열거하기 시작했다. 그 이름들은 그들이 알고 있는 과거의 교수들, 친구들, 친지들, 과거의 학생들, 지식인들, 저술가들, 선생들의 이름이라는 것을 니콜라스는 알 수 있었다. 또한 그들 대다수는 숨어 지내고 있으며, 나머지는 사라졌다는 것도 알 수 있었다.

"자네는 확실히 편집증 환자군." 니콜라스가 쌀쌀하게 말했다.

"편집증 환자는 실제 무슨 일이 벌어지고 있는지 모르는 사람일세."
글로불루스 박사는 전문가 다운 어조로 말했다.

"그것은 모두 말도 안 되는 소리야." 그는 맞섰다. "완전한 넌센스라고."

"그래?" 글로불루스가 물었다. "그 말은 확실한가? 자네와 자네 친구들이 (그는 비아냥거리듯이 말꼬리를 늘였다) 신봉하거나 신봉하기를 원하는 인류의 진보에 대한 그런 관념들보다 내 말의 근거가 부족하다는 말인가? 자네의 '진보'를 뒷받침할 수 있는 증거가 어디 있나? 자네는 우리나라 혹은 세계 전체의 역사에서 어떤 증거를 찾을 수 있나?"

그는 칸트와의 대화를 상기하면서 약간은 민감하게 대답했다. "진보의 이념은 현실과 충돌할 때 더욱 더 중요해지는 법이라네."

"그런 식으로 말하는 것은 사실 자네가 편집증 환자라고 부른 내 말과 다를 바가 없네. 둘은 똑같지. 물론 거기에는 한 가지 차이가 있는데, 내 경우는 현실이 보다 우호적이라는 거지. 내가 자네에게 열거한 모든 이름은 우리 적들의 이름이야. 그렇지 않나?"

"자네가 그들을 자네의 적으로 만들어왔지." 그는 응수했다.

"내 말을 들어보게, 니콜라스 이 친구야. 나는, 그리고 우리는 그들을 어떤 것으로도 만들지 않았어. 그들은 자유로운 행위자들이고 그들 스스로 밀리타리아에 맞서는 편을 택했을 뿐이지."

그는 이런 대화에서 어떤 즐거움도 얻지 못했다. 비록 그것이 그를 다소 자극하고 있다는 사실은 인정하더라도, 글로불루스는 적어도 그를 위협하거나 조작할 뿐만 아니라 그를 납득시키려고 하는 듯이 보였다.

"그들은 자네 편을 반대하는데," 니콜라스는 계속했다. "왜냐하면 자네들이 그들을 집요하게 추적하고, 박해하고, 적으로 취급하기 때문이지."

글로불루스가 말했다. "하지만 그건 그들 때문이라네. 우리는 그들에 맞서 하나의 이념, 즉 밀리타리아 식의 삶의 방식을 방어하고 있을 뿐이지. 반면 자네는 결국에는 더 좋은 미래가 도래할 것이라는 애매하고 추상적인 희망을 제외하고는 어떤 것도 방어할 만한 것이 없지 않나. 우리는 또한 진보라는 전반적 환상이, 우리의 프랑스 철학자 친구들, 예를 들자면 푸코, 료따르, 보들리야르, 크리스테바 등이 말하는 것처럼 이미 닳아빠진 '거대 서사meta-narrative'라는 것도 알고 있네. 니콜라스, 거대 서사의 시대는 끝났어. 리챠드 로티*를 읽어보게나. 역사는 어떤 방향도 가지고 있지 않아. 모든 것은 우연적이고, 그렇지 않더라도 어떤 순간에든 그렇게 될 수 있네. 당신은 나를 그렇게 보지 않겠지만, 예를 들자면 내가 자네 입장에 설 수도 있고, 자네가 나의 입장에 설 수도 있네. 우리는 역사에 대해 어떤 의미와 방향을 부여할 수 있었고, 자네의 진보에 대한 이야기처럼 종종 허구를 만들어오곤 했지. 그러나 거기에는 어떤 의미도 어떤 방향도 없어. 다만 우리가 발명한 이야기들일 뿐이라네."

"자네야말로 이야기를 만들고 있군. 그리고 그 이야기는 자네가 별로 좋아하지 않는 사람들에 의해 꾸며진 가상의 음모들에 대한 것이고, 그를 통해 결국 자네가 봉사하는 체제의 범죄를 정당화하는 것이야."

"정당화!" 글로불루스가 반복했다. "왜 우리 정부의 행동들이 정당화될 필요가 있지? 오직 필요한 건 납득시키는 것일 뿐이야. 당신은 분명히 납득하지 못하고 있는데, 그 이유는 간단하지. 즉, 자네의 지독한 낙관주의가 자네의 눈을 멀게 해서, 좋은 감각을 가진 사람이면 누구나 볼 수 있는 것을 자네가 보지 못한다는 거지. 사람들이 말하는 것처럼, 비관주의

---

* 미국의 포스트모던 성향의 신프래그머티즘 철학자 리챠드 로티Richard Rorty (1931~2007)는 역사의 필연성이 아닌 우연성을, 논리적 정합성보다는 아이러니를 강조하며, 개인의 자유를 극단적으로 지지했다.

자란 풍부한 정보를 가진 낙관주의자야. 자네의 낙관주의자 친구들은 자신들이 추구하는 사회가 어떤 것인지에 대해 조금이라도 분명한 관념을 가지고 있나? 비져블 핸드는 자신들이 가치 있다고 주장하는 진보가 무엇을 지향하는지에 대해 무슨 특별한 구상을 가지고 있나?"

니콜라스는 이러한 대화에 지쳐가고 있었다. 특히 이러한 대화가 그에게 확실히 어떤 도움도 되지 못했기 때문에 더더욱 그러했다. 글로불루스는 자신을 틀림없는 유죄로 만들고 진술 기록에 마땅히 드러나게 될 뭔가를 자신으로 하여금 말하게 하려 꼬이고 있었다.

"니콜라스," 글로불루스의 목소리가 마치 충고하는 오랜 친구의 목소리처럼 변했다. "왜 자네는 자네의 태도에 대해 재고하지 않는 거지? 만약 자네가 기꺼이 나의 동료가 된다면, 자네는 작업을 편안한 환경에서 계속할 수 있고, 또 우리가 살고 있는 이 시대에 실질적인 영향력을 행사할 수 있게 될 거야."

니콜라스는 철저하게 비타협적인 태도를 취하기로 마음먹었다.

"내가 얻을 수 있는 게 뭐지?" 그가 퉁명스럽게 물었다.

글로불루스는 이 질문을 곧이곧대로 받아들이려 했다.

"자유라네." 그는 대답했다. "자네는 감옥으로부터 자유로워질 뿐만 아니라, 자네가 원하는 곳이라면 어디라도 자유롭게 갈 수 있네. 자네는 심지어 (그는 만족스런 미소를 지었다) 감옥 속으로 자유롭게 들어올 수도 있어. 내가 매일 하는 것처럼 말이야. 자네에게 필요한 것은 오직 이 작은 마법의 출입증뿐이라네." 그는 니콜라스에게 자신의 출입증을 보여주었다. 그것은 황금빛 문양이 새겨져 있고 아첨하는 듯한 표정의 사진이 붙은 작은 플라스틱 조각이었다.

"내가 좀 봐도 되겠나?" 니콜라스가 물었다.

글로불루스는 그에게 그것을 자랑스럽게 넘겨줬다. 그 순간 갑자기

문이 열리면서, 엄청난 소동이 벌어지는 소리가 들렸다. 거대한 몸집의 어떤 죄수가 큰 소리를 내며 과장된 몸짓으로 글로불루스 박사를 향해 걸어왔다. 두 명의 교도관이 그를 제지하고 있었지만, 상당한 어려움을 겪고 있었다. 보다 자세히 살펴보고서 니콜라스는 교도관 중 한 명이 저스틴이라는 것을 알았다. 그리고 다른 한 명은 검안사와 매우 흡사한 생김새였다.

"당신은 저질의 사악한 거짓말쟁이야!" 죄수가 소리쳤다. "그것은 모두 당신이 발명한 거짓말이야. 나는 결코 어떤 외국인도 만난 적이 없어. 심지어 나는 어떤 외국인도 알지 못해."

아마도 니콜라스가 옆에 있었기 때문에, 그리고 아마도 좀 전에 그들이 나누었던 대화 때문에 글로불루스 박사는 죄수를 말로 타일러 그의 흥분을 가라앉히려고 했다. 그러나 그가 그렇게 하면 할수록, 죄수는 점점 더 흥분했다. 이런 일들이 벌어지고 있는 동안에, 저스틴이 니콜라스를 바라보면서 그의 손을 위로 들었다.

검안사가 사무실에 딸린 작은 욕실 쪽을 가리키자, 니콜라스는 그들 등 뒤로 재빨리 돌아 들어갔다. 변기 위에 한 벌의 옷이 놓여 있었고, 그 위에는 "빨리 갈아입으시오."라고 적힌 쪽지가 핀으로 고정되어 있었다. 번개처럼 그는 죄수복을 벗어버리고서 녹색 벨벳 정장과 노란색 셔츠를 입고 빨간 줄무늬 나비 넥타이를 맸다. 이 모든 것은 글로불루스가 입고 있는 것과 똑같았다. 그는 또한 가장자리가 적당하게 회색 빛을 띠는 가짜 턱수염도 붙였다. 욕실에는 또 다른 문이 있었는데, 거기에는 "빨리 떠나시오."라는 또 다른 쪽지가 붙어 있었다. 그는 왼쪽으로 돌아 통로를 따라 결단력 있게 걸어 나갔다.

그는 병사 한 명이 호위하고 있는 이중문에 도착했다. 그는 글로불루스의 통과증을 들어 보였고, 병사는 이에 화답하여 경례를 하고 문을 열었다. 고개를 약간 끄덕여서 병사의 경례에 답하고서 니콜라스는 감옥의 현관 홀을 향해 난 층계를 큰 걸음으로 걸어 올라갔다. 감옥 입구 앞쪽에는 또 다른 병사가 배치되어 있었다. 그가 다가가자, 감옥 문이 빙그르르 열렸다.

니콜라스는 거리로 걸어 들어갔는데, 그곳에는 어둡게 된 창을 단 한 대의 포드 팔콘 차가 그를 기다리며 엔진을 켠 상태로 서 있었다.

군복을 입은 운전 기사가 그를 맞이하는 손을 들었다. "이쪽입니다. 팽글로스 박사님." 그는 말했고, 니콜라스를 뒷좌석에 태운 뒤에 서둘러 그곳을 떠났다.

7
유랑의 불빛

그의 옆에 있는 의자에는 또 다른 여분의 옷이 있었고, 안심한 듯이 그는 자신의 여행 가방을 주시했다. "멈출 때 빨리 갈아입으시죠." 운전사는 말했다. 그는 그렇게 했고, 자신의 글로불루스 유니폼과 가짜 턱수염을 여행 가방에 집어넣었다. 팽글로스 박사로서, 그는 회색 정장, 흰 셔츠와 옅은 녹색의 넥타이 모두가 자신을 더욱 실무적으로 보이게 하고 있음을 발견했다. 새 재킷 주머니에는 턱수염도 없고 안경도 낀 자신의 멋진 사진으로 완벽하게 만들어진 여권, 돈, 진행 중간 보고서를 저스틴에게 보낼 주소가 적힌 종이쪽지, 그리고 비행기 티켓이 들어 있었다. 한 시간 뒤에 그는 유틸리타리아*의 도시 칼큘라로 가는 유틸리타리아 항공

---

* 앞서 설명한 바와 같이 이 소설에 등장하는 가공의 사회는 모두 그 특성에서 유래한 이름을 갖는다. 유틸리타리아Utilitaria는 모든 대상의 가치를 그 유용성으로 판단하는 공리주의가 지배하는 사회이며 가치를 계산한다caclulate는 의미에서 그 수도는 칼큘라Calcula이다.

UA 572편에 있을 것이다.

"멈추면 어떻게 해야 하죠?" 약간 불안하게 운전사에게 물었다.

"계속 웃고 계십시오, 박사님." 운전사가 말했지만, 그런 말이 그를 안심시키지는 못했다.

그들은 보안 검문소로 갔다.

"선생님의 여권을 저에게 주십시오." 운전사가 말했다. 운전사는 군인에게 자신의 신분증과 함께 여권을 과시하듯 내보였다. 군인은 그것을 흔들어서 문을 여는 군인에게 신호를 보냈다.

운전사는 그에게 여권을 되돌려주면서 믿음에 차서 말했다. "우리는 박사님께서 우리에게 가장 좋은 세상을 찾아주기를 기대하고 있습니다. 우리는 심각한 도덕적인 문제를 가지고 있어요. 선생님이 우리의 유일한 희망입니다."

"칼큘라에 도착하면 난 무엇을 하게 됩니까?" 니콜라스는 물었다.

"정치적인 망명을 요구하셔야죠." 운전사는 대답했다.

"거부당하면 어떡합니까?" 그는 계속해서 물었다.

"계속 웃고 계십시오."라고 말하며 운전사는 공항 주차장으로 다가섰다. "박사님, 이제부터 모든 것이 당신에게 달렸습니다. 행운을 빕니다!"

니콜라스는 씩씩하게 탑승 대기실로 들어갔다. 곳곳에 소총을 앞세운 군인들이 활보하고 있었다. 그는 그들 중 한 사람의 눈을 바라보는 실수를 저지르고 말았다. 즉시 그 눈이 그에게 고정되었고, 그의 주변을 따라다녔다, 그의 총신도 함께. 세 사람이 줄을 서고 있는 수속 카운터에까지 그 시선은 그를 따랐다.

그 시선과 총신은 니콜라스를 극도로 초초하게 만들면서 계속해서 달라붙어 있었다. 니콜라스는 의자와 짐을 만지작거리면서 안절부절못하고 있었고, 그들 세 사람이 수속을 받는 동안 고통스럽도록 긴 시간이 흘러갔다. 그리고 마침내 그는 티켓과 여권을 내보였다.

"흡연석을 원하십니까, 금연석을 원하십니까, 팽글로스 박사님?"

"금연석을 주시오"

"창 쪽을 드릴까요, 복도 쪽을 드릴까요?"

"복도 쪽이요"

"짐이 있으십니까?"

그는 자신의 여행 가방을 가리키며, "이것뿐이요."라고 말했다.

"여기 탑승권이 있습니다. A3 게이트에서 지금 탑승하세요."

고통스러운 그 눈빛과 총신으로부터 벗어나 그는 여권 검사대로 갔다. 지루한 듯한 군인은 무심하게 그의 여권에 도장을 찍었고, 니콜라스는 황급히 탑승구로 향했다. 승객들은 이미 탑승을 하고 있었다. 그들을 따라 그는 버스에 탄 뒤에 비행기에 올랐다. 너무 지쳐서인지 의자에 털썩 주저앉고 말았다. 안전 벨트까지 채우고나서야 니콜라스는 자신의 과거와 미래에 대해 숙고할 수 있었다.

8
입국

비행기가 이륙하기 위해 활주로를 질주하자 니콜라스의 영혼도 함께 떠올랐다. 모든 사람의 말에 따르면, 유틸리타리아는 약속의 땅이었다. 그는 행복에 마음을 쏟고, 오직 미래에만 관심이 있는 나라로 향하고 있었다. 그는 유틸리타리아의 국시가 그곳의 혁명 시조인 제레미 벤담Jeremy Bentham이 만들어낸 '최대 다수의 최대 행복'임을 알고 있었다. 모든 사람이 다 잘 산다면, 그도 그들 중의 하나가 될 것이다.

옆자리에 날씬한 젊은 여성이 앉아 있는 것을 알자, 그의 영혼은 한껏 부풀어올랐다. 빛나는 긴 갈색 머리에 초록빛 눈과 섬세한 이목구비를 가진 그녀는 단정한 푸른색 스커트와 까만 폴로 스타일의 스웨터를 입고 있었고, 매혹적인 검은색 스타킹을 신은 무릎 위에는 노트북 컴퓨터가 놓여 있었다. 30대 초반에 틀림없이 전문직을 가지고 있을 그녀는, 분명히 할 일이 있는 모양인지 이륙 직후에 앞에 있는 테이블을 내린 뒤에 컴퓨터를 열고 그래프와 표 모양의 것들이 담긴 프로그램을 불러왔다.

승무원이 그들에게 음료수와 땅콩, 그리고 대화의 말문을 열 수 있는 기회를 가져다주었다. 그녀의 테이블에는 놓을 자리가 없어서, 니콜라스는 자신의 테이블에 자리를 마련해주었다. 그리고 그는 일하고, 먹고 마시는 것을 동시에 하기에는 비행기가 심각하게 잘못되어 있다는 사실을 알았다. 그는 자신을 유틸리타리아에 처음 방문하며, 교사이자 철학자인 팽글로스 박사라고 소개했다. 그녀의 이름은 스텔라 야드스틱*으로, 밀리타리아에서 근무하고 있는 유틸리타리아의 외교관이었다. 니콜라스가 무엇을 계산하고 있었는지 물어보자 그녀가 대답하기 시작했다.

"이민에 관한 것이예요." 그녀는 대답했다. "수많은 밀리타리아 사람이 유틸리타리아에 들어오려고 하는데, 그들 중 대부분은 아주 절망적이죠. 물론, 그들은 대부분 정치적 망명을 요구하지만 보통 그것은 위장이고 진짜 문제는 모호하죠. 제가 계산하고 있는 것은 어떤 이민자의 유형이 만인의 복지에 중요하게 공헌하는가 하는 것이죠. 매우 까다로운 문제예요."

니콜라스는 진심으로 동의했다. 하지만 그녀의 대답이 퉁명스러운 것으로 보아, 그녀의 어려움은 원칙들의 갈등에 있는 것이 아니라 계산의 복잡함에서 기인한 것이었다.

"그 '만인의 복지'라는 것이 그처럼 절망적인 밀리타리아 사람들에게는 해당되지 않나요?"라고 그는 물었다.

그녀는 그에게 겸손한 미소를 지어 보였다. "우리의 계산 기술은 대단히 발전했죠, 하지만 전 세계를 계산에 넣을 수준에 이르지는 못했어요. 저는 그런 날이 올 때까지 우리가 유틸리타리아 사람들을 위한 공리주의 정책들의 결과에 초점을 맞추어야 한다는 것을 유감스럽게 생각해요."

---

* 공리주의 사회에서 모든 가치를 자로 재듯이 측정한다는 의미를 갖고 있음.

그녀는 말했다.

그는 도착 때 일어날 일들과 그녀에게 어떤 도움을 받을 수 있을지를 알아보려고, 자신의 경우에 대해 한 번 말해보는 것이 어떨까 생각했다. 하지만 그는 그러지 않기로 마음먹었다. 그녀는 분명 정치적 난민에게 호의적이지 않았고, 더군다나 그는 이미 자신을 가명으로 소개했던 것이다. 그는 대신에 대화를 시작하기로 결정했다. 그녀에게 밀리타리아의 상태에 대한 인상을 물었다.

"정말이지 끔직해요!" 그녀는 단언했다.

다시 한 번 그는 진심으로 동의했다. 그리고 무엇이 특히 끔찍했는지 물어보았다.

"끔찍한 인적 자원의 낭비, 생산의 비조직화, 관료제의 붕괴, 행정적 혼돈. 전체가 운영상의 재난이예요! 하지만 군이 권력을 잡고 있는데 무엇을 더 기대할 수 있겠어요?"

"전적으로 동의합니다." 니콜라스는 대답했다.

그녀는 계속했다. "그리고 최악인 것은 그들이 창조한 재앙의 범위를 스스로 계산할 능력을 상실했다는 것이에요. 모든 게 사라지다니! 누구도 더 이상 밀리타리아의 인구가 정말 얼마인지 몰라요. 15년 동안 자체 센서스를 하지 않았다는 걸 아세요?"

니콜라스는 그의 무지를 시인해야만 했다.

승무원이 식사를 가져왔다. 스텔라 야드스틱은 컴퓨터를 끄고서 그것을 다시 무릎 위에 놓았다. 점심은 플라스틱 식기가 놓인 플라스틱 쟁반에, 투명한 폴리에틸렌필름으로 포장된 조그만 하얀 사각형 그릇에 담겨 나왔다. 식사는 대머리가 제공한 것보다는 분명 진일보한 것이었는데, 그렇게 맛있지는 않았지만 그럭저럭 먹을 만했다. 승무원은 레드 와인도 각자에게 반 병씩 제공해주었는데, 그들은 둘 다 그것을 받았다. 와인이 잔과 함께 온 것을 보고서 그는 약간 안심했다.

니콜라스는 자신의 여행 동료에게 유틸리타리아에서의 생활에 대해 물어보았고, 와인을 홀짝이며 그녀는 생생하게, 아니 열정적으로 대답해 주었다. 그녀는 고국으로 돌아가는 것을 꽤나 기뻐하고 있었다.

그녀는 그곳에서는 컴퓨터가 매우 대중적이라고 말해주었다. 정말 계산하는 것이 국가적인 강박이었던 것이다. 모든 유틸리타리아 사람은 다음과 같은 원칙, 즉 중요한 것은 계산할 수 있는 것이라는 원칙에 동의하고 있었다. "무엇을 할 것인가?"라는 질문에 부딪쳤을 때, 언제나 유틸리타리아 사람들은 "어떤 선택이 최대의 효용을 생산할 것인가?"라는 것으로 질문을 바꾸었다. 모든 사람은 휴대용 계산기를 소중히 여겼고 스텔라도 특별한 선물로 주려고 몇 개를 집으로 가져가고 있었다. 유틸리타리아에서 가장 권위 있고 존경받는 사람인 기술 관료, 행정 관료, 그리고 법관들은 특히 계산하는 데 능숙했으며, 최신형 컴퓨터를 사용했다.

유틸리타리아에는 두 개의 정당이 있다고 그녀가 말했다. 집권당인 규칙당Rule party과 야당인 행동당Act party. 그들 주장대로라면 행동파들은 민주적이고, 모든 사람이 모든 가능한 경우에 대해 휴대용 컴퓨터를 사용하도록 독려하고 있는 데 반해, 규칙파들은 보통 사람들이 가장 소수의 결정을 제외하고는 모든 것에 대해 휴대용 컴퓨터를 사용하지 않게 하는 것을 신봉하는 데 차이가 있었다. 규칙파에 따르면, 사람들이 기술 관료, 행정 관료, 법관들의 우월한 계산 방법과 기술에 따라 고안되고 해석된 '주먹구구식 지침'에 따라 살아야 한다. 행동파는 규칙파를 '엘리트주의자'라고 부르길 선호했고, 규칙파는 행동파를 '선동적'이라고 주장했다.

"내 생각에, 당신은 규칙파인 것 같군요."라고 니콜라스는 말했다.

그녀는 완벽하게 고르고 하얀 두 줄의 치아를 내보이며 미소를 지었다. 그는 그것을 감싸고 있는 보조개에도 불구하고 그녀의 미소가 전보다 따뜻하지 않다는 것을 깨닫기 시작했다. 아마도 그것 역시 계산된 것이리라.

"외무부 직원은 정치적으로 중립이죠."라고 그녀는 대답했다.

커피를 마실 때가 되었다. 그녀는 지금까지 그에게 전혀 문제가 없는 유틸리타리아의 삶을 그려주었었다. 니콜라스는 그 나라가 직면하고 있는 가장 중대한 문제가 무엇인지 물어보기로 했다.

그녀는 한숨을 토해냈다. 옛날에는 서쪽 지역에서만 분쟁이 있었던 반면, 이제는 유틸리타리아 어느 곳이든 분쟁이 끊이지 않고 있다고 그녀는 설명했다. 그 지역 주민 대다수가 공리주의자이지만 소수가 영토 독립을 위한 화해할 수 없는 투쟁과 관련된 운동을 지지한다는 것이다. 공리주의자들은 이 소수의 멤버들을 "광신자들Bigotarians"* 이라고 불렀다. 광신자들은 과거에 집착하고 있다고 스텔라는 말했다. 그들은 현재의 어떤 선택이 미래의 효용 극대화를 낳을 것인가를 계산하지 않았으며, 그보다 400년 전에 있었던 전투의 의미에 대한 격렬하고 치명적인 선언과 논쟁에 훨씬 더 많은 관심이 두었다. 그들은 공리주의 압제자들을 증오하고, 저주하고, 그들과 싸우는 데 대부분의 시간을 보내고 있었다.

광신자들은 또한 유틸리타리아에서 불안을 낳는 테러 캠페인에 경도되어 있다고 그녀는 설명해주었다. 또 다른 테러 캠페인이 최근에 시작되었는데, 그녀는 그것의 목적을 알지도 못할 뿐더러 관심도 없는 모양이었다. 분명 유틸리타리아 사람들은 자신들이 광신자라고 부르는 사람들의 이해관계와 그들이 과거에 대해 이해할 수 없을 정도로 집착하고 폭력적이고 야만적인 방식을 쓰는 것에 대해 철저하게 무관심했다.

---

* 편협하다는 의미의 bigotry에서 나온 명칭

"이제, 일을 해야겠어요." 그녀는 말했다.

"아, 그러셔야죠. 즐거운 시간이었습니다." 니콜라스는 말했다.

"저두요."라고 그녀는 정중하게 대답하였다.

도착하려면 한 시간 정도가 남아 있었다. 그동안 그녀는 유틸리타리아로 이민가고자 하는 사람들의 미래를 비교하며 가치를 매겼고, 니콜라스도 자기 자신에 대해 생각을 했다. 그녀가 자판을 두드리기 시작하자, 그는 자신의 경로를 계획했다. 그는 몇 년 전에 볼테르에 대한 학술회의에 참석했던 한 명의 유틸리타리아 사람을 생각해냈는데, 그는 18세기를 연구하는 학자로 엘베티우스Helvétius 전문가였다. 사실 니콜라스의 문제가 시작되었던 것이 바로 그 회의였는데, 그때 정권은 비로소 그를 위험한 낙관주의적 관념들을 가진 학자로 간주했다. 그 학자의 이름이 무엇이었지? 그의 온화한 미소와 발음을 생략해가며 정확히 말하는 법을 떠올릴 수 있는데, 그의 이름은 도무지?

비행기가 칼큘라로 향하여 고도를 낮추기 시작했다. 스텔라 야드스틱은 컴퓨터를 끄고 테이블을 접어올렸다. 비행기가 부드럽게 착륙하자 승객들이 몰리기 시작했다. 니콜라스는 머리 위 짐칸에 있는 여행 가방을 내리고는 그녀의 코트를 건네주었다. 그는 그녀와 다른 승객들을 따라 공항 건물로 들어갔다. 처음으로 그는 그들에게 관심을 돌리게 되면서 충격적인 사실을 깨달았다. 우선, 그곳에는 스텔라 야드스틱과 같은 노트북 컴퓨터를 가지고 있는, 활기차고 확신에 찬 단정한 옷차림의 젊은 남녀들이 있었다. 그들은 '유틸리타리아 시민'이라고 씌어진 왼편 표지 앞에 줄 서 있었다. 둘째로는, 휴가를 보내러 온 것이 분명한 사람들이 있었는데, 쌕을 메고 있는 십대들, 노부부들과 태평스런 분위기의 가족들이었다. 그들은 중앙에 있는 '방문객—비자를 가지고 있는 사람들'이라고 씌어진 표지 앞에 모여 있었다. 오른편에 있는 세 번째 그룹은 내세울 만한 것도 없고 희망도 없어 보였으며, '기타'라고 씌어진 표지 앞에 기다리고 있었다.

그의 여행 동료는 왼편 줄로 곧장 갔다. 그 줄에 합류하면서 그녀는 그에게 손을 내밀며 작별의 미소를 지어 보였다.

"즐거운 여행이 되고, 이곳에서의 체류가 행복한 것이 되길."이라며 그녀는 말했다.

"감사합니다."라고 니콜라스는 대답했고, 그녀가 여권 검사대로 사라질 때가 되어서야 방문객 줄에 가서 섰다. 왼편의 줄은 곧 없어졌다. 중앙의 '방문객' 줄도 아주 빨리 움직이고 있었다. 하지만 '기타'의 줄은 거의 움직이질 못했다. 방문객 비자가 없음을 비탄해 하면서 니콜라스는 두 번째 줄에서 기타 줄의 맨 끝으로 슬그머니 옮겨갔다.

그곳에는 다양한 연령대의 사람이 있었는데, 대부분 가난해 보였고 몇몇은 늙고 쇠잔해 보였다. 어떤 여자는 임산부였고, 몇몇 여자는 조그마한 아이들을 데리고 있었다. 어른들은 불안한 듯이 여권을 꼭 쥐고 있었다. 그들 모두는 절망적인 표정이었고 살고자 하는 희망 때문에라도 더욱 더 견디기 힘들어하는 것처럼 보였다. 그들의 희망은 또한 그 자신의 희망이었는데, 그것은 곧 정치적 망명이 인정되는 것이었다. 그들의 문제—그는 곧 그것이 자신의 문제이기도 하다는 것을 깨달았다—는 그들을 받아들일 만한 좋은 이유가 있다는 사실을 유틸리타리아에 확신시키는 일이었다. 그들 각자는 불행한 과거를 가지고 이곳에 왔지만, 왜 그들이 행복한 미래를 부여받아야 하는가? 유틸리타리아의 복지 시책은 세상이 다 아는 바대로 훌륭하고 대중에게는 매우 값비싼 것이었다. 이 새로운 이민자 각각은 확실한 비용과 의심스러운 이익을 나타내는 것이었다. 문제는 어떻게 이익이 비용을 능가하는지에 대해 유틸리타리아를 확신시키는가 하는 것이었다.

그의 앞쪽 줄이 서서히 앞으로 움직였다. 차례로 개인과 가족들은 더 많은 조사를 받기 위해 회색의 금속 문 뒤에 있는 사무실로 들어가기 전에 유리창에서 기다렸다. 그들은 낮고 위급하게 간청하는 목소리로 말했다. 차례가 오기를 기다리며, 니콜라스는 최근에 취득한 신분증을 버리는 것이 낫겠다고 생각했다. 위장한 팽글로스 박사가 실제의 니콜라스 캐리타트보다 더 납득시킬 만한 것인지 분명치 않았던 것이다.

마침내 그 유리문 앞에 서서 그는 여권을 제시했다.

다소 바보스럽다고 느끼면서 그는 말했다. "사실, 제 이름은 '팽글로스'가 아니라 '캐리타트'입니다."

"알겠습니다." 끝이 뾰족한 모자를 쓴 웃음기 없는 젊은 직원이 말했다.

"그리고 저는 정치적 망명을 요청하고 싶습니다."라며 그는 낮고 위급한 간청의 음성으로 덧붙였다.

"당신이 자신이라고 말한 것이 당신인지, 그리고 당신이 아니라고 말한 것이 당신이 아닌지 증명할 수 있습니까?" 그 직원이 물었다.

"아니요, 어떤 것도 증명할 수 없군요." 니콜라스는 무력하게 중얼거렸다. 그것은 직업상의 패배처럼 느껴졌다.

그 웃음기 없는 사무원이 '이민 검사'라고 쓰인 회색빛 금속 문을 가리켰다. 그는 노크를 하고 안으로 들어섰다. 그곳은 회색의 금속성 벽과 회색의 금속 탁자가 있는 작은 사각형의 사무실이었는데, 회색 유니폼을 입은 이민국 직원 여성이 앉아 있었다. 그녀는 매우 지루한 듯이 보였다. 그는 그녀 앞에 놓여 있는 회색빛 금속 의자에 앉았다.

"분명히 당신은 보이는 것과 다르군요."라며 신통치 않다는 듯이 그녀는 말을 시작했다.

그는 진실에 자신의 미래를 걸기로 결정했는데, 그것은 자신이 더 확실한 허구를 만들어낼 능력이 있는지 의심스러웠기 때문이었다. 게다가 일단은 확신을 줄 만한 어떤 단서도 없었다. 그래서 그는 이 회색 옷의 직원이 무감동하게 눈을 감은 채 듣는 동안 상세하게 자신의 이야기를 시작했다.

얘기가 끝나자, 그녀는 눈을 뜨고는 앞에 있는 스크린만 보면서 자판을 두드리기 시작했다.

"분명히, 당신은 책과 글을 썼습니까." 그녀가 말했다.

"그렇습니다."

"무게가 얼마나 나가죠?"

무게라고? 자신의 학자적 명성이 얼마나 무게가 있는지를 말하는 건가? 그는 망설였다. 최대한 그의 입장을 낮추어야 하는 건가?

"몇 Kg이예요?" 그녀가 명확히 했다.

더 낫군 하고 생각했다. 무게를 알지 못한다는 것은 무능력의 신호인 것처럼 보였다.

"13.5Kg." 그는 확고한 태도로 말했다. 그녀는 그것을 타이프했다.

"얼마나 많이 출간했죠?"

그는 다시 "백아흔세 번."이라고 어림잡았다.

"생산률은요?"

"최근에는 한 달에 다섯 번입니다. 하지만 그것을 늘이는 작업을 하고 있습니다."

"학계에 졸업생을 배출했나요?"

"그렇습니다."

"얼마나 되나요?"

"2003명입니다."라며 대충 생각해서 말했다.

그녀는 이것도 타이프하더니 그를 향해 돌아섰다. 그녀의 지루함이 사라진 듯했다.

"캐리타트 교수님, 상당히 의심스럽긴 하지만 우리가 당신에게 혜택을 줄 수는 있을 것 같군요. 당신은 훌륭하고 생산력 있는 학자이자 교수로 보입니다. 유틸리타리아에서 우리의 목적은, 아시다시피 효용을 극대화하는 것이고, 확실치는 않지만 당신은 유의미한 공헌을 할 것 같군요."

극대화! 그의 머리 속에서 희미하게 벨이 울렸다. 극대화! 바로 그것이었다. 전에 그가 알았던 유틸리타리아의 엘베티우스 전문가는 맥시만드, 그레고리 맥시만드였던 것이다.

"혹시 당신에 대해서 뭔가를 아는 사람이 이곳에 있나요? 그러니까 당신의 생산성을 평가해줄 만한 사람 말이죠." 회색의 직원은 말을 계속했다.

"그레고리 맥시만드요, 저는 그를 압니다." 니콜라스는 흥분해서 소리쳤다.

"그런데 그는 누구고 어디에 있죠?" 그녀가 물었다.

그는 기억할 수 없었지만 대충 짐작했다. "칼큘라 대학, 역사학과요."

그녀는 이것을 타이프하고는 다른 사무실로 떠났다. 아마 그녀는 그곳에서 운명적인 전화를 걸 것이다. 그녀가 떠난 뒤에 그는 무력함과 희망 사이에 남겨졌다.

20분 쯤 뒤에 어렴풋한 미소의 흔적을 띠고 그녀가 돌아왔다. "당신이 말한 맥시만드 교수를 찾아내는 게 다소 힘들었습니다. 칼큘라 대학에는 역사학과가 없더군요. 역사학은 미래학의 한 분과였어요. 하지만 그가 어디에 있는지 찾아냈습니다. 그리고 우리는 당신에게 6개월 동안 체류하고 일할 허가를 주기로 결정했습니다. 4장의 사진과 서명만 있으면 됩니다. 이리로 오세요."

그녀는 그를 문 밖으로 데리고 가서 동전 몇 개를 주더니, 어두운 초록색 커튼이 드리워져 있고 행복하게 미소짓고 있는 얼굴 사진으로 뒤덮인 큰 박스를 가리켰다. 그 역시 행복해 하며, 커튼 뒤에 앉아서 웃고 있는 자신을 비추어주는 거울 앞에서 미소를 지었다. 버튼을 누르고 네 번의 플래쉬가 터지자 그의 미소는 기록되었고 공식적인 유틸리타리아의 재산이 되었다. 그 직원은 박스 한켠에 있는 작은 그릴에서 사진이 나오자 그것을 가지고는 사무실로 되돌아가서 네 가지 다른 서류에 고정시키고, 그 중 두 개를 플라스틱 폴더에 끼워서 그에게 건네주었다.

"정말 감사합니다." 그는 자연스럽게 말했다.

"어떻다구요?" 그녀는 혼란스러운 것 같았다.

"대단히 감사하다구요."

"그게 뭐죠?"

"감사하다, 그러니까……고맙게 느끼고 있다는 거죠."

"무슨?" 그녀는 물었다.

"**감사하다**는 것은 (그는 디드로Didrot의 『백과 사전』에서 그것의 정의를 기억해냈다) 누군가로부터 받은 이익에 대해 느끼는 감정이죠."

"이곳 유틸리타리아에는 그런 개념이 없어요."라고 말하면서, 그녀는 그를 아래위로 살펴보았다.

"우리는 오직 미래의 이익에 대한 감정만 가질 뿐이죠."

감사라는 것이 오직 16세기 후반에만 등장했고 이미 18세기에는 낡은 것이 되었다고 디드로가 말했던 사실을 떠올렸다. 유틸리타리아에서 그것은 벌써 죽은 개념인 듯 싶었다.

이민국 직원이 자리에서 일어섰다. 그녀는 활기차게 말했다. "캐리타트 교수님, 30분 뒤에 맥시만드 교수가 당신을 데리러 올 겁니다."

"그녀는 금속 문을 열었고 그는 그녀를 따랐다. 그들은 그의 동료 승객들이 여전히 여권을 꽉 움켜쥐고서 불행하게 앉아 있는 대기실로 들

어섰다. 아이들은 울어대고 있었다. 출구에서 그를 남겨두고 돌아서면서 회색의 직원은,

"당신은 공식 발표를 기다려야 합니다. 아, 그리고 이것이 필요할 거예요."라며, 휴대용 계산기를 그에게 건네주었다.

"감사합니다." 그녀는 난처한 표정으로 사무실로 되돌아갔다. 그는 환하게 밝혀진 도착 대기실에 들어섰다. 그곳은 분주한 사람들과 번쩍번쩍한 표면, 에스컬레이터와 잘 갖추어진 상점들, 북적거리는 소리들, 발표와 메시지들의 반향으로 가득 차 있었다. 그는 낮은 의자에 앉아서 여행 가방을 옆에 놓고 기다렸다. 마침내 그가 기다리던 말이 사방으로 울려 퍼졌다.

"캐리타트 교수님, 안내 데스크로 오십시오."

그것은 환영사, 아니 최소한의 입장 허가 같았다.

9
칼큘라 시

안내 데스크의 북적대는 인파 속에서 니콜라스는 그레고리 맥시만드를 한 눈에 찾았다. 그는 60대 초반이었지만, 훨씬 젊어 보였다. 그는 말쑥하고 적당히 그을었으며, 조화롭고 부드러우며 우아한 모습을 하고 있었다. 그리고 눈가에 주름을 지으면서 친숙하게 웃는 얼굴로 그곳에 서 있었다. 그는 니콜라스가 기억하고 있었던 것처럼 확실히 온화한 표정을 짓고 있었다. 그러한 온화함은 따뜻한 포옹이나, 격려와 환영의 말과도 같았다.

"캐리타트 교수! 결국 이렇게 당신을 만나게 되어 너무나도 반갑습니다. 밀리타리아의 학술적인 보이콧 이후에 우리는 당신의 흔적을 거의 찾을 수 없었습니다. 당신은 분명 곤란한 처지에 있지만, 우리가 모두 해결해드리겠습니다. 우리가 당신의 숙소를 찾을 때까지, 당신은 우리 집에 머물게 될 것입니다. 내 차가 이쪽에 있습니다. 아, 물론 오늘 저녁에 함께 식사를 합시다. 혹시 피곤하십니까? 집으로 곧장 갈까요, 아니면 면

저 칼큘라 시를 드라이브하면서 둘러볼까요?"

그는 드라이브에 기꺼이 동의했다. 익숙해지는 것도 좋을 것 같았다.

차는 은빛이었고, 멋진 엔진 소리를 냈다. 그들이 공항에서 시내로 운전해 들어가면서, 니콜라스는 그날 들어 두 번째로 자신의 사연을 이야기했다. 맥시만드는 진지하게 들었으며, 특히 저스틴이 그에게 위임한 임무에 대해 관심을 가지고 귀를 기울였다.

그는 그 이야기를 듣다가 외쳤다. "니콜라스! 내가 당신에게 그 임무에 대해 말해도 되겠소?"

"물론!"

"니콜라스, 당신의 임무는 끝났소." 그가 단정적으로 말했다.

"어떻게 말입니까?"

"당신은 목적지에 이미 도달했어요. 나는 그것을 당신에게 확신시킬 수 있습니다."

그레고리는 대단한 애국자였다. 그의 주장이 사실일까? 니콜라스는 이미 모든 실현 가능한 세계 중 최선의 곳에 도착한 것일까?

칼큘라는 바쁘게 돌아가는 현대식 거대 도시였다. 그 속에서 모든 것은 질서가 잡혀 있고 잘 통제되고 있는 것처럼 보였다. 스쳐 지나가는 차와 버스들은 길고 곧게 뻗은 넓은 거리를 따라 유유히 흐르고 있었다. 건물들은 크고 우아하게 설계되어 있었으며, 전면이 유리로 된 사무실 단지와 쇼핑 몰들을 이루고 있었다. 칼큘라 시민들은 모두 다 좋은 옷을 입고 건강하며 행복한 모습을 보이면서 넓고 깨끗한 보도 위를 밝게 걸어가고 있었다. 보다 자세하게 살펴보고, 그는 그들 모두가 서로에게가 아니라 자기 스스로에게 웃음을 보내고 있다는 사실을 알 수 있었다. 그리고 보다 더 자세히 살펴보고나서, 그는 그들이 걸어가면서 시시때때로 자신들의 주머니에서 작은 계산기를 꺼내서 마치 무언가를 점검하는 것처럼 그것을 들여다보고나서, 확실한 만족감과 함께 그것을 다시 집어넣고 있다는 사실을 깨달았다. 모든 곳에서 그는 효율, 번영, 청결, 질서를 보았다. 빈곤도 없었고, 혼란도 없었으며, 거지도 없었다. 심지어 나이가 들었거나, 쇠약하거나, 혹은 불구인 사람도 없는 것처럼 보였다. 그는 그레고리의 주장을 약간 시험해보기로 결심했다. 그는 모든 유틸리타리아 사람이 비참과 불행으로부터 보호되고 있는지 궁금했다.

그는 물었다. "보다 가난한 계급들은 어디에 살고 있습니까?"

그레고리가 말했다. "아, 여기에는 어떤 가난한 계급도 없습니다. 왜냐하면 계급이 없기 때문이죠. 유틸리타리아에서 우리의 성공은 (그는 창밖을 보라는 몸짓을 했다) 집단적인 것이고, 우리의 실패는 개인적인 것이지요. 우리는 능력주의 사회에 살고 있어요. 여기서 능력은 공공 선에 대한 기여를 구성하지요. 물론, 몇몇 유틸리타리아 사람은 다른 사람들만큼 잘 살지 못합니다. 몇몇 개인은 실패를 하지만, 그것은 그들이 전체의 유용성에 기여하는 바가 다른 사람들보다 적기 때문입니다. 그들이 하나의 계급을 형성하지는 않아요. 그들은 단지 다른 사람들만큼 성공하지 못한 다수의 특수한 개인들일 뿐이지요."

니콜라스가 물었다. "그러나 그들이 자신의 열등한 처지에 대해 분노를 느끼지 않나요?"

"그게 뭐죠?" 그레고리는 난처해하는 듯이 보였다.

그들이 알지 못한다고 여겨지는 또 하나의 단어인가보다, 그는 생각했다. 그는 존슨 박사가 그것을 훌륭하게 정의했던 것을 상기해냈다.

그는 설명했다. "**분노**란 깊은 상처의 감정이고, 오랫동안 지속되는 노여움을 의미합니다."

"우리는 그런 단어를 가지고 있지 않습니다." 그레고리가 말했다. "혹은 사실상 그것은 적용하기가 어려운 매우 이상한 현상인 것 같군요. 상대적으로 잘살지 못하는 유틸리타리아 사람들은 확실히 그러한 단어를 가지고 있지 않아요. 그들이 왜 그런 단어를 가져야만 하죠? 누구에 의해 상처를 입었단 말입니까? 그들이 노여움을 느껴야만 하는 대상이 되는 사람은 누구인가요? 만약 그들이 다른 사람들에게 덜 공헌했다면, 그것은 그들이 그렇게 할 수 없었거나 혹은 그렇게 하기 싫었기 때문이지요. 만약 그들이 할 수 없었다면, 그것은 누구의 잘못도 아닙니다. 만약 그들이 하기 싫었다면, 그것은 그들 자신의 잘못입니다. 우리는 훈련과 노력을 통해 모든 사람이 자기 능력의 극대치를 발휘할 수 있다고 확신합니다. 그리고 최저의 복지 대상층이 있는데, 사회에 조금이라도 공헌할 수 있는 그 누구도 그곳으로 떨어지지는 않아요." 그는 자랑스럽게 결론을 내렸다. "유틸리타리아에서 모든 사람은 만인의 복지에 대한 그 사람의 공헌도에 따라 보상을 받습니다."

니콜라스는 계속해서 물었다. "덜 부유한 유틸리타리아 사람들은 어떤 생활 조건 속에서 살아가고 있습니까?"

"당신은 그들의 복지에 대해 특별한 관심을 가지고 있는 것 같군요." 그레고리는 매우 즐거운 듯한 표정을 지으며 이렇게 말했다. "공적인 지향이 매우 강하시군요! 집으로 가는 길에 상대적으로 못사는 사람들의 거주지를 보여드리죠. (그는 자신의 시계를 보았다) 우리 집에 가려면 반드시 그곳을 지나가야만 하니까요."

그들이 도시 중심가로부터 벗어나면서, 니콜라스는 하루만에 엄청나게 변화한 자신을 둘러싼 환경에 대해 생각해보았다. 단지 몇 시간 전만해도, 그는 밀리타리아의 감옥에서 비열한 글로불루스와 논쟁을 벌이고 있었다. 그런데 지금 그는 유틸리타리아의 도시에서 번화한 거리를 따라 자동차 드라이브를 즐기고 있다. 그것도 그에게 오직 좋은 소식만 전해 주는 것처럼 보이는 인도자와 함께.

갑자기 차가 멈추었다. 앞쪽으로 자동차의 행렬이 길게 늘어서 있었고, 저쪽 편 끝에 일종의 검문소가 있었다. 총을 든 경찰 두 명이 차량 통제용 차단기를 설치해놓고 있었다. 그가 오늘 경험한 두 번째 도로 차단이었다. 그레고리를 쳐다보자, 그는 별로 동요하지 않는 것 같아 보였다.

"이런 비열한 비고트리안 테러리스트들!" 그는 설명했다. "그들이 또 하나의 폭탄 테러 도발을 시작했어요. 그래서 경찰이 무기류와 수상한 사람들을 찾기 위해 차를 검사하고 있는 것 같군요."

수상한 사람들! 글로불루스, 팽글로스, 캐리타트의 이름이 적힌 신분증을 모두 지닌 내가 바로 그런 부류의 사람이 아닌가!

"걱정할 것 없어요." 그의 걱정을 눈치챈 그레고리가 말했다. "내가 처리할 테니까."

도로 차단기에 도착하자, 그레고리는 경관들에게 자신의 신분증과 니콜라스의 체류 및 취업 허가서를 건네주었다. 그는 다소 위엄 있게 말했다. "여기 있는 내 동료는 외국에서 온 저명한 교수님으로, 매우 높은 수준의 생산성과 유망한 미래를 가진 분이네."

경관은 만족한 듯, 신분증을 돌려주었고 손을 흔들어 그들을 통과시켰다.

그들은 차를 몰아서 기능적으로 건축된 십여 채의 고층 아파트 단지를 지나쳐갔다. 그곳의 아파트들은 약 40층 정도 되었는데, 뒤쪽으로는 도로를 끼고 있었고, 앞쪽으로는 넓고 잘 가꾸어진 녹색 잔디밭을 두고 있었다.

안내를 맡은 그레고리가, 약간 비꼬는 듯이 그에게 제안했다. "아마도, 선생은 우리의 가난한 삶이라고 당신이 말하는 것이 어떤 것인지 보고 싶으시겠죠. 함께 가서 봅시다."

그레고리는 마지막 아파트 단지의 진입로로 차를 몰았고, 정문 앞의 넓은 주차장에 차를 세웠다.

그들은 광택이 나는 검은색 바닥에 벽에는 거울이 걸린 널찍한 홀에 들어섰다. 엘리베이터 승강장을 지나서, 그레고리는 니콜라스를 후문 쪽으로 데리고 갔다. "당신에게 이걸 보여주고 싶었소." 그가 자랑스러운 듯한 목소리로 말했다.

니콜라스는 그곳에서 크고 잘 꾸며진 말쑥한 초록 잔디밭을 발견했다. 그 잔디밭은 그들 오른편으로 열 개 정도의 아파트 단지 전역에 걸쳐 길게 뻗어 있었고, 그 주변에는 보다 하얀 건물들이 희미하게 불을 밝히고 서 있었다. 그 건물의 앞쪽, 그들의 왼편에 어린이 놀이터가 있었는데, 그곳은 그네를 비롯한 놀이기구와 모래밭을 갖추고 있었다. 또 다른 단지를 향해서 그들의 오른쪽 편으로 돌 축대 위에 세워진 원형 분수에서 희미하게 반짝거리는 포말들이 피어올라서 여기저기 흩어지고, 마치 액체 향료와 같이 작은 인공 호수로 떨어지고 있었다. 그리고 이렇게 물 떨어지는 소리가 그곳의 조용하고 평화로운 분위기를 휘감고 있었다.

"틀림없이 당신은 시민들, 심지어 가장 가난한 사람들을 위해서 유틸리타리아가 어떤 배려를 하고 있는지 보게 될 겁니다." 다양한 높이의 건물들 사이로 난 길을 걸으면서 그레고리가 말했다. 그 건물들은 단지들로 나뉘어 있었고, 각각의 단지는 분리된 입구와 흰색 계단, 유리문을 갖추고 있었는데, 그 유리문 위에 금빛 글자로 된 단어들이 그 단지의 기능을 설명하고 있었다.

그들은 보육원이라고 적힌 곳을 통과했는데, 그곳에서 니콜라스는 어린이들이 크게 소리지르는 것을 들을 수 있었다. 이어서 그들은 초등학교, 중학교, 고등학교를 지나쳐갔다. 모퉁이에 이르러, 그들은 아파트 맞은편의 길을 따라 걷기 시작했다. 첫 번째 건물은 다른 것들과 마찬가지로 흰색의 건물로 희미한 불빛을 내뿜고 있었으며, 다른 건물보다 조금 높았다. 그 건물은 상급 학교였다. 그 다음은 '진료소'라고 적혀 있는 건물이었다. 그레고리의 설명에 따르면, 여기에서 주민들의 눈, 귀, 코, 목, 발 등을 괴롭히는 모든 문제를 전문가들이 치료해주고 있었다. 그 다음 건물에서는 문제 해결에 도움이 필요한 사람들에게 정부 부담으로 '상담 서비스'를 제공한다고 그레고리가 설명했다.

"어떤 종류의 문제인가요?" 니콜라스가 물었다.

"모든 종류요." 그레고리가 대답했다. "해결책이 없는 문제는 없습니다. 이곳 주민들이 자신들의 문제를 갖고 오면, 전문가들은 대답을 계산합니다." 창문을 통해서, 니콜라스는 컴퓨터 화면의 불빛을 볼 수 있었다.

그 다음 건물은 분수와 호수의 맞은편에 위치해 있었다. 그레고리가 말했다. "당신은 분명 감명받을 겁니다. 여기는 노인들의 집입니다."

니콜라스는 유리 문 위를 올려다보고, 그곳에 새겨져 있는 글자를 읽어 내려갔다. '작별의 집'. 그는 잠시 동안 그 이름이 직설적인 것에 놀랐지만, 곧바로 그것이 유틸리타리아 식의 독특한 것이라는 점을 깨달았다. 미래 지향적이고 다가올 날들에 대한 희망적 전망을 약속하는.

연못 주변에 놓인 탁자들에 백발의 남녀들이 앉아 있었다. 그들 중 몇몇은 책을 읽고 있었고, 몇몇 여자는 뜨개질을 하고 있었으며, 몇몇은 분수를 응시하고 있었다. 그들은 조용히 앉아 있었고, 계단을 올라 안쪽으로 들어오는 방문객들에게 별다른 주의를 기울이지 않았다. 현관 로비에 도착하자, 그레고리가 왼편의 어떤 방문을 두드렸다. 병원의 수간호사처럼 보이는 덩치가 크고 안경을 낀 여인이 그들을 맞이했다. 그녀는 약간의 권위적인 태도와 함께, 만약 그가 이제까지 만났던 모든 유틸리타리아 사람이 짓고 있던 웃음을 보지 못했더라면 자신을 환영하는 것으로 착각했을, 그런 웃음을 짓고 있었다. 그레고리는 자신의 친구가 유틸리타리아에서 제공되는 의료 보장을 살펴보기를 원한다고 설명했다. 그녀는 활기차게 손을 내밀어 니콜라스와 악수했다.

그들이 들어선 방은 환자 대기실과 개인 병원의 중간 정도로 보였다. 다양한 질병을 가진 것으로 보이는 30명 가량의 남녀 노인이 어두운 올리브색 천을 바른 벽을 따라 줄지어 앉아 있었다. 벽에는 붉고 푸른 새와 꽃 그리고 동물들이 그려진 생동감 있는 파스텔 톤의 그림이 걸려 있었다. 그 벽의 끝에는 양쪽으로 여닫을 수 있는 커다란 문이 있었고, 그 문 위에는 '작별'이라는 단어가 금박으로 새겨져 있었다. 니콜라스는 그 메시지의 무감각함에 다시 놀랐지만, 애정어린 해석을 하기로 마음먹고서 현지인의 관점에서 그것을 이해하고자 했다. 연못과 분수를 향해 큰 창이 나 있는 그 방은 보기 좋게 카펫이 깔려 있었고, 가구가 갖추어져 있었다. 그곳의 사람들 가운데 몇몇은 병원용 시트가 씌워진 편안한 팔걸이 의자에 앉아 있었고, 다른 몇몇은 낮은 침대에 등을 기댄 채 누워 있었다. 몇몇은 보살펴주는 친지나 친구들로 보이는 사람들에 둘러싸여 있었다. 다른 사람들은 혼자 앉아 있거나 누워 있었다. 낮은 목소리로 나누는 내밀한 대화의 웅성거림이 있었다. 세 명의 간호사가 환자를 돌보면서 이곳저곳을 분별력 있게 움직이고 있었다. 그곳의 전반적인 광경은 부드러운 안식처의 느낌을 주었다. 수간호사는 뜻밖의 방문객들에게 그곳을 보여주는 것에 대해 분명한 자부심을 가지고 있는 것처럼 보였다.

니콜라스는 주변을 둘러보았다. 그 방의 나이 든 사람들―그들 중 어느 누구도 그렇게 늙어 보이지 않았다―은 매우 만족하고 있는 것처럼 보였다. 그들은 모두 서로를 향해 미소짓고 있었고, 어느 누구도 불만을 나타내거나 심지어는 얼굴을 찡그리지도 않았다. 몇몇은 휴대용 계산기를 두드리면서 매우 즐거워하고 있었다.

벽의 맞은편 그의 오른 쪽으로 푸른색 드레스 가운을 입은 어떤 나이든 여인이 팔걸이 의자에 똑바로 앉아 있었다. 그녀는 흰 얼굴에 크고 둥근 테의 안경을 쓰고 있었다. 그녀 앞에는 두 명의 젊은 여인이 앉아 있었는데, 그들은 분명 딸처럼 보였다. 그들 두 사람은 모두 과거에 자신이 읽었던 책과, 그들이 함께 즐겼던 여행, 그리고 함께 사귀었던 친구에 대해 대화를 나누려 노력하고 있었지만 그러한 노력은 거의 성공하지 못했고, 나이든 여인은 주의가 불안정하고 지속적이지 못했다. 그녀는 과거의 생기 넘치는 대화를 일깨우려는 듯 연결되지 않는 단어들을 가끔 내뱉고는, 평화로운 침묵으로 물러나곤 했다. 그녀의 눈길이 스쳐지나가듯이 니콜라스에게 멈추었다. 그녀 옆에는 또 다른 병약한 여인이 틀림없이 불편해 보이는 자세로 몸을 구부린 채 침대에 누워 혼자말로 부드럽게 중얼거리면서 연신 웃음을 짓고 있었다. 간호사가 그녀 주변의 칸막이 커튼을 걷어내자, 니콜라스와 그녀의 눈이 마주쳤다. 근처 침대에는 파자마 차림의 쾌활한 남자가 앉아 있었는데, 그는 자신의 임박한 죽음이라는 주제로 블랙 유머를 나누면서 친지들을 즐겁게 해주고 있었다. 간호사 한 명이 주변에 모여 있는 친지들에게 차를 가져다주고 있었다. 그들의 웃음은 즐거움과 동시에 당혹감을 전달하는 것처럼 느껴졌다.

"당신이 보시다시피," 그레고리가 말했다. "유틸리타리아의 사회 보장은, 비록 우리 나라 사람에 국한된 것이지만 최고 수준입니다."

말을 마치고 그레고리가 수간호사에게 자신들의 방문에 대한 감사의 표시를 한 뒤에 그들은 그곳을 나왔다. 밖으로 나와서, 그레고리는 팔을 들어 이쪽저쪽을 가리키면서 나머지 사각형 건물들에 대해 설명했다. 그 건물들은 은행, 상업 지구, 극장, 레크레이션 센터, 그리고 엄청나게 큰 놀이 공원 등이었다.

그레고리는 웃음을 지으며 사과의 말을 전했다. "니콜라스, 유감스럽지만 이곳의 가난한 사람들에 대해 우리들이 할 수 있는 최선이 이 정도밖에 안 되는군요. 이곳에 살고 있는 사람들은 그들 자신을 하나의 **계급**

으로 보지 않습니다. 그리고 그들 중 다수는 자신의 생산성이 개선되면 이곳을 떠납니다. 그들은 모두 잘 살고 있는 친지들─부모, 형제, 자매, 숙부와 숙모, 그리고 사촌 등─을 가지고 있습니다. 유틸리타리아에서 실패는 가족과 일가 전체에 걸치는 것이 아닙니다."

니콜라스가 보고 들을 수 있었던 모든 것에 따르면, 실패한 각각의 개인들에게도 그렇게 고통스럽게 느껴질 만한 것은 없는 것 같았다. 자동차 여행을 다시 시작하면서, 니콜라스는 캐묻는 질문을 한두 개 더 해보기로 마음먹었다.

그는 물었다. "그렇지만 확실히 아직도 많은 불행의 원천이 남아 있지 않나요?"

"우리는 개인적 불행의 모든 사회적 원천을 제거해왔습니다." 그레고리는 단호하게 말했다. "혜택, 예를 들자면 육아, 간병, 모든 수준의 교육, 의료 보장, 질병 수당, 실업 급여, 노인 부양 등을 필요로 하는 사람에게 공적으로 제공하는 것을 통해서 말입니다. 개인들이 부족한 것이 무엇이건, 그것은 공적으로 제공됩니다."

"그러나 개인들에게 책임감이 결여되어 있지는 않나요?" 니콜라스는 질문을 참을 수 없었다.

"그것은 또 다른 불행의 원천일 뿐이지요." 그레고리는 담담하게 말했다.

"자살률은 어느 정도인가요?" 니콜라스가 물었다.

그레고리는 모든 질문에 대한 대답을 가지고 있는 것 같았다. "매우 높아요." 그레고리는 인정했다. "그렇지만 만약 자살이 적절하게 배분된다면, 높은 자살률은 행복의 총계에 실질적인 공헌을 할 수 있을 것입니다. 동의하지 않으세요?"

그레고리는 매우 자신만만했다. 그가 필요할 때의 친구이긴 하지만 진정한 친구일까? 그는 분명 극단적으로, 심지어 터무니없을 정도로 친밀했는데, 그것은 그들 사이의 과거 친분으로부터 기대할 수 있는 정도를 훨씬 뛰어넘는 것이었다. 이것은 운 좋은 수혜자인 니콜라스에게 베풀어지는 비인격적이고 보편적인 혜택에 불과한 것인가? 그레고리는 혹시나 전략적으로 행동하면서 니콜라스가 그와 유틸리타리아에 대해 좋은 방향으로 생각하도록 하고자 하고 있을 뿐인가? 그렇지 않으면, 그는 정말 니콜라스를 보살펴주고 있는 것인가? 그의 친밀감은 우정을 나타내는가? 니콜라스는 마지막의 경우, 즉 그레고리의 배려에 대한 가장 위안이 되는 해석을 희망했고, 이에 따라 배가된 기쁨을 갖고 앞으로 그가 베풀 호의를 마음속으로 기대했다.

10
맥시만드가

　맥시만드가家의 집은 조용하고 숲이 무성한 교외에 자리잡고 있었다. 가로수가 늘어선 아름다운 길을 따라 안쪽으로 들어서자 니콜라스는 맥시만드가의 인상적인 신고전파 건축물을 만날 수 있었다. 그는 맥시만드가의 다른 사람들, 즉 그레고리의 부인인 샤르미앙과 그들의 십대 아들 그레이엄으로부터 따뜻한 환영을 받았다. 우아한 샤르미앙은 성냥개비처럼 날씬한 몸매에 심플한 스웨터와 바지를 입고 매혹적인 미소를 짓고 있었다. 그녀는 그레고리가 니콜라스에게 도움이 된다는 사실에 대해 자랑스러워하고 있음이 분명했다. 그녀가 설명했다. "그레고리는 도움이 필요한 사람들에게 도움을 주는 데 매우 익숙하죠."

　"이곳에서 엄청나게 필요한 인물로서," 그레고리가 덧붙였다. "니콜라스는 조만간에 자립하게 될 것이고, 우리의 공익에 기여할 것이라고 확신해!"

　그레이엄은 약간은 멍한 표정으로 혼자 웃고 있었는데, 어떤 것에 넋이 나간 듯 몰두해 있는 것처럼 보였다.

"그는 컴퓨터로 무언가 계산할 것이 있어요. 하지만 그걸 마치고 나면 우리와 자리를 함께 할 겁니다." 그레고리가 설명해주었다. "샤르미앙이 저녁을 준비할 동안, 우리는 서재에서 이야기를 나눕시다."

그레고리는 샤르미앙이 훌륭한 요리사라고 니콜라스에게 자랑스럽게 말했다. 그녀는 또한 최상의 주부이자 어머니였고, 그의 연구 조교이자 개인적, 사회적, 정치적 비서의 역할도 맡고 있었다. 그녀의 모든 활동은 두드러지게 성공적인 그레고리의 삶의 모든 다양한 측면을 지원하는 데 맞추어져 있는 것처럼 보였다. 니콜라스는 그를 따라서 크고 훌륭한 방으로 들어갔다. 그 방에는 흰색 벽에 꽃들이 그려진 그림이 걸려 있었고, 다른 쪽 편에는 바닥에서 천장에 이르기까지 여러 단의 책이 줄지어 꽂혀 있었다. 그 책 중의 어떤 것은 새로운 것이었고, 어떤 책은 오래된 것이었다. 그 속에서 그는 눈에 익은 갈색의 18세기 저작 선집을 알아볼 수 있었다. 아련한 슬픔의 감정이 마음을 아프게 했다. 그는 볼테르, 루소, 벤담, 그리고 당연하게도 엘베시우스 등의 전집들을 볼 수 있었다. 그레고리가 잔에 마실 것들을 따르는 동안, 니콜라스의 눈길은 그곳에 꽂혀 있는 책의 제목을 훑어나갔다. 그의 눈길은 시집들을 꽂아놓은 것이 분명한 부분에 멈추었다. 그레고리가 그에게 백포도주를 건네줄 때, 그는 한 권의 시집을 뽑고 있었다.

"푸쉬핀pushpin을 좋아하시나요?" 그레고리가 질문했다.

"푸쉬킨요?" 그가 말했다. "아 예, 제가 푸쉬킨을 읽은 지는 상당히 오래 전 일인 것 같군요."

그레고리는 놀란 것처럼 보였다. "아, 나도 푸쉬킨 시집을 몇 권 가지고 있어요." 그가 말했다. "그렇지만, 내가 방금 말한 것은 푸쉬킨Pushkin이 아니라 푸쉬핀이었습니다."

"푸쉬핀이 누구죠?" 그가 물었다.

"물론 당신도 푸쉬핀에 대해 들어본 적이 있을 겁니다." 그레고리가 말했다. "그것은 매우 재미있는 게임입니다. 저는 특히 그 게임을 좋아하죠. 그리고 그 게임은 이곳 유틸리타리아에서 언제나 인기가 많았어요. 존 스튜어트 밀에 따르면, 제레미 벤담은 푸쉬핀이 시만큼이나 좋은 것이라고 생각했고, 효용을 만들어내는 수단이라고 판단했답니다. 그리고 당신도 알다시피, 벤담은 '모든 시는 왜곡된 것'이라고 말하곤 했습니다. 어떤 이유에선가 밀은 이런 견해가 잘못된 것이라고 생각했구요." 이렇게 말하고나서, 그레고리는 다음과 같이 덧붙였다. "개인적으로, 나는 푸쉬핀이 푸쉬킨보다 훨씬 더 좋다고 말하고 싶군요."

니콜라스는 자신이 그 규칙조차 알지 못하는 이상한 게임에 맞서 푸쉬킨의 장점을 방어하고 싶은 생각은 들지 않았다. 하지만, 그렇다고 해서 그 자리에서 그 게임을 할 생각은 더욱 없었다. 그래서 그는 시간을 끌기로 결심했다. 그는 그레고리가 존슨 박사가 편찬한 영어 사전을 갖고 있을 것으로 확신하고서 사전에서 '푸쉬핀'을 찾아보자고 제안했다. 그들은 갈색 가죽 장정의 책을 참고했다. 거기에는 이렇게 적혀 있었다. "푸쉬핀－핀들을 교대로 밀치는 어린이 게임." 그리고 그 뒤에 에뜨랑제 L'Estrange* 로부터의 인용이 달려 있었다. "어떤 철학자의 입에서 나오는 지혜의 목소리에 대해 갈팡질팡하는 생각을 가진 사람은, 공부를 해야 할 때 푸쉬핀을 하면서 놀고 있는 아이들만큼이나, 매맞아 마땅하다." 훌륭한 존슨 박사는 제레미 벤담과는 달리 푸쉬핀보다는 시를 훨씬 높이 평가했던 것이 분명했다.

그러나 존슨 박사의 사전이 그레고리를 단념시키지는 못했다. 찬장

---

* 영국의 17세기 저술가이자 정치가인 로저 에뜨랑제는 정치적 논쟁을 즐겼으며 이 인용문은 가상의 내용이다.

을 열고서, 그는 크고 평평한 나무판자를 끄집어냈다. 판자의 네 모서리 쪽에, 그는 조심스럽게 몇 개의 작은 은빛 핀들을 놓았다.

"자, 이제 우리는 핀들을 가로지르려 노력하면서 그것들을 밀어내야 합니다." 그는 점점 더 흥미를 가지면서 설명했다.

그 순간 그레이엄이 방으로 뛰어 들어왔다. "아, 대단히 죄송합니다." 자기 아버지의 취미에 대한 경멸을 뚜렷이 드러내며 그레이엄이 말했다. "벌써부터 이걸 하고 있을 줄은 미처 몰랐군요." 그는 니콜라스를 향해 돌아섰다. "당신이 아시다시피," 그가 말했다. "어린이는 어른의 아버지이다. 당신이 존경할 만한 아들을 보고자 한다면, 그의 아버지와 푸쉬핀 게임을 함께 해보라!" 그는 무미건조하게 암송했다.

그레고리는 아들의 이런 비아냥을 감지하지 못한 채, 앞으로 벌어질 게임 상황을 예상하는 즐거움에 빠져 있었다. 그리고 그는 자신의 손님을 이런 기묘한 오락의 신비 속으로 꾀어들이는 데 몰두하고 있었다. 그러나 그 순간, 샤르미앙이 서재로 들어와서 니콜라스에게는 안도감을, 그레고리에게는 명백한 실망감을 안겨주었다. 그녀는 그들을 저녁 식탁으로 불렀다. 별로 가구가 없는 식당은, 추상적이고 다소 기하학적인 그림들로 장식되어 있었고 나무 바닥에 소나무 식탁과 의자가 놓여 있었다. 그들이 길고 좁은 식탁에 앉자, 그레이엄은 자신의 계산기로부터 마지못해 떨어져 나와 합류했다. 그레고리가 식탁의 한쪽 끝에서 식사를 주재했고, 샤르미앙은 다른 쪽 끝에 앉았다. 니콜라스의 반대편에, 그레이엄과 또 한 명의 낯선 사람이 앉아 있었다. 그 사람은 작고 나이든 할머니였는데, 검은 옷에 잘 빗어진 백발, 그리고 검은 조약돌 같은 눈에 특히 정체 모를 웃음이 눈에 띠었다. 그레고리는 서둘러 그녀를 향해 손을 뻗으면서 샤르미앙의 어머니라고 소개했다. 니콜라스는 손을 내밀었고, 그녀는 모호한 웃음을 띠면서 그 손을 굳게 잡고 악수했다. 그 이후 식사 시간 내내 그녀는 마치 보이지 않는 장막에 싸인 듯, 다른 사람들이 그 존재를 느끼지 못할 정도로 조용히 앉아 있었다.

니콜라스는 정말 배가 고팠다. 샤르미앙이 그들에게 내놓은 음식은 그에게 왠지 뭔가 만족스럽지 못한 부분이 있다고 느껴졌다. 그 음식의 최우선의 목적은 풍부한 영양과 건강을 제공해주는 것이었다. 그들은 평범한 당근과 양상추 그리고 붉은 양배추를 버무려놓은 것부터 먹기 시작했다. 다양한 종류의 빵도 있었는데, 샤르미앙은 손님에게 그것들을 주의깊게 설명했다. 밀이 많이 섞인 빵, 고단백 빵, 맥아 빵, 소맥 빵 등등. 니콜라스는 몇 조각들을 먹어보았는데, 모두 같은 맛이었다. 주된 요리는 시금치를 곁들인 호두 스테이크였다. 음료는 탈지 우유와 저지방 우유 중에서 선택할 수 있었다.

그레고리와 샤르미앙은 니콜라스를 오랫동안 헤어졌던 친구처럼 대했다. 그들은 과거에 그가 겪었던 문제들, 현재의 편안함, 그리고 미래의 밝은 전망 등에 대해 거의 동등한 관심을 부여했다. 그리고 그레고리는 단순한 교수나 학자가 아니라는 사실이 곧 밝혀졌다. 그는 고위층과 연계를 가지고 있었는데, 그는 그것을 조금도 숨기려 하지 않았다. 오히려 그는 그의 손님이 머지않아 이로부터 이득을 얻게 될 것이라고 약속했다. 샤르미앙은 그레고리가 언제나 약속을 지켜왔다고 보증하며, 그의 부풀어오르는 행복감에 일조했다. 하지만 그레이엄은 뚱한 표정을 짓고 있었다.

니콜라스는 그에게 물었다. "내가 질문을 해도 괜찮다면, 네가 바쁘게 계산하고 있는 것이 무엇인지 말해줄 수 있겠니?"

"내일 의회에서 있을 투표의 예상 결과예요." 그레이엄이 대답했다. "그러한 예상은 의원들의 과거 투표 결과들에 기반해서 얻어지는데요, 이번 경우에는 매우 어려워요. 왜냐하면 이번 투표가 매우 까다로운 쟁점을 둘러싼 것이거든요."

"쟁점이 무엇인데?" 그가 물었다.

"낙태요." 그레이엄이 대답했다. "낙태에 대한 규칙당과 행동당의 입장은 분명하지만, 문제는 양쪽 편 모두에 동요하는 세력과 무소속 세력이 많아서 결과가 꽤 불투명합니다. 게다가 투표는 완전 자유 투표이거든요. 그래서 그들은 소속 정당의 노선을 무조건 따를 필요가 없어요."

니콜라스는 낙태에 대해 어떤 정당이 어떤 입장을 취하는지를 추측해보려고 했지만, 결국 그것이 불가능하다는 사실을 알았다. 그래서 그는 물었다. "어떤 정당이 선택의 권리를 주장하고, 어떤 정당이 삶의 권리를 주장하는지 나에게 말해주렴."

맥시만드가의 세 사람 모두가 상당히 혼란스러워 하는 것처럼 보였다. 잠시 뒤에, 니콜라스가 무슨 말을 하는지 알아챘다는 표정이 그레고리의 얼굴에 퍼졌다.

그는 중후한 교수의 목소리로 다른 사람들에게 설명했다. "니콜라스는 이곳에 알려지지 않은 과거의 단어를 이용하고 있어요. 그렇지만, 사실 그 단어는 17세기와 18세기에는 매우 널리 사용되었죠. 존 로크는 심지어 모든 사람은 '그 자신의 인격'에 기반해서 재산에 대한 권리를 가진다고 생각했어요! 소위 '인간의 권리'와 '시민의 권리'를 여기저기서 선언하고, 모든 사람이 이것저것에 대해 '자연권'을 가진다고 주장하면서 이처럼 사악한 유행이 시작된 것은 바로 18세기였습니다." 그는 이제 니콜라스를 향해서 말을 이었다. "당신도 알다시피, 우리는 권리라는 개념을 가지고 있지 않습니다. 또한 결코 폐기될 수 없는 것으로 가정된 '자연적' 혹은 '인간적' 권리라는 개념도 확실히 이곳에는 존재하지 않습니다. 벤담은 그러한 개념에 대해 맹렬히 비난했었습니다. 니콜라스, 당신이 기억하고 있는 것처럼, 벤담은 이렇게 말했습니다. 그것의 철폐가 사회에 이롭다면, 철폐될 수 없는 권리는 존재하지 않는다. '양도할 수 없는 타고난 인간의 권리'라는 주장을 벤담은 '해악적이고 위험한 넌센스'로 간주했습니다. 그리고 그러한 권리들이 사회의 이익을 위해서 철폐될 수 없다는 관념을 '과장된 넌센스'라고 선언했습니다."

니콜라스는 이상하다는 생각이 들었다. 왜냐하면 미래에 대해 높은 관심을 가지고 있는 그레고리가 벤담이라는 과거의 사상가로부터 인용하는 것을 매우 즐기고 있었기 때문이다. 그는 그의 질문을 시대에 뒤떨어지지 않은 단어로 다시 말해보기로 마음먹었다.

"어떤 정당이 낙태를 허용하는 것에 대해 우호적인 태도를 취하고 있습니까?" 그가 물었다.

맥시만드가의 사람들은 여전히 혼란스러워 하는 모습을 보였다. 이번에 대답을 한 사람은 그레이엄이었다.

"그것은 쟁점이 아닙니다." 그레함이 말했다. "낙태를 허용하는 것에 반대하는 사람은 아무도 없습니다. 문제는 누가 낙태를 결정할 것인가 하는 거죠. 행동당은 어머니 혹은 부모가 결정해야 한다고 말합니다. 그리고 규칙당은 지금 현재처럼 전문가들의 위원회가 해석하고 적용한 일련의 가이드 라인에 의해 결정되어야 한다고 주장합니다."

"어떤 전문가들?" 그가 물었다.

"아, 그러니까 의사, 심리학자, 인구학자, 경제학자, 그리고 당신도 알고 있는 다양한 종류의 미래학자들이지요." 불만이 섞인 목소리로 그레이엄이 말했다.

"그러면, 너의 견해는 무엇이니?" 니콜라스가 물었는데, 그 십대 소년을 보면서 니콜라스는 자신의 아이들을 떠올리지 않을 수 없었다.

"제 입장은 전문가들을 타도하자는 것입니다!" 그레이엄이 열정적으로 대답했다. "민중은 스스로 낙태할 권력을 가져야만 합니다. 그들이야말로 최고의 미래학자입니다. 민중이 최선의 결정을 내립니다."

"그들이 정말 그렇다고?" 그레고리가 날카롭게 말을 가로챘다. 그의 빈정거리는 말투는, 그가 아들의 생각을 탐탁치 않게 여기고 있다는 사실을 드러내었다. 그는 계속해서 빈정거리는 투로 말했다. "그레이엄, 만약 네가 선호하는 체계가 15년 전에 실시되었다면, 너는 여기서 네가 선호하는 것을 주장조차 할 수 없었을 것이라고 네게 알려주고 싶구나."

"그레고리!," 샤르미앙이 당황한 기색이 역력한 목소리로 외쳤다. 하지만 니콜라스는 그것이 남편의 경솔함을 탓하는지, 아니면 논쟁에서 아들을 짓누르기 위해서 그처럼 적절하지 못한 사실을 이용했다는 것을 탓하는지 알 수 없었다.

그는 그레이엄이 불쌍하다는 생각이 들었다. 부모들이 원치도 않았던 아이, 행정적 결정의 산물인 아이라니. 그레고리와 샤르미앙에 대한 그의 친밀감이 사라져버리기 시작했다.

그러나 그레이엄은 조금도 기죽은 기색이 없이 열정적으로 대답했다. 그는 아버지의 빈정거리는 말투를 흉내내어 말했다. "만약 당신이 민중으로 하여금 결정하도록 하면, 그들은 자신들의 실수로부터 교훈을 얻을 것입니다."

"평범한 사람들이 나라의 미래를 결정하도록 만들 수는 없다." 샤르미앙이 단언했다.

"미래는 너무나 중요한 것이어서 미래학자들의 몫으로 남겨질 수 없어요." 그레이엄은 단호하게 응수했다.

니콜라스가 끼어들면서 물었다. "그런데 왜 너는 이것이 매우 중요한 정치적 쟁점이 될 것이라고 말했니?"

"왜냐하면 정당들 간의 쟁점은 단지 누가 낙태를 결정해야 하는가에 국한되지 않기 때문이죠." 그레이엄이 설명했다. "어떻게 그 문제를 해결할 것인가라는 또 다른 쟁점이 남아 있거든요. 행동당은 그것이 근본적인 쟁점이고, 따라서 그것이 민중에 의한 국민 투표를 통해서 결정되기를 원하죠. 물론 규칙당 사람들은 의회 내 다수라는 현재까지의 지위 때문에 의회 내 투표에서 승리할 것을 생각하며 행복해 하고 있구요. 이런 모든 것이 내일 토론될 것입니다."

샤르미앙이 단단하고 초록빛이 도는 신 사과들을 후식으로 내왔다.

그레고리가 제안했다. "당신이 원한다면, 저녁을 마치고 TV를 보는 게 어떨까요? 내일의 논쟁에 대한 두 정당의 정치적 입장이 TV에 방송될 겁니다." 니콜라스는 흔쾌히 동의했다.

사과를 먹고나서, 그들은 거실로 자리를 옮겼다. 샤르미앙의 어머니는 묘하게 손을 흔들면서 계단 위로 사라졌고, TV가 켜졌다. 행동당의 프로그램은 꽤나 감동적이었다. 다양한 결혼식 장면이 짧게 짧게 여러 장면 겹쳐졌다. 그리고 나서 신혼 부부 여러 쌍이 화면에 나타났다. 젊고 매력적인 신랑과 신부 모두가 손에 휴대용 계산기를 들고 깊은 토론에 열중하고 있었다. 이어서 화면은 병원 침대로 바뀌고, 젊은 어머니들이 유망한 장래를 가진 아기들을 자랑스럽게 쓰다듬고 있었다. 그 뒤에 분명히 아이가 없는 것으로 보이는 다른 젊은 여성들이 자신들의 결정을 쾌활하게 설명했다. 그녀는 자신들이 예상한 결과가 실현되었을 때 얻을 수 있는 기쁨을 미리 예측할 수 있었다고 말했다. 인터뷰 담당자가 딱딱하게 물었다. "왜 당신은 출산 통제를 실행하지 않았습니까?" 바로 이때, 웅장한 음악이 깔리면서 '아무리 늦어도 계산은 할 수 있습니다'라는 말이 겹쳐졌다. 그리고 프로그램은 끝났다. 그레이엄은 환호하면서 거실을 떠났다.

규칙당의 방송은 훨씬 더 침착하고 교육적인 것이었다. 다양한 젊은 부부의 모습이 여러 장면 방송되었는데, 그들은 다양한 정도로 혼란스럽고 속수무책이었으며, 결국 결혼 지도 상담사, 의사, 심리학자 등이 방문을 받았다. 그리고 나서 다양한 종류의 지식인과의 인터뷰 장면이 나왔는데, 그들은 대부분 흰색 가운을 입고 컴퓨터 뒤에 앉아서 아기를 가질 것인지 말 것인지를 결정하는 일의 복잡함에 대해 설명하였다. 어떤 특정한 경우에 분명한 결론에 도달하는 것이 얼마나 어려운가를 보여주기 위해서 많은 사례와 도표, 그림이 화면에 제시되었다. 이어서 전문가들이 탁자에 둘러앉아 혼란스러워 하는 젊은 부부를 인터뷰하는 장면이 등장했고, 마침내 한 젊은 여인이 전문가들에게 질문을 던졌다. "그렇지만, 도대체 내가 어떻게 결정할 수 있나요?" 그리고 어떤 목소리가 다음과 같이 말하면서 프로그램은 끝이 났다. "당신은 할 수 없고, 그들은 할 수 있습니다."

그레고리와 샤르미앙은 확실히 두 번째 프로그램에 만족스러워했다. 그레고리가 말했다. "매우 전문적이군요. 바로 저겁니다. 어떤 문제들은 기술적인 것이고, 기술적인 문제들은 전문가들이 결정할 것이죠. 다른 방법이 있는 것처럼 가장하는 것은 얄팍한 감상입니다. (그는 니콜라스 쪽으로 고개를 돌렸다) 혹시 내일 저와 함께 토론장에 가보시겠습니까? 그곳에 가면 이곳에서 정치가 어떤 식으로 이루어지는지 알 수 있을 겁니다. 그리고 제가 당신에게 정부에서 일하고 있는 사람들을 소개시켜줄 수 있습니다."

니콜라스는 동의했고, 지친 몸을 이끌고 침실로 갔다. 침실에서 그는 유틸리타리아에 대한 지금까지의 인상들을 돌이켜보기 시작했다. 그는 그의 무사히 도착했음을 알리는 첫 번째 『중간 보고서』를 저스틴에게 쓰기로 마음먹었다. 그러나 백지를 펴놓고 펜을 뽑아 들었을 때, 그는 어떤 어조와 스타일이 적절할 것인지 판단할 수가 없었다. 결국 그와 저스틴의 관계는 단순하고 일방적인 것이 아니었다. 그 관계는 스승과 과거의 제자라는 관계인 동시에, 과거의 희생자와 구원자 관계이기도 했다. 게다가 그들의 관계는 스파이와 스파이 파견자의 관계이기도 했는데, 물론 이 경우 스파이는 어떤 대의를 추구하기보다는 반대로 이를 찾아야 하는 임무를 띠고 있었다. 하지만 그가 찾고 있는 것이 도대체 무엇이란 말인가? 그는 이 질문으로 글을 시작하기로 마음을 먹었다.

그는 이렇게 썼다.

유틸리타리아의 칼큘라 시
맥시만드가에서

친애하는 저스틴

자네가 나를 파견하기로 결정한 다소간 부정확하게 정의된 임무에 대해 내가 어떻게 해석하고 있는가를 먼저 말해야만 할 것 같군. 나는 그것에 대해 두 가지 방식으로 생각해보려고 하네. 첫째, 나 자신의 관점에서. 결국 나는 다른 어떤 관점에서 출발할 수 없으니까. 아마도 이런 질문을 던져볼 수 있지 않을까. 어떤 곳이 내가 정착하기로 선택할 만한 장소인가? 사실, 나에게 이는 단순한 학문적 질문이 아니라네(사람들은 이런 학문적 질문을 실질적인 의미가 없다거나 혹은 실천적으로 중요하지 않은 것이라고 부르는 경향이 있지). 나는 어쨌든 앞으로 어떤 곳에서 살아가야 하겠지만, 가까운 장래에 밀리타리아로 돌아갈 전망이 특별히 밝지 못하다고 함으로써 자네들의 운동을 모욕하고자 하는 것은 아니라네. 무엇보다도 나는 마르커스와 엘리자에게 함께 살자고 설득할 수 있는 삶의 공간, 새로운 안식처를 물색하고 있다네. 둘째, 나는 이러한 임무를 **누구나**의 관점에서 사고해보려고 노력하려 하네. 내가 만약 어떤 사람의 재능과 능력, 부의 정도, 성, 인종, 종교, 사회적 입장, 세계관 등에 대해 조금도 지식을 가지고 있지 않다고 가정해볼 때, 그 사람이 아직 태어나지 않은 상태라면 나는 어떤 곳에 태어나라고 조언해줄 것인가? 운명적이고 돌이킬 수 없는 출생의 모험을 할 만한 곳은 어디인가? 그러한 잠재적 인격이 품위 있는 삶을 살 수 있는 최선의 기회를 가지는 곳은 어디인가? 이것이 자네의 다소 부정확한 명령에 대한 합리적인 해석이라고 자네가 동의하기를 바라네.

자네도 알겠지만, 상당한 어려움에도 불구하고 나는 유틸리타리아에 안전하게 도착했다네. 다행스럽게도 이곳에서 과거에 친분이 있던, 그리고 이 지역의 고위 관계자들과 교류가 많다는 것을 알게 된 그레고리 맥시만드 교수의 도움을 받을 수 있었네. 그는 유틸리타리아의 체계가 어떻게 돌아가는가를 잘 알고 있어서, 나는 그와 그의 아들로부터 이미 많은 것을 배웠고 또한 이곳에 오는 길에 비행기에서 만났던 유능한 젊은 여인으로부터도 많은 것을 배울 수 있었다네.

물론 자네에게 이곳 사람들의 생활에 대한 나의 인상을 전하기에는 아직 이르지만, 어쨌든 모든 것이 매우 잘 조직되고 효율적으로 운영되고 있으며, 내가 이제까지 만난 이곳 사람들은 그것을 당연하게 여기는 듯이 보인다는 사실에 나는 무척 놀랐네. 이곳에는 엄청나게 발달된 보건 및 교육 복지 체계가 운영되는 것 같고, 특히 노인들의 행복에 대해 특별한 관심이 있는 것 같네.

그런데 여기서 나는 한 가지 이상한 사실을 감지했는데, 그것은 유틸리타리아의 언어가 이상할 정도로 불충분하고, 특정 단어와 개념이 이곳에는 전혀 알려져 있지 않다는 것이네. 그들이 사용하는 언어의 한계는 그들 세계의 한계처럼 여겨지는군. 나는 이 점을 좀 더 깊이 알아볼 생각이라네.

또 한 가지 나에게 수수께끼인 문제가 있네. 내가 지금까지 만난 모든 유틸리타리아 사람은 한결 같이 미소짓고 있는 것 같아 보이지. 하지만 그들의 미소가 의미하는 것은 그렇게 분명하진 않다네. 그것이 행복일까?

그렇지만 결국 행복이란 무엇일까? 디드로가 생각했던 것처럼, 그것은 어떤 개인의 심적 상태로, 일종의 내적 만족감, 그러니까 '마음 깊은 곳을 밝히는 기쁨이 이곳저곳에서 피어오르는 평온한 상태'인가? 아니면 다른 사람들과의 상호작용의 한 양상인가? 17~18세기에 활동했던 영국의 시인 포프는 "행복은 사회적임에 틀림없다. 왜냐하면 모든 개별적 행복은 일반적인 것에 의존하기 때문이다."라고 하는데, 과연 그의 말이 맞을까? 또한 행복은 소모되는 것일까? 아니면 그것은 노력이나 활동을 요구하는 것일까? "행복의 진가를 알려면 중단되지 않으면 안 된다. 인류에게는 그 즐거움 사이에 간격을 두기 위한 노력이 필요하다."는 돌바흐의 말은 과연 올바른 것인가? 사람들이 갖게 된 어떤 욕망이라도, 그것이 자기 자신과 다른 사람에게 해로운 것이건 그것을 충족시키는 것이 행복일까? 그렇지 않다면 행복은 만약 사람들이 식견이 있고 분별력이 있다면 갖게 될 욕망을 충족시키는 것일까? 그도 아니라면 행복은 부정적인 것, 그러니까 불행, 고통, 고난이 없는 상태를 의미할까? 톨스토이가 모든 행복한 가정은 서로 닮았지만, 모든 불행한 가정은 제각기 방식대로 불행하다고 말한 이유가 바로 그것일까?

그리고 행복과 불행의 구체적인 형태들은 진정으로 동일 척도로, 그러니까 행복은 양으로 불행은 음으로 그 정도를 측정할 수 있을까? 사실 유틸리타리아 사람들이 극대화하고 있는 것이 무엇이건, 그들은 어떻게 그것을 측정할까? 그들은 무엇을 극대화하고 있는

가? 나는 이런 것들에 대한 해답을 발견하려 노력하겠네.

당분간은 이 정도라네. 이곳에서의 생활은 분명 큰 어려움이 없는 듯 싶네. 그리고 나의 사랑을 마르커스와 엘리자에게 전해주기 바라네.

몸조심하게,

팽글로스

니콜라스는 침대에 누워서도 저스틴에게 보낸 편지의 마지막 부분에서 자신이 던졌던 질문에 대해 이런저런 생각을 계속했다. 스텔라 야드 스틱의 계산과 거리에서 계산을 하고 있는 이곳 칼큘라 사람들의 목적은 무엇인가? 그는 시인 알렉산더 포프에게 행복이 무엇이냐고 질문을 던졌다.

"오! 행복! 그것은 우리 존재의 궁극의 목적!" 포프가 대답했다.

"기쁨, 즐거움, 평온, 만족! 그것의 이름이 무엇이건,
그것은 영원한 탄성을 자아내는 어떤 것,
그것을 위해 우리는 삶을 꾸리고, 죽음도 불사하지,
그것은 아직 우리 곁에 있지만, 우리를 넘어선 곳에 있지,
그것은 어리석은 자와 지혜로운 자에게 서로 다르게 보이지."

"그렇지만 그것이 무엇입니까?" 니콜라스가 집요하게 물어보았다.
포프는 말했다.

"어떤 이는 행동에서, 어떤 이는 평온에서 행복을 찾지,
어떤 사람들은 즐거움이라 부르고, 다른 사람들은 만족이라 부르지,

어떤 사람들은 야수와 같이 타락하여 즐거움이 고통으로 끝나는 것
을 발견하고,
어떤 사람들은 신에게 마음이 부풀어 어떤 미덕도 헛되다고 고백하
지,
아니면 혹 나태한 마음으로 양 극단으로 빠져들어서,
　모든 것을 신뢰하거나, 모든 것을 의심하지.
　그리하여 대체로 이와 같이 말하지 않는가
　행복은 행복일 뿐이라고 누가 정의했던가*

"매우 감사합니다! 많은 도움이 되었어요." 니콜라스가 말했다.

그의 생각은 맥시만드가의 사람들에게로 흘렀다. 그들은 행복한 가
족인가? 샤르미앙을 한번 생각해보자. 그녀의 삶은 전적으로 그레고리
의 안락과 전문적 경력에 바쳐지고 있는 것처럼 보인다. 그것은 행복한
삶인가? 그 삶의 만족은 정말로 만족스러운 것인가? 유틸리타리아 사람
들은 자신들에게 그런 질문을 던져보았을까? 사실 그는 그레고리와 샤
르미앙 사이에 어떤 작은 애정의 표시도 오가는 것을 본 적이 없다. 그들
두 사람은 그레이엄에 대해 적극적인 반감을 드러내고 있었고, (이는 철
저하게 상호적인 것이었다) 그들 셋은 모두 샤르미앙의 어머니를 완전히
무시했다. 그러나 가족들은 완전히 만족스러워하는 듯이 보였고, 심지어
자기 만족적인 모습도 보였다. 그들의 자기 만족은 자신들의 개인적 삶
이 어떤 전반적인 비개인적 선에 뚜렷하게 기여하고 있다는 분명한 신념
에 기인한다고 니콜라스는 결론을 내렸다. 그들 세 명은 두 가지 굳은 믿

---

* 영국의 시인 알렉산더 포프의 철학 시 「인간론An essay on man」(1733~1734)의 네 번째
서한 「인간의 본성과 상태, 행복에 관하여Of the Nature and State of Man, With Respect
to Happiness」 중에서

음을 가지고 있었다. 자신들의 활동(샤르미앙의 경우에 그레고리의 활동에 대한 그녀의 공헌)과 자신들이 지지하는 정당이 행복의 총합에 유의미한 증가를 가져온다는 것, 그리고 사람들은 계산을 통해서 이러한 과정을 증명할 수 있다는 것. 하지만 그들의 목적들이 존경할 만한 것이고, 높은 공적인 지향을 지닌다고 확실히 말할 수 있지 않을까? 가장 최신의 방법을 동원해 그것들의 실현에 한걸음 더 가까워질 수 있다면, 계산에 대한 유텔리타리아 사람들의 강박은 그 결과의 면에서 유용한 것일 뿐이다. 물론 한 가지 중요한 문제는 남는다. 곧, 그것들을 가장 잘 할 수 있는 사람은 누구인가?

그 문제를 풀지 못한 채, 니콜라스는 잠이 들었다. 돌이켜보니, 너무나도 바쁜 하루였다.

11
대 논쟁

다음날 아침 의회로 차를 몰아가면서, 그레고리는 니콜라스에게 유틸리타리아에서의 미래에 대해 말했다.

"물론 우리는 당신을 우리 대학의 미래학과 초청 교수로 임명할 것입니다." 그는 자신 있는 목소리로 말했다. "당신은 진보라는 관념의 미래에 대한 강의를 할 수 있을 것입니다. 그렇지만 나는 한 가지 제안을 더하고 싶군요."

"어떤 제안이죠?"

"나는 정부의 문화 수석 자문입니다. 그리고 사실 (그는 은밀한 분위기로 그를 향해 약간 몸을 기울였다) 나는 수상과 굉장히 가까운 사이입니다. 나는 이미 그녀에게 당신만의 TV 프로그램을 제공해줄 것을 제안했습니다. 그 프로그램은 외부인의 관점에서 이곳 유틸리타리아의 미덕들을 발굴하는 것입니다. 거기서 당신은 당신의 임무를 말할 수 있고, 왜 그것이 종결되게 되었는가를 설명할 수 있습니다."

왜 사람들은 내가 TV 방송에 출연하기를 원하는 것일까? 니콜라스는 궁금했다.

그들이 도시 중심부에 도착했을 때, 차들의 흐름이 느려졌고 마침내 그들 앞쪽의 차들이 완전히 멈추었다. 별로 멀지 않은 곳에서 사람들이 무리를 지어 다가오고 있는 것을 볼 수 있었다. 그 무리가 점점 다가오면서, 그는 그것이 시위 행렬임을 알 수 있었다. 경찰이 에워싼 속에서 시위대는 도로를 따라 그들 앞을 천천히 지나갔다. 행진을 벌이는 사람들은 깃발을 휘날리고 있었고, 플래카드를 높이 들고 있었다.

그레고리는 조롱하는 투로 말했다. "야당이군요. 기껏해야 행동당은 이 정도밖에 못하지. 어떤 논거도 갖지 못할 때 그들은 시위를 벌입니다."

행진을 하고 있는 사람들은 방한용 코트와 보조 재킷, 그리고 목이 올라온 폴로 스웨터를 입고 있었다. 그들의 다수는 10대와 학생이었지만, 희끗희끗한 머리에 결연한 모습을 한 나이든 사람들도 있었다. 대다수는 휴대용 계산기를 허공에 높이 든 채 팔을 흔들고 있었다. 지도자들은 휴대용 확성기를 통해서 큰 소리로 구호들을 선창했다. "행위자가 되자! 반응자가 되지 말자!" "계산기여 일어나라, 컴퓨터를 타도하자!"

"모두가 선동가이고, 기계파괴주의자Luddites이군!" 그레고리가 비아냥거렸다.

시위대가 그들 옆을 지나쳐갈 때, 니콜라스는 깃발과 플래카드에 적힌 몇몇 슬로건을 읽어보았다. "우리의 지배자들은 우리를 바보로 만들고 있다." 그리고 "우리의 미래를 그들의 컴퓨터에 맡기지 말자!"

그레고리가 말했다. "저런 사람들이 권력을 잡게 되면, 그 결과가 어떨지는 간단한 계산으로도 알 수 있죠!"

바로 그 순간, 그레이엄이 그들 곁을 스쳐 지나갔다. 그는 길고 붉은 깃발을 들고 있는 선두의 10대들에 속해 있었는데, 그들의 깃발에는 이렇게 씌어 있었다. "우리가 우리 아들과 딸의 낙태자가 되어야 한다."

그레고리는 훨씬 큰 목소리로 빈정거렸다.

의회 건물은 크고 인상적인 현대 건물이었다. 기능적으로 건축된 10층 건물에, 수많은 유리문과 대리석 바닥이 깔려 있었고, 울림이 좋은 토론장과 통로가 있었다. 그곳은 각종 문서와 서류 가방을 움켜지고 이리저리 바쁘게 움직이는 사람들로 가득 차 있었다. 그들이 중앙 현관으로 들어서자, 그곳을 호위하고 있는 경찰들이 그레고리에게 인사를 했다. "나는 상원 소속입니다." 그들이 방문객 관람석을 향해 걸어갈 때, 그가 설명했다. "이번 논쟁은 하원에 속한 것이죠. 그들은 우리보다 시끌벅적한 편이죠. 하지만 어떤 쟁점이건 결국 우리에게 제출되어야만 합니다. 행동당은 이번 논쟁을 무식하게 밀어붙이려고 하고 있어요. 그들이 '민중'이 원하는 것이 무엇인지 알고 있다고 생각해봐요. 물론 행동당 사람들은 그런 생각을 하지 않고, 그래서 그들은 아무 일도 하지 못할 겁니다. 민중은 최대의 효용을 생산하는 가장 효율적인 방식을 원하지만, 그들은 그것이 무엇인지 알지 못합니다."

니콜라스와 그레고리는 관람석에 들어가서, 반원형의 회의장을 내려다보았다. 그들이 앉아 있는 자리를 통해서, 두 정당을 구별할 수 있었다. 한쪽은 의장석의 왼편에 앉았고, 다른 한쪽은 오른편에 앉았다. 두 집단의 차이는 금방 분명하게 드러났다. 오른편에 앉은 사람들은 드문드문 떨어져 있었고, 대체로 느긋한 태도로 약간은 지루해하고 있었다. 몇몇은 그들 앞에 있는 의자에 다리를 올린 채 자고 있었고, 몇몇은 다른 사람들과 가볍게 잡담을 나누고 있었으며, 다른 몇몇은 지루하게 신문을 읽고 있었다. 이와 대조적으로, 왼쪽에 있는 사람들은 벌집 주변의 벌처럼 활동적이었다. 그쪽 의원들은 흥분하고 노여움에 차 있는 듯이 보였다. 몇몇은 무언가를 열심히 쓰고 있었고, 다른 몇몇은 서로 다급하게 속삭이고 있었다. 그들 가운데 누군가가 하고 있는 연설에 모두 주의를 기울이고 있는 것처럼 보였다. 발표자는 흐트러진 백발 머리에 깊고 올라가는 목소리를 지닌 60세 가량 된 남자로 공격적이고 다소 엄격해 보이는 모습을 하고 있었다.

"저 사람은 네드 에르스킨인데, 행동당의 가장 강력한 선동가이지요." 그레고리가 말했다. "그는 그들 중 둔한 축에 끼는 사람인데, 아마 다른 사람이 감히 말할 수 없는 것을 말하기로 예정되어 있을 겁니다. 그는 성품도 거칠지요. 그는 또한 완벽한 얼간이예요."

"……그리고," 네드 에르스킨이 연설하고 있었다. "우리는 그들을 조금도 신뢰할 수 없습니다. 털끝만큼도 신뢰할 수 없다는 말입니다. 그들은 최대 다수의 행복에 대해 관심이 없습니다. 그들이 관심 있는 것이라고는, 오직 넘버원의 즐거움뿐입니다. 그들의 소위 지출 항목을 한 번 보십시오. 그리고 그들의 사업상의 회식과 자유로운 외유를 보십시오. 그들은 그들의 컴퓨터 화면 뒤편에 숨어서, 우리가 모르는 것을 안다고 말합니다. 글쎄요, 나는 그들에게 이렇게 말하고 싶군요. 당신들의 컴퓨터 화면에서 당신들이 볼 수 있는 것은 바로 당신 자신들을 반영한 것이라고. 그들은 평범한 민중의 삶에 대해서는 조금도 알지 못합니다. 제가 태어난 곳에서는, 그들을 **신사 양반들**이라고 부릅니다(그의 뒤편에 앉아 있던 몇몇이 환호했다). 하지만 (그는 효과를 높이기 위해서 말을 잠시 멈추었다) 우리는 그것보다 더 험한 말도 할 수 있습니다."

에르스킨은 자신의 소속 정당 사람들에게 이의를 제기하기 위해 돌아섰다. "그리고 내가 지금 말하고 있는 것은 단순히 반대 정당 사람들에게만 국한된 것이 아닙니다. 우리는 우리 편 속에 상대방의 말에 쉽게 속아 넘어가는 어리석은 사람들을 가지고 있습니다. 그들은 민중이 무엇을 원하는가에 대해 그들만이 특별한 통찰력을 가지고 있다고 생각합니다.

속물들은 우리가 원하는 것을 우리보다 자신들이 더 잘 할 수 있다고 생각합니다. '민중은 더 많은 오페라와 시를 원한다!'고 그들은 말합니다. 글쎄요, 그들에게 제가 한 가지 뉴스를 알려주죠. 민중이 원하는 것은 축구나 푸쉬핀입니다."

그레고리는 설명했다. "에르스킨은 행동당의 민중주의 분파를 위한 연설자예요. 그는 다른 사람들을 '엘리트주의자들'이라고 부르죠. 그들은 그런 이유 때문에 그를 싫어합니다."

에르스킨은 계속했다. "신사 양반들과 속물들은 그들이 내세우는 존 스튜어트 밀을 읽는 편이 나을 겁니다." 니콜라스는 약간 어리벙벙했지만, 가만히 듣고 있었다. "밀은 한 가지 재치 있는 말을 한 적이 있습니다. 바람직한 것은 사람들이 바라는 것이라고 그는 말했습니다." 에르스킨이 목소리를 높였다.

"존 스튜어트 밀이 그런 말을 했다고 주장하는 것은, 그 어떤 실수보다도 큰 논리적 실수야." 그레고리가 신랄하게 꼬집었다.

"……그는 이렇게 말했지. 만약 다수가 어떤 것을 바란다면, 그들은 그것을 실현해야만 한다……."

"더 심한 실수군. 밀은 교육받지 못한 대중을 두려워했고, 마땅히 교육받은 사람이 훨씬 많이 안다고 생각했었어!" 그레고리가 논평했다.

"……그리고 우리는 이렇게 말합니다. 낙태하기를 바라는 사람들이 그것을 실행하게 하라! 그것이 민중을 더욱 행복하게 만드는 길이다." 이렇게 말하고 나서 에르스킨은 자리에 앉았고, 그가 속한 정당의 소수와 방문자 관람석의 지지자들로부터 환호가 터져나왔다.

다음 연설자도 행동당에서 나왔다. 그는 구김살투성이의 잘 맞지 않는 옷을 입고 있었고, 늘어뜨린 백발에 뿔테 안경을 쓰고 있었다. 그는 길고 유려한 운율에 맞추어 말을 했는데, 문장을 말하는 중간에 말을 멈추곤 했기 때문에, 말에 흥이 나지 않고 중간에 끊겼다.

그는 말을 꺼내기 시작했다. "존경하는 나의 동지는 위대한 공리주의자 존 스튜어트 밀의 저작들에 대해 부러워할 만큼의 지식을 가지고 있습니다. 저 또한 그 못지않게 밀을 존경합니다. 하지만 그는 놀라운 학식으로부터 더 많은 열매를 우리에게 제공했음에 틀림이 없습니다. 그는 아마도 우리에게 밀이 더 높은 즐거움과 더 낮은 즐거움을 구별했던 유명한 일화를 상기시켰음에 틀림이 없습니다. 그리고 그는 밀의 다음과 같은 말, 즉 배고픈 소크라테스가 (그는 눈을 돌려 에르스킨에게 고정시킨 뒤에 그를 똑바로 바라보았다) 배부른 돼지보다 낫다는 말을 우리에게 상기시켰습니다."

"저 사람은 유스타스 레기입니다." 그레고리가 니콜라스에게 설명해 주었다. "또 다른 선동가이지만, 꽤나 지적이죠. 그래도 그 때문에 에르스킨을 비난할 수는 없죠."

레기는 말을 이었다. "그리고 만약 우리가 밀이나 소크라테스의 관점을 취한다면, 민중은 그들 스스로 정보를 제공해야만 한다는 결론을 내릴 수밖에 없습니다. 그것이 어떻게 가능할까요? 그들 스스로 결정을 내리는 것을 통해서입니다. 사람들은 그들이 직면하는 선택 대안들을 통해서 그들이 원하는 것을 발견할 수밖에 없습니다. 어느 누구도 그들을 위해 그것을 대신해줄 수 없습니다. 아무리 고성능 컴퓨터를 가지고 있다고 할지라도 말입니다. 다양한 종류의 즐거움들 사이에서 선택에 직면해 보았던 사람들은 그렇지 못했던 사람들보다 우월한 위치를 차지합니다. 이것이 바로 (그는 다시 한번 에르스킨에게 고개를 돌렸다) 오페라와 시에 더 높은 가치를 두는 사람들에 주목해야 하는 이유입니다. 하지만 (그는 열변을 토하면서, 회의장의 의장석을 향해 고개를 돌렸다) 이것이 또한 민주적으로 선출되지 않은 전문가들, 우리 운명을 독단적으로 조정하는 자들의 우둔하며 악명높고 뻔뻔스런 행동을 거부해야 하는 이유입니다. 그러니까 별로 대단할 것도 없는 미래학자들, 표준화할 수 없는 것을 표준화하고 평가하는 사람들, 목소리만 높고 숫자만 많은 숫자 계산자들, 셀 수 없는 것을 세는 무수한 사람들, 주제넘고 잘난 척하며 분위기만 잡고 앞뒤가 뒤바뀐 사기꾼들입니다. 이들은 흰 코트를 걸친 채, 우리의 의지를 침해해왔고, 우리를 대신해서 자기들 마음대로 선택을 내려왔습니다."

이 말과 함께 그는 연설을 마쳤고, 그가 속한 당의 다수가 일어서서 열광적으로 환호했다. 유스타스는 천천히 자리에 앉았다.

이제는 규칙당에서 연설할 차례였다. 그리고 오른편에서도 논쟁에 대한 관심이 눈에 띄게 되살아났다. 빈 자리들이 채워졌으며, 신문은 접어넣어졌고, 잡담은 사라졌다. 은빛 백발에, 조끼를 우아하게 차려입고 나비 넥타이를 맨 강인한 인상의 어떤 연설자가 약간은 거만한 느낌을 주는 점잖은 말투로 나른한 표정의 동료 의원에게 말문을 열기 시작했다.

"저 사람은 밀턴 켄듀입니다. 우리 당의 소위 '최소주의' 분파의 지도자죠. 그들 최소주의자들은 빠르고 단순한 결정을 신봉합니다. 예를 들자면 동요를 제거하고 충족될 수 없는 모든 욕망을 제거함으로써 극대화된 행복을 획득하라!, 뭐 이런 것이죠. 켄듀는 수돗물에 새로운 '불만 제거제Frustricide'*를 투여함으로써 즉각적인 대중적 행복을 창조할 수 있다는 등의 미친 생각을 주장해왔습니다. 엉뚱한 생각이죠. 그게 그가 말할 수 있는 것의 전부예요. 하지만 그건 일종의 미친 논리죠."

켄듀는 예의 점잖은 말투로 말을 이었다. "……그리고 만약 우리의 의도가 근심과 고통을 제거하는 것이라면, 이보다 더 좋은 방법이 있겠습니까? 동요 제거제는 엄청나게 싼값으로 생산할 수 있습니다. 그것은 어

---

* 욕구 불만을 의미하는 frustrate와 제거라는 의미의 접미사 —cide를 결합시켜 만든 신조어

떤 어려움도 없이 수돗물에 투여할 수 있습니다. 요컨대, 그것은 정말 비용이 들지 않는 일입니다. 그것은 또한 위험과 고통이 없을 뿐만 아니라 향기도 없고, 색깔도 없고, 특별한 맛도 나지 않습니다……."

"그들은 이제 우리의 피와도 같은 물에 독약을 풀려 하고 있습니다!" 에르스킨이 외쳤다.

켄듀는 동요하지 않고 말을 계속했다. "근거 없는 비난입니다. 야당 사람들의 전형적인 이야기지요. 특히 저 사람의 특기이기도 하구요. 동요 제거를 실시하고 난 뒤에, 어느 누구도 더 불행해지지는 않을 것입니다. 사실상 행복해지지 않을 사람은 없습니다. 나는 이런 정책에 반대하는 어떤 유틸리타리아 사람도 더 이상의 진보는 기대할 수 없다고 생각합니다!"

"삶이 극단적으로 지겨워질 것입니다." 유스타스 레기가 외쳤다.

"지겹다구요? 비참이 재미있습니까? 고통이 신나는 일입니까? 욕구 불만이 기분을 전환시켜줍니까? 만약 당신이 불행의 모든 징후를 제거한다면 무엇이 남겠습니까? 바로 행복이 남지요. 더 이상의 것이 왜 필요하죠? 우리는 국가적 문제에 대한 놀라운 해결책을 손에 넣고 있습니다. 그것이 바로 우리가 이렇게 말하는 이유입니다. 우리는 욕구 불만의 제거 frustricide를 결정decide해야만 합니다!" 켄듀는 줄지어 앉아 있는 그의 얼마 안 되는 지지자로부터 환호를 들으면서 자리에 앉았다.

이제 규칙당원 중에서 다음 연설자가 등장했는데, 그녀는 더 강력하고 탄탄해 보였다. 그녀는 금속빛 푸른 정장을 입고 있었는데, 연분홍 빛으로 염색한 그녀의 머리카락은 가지런하게 정돈되어 있었고, 확신에 찬 걸음걸이와 완벽하게 균형잡힌 자세를 자랑하고 있었다.

"저 사람은 수상 힐다 져거넛이에요." 그레고리가 속삭였다.

"우리 앞에 지금 놓여 있는 문제로 돌아가는 편이 좋을 듯합니다." 그녀가 냉랭하게 말했다. "누가 낙태할 것인지를 누가 결정할 것인가? 바로 이것이 문제입니다. 행동당은 어느 누구도 결정하지 말아야 한다고 주장합니다. 그들은 그들 자신이 '민중'이라고 부르고 싶어하는 사람들에게 그것을 맡겨두어야 한다고 말합니다. 얼마나 괴상한 주장입니까! 어떻게 당신은 낙태와 같이 엄청나게 공적인 중요성을 지닌 문제를 자의적이고 사적인 변덕의 눈먼 장난에 맡길 수 있겠습니까?"

그녀의 어조는 변화해서 더 부드럽고, 허스키가 섞인, 보다 다급한 분위기를 띠었다. "우리의 위대한 목표는 더욱 더 많은 효용을 생산하는 것입니다. 야당이 선호하는 것과 같은 그런 일탈적인 사고 방식 때문에 우리가 그 고귀한 임무로부터 조금이라도 벗어날 수는 없습니다. 야당의 사고 방식에 따르면, 우리는 실제 존재하는 모든 개인의 변덕을 존중해야만 합니다. 우리가 왜 그렇게 해야만 합니까? 그러한 변덕이 존경할 만한 무엇을 가지고 있습니까? 아무 것도 없습니다. 왜냐하면 (그녀는 극적인 분위기를 연출하며 잠시 멈추었다) 개인의 **인격**과 같은 것은 존재하지 않기 때문입니다. 우리는 '인격적 정체성', '인격적 존엄', '인격적 온전함' 등과 같은 낡아빠진 관념을 제거해야만 합니다. 민중은 단지 효용의 생산자이자 소비자일 뿐입니다."

그녀의 어조는 이제 더 강경해졌다. "우리의 과업은 효용을 생산하고 소비하는 데 더 효율적인 민중을 만들어내는 것입니다. 우리 앞에 놓인 쟁점은 그러한 거대한 프로그램의 일부분일 뿐입니다. 우리는 가용한 자원들에 맞게 사람들을 최적화하기 위해 인구 성장을 통제해야만 합니다. 우리는 또한 아이들을 더욱 효율적으로 양육해야 합니다. 우리는 인구 생산 기술뿐만 아니라, 재생산 기술도 발달시키고 완벽하게 만들어야 합니다. 우리는 또한 효용을 생산할 뿐만 아니라, 더 많은 효용을 생산할 수 있고 그것을 더 효율적으로 소비할 수 있는 유틸리타리아 사람을 생산해야 합니다. 중요한 것은 민중을 더 행복하게 만드는 것이 아닙니다. 진정한 핵심은 더 행복한 민중을 만드는 것입니다."

엄청난 환호의 물결이 이러한 주장을 환영했다. 그녀의 말은 가차 없이 앞으로 나아갔다. "낙태의 문제는 우리의 더 넓은 시야와 장기적 전망이 해답을 제시해야 할 매우 많은 문제 중의 단지 하나에 불과할 뿐입니다. 전문가들로 구성된 위원회가 누가 태어나야만 하는가를 결정해야 합니다. 누구로부터 정자와 난자가 추출되어야 할까요? 누가 낳아야 할까요? 이 사람들이 모두 같은 인물일 필요는 물론 없습니다. 그리고 누가 그 아이들의 아버지와 어머니가 되어야 할까요? 효용은 이러한 일들이 서로 다른 인물에 의해 이루어져야 한다고 명령할지도 모릅니다. 이러한 질문들은 삶의 출발점과 관련이 있습니다. 하지만 동시에 우리는 삶의 종결점도 고려해야 합니다. 전문가들이, 누가 태어나야 하고, 그들이 누구에 의해서 어떻게 양육되어야 하는가를 결정할 수 있는 최상의 위치에 있는 것처럼, 그들은 또한 유용한 삶이 언제 그들의 유용성의 한계에 도달하는가를 가장 잘 계산할 수 있습니다.

이러한 판단은 저로 하여금 매우 중요한 새로운 정책 기조로 인도합니다. 우리는 정부의 기능을 두 개의 새로운 거대 내각으로 분할함으로써, 우리 복지 국가의 행정부를 재구성하기로 결정을 내렸습니다. 이제부터, 훨씬 더 거대한 효용의 효율적 생산을 육성하고 장려하는 적극적 기능에 관한 모든 업무는 새로운 '복지부'에서 취급하게 될 것입니다. 그리고 소극적인 성격을 띠지만 결코 덜 중요하지 않은 업무, 그러니까 더 이상 생산에 적절한 효율성을 가지고 공헌할 수 없는 사람을 현장으로부터 제거하는 임무는 새로운 '작별부'의 관할 아래 놓이게 될 것입니다."

니콜라스는 이 말을 듣고 깜짝 놀라지 않을 수 없었다. '작별'이라는 말이 '작별의 집'에서의 평화로운 광경을 상기시켰던 것이다. 결국, 그곳은 죽음을 기다리는 곳이었던 것이다. 그는 어떻게 그런 일이 이루어졌는지 궁금하지 않을 수 없었다. 간호사들은 공적인 관점에서 한 손에는 주사기를 들고, 그들의 짐짝을 실은 휠체어를 '작별'이라고 씌어진 문 밖으로 끌고 나가고 있었던 것인가? 아니면 간호사들은 살아 있는 노인들을 내보내고는 공적이 아닌 사적인 측면에서 보살폈던 것일까?

수상은 말을 계속했다. "규칙당이 신봉하는 것은 (그녀는 결론에 도달한 듯이 보였다) **실질적인 복지 국가**입니다. 그것은 우리와 함께 안정되게 운영될 것입니다. 그 국가에서는 전체의 복지를 위해 무엇이 최상의 결과를 낳을 것인가를 가장 잘 계산할 수 있는 사람에게 그 일이 맡겨질 것입니다. 그 국가에서는 모든 삶의 영역에서 **전문가들이** 중요한 선택을 내릴 것입니다. 그 국가에서는 의료 담당자들이 누구를 얼마나 오랫동안 치료할 것인가를 결정할 것이고, 사회 안전 담당자들이 정말 지원이 필요한 사람들을 대상으로 활동을 할 것이며, 교사들과 교육 공무원들이 여러 대안의 가치를 평가한 뒤에 가장 효율적인 것을 선택하여 우리 아이들에게 적합한 학교들을 할당해줄 것입니다. 우리는 이를 확신합니다. 그리고 확신하건대, 그 국가에서는 최적의 전문가 조직들이 누가 태어날 것인가, 어떻게 교육받을 것인가, 그리고 누가 의료 조치를 받을 것인가, 누구의 삶이 종결되어야만 하는가 등을 결정할 것입니다."

결론에 도달한 뒤 수상은 자리에 앉았고, 규칙당 편에서 우뢰와 같은 박수와 발을 구르는 소리, 그리고 환호성이 터져나왔다. 행동당 사람들은 심각한 표정을 지으면서 가만히 앉아 있었다. 특히 네드 에르스킨은 가장 심각한 표정을 짓고 있었다.

이제 투표할 시간이 되었다. 상정된 의안은 "하원은 어머니들에게 아버지들과의 협의 아래 낙태를 결정할 수 있는 권력을 보장하는 것을 지지한다."는 것이었다. 의원들은 모두 그들 좌석에 붙어있는 버튼을 눌렀고, 결과가 의장석 뒷편에 있는 커다란 화면에 나타났다. 반대 403표, 찬성 106표. 분명히 그레이엄은 부동층과 무입장층에게 너무 큰 기대를 걸었던 것이다. 규칙당은 확고하게 다수를 유지했다. 그레고리는 만족한 것처럼 보였다. 그가 말했다. "나를 따라와요. 수상을 만나러 갑시다."

그들은 대리석 계단을 걸어 내려와서, 문서와 서류 가방을 들고 북적거리고 있는 사람들을 스치면서 몇 개의 긴 복도를 지났다. 그들은 붉은색 커튼을 통과해서 '수상실'이라고 적힌 문 앞에 이르렀다. 그 문은 옅은 분홍색으로 칠해져 있었고, 심홍색 벨벳으로 장식되어 있었다. 그레고리는 노크를 한 뒤 안으로 들어갔다. "안녕하세요, 힐다!" 그는 유쾌한 목소리로 말했다. "놀라운 연설이었소. 정말 놀라웠소! 당신은 그들을 완전히 박살내버렸소! 그리고, 당신을 만나게 해주려고 캐리타트 교수를 데리고 왔소."

그녀는 공적인 서류들이 높이 쌓여 있는 탁자에서 일어나서 손을 내밀었다. "캐리타트 교수님, 만나서 반가워요." 그녀는 허스키가 섞인 부드러운 목소리로 말했다. "그리고 당신이 유틸리타리아에 오신 것을 진심으로 환영합니다. 그레고리가 실현 가능한 최선의 나라를 찾는 당신의 임무를 우리에게 모두 말해주었습니다."

"그 임무는 이제 끝났습니다," 그레고리가 끼어들었다.

"그렇지는 않아요." 그녀가 약간은 단호하게 반대했다. "유감스럽지만, 그레고리는 약간 과장해서 말하고 있는 것 같군요. 물론, 이곳이 실현 가능한 최선의 나라는 아니지요. 그러나 (그녀의 목소리가 딱딱하고 기계적인 것으로 바뀌었다) 우리의 정책이 결실을 거둘 때, 그것은 실현될 것입니다."

그녀의 목소리는 다시 허스키하고 부드러운 어조로 바뀌었다. "당신도 우리와 같은 사람의 하나라고 그레고리가 말해주었습니다. 저는 정말 기뻐요."

그는 그것에 대해 이의를 제기하고 싶은 충동을 느꼈지만, 무례하게 보이기 싫어서 그러한 충동을 억눌렀다.

그녀는 계속해서 말했다. "우리는 당신의 첫 번째 TV 프로그램을 엄청나게 기대하고 있습니다." 다시 한 번 충동이 솟구쳤지만, 그는 그것을 또한 억눌렀다.

대화는 (그는 사실 거기서 아무 말도 하지 않았다) 이제 분명히 끝이 났다. 왜냐하면 그녀가 작별 인사를 하면서 그의 손을 잡고 악수를 했기 때문이다. 니콜라스가 생각하기에, 유틸리타리아에서의 대화는 더 이상의 유용성이 없을 때 갑작스러운 종말을 맞는 것처럼 보였다. 니콜라스는 논쟁과 토론에 영향을 미치는 것은 무엇인가 궁금했다.

수상은 계속 말하고 있었다. "우리가 당신을 도울 것이 있다면 서슴치 말고 찾아주세요. 만약 당신이 어떤 도움을 필요로 한다면 우리에게 의지할 수 있을 것입니다!"

이민국 직원과의 만남을 떠올리면서, 그는 감사하다는 말이 아닌 다른 좋은 표현을 찾아야겠다고 생각했다. "안녕히 계십시오. 우리의 다음 만남을 기대하겠습니다." 니콜라스가 말했다.

"동감입니다." 그에게는 별로 신뢰감을 주지 못하는 이상야릇한 웃음을 지으면서 그녀가 말했다.

그들이 복도를 내려와서 출구를 향하고 있을 때, 그레고리가 말했다. "정말 대단한 여자야!" 그는 이번에는 그레고리의 말이 별로 과장된 것이 아니라고 생각했다.

그들은 오후 내내 유틸리타리아에서 니콜라스의 미래의 기본틀을 짜면서 시간을 보냈다. 그레고리는 대학 교수 클럽에서의 점심 식사에 그를 데리고 갔다. 식사를 마친 뒤에 니콜라스에게 사무실이 제공되었는데, 그곳에는 비서가 딸려 있었고, 컴퓨터, 전화기, 팩시밀리 등이 갖추어져 있었다.

"당신의 첫 번째 강의는 모레 오전 9시에 있을 예정입니다." 그레고리가 그에게 알려주었다. "당신은 계몽주의 시대, 진보 이념의 기원을 설명하면 될 겁니다. 우리가 그것을 '과거로부터 벗어나기'라는 표제로 선전하면 어떨까요?"

그리고 나서 그레고리는 그의 새로운 안식처가 될 곳으로 그를 데리고 갔다. 그곳은 대학 아파트 단지의 9층에 위치한 집이었다. 그 집은 예비로 남겨져 있던 곳으로, 조각 나무 세공을 한 마루에 흰색과 밝은 오렌지색의 벽을 두른 네모 반듯한 모양이었다. 그곳은 기능적이면서도 기하학적으로 짜임새를 갖춘 곳이었으며, 둥근 모양의 금속제로 된 스칸디나비아 스타일의 가구들로 드문드문 채워져 있었다. 그리고 그 가구들도 흰색과 오렌지의 기능적이고 기하학적인 형상을 하고 있었다. 책이 줄지어 쌓여 있는 밀리타리아의 내밀한 그의 서재를 기억하면서, 그는 약간 움츠려들었다.

그는 그날 저녁을 맥시만드의 집에서 먹었다. 그레이엄은 자리에 없었다. 그는 어떤 고차원의 정치적 의도 때문에 다른 곳으로 가 있다고, 그레고리가 비웃으면서 설명했다. 다시 한 번 그레고리는 샤르미앙의 맞은편에 앉아서 주인 노릇을 했다. 그리고 니콜라스는 다시 자신이 샤르미앙의 조용한 어머니 맞은편에 앉아 있다는 사실을 깨달았다. 그의 왼편에는 또 다른 저녁 초대 손님이 있었다. 그 사람은 여성이었는데, 제법 덩치가 좋았고, 정열이 넘치는 것 같았으며, 치장을 잘한 좋은 옷을 입고 있었다. 그녀는 크고 울리는 목소리를 보유하고 있었으며, 함께 앉아 있는 친구에게 할 이야기가 상당히 많은 것 같았다. 그녀는 프리실라 야드스틱으로, 현 정권에서 보건부 장관을 역임하고 있으며, 매우 가까운 친구라고 그레고리가 자랑스럽게 소개했다. 식사의 메뉴는 달랐지만, 지난 번처럼 건강식이었다. 그리고 저녁 식사의 주인은 그에게 주의를 기울였고, 다른 사람들은 서로 별로 신경을 쓰지 않았으며, 샤르미앙의 어머니에게는 거의 신경을 쓰지 않았다.

니콜라스는 자신이 스텔라 야드스틱이라 불리는 어떤 여성 외교관을 비행기에서 만난 적이 있다고 말했다.

"내 딸이예요!" 프리쉴라가 자랑스럽게 설명했다. "아주 멋진 아이죠. 그녀는 이민과 관련된 업무를 아주 훌륭하게 수행해왔어요. 우리는 종종 그것에 대해 농담을 주고받기도 한답니다. 그 아이가 변화하는 흐름, 즉 플로우flow에 초점을 맞춘다면 나는 축적된 양, 즉 스톡stock에 초점을 맞추는 편이죠. 물론 당신은 이 두 가지를 결국에는 구분할 수 없을 거예요, 그렇지 않나요, 교수님? (그녀는 니콜라스에게 고개를 돌렸지만, 그의 대답을 기다리지는 않았다) 결국 이번에 의회에서 논쟁된 것과 같은 낙태 관련 업무는 플로우의 문제예요. 누가 태어나야만 하고, 누가 태어나지 말아야 하는가라는 것이죠. 그리고 그것은 또한 특정한 스톡을 증가시키는 문제라고 할 수도 있어요. 한편, 늙고 병든 사람들을 제거하는 문제도 또한 특정한 스톡의 품질을 유지하는 문제입니다. 그것은 본질적으로 나의 업무에 해당되는 것이죠. 특정 스톡의 품질을 유지하는 것, 그것의 생산성, 그러니까 효용을 발생시키는 재화와 용역의 생산 능력을 극대화하는 것, 그리고 이러한 재화와 용역을 향유하고 그로부터 만족을 얻어내는 그들의 능력을 유지시키는 것! 이런 것들은 모두 효율성을 극대화하는 것과 관련된 문제입니다."

"그렇다면, 당신은 그런 일들을 어떤 방식으로 수행합니까?" 니콜라스가 물었다.

"글쎄요," 프리쉴라는 자신이 가장 좋아하는 주제를 자세히 설명할 수 있도록 질문해준 것에 대해 분명하게 기쁨을 드러내면서 대답했다. "그것은 모두 여러 대안의 가치를 평가하는 문제예요. 예를 들자면, 우리의 의료 행정가들은 어떻게 자원들을 배분하고 언제, 어떻게 환자들을 치료할 것인가를 결정해야만 합니다."

"그들은 어떤 방식으로 그런 일을 합니까?" 니콜라스가 물었다.

"그들은 여러 대안의 가치를 평가하지요!," 프리쉴라가 외쳤다. "그들은 계산합니다. 측정과 공공성, 이것이 우리의 모토입니다! 어떤 인간의 삶은 어떤 가치를 가지는가? 매 6개월마다 통계청은 새롭게 갱신된 가치 평가서를 발간합니다. 그리고 그 수치는 평가와 사정의 토대로 이용됩니다. 우리는 다양한 요소에 음과 양의 값을 주면서 평가 수치를 조정합니다. 우리는 각자의 생산 능력을 검토하고, 효율적인 소비를 위한 능력들을 고려합니다. 일반적으로, 야망이 일단 충족되거나 사라졌기 때문에 노인들을 행복하게 만드는 데는 비용이 적게 듭니다.

"알겠습니다." 니콜라스가 대답했다. 물론 그는 자신이 재대로 이해했는지 완전히 확신할 수는 없었다. 바로 그때, 그는 샤르미앙의 어머니가 그녀의 무표정한 두 눈을 장관에게 열심히 고정시키고 있다는 것을 깨달았다. 처음 할머니가 입을 열었다. 그녀의 목소리는 나이에 비해 놀라울 정도로 단호하고 분명했다. 그녀는 80세가 넘었음에 틀림이 없었지만, 확신에 차서 생기 있는 목소리로 이야기했다.

"당신 말이 정말로 맞아요! 당신이 속한 정부의 정책은 정말 훌륭해요. 나는 그렇게 생각하고, 또 친애하는 샤르미앙의 아버지도 그렇게 생각했어요. 애야, 그렇지 않니?"

샤르미앙은 열광적으로 고개를 끄덕였다.

"그는 정말 행복한 사람이었어요. 늘 웃고 있었고 농담도 즐겼죠. 그는 평생 토목 공학자로 일했지요. 그는 도로들을 건설했어요. 그리고 60

세가 되었을 때, 그들은 그의 엉덩이를 교체할 필요가 있다고 말했어요. 사실 그는 엉덩이 때문에 엄청난 고통을 겪고 있었죠. 하지만 그는 고통을 한 번도 드러내 보인 적이 없었어요. 그런데 이번 경우에는 어느 누구든지 행복해질 수 있는 그의 능력이 손상되어왔다고 생각할 수 있었어요. 그래서 그는 수술을 받았고, 교체된 엉덩이를 얻었어요. 왜냐하면 그가 운송에 그 만큼의 공헌을 했고, 매우 행복하며 전혀 불만이 없다고 그들이 말했기 때문이죠. 몇 년 뒤에, 그는 담낭에 결석을 갖게 되었어요. 쓸개에 작은 돌멩이가 생긴 거죠. 엄청나게 아팠지만, 그는 참고 견뎠어요. 그리고 얼마나 아픈지 결코 드러내지 않았죠. 물론 나는 알고 있었지만 말이예요. 그들은 다시 수술을 해주었는데, 왜냐하면 그는 여전히 도로를 설계하고 있었고, 또 언제나 웃고 있었으니까요. 하지만 그 뒤에 그가 70세가 되었을 때, 그의 눈에 백내장이 생겼어요. 그 때문에 그는 일을 할 수 없었죠. 그는 이미 퇴직 연령에 도달했지만, 계약을 통해서 일을 계속 해오던 상황이었어요. 수술은 허가되지 않았어요. 그에게 주어질 혜택의 효과와 다른 사람의 효과와 비용을 비교 평가한 이후에, 그들은 그렇게 결론을 내렸어요. 그는 그러한 결정에 대해 조금도 불만이 없었어요. 그는 그들이 절대적으로 옳다고 생각했고, 저도 그렇게 생각했어요. 그리고 그가 완전히 장님이 되었을 때, 그는 사회에 많은 공헌을 해왔지만 더 이상 사회에 짐이 되기를 원하지 않는다고 말했어요. 그들이 콩팥 하나를 떼어가서 어떤 젊고 생산적인 노동자에게 이식해주었을 때, 그는 매우 기뻐했죠. 그가 발작을 일으키고, 더 이상 병원 침대가 허가되지 않았을 때 우리는 그가 이제는 떠나가야 할 때가 되었다는 데 동의했죠. 결국, 그가 머물고 있는 것이 그 만큼의 효용을 가지고 있지 않았어요, 그렇지 않았니? 샤르미앙과 그레고리도 모두 같은 의견이었죠."

니콜라스는 늙은 여인의 성실함에 놀랐다. 그녀는 분명하게 유틸리타리아의 보건 정책의 진정한 신봉자였고, 보건부의 확고한 지지자였다. 아니면 그녀는 정말 그럴까? 프리실라 야드스틱도 그렇게 추측하는 것 같았고, 이러한 지지의 말에 기뻐하는 것 같았다. 하지만 한 가지 사실이 니콜라스를 당혹스럽게 만들었다.

"콩팥 이식에 관한 것인데요, 당신은 그들이 그의 콩팥 중 하나를 가져갔다고 말했습니다. 그렇지만 확실히 그가 그것을 허락했습니까?"

프리실라가 끼어들었다. "글쎄요, 우리가 최근에 제정한 법률 때문은 아니었을 겁니다." 그녀가 설명했다. "지금은 신체 일부분의 이식이 조세 체계에 포함됩니다. 그리고 근로 소득세나 양도 소득세처럼 필요할 경우에 그러한 기증이 이루어져야 합니다. 하지만 다른 세금들과는 달리, 신체의 일부를 제공한 사람은 그러한 기증이 어디에 쓰였는지를 알 수 있습니다."

"아, 알겠습니다." 니콜라스가 말했다. 전반적인 보건 체계는 엄청나게 효율적인 것처럼 들렸다. 나이든 여인의 이야기를 통해 판단해본다면, 그것은 환자들에게도 지지를 받고 있는 것 같았다. 그리고 그 체계는 많은 이점을 가지고 있다고 그는 추측했다. 예를 들어 그것은 분명히 모든 사람에게 치료비가 비싼 질병을 피할 동기를 제공했다. 뿐만 아니라 그것은 사람들이 비효율적으로 보이지 않기 위해서 더욱 생산적인 활동에 전념하고, 행복하고 만족스럽게 되도록, 적어도 그렇게 보이도록 자극하고 있었다.

니콜라스는 장관에게 더 캐묻는 질문을 던졌다. "내가 잘 이해할 수 없는 또 다른 문제가 있습니다. 당신은 신체 일부의 이식을 어떻게 조직합니까?"

"아! 빈틈없이!" 프리실라가 대답했다. "체계는 비생산적인 장애인의 관점에서 특히 잘 운영됩니다."

"그들이 왜 특별한 수혜자들입니까?" 니콜라스가 물었다.

"그들은 **수혜자들**이 아닙니다." 프리실라가 니콜라스의 실수를 바로 잡았다. "그들은 **기증자들**입니다. 그것은 일반적 복지에 대해 그들이 기여하는 특별한 방식입니다. 그들은 재화와 용역을 생산할 수 없지만, 다른 사람들이 그렇게 할 수 있도록 신체의 일부를 제공할 수 있죠. 그것은 그들에게 삶의 목표를 제공해줍니다. 우리가 그들 특별한 범주의 사람들에 대한 의료 보호를 그들의 효용에 따라 단계적으로 제거해왔기 때문에 그것은 매우 가치 있는 일입니다."

"당신의 말은, 일할 수 없는 장애인은 의료 보호를 받지 못한다는 것을 의미합니까?" 니콜라스가 말했다.

"글쎄요, 물론 그건, 다른 모든 것과 마찬가지로 정도의 문제겠지요." 프리실라가 설명했다. "그것은 모두 그 사람의 장애 등급이 몇 점인가에 달려 있겠죠. 예를 들어, 당신이 한 쪽 다리를 쓰지 못한다면 당신은 3점을 받게 될 것이고, 장님이라면 6점을, 양 쪽 다리를 못 쓴다면 11점을, 전신 마비라면 15점을 받게 될 것입니다. 당신의 점수가 높으면 높을수록, 의료 자원에 대해 당신은 더 적은 권한을 가지게 될 것입니다. 당신이 아시는 것처럼, 전반적인 체계는 매우 정밀하게 조율되죠."

규칙당 사람들 중에는, 비생산적인 장애인들과 불치병에 걸린 사람들을 적극적으로 제거하는 데 찬성하는 사람들도 있다고 프리실라는 계속해서 말했다. 그러나 당분간은 전문가의 의견을 받아들이고 있었다. 전문가들은 이러한 범주의 사람들을 신체 일부의 공급원으로, 나아가 의학 실험의 원천으로 유지하는 것이 더 큰 이익을 남긴다는 것이었다.

저녁 식사 동안에 오고간 대화의 나머지 부분은, 프리실라가 열거한 정부 내부의 다양한 사람에 대한 정치적 가십으로 채워졌다. 거기서 입에 오르내린 사람들은 모두 그레고리도 아는 사람이었지만, 니콜라스는 거의 모르는 사람이었다. 식사가 끝나자, 그녀는 유틸리타리아의 관행대로 맥시만드가를 떠나기 위해 갑작스럽게 일어섰다. 그녀는 살펴보아야 할 서류가 쌓여 있다고 설명했다. 니콜라스와 악수를 나누면서, 그녀는 그의 건강을 빌었다. 그녀에게 유익한 대화가 되었다는 말을 전하면서, 그는 건강을 잘 유지해야 하고, 그의 직무를 생산적으로 유지해야 하며, 나아가 그의 행복을 계속해서 눈에 띄게 만들어야 되겠다고 마음속으로 생각했다.

프리쉴라가 떠난 뒤에 커피를 함께 마시면서, 그레고리는 니콜라스에게 또 다른 제안을 했다. "내일은 최고 법원에 함께 가보는 것이 어떻겠습니까? 그곳에서는 주요한 판결들이 내려지고 있습니다. 오늘 당신은 유틸리타리아의 정치가 어떻게 이루어지는가를 어렴풋이 알았을 겁니다. 이제는 유틸리타리아의 정의를 살펴보아야 하지 않겠습니까?"

매우 좋은 생각인 것 같다고 말하면서 니콜라스는 동의를 표했다.

그의 황량한 유틸리타리아 아파트로 돌아와서, 그는 그날 저녁에 있었던 식사 테이블에서의 토론에 대해 돌이켜 생각해보았다. 샤르미앙의 어머니는 그의 호기심을 불러일으켰다. 그녀와 관련하여, 한 가지 사실이 그를 혼란스럽게 만들었다. 그 나이든 여인은 어떻게 정부의 작별 서비스에서 벗어나서 살아가고 있는 것일까? 왜 그녀는 작별의 집이 아니라 맥시만드가에 여전히 머물고 있는 것일까? 혹시 그녀는 어떤 가치 있는 복지 서비스를 여전히 생산하고 있는 것일까? 예를 들자면 가족의 식사에 대한 건강 상담 고문으로? 그리고 어떻게 그녀는 남편의 죽음을 결정하는 방식에 대해 어떤 분노도 느끼지 않는 듯이 보일 수 있을까?

그러나 이런 생각이 든 직후에, 그는 유틸리타리아 사람들은 분노나 감사처럼 한 사람의 삶을 전반적으로 뒤돌아보는 것을 통해서만 깨달을 수 있는 개념들을 이해하지 못한다는 사실을 기억해냈다. 왜 그들은 이해하지 못할까? 아마도 그것은 그들이 개인의 인격을 신봉하지 않기 때문일 것이다. 오전의 논쟁에서 수상은 '인격과 같은 것은 존재하지 않는다'고 말했다. 그 말이 의미하는 것은 무엇인가? 물론 민중은 존재한다. 하지만 그녀의 말이 의미했던 것은, 태어나서 죽을 때까지 하나의 전체로서 이해된 개인의 삶은 어떤 깊이 있는 중요성도 가지지 못한다는 것이다. 그는 파르핏*이라 불렸던 어떤 철학자를 기억해냈다. 그 철학자는 삶이라는 것은 단순히 일련의 경험과 행동의 연속에 불과하다고 말했다. 또한 거기에 덧붙여질 만한 어떤 심도깊은 사실도 존재하지 않으며, 그러한 경험을 소유하고, 그러한 행동들을 수행하는 하나의 '인격'이라 불리는 분리된 실체는 존재하지 않는다고 말했다. 아마도 유틸리타리아 사람들에게 기억과 결부되어 중요한 것은 경험들, 그러니까 더 많이 행복했던 경험과 더 적게 행복했던 경험뿐일 것이다. 세포들이 다른 세포들로 대체되면서 사람의 몸의 구성이 인생의 전 기간에 걸쳐 변화하는 것과 마찬가지로, '인격' 또한 서로 다소간 연결되는 연속적인 경험들의 흐름으로 이해할 수도 있을 것이다. 이 경우에 동일한 인생의 전 기간 동안에 어떤 경험은 더 먼저 일어나고, 어떤 경험은 더 나중에 일어난다는 사실에 중요성을 부여할 특별한 이유는 없을 것이다. 그래서 죽음을 불평하는 누군가는 '나는 죽을 것이다'라고 말하는 것이 아니라, '특정한 방식으로 이러한 현재의 경험에 연결될 미래의 경험들이 없을 것이다'라고 말해야만 한다. 아마도 유틸리타리아 사람들에게 중요한 것은 행복한 경험들의 숫자를 극대화하는 것임에 틀림없다고, 그리고 그러한 경험을 하고 있는 그들 자신의 존재는 중요하지 않을 것이라고 그는 추측했다. 그

---

* 데릭 파르핏Derik Parfit은 현대 영국의 철학자로 옥스퍼드 대학교의 철학 교수이다. 그의 주저인 『이성과 인간Reasons and Persosns』(1984)에서 그는 개인의 정체성이란 경험의 연속에 불과하다는 환원주의적 주장을 하였다.

렇기 때문에 아마도 어떤 특정한 삶이 끝난다면, 그것은 다른 나라 사람들보다 유틸리타리아 사람들에게 중요성이 적을 것이다. 행복한 경험의 숫자를 감소시키거나 혹은 증가시키지 못하는 것보다 그것은 훨씬 덜 중요한 문제일 것이다. 소위 개별적 인격의 일생이라고 하는 단위는 단순히 서로 연결된 경험들의 연속일 뿐이다. 그리고 이전에 일어났던 사건들은 단지 더 최근에 일어난 사건보다 시간적 거리가 멀 뿐이다. 그러나 그러한 관점이 어떻게 범죄와 무죄, 처벌과 책임에 적용될 수 있을까? 그는 궁금하지 않을 수 없었다. 자신의 인생 초기에 저질렀다고 겨우 기억되는 행동에 대해 **사람들**은 왜 지금 죄의식을 느껴야만 하는가? 그리고 처벌이 기대하는 것처럼 범죄를 저지하는 효과를 가진다면, 어떤 범죄에 대해 누구를 처벌하는가가 중요할까? 하지만 그 모든 문제에 몰두하기에 밤이 너무 깊었고, 어쨌든 그는 매우 지쳐 있었다.

12
정의

다음 날 아침 8시 45분 쯤 앞문에 노크 소리가 들렸다. 문을 열어보니 끝이 뾰족한 모자를 쓴 사람이 서 있었다. 맥시만드 교수의 요청을 받고 온 대학의 운전수라고 스스로 소개했다.

니콜라스는 자신의 새 연구실에 앉아서 내일로 예정되어 있는 취임 강연 주제에 대해서 깊이 생각에 빠져 있었다. 강연의 주제는 '과거로부터 벗어나기'라고 선전되고 있었다. 그는 몇 개의 강의안과 대략적인 개요를 작성했다. 그는, 가장 열렬히 과거로부터 도망치고 싶어하는 사람들에게 과거가 자신의 지배력을 어떻게 계속 행사하는지를 간략히 보여주고자 했다. 미래에만 몰두하는 것은 자멸적인 것이 될 수 있고, 참신함만 추구하는 것은 참신함을 이루는 데 있어서 언제나 가장 좋은 방법은 아니며, 과거를 공부하는 것은 그 자체로 혁신의 원천이 될 수 있다는 것이 그가 전달하고자 하는 메시지였다. 그는 이 중 마지막 사항을 일련의 계몽 사상가들, 그 중에서도 볼테르, 흄, 루소 등을 전거로 해서 밝히고자 하였다. 그는 새로 임명된 자신의 비서에게 내일 오전까지 강의안 전부를 타이핑하라고 말하면서 초고를 넘겼다.

11시에 그레고리가 도착했고, 그와 니콜라스는 법정으로 출발했다.

"이 재판은 말입니다." 그레고리가 이야기하기 시작했다. "15년 전에 레콘햄에 있는 카페에 폭탄을 설치했던 다섯 명의 비고타리아 사람들에 관한 겁니다. 21명이 죽었고, 많은 사람이 다쳤지요. 범죄를 저지른 뒤에 집으로 돌아가는 기차에서 카드놀이를 하다가 현행범으로 체포되었던 것입니다. 물론 그들은 자백을 했습니다. 그리고 무기 징역이 언도되었습니다. 금방 해결된 사건이지요."

"어떤 근거에서 그들은 항소했죠?" 니콜라스가 질문했다.

"어떤 실질적인 근거도 없습니다." 그레고리가 대답했다. "물론 그들은 자신들이 죄를 뒤집어썼으며, 경찰이 강제 자백하게끔 했고, 그들에게 불리한 증거가 날조되었다고 주장했습니다. 그들을 위해 구명 운동이 일어났습니다. 비록 아무런 효과도 없었지만요."

법원으로 가는 도중에 그는 다른 거리 시위가 진행되는 것을 볼 수 있었다. 어제와는 달리, 길 양편에 둘로 확실하게 편이 갈라져 있었다. 한쪽에는 엄숙하고 점잖은 중년의 사람들이 '레콘햄 5인조는 우리 모두의 몰락을 가져온다'라고 적힌 깃발을 들고 있었다. 반대쪽의 시위자들은 젊고, 남루한 옷을 입고 있었으며 초라한 모습이었다. 그는 그들 중에서 그레이엄을 보았다. 그레이엄은 어제 보았던 10대들의 무리 중에 있었는데, '레콘햄에 대한 판단은 우리를 부른다'라는 글씨가 씌어진 깃발을 들고 있었다.

"그레이엄은 학교에 가기는 합니까?" 니콜라스가 물었다.

"그렇다고 하더군요." 그레고리가 대답했다. "그러나 그 정도는 봐줘야지요. 그 아이는 광고 쪽에 아주 장래가 촉망됩니다."라고 건조하게 덧붙였다.

차를 주차시킨 뒤에 그들은 19세기 신고딕 양식으로 지어진 법원 건물로 다가갔다. 그 건물의 정면 맨 위쪽에는 한 손에 천칭을 들고 있는 여인의 형상이 조각되어 있었는데, 그것이 바로 유틸리타리아의 정의의 여신상이었다. 그러나 눈가리개와 칼은 그 상에서 찾아볼 수 없었다. 대신에 망원경을 눈에 대고 있었다. 니콜라스는 그녀가 혹시 계산 가능한 미래를 응시하고 있는 것이리라 추측했다.

그들은 경비실을 통과해서 흐린 조명에 소리가 울리는 기다란 현관에 들어섰다. 현관 바닥에는 모자이크 무늬의 대리석이 깔려 있었으며, 현관 양편에는 유틸리타리아가 배출한 유명 인사들― 베까리아*, 엘베티우스, 벤담 등― 의 흉상이 있었다. 그리고 '법정 번호'가 표시된 문으로 통하는 나선형의 돌계단이 있었다. 법정은 넓고 어두웠으며 웅웅거리는 소리가 났다. 천정은 아주 높았고, 창틀은 떡갈나무로 되어 있었다. 중간 문설주가 달린 큰 창문이 있었는데, 그곳을 통해 칙칙한 빛이 흘러들어왔다. 많은 사람이 방청석의 나무의자에 앉아서 경청하고 있었다. 방청석 앞에는 판사석이 있었는데, 푸른빛을 내는 랜턴 세 개가 판사석을 비추고 있었다. 랜턴 뒤에는 나이가 좀 든 신사 세 명이 앉아 있었다. 그들의 왼쪽에 있는 철창 속에 세 명의 남자와 두 명의 여자가 앉아 있었다. 그들은 시선을 아래로 두고 있었고, 지치고 허약한 느낌이 묻어나오는 무표정한 얼굴을 하고 있었다. 두 명의 간수가 그들을 지키고 있었다. 그들 아래쪽에 큰 탁자가 하나 놓여 있었고, 거기에는 법정 서기가 앉아서 서류에 무엇인가를 끄적거리고 있었다. 판사와 서기, 그리고 등을 방청

---

* 세자르 베까리아Cesare Beccaria(1738~1794)는 이태리의 형법학자이자 정치가로 『법죄와 형벌 On crimes and punishments』(1764)에서 고문과 사형의 철폐를 주장하였다.

객에게 돌린 상태로 판사와 서기를 마주 보고 있는 변호사, 이들 모두는 법복을 입고 있었으며 가발도 쓰고 있었다.

"가운데 있는 판사는 탠터마운트 판사로서 수석 재판관입니다. 왼쪽은 바커 판사이고, 오른쪽은 그로울러 판사입니다."라고 그레고리가 속삭였다.

니콜라스와 그레고리가 자리에 앉자, 피고 측 변호인이 안경을 공중에 흔들며 요점을 진술하기 시작했다. 이 피고 측 변호인은 속눈썹이 길고 손톱에 매니큐어를 칠한 아주 정열적인 여성이었다.

"여러분들은 항소인들이 유죄 판결을 받는 데 결정적인 역할을 한 젤리그나이트gelignite*에 대한 실험이 전적으로 믿을 수 없다는 여러 전문 과학자의 증언을 들으셨습니다. 검사들이 의존하고 있는 법 과학자들의 진술도 마찬가지로 믿을 만하지 못한 것입니다. 여러분들은 항소인들의 손에서 발견된 흔적은 그들이 레콘햄발 휘시포트행 특급 열차에서 체포될 당시에 그들이 가지고 놀던 카드에 의해서도 생길 수 있다는 중립적인 과학자들의 증언을 들으셨습니다. 아니면 아마도 경찰의 취조에 도움을 주기 위해서 일부러 주입된 화학 물질 때문이겠지요.

여러분들은 항소인들이 심하게 맞았으며, 그들의 부은 눈과 부러진 갈비뼈, 상처와 멍은 당시에 공식적으로 밝혀진 것처럼 그들 다섯 명 모두가 스스로 계단에 뛰어들어서 생긴 것이 아니라는 많은 교도소 간수의 증언을 들으셨습니다.

여러분들은 사건 발생 직후에 경찰 조사관들에 의해 항소인들을 인터뷰한 서면 자료가 변조되었다는 증언을 들으셨고, 그 완벽한 증거도 보셨습니다. 이 사건의 경찰 책임자는 협박과 고문을 통해 저의 의뢰인

---

* 니트로글리세린을 함유한 고성능 폭약.

들로부터 거짓 증언을 이끌어내는 것에 만족하지 않았습니다. 그들은 자신들에게 유리한 증거를 날조하기까지 했습니다. 저의 의뢰인들의 노트에 관련된 사항 몇 가지를 덧붙이는 수법을 통해서 말입니다. 우리는 이런 결정적인 사실을 입증했습니다.

여러분들은 항소인들이 공개적으로 구걸을 하고 있었으며, 기차 여행을 위해 돈을 빌리고 있었다는 항소인들의 여러 친구와 이웃의 증언을 들으셨습니다. 결국 그들은 그 기차 여행 도중에 체포된 것입니다. 그런데 그들의 이런 행동은 테러리스트 조직에 관련된 음흉한 폭탄 전문가들에게는 어울리지 않는 행동 아닙니까?

이 사건을 조사하던 경찰은, 애초부터 아주 쉽게 발견한 바로 이 용의자들에게 죄를 덮어씌우고자 한 것이 분명합니다. 비록 알려진 비고타리아파 지도자들이 그 지역이 있다는 정보가 있긴 했지만, 경찰은 다른 곳은 쳐다보지도 않았습니다. 숲 속에 아무리 새가 많더라도 손에 있는 다섯 마리만큼의 가치는 없는 법입니다. 게다가 그 새 다섯 마리에게 강제로 노래까지 시킬 수도 있다면 말입니다. 수사관들의 풍부한 상상력이 기차를 타고 집으로 돌아가는 길에 카드놀이까지 벌이는 다섯 명의 비고타리아 사람을 찾아나서게 한 것이지요. 수사관들의 상상력은 아주 그럴듯했던 것 같습니다. 무고한 다섯 명의 사람에게 (그녀는 철창을 향해 자신의 안경을 흔들었다) 자신들이 결코 저지르지 않은 범죄를 자백하도록 해야만 한다고 수사관들을 확신시켰을 정도였으니까요. 저의 의뢰인들 모두는 자백을 뒤집을 수 있는 기회가 오자마자 그 자백을 뒤집었습니다. 그들이 저 끔찍한 범죄를 저질렀다는 어떠한 근거도 없습니다. 그들의 행위에서 설명하지 못할 것은 확실히 아무 것도 없습니다. 도대체 어떤 이유에서 그들을 유치장에 계속 머물게 해야 한다는 말입니까?"

그녀는 그녀의 말만큼이나 단호한 태도로 자리에 앉았다. 방청객들은 흥분해서 약간의 소리를 냈고, 법정 뒤쪽에서는 소리를 죽인 채 환호를 보내기도 했다. 그녀도 자신의 변론에 아주 만족해하는 것 같았다.

그레고리가 몸을 숙이며 니콜라스에게 속삭였다. "저쪽에 있는 사람이 클라리사 프린입니다. 비고타리아 사람들의 친구라고 인정받고 있지요. 언론에서는 그녀를 '여왕 프린'이라고 부릅니다. 보면 알겠지만, 그녀를 찬미하는 사람들이 여러 명 있습니다. 그러나 가장 대단한 찬미자는 그녀 자신이지요. 음, 이제 우리는 약간 진지한 논박을 듣게 되겠군요. 저 사람은 아우구스투스 라피어입니다."

검사석에서 누군가 일어나서 이야기하기 시작했다. 그는 키가 컸고 몸을 쭉 편 상태였다. 법복이 우아하게 그의 몸에 걸쳐져 있었으며, 목소리는 초연하면서도 거만한 느낌을 주었다.

"존경하는 재판장님! 변호사께서 아주 탁월한 질문을 제기하셨습니다. 저는 이제 그 질문에 답하고자 노력하겠습니다. 항소인들과 관련된 사건에 대해 변호사께서 아주 유능하게 말씀해주셨는데, 그것을 요약하면 이렇습니다. 소위 과학자들이라고 불리는 다양한 종류의 사람이 내린 판단, 불만이 있는 몇몇 간수의 말, 그리고 항소인들과 한패이거나 그들에 대해 노골적인 동정심을 가지고 있는 몇몇 항소인의 친구나 이웃의 증언 등등. 이런 것들을 근거로 우리는 정교하게 정성을 다한 경찰 조사의 결과를 의심해봐야 한다는 요청을 받은 겁니다. 이런 것들을 근거로 재판장님과 배심원들이 숙고해서 판단한 재판 결과를 의심해야 한다는 요청을 받은 겁니다.

변호인은 논리적으로 설명되지 않는 의혹이 있기 때문에, 항소인들이 '고양이와 오이'라는 카페를 폭파시켰다고 말하기에는 무리가 있음을 우리가 인정해야 한다고 하였습니다. 존경하는 재판장님, 어떤 것이 논리적으로 설명되지 않는 의혹입니까? 시간입니까? 관련 인사들입니까?

아니면 자신들이 범죄를 저질렀다는 그들의 자백입니까? 그들이 자신들의 마음을 바꾸었기 때문에 그것은 논리적으로 설명되지 않는 것인가요? 아니면, 몇몇 믿을 수 없는 간수가 거짓을 이야기했기 때문인가요? 몇몇 이단적인 과학자와 소위 말하는 필적 전문가들을 믿는 것이 논리적인 것입니까? 자신들의 친구 주위에 집결해 있는 비고타리아 지지자들을 신뢰하는 것이 타당한 것입니까? 그리고 이들 다섯 항소인이 소위 비고타리아의 대의를 지지하는 사람들이라는 것을 잠시라도 의심했던 사람이 있을까요? 이러한 사실은 그들이 용의자 이상이라는 것을 보여주기에 충분하지 않을까요?

존경하는 재판장님! 이제 제가 질문을 해야만 할 시간인 것 같습니다. 사건이 발생한지 15년이 지난 지금 기소해야 할 다른 어떤 용의자도 찾아낼 가능성도 거의 없는 이 상황에서 이들이 그 끔찍한 범죄를 저지르지 않았다고 가정하는 것이 이성적인 일입니까? 다른 어떤 그럴듯한 대안적 가설도 없는 상황에서 이미 존재하고 있는 설득력 있는 가설을 포기하는 것이 타당한 일입니까? 만약 항소인들이 정말 죄가 없다면 다른 곳에서 실마리를 발견할 법도 한데, 저는 누가 이 범죄를 저질렀는가에 대해서 이들 이외에는 아무런 단서를 발견하지 못했습니다.

존경하는 재판장님! 이처럼 강력한 사유에서 저는 이들에 대한 유죄판결과 그에 합당한 형량이 그대로 유지되어야 한다고 생각합니다. 우리의 평화를 방해하고 우리의 행복을 감소시키는 것이 그들의 목적이었고, 지금도 그들의 목적입니다. 우리는 이들을 영구히 감옥에 머물게 해야만 합니다."

그는 털썩 자리에 앉았다. 그를 둘러싸고 있던 많은 사람은 흥분되고 화가 난 것 같았다. 그러나 철창 뒤의 수인들은 어떤 반응도 하지 않았다.

탠터마운트 판사가 일어나서 "잠시 휴정하겠습니다."라고 선언했다.

세 판사가 법정을 떠날 때 방청객들과 변호사들은 일어나서 고개를 숙였다. 방청석에는 사람들의 들뜬 소리가 울려퍼지고 있었다. 언론인들은 의견을 교환했고, 변호사들은 서로 의논을 했으며, 음모가들은 음모를 꾸몄다. 그레고리는 아주 만족한 것 같았다.

"아주 멋진 연설이군요."라고 그가 말했다. 그는 확실히 검사 측의 논고를 지지했다. "그는 조만간 판사가 될 것이 확실합니다. 아주 정확한 판단력을 가졌어요."

"그렇지만, 그는 변호인 측에서 제시한 증거에 대해서는 논박하지 않았잖아요."라고 니콜라스가 완곡하게 항의했다.

"물론 그러지 않았지요!"라고 그레고리가 말했다. "그는 그것을 믿지 않았던 겁니다."

짧은 휴정 뒤에 판사들은 다시 입장했다. 사람들은 일어나서 고개를 숙였다. 탠터마운트 판사가 이야기를 시작하자 그들은 긴박한 감정을 느끼며 자리에 앉았다.

"지금부터 15년 전 8월 3일 18시 05분 레콘햄에 위치한 '고양이와 오이'라는 카페에서 폭탄이 터져서 21명이 목숨을 잃었고 27명이 부상을 당했으며 상당한 재산상의 손실이 있었습니다. 그로부터 약 1시간 30분 뒤인 19시 35분에 경찰은 레콘햄발 휘시포트행 특급 열차에서 카드놀이를 하던 다섯 사람을 발견하여 범죄 용의자로서 체포하였습니다. 그 후 실험에 의해 그들이 젤리그나이트를 취급했었다는 사실이 밝혀졌습니다. 재판을 기다리는 동안 그들은 전술한 폭탄 범죄를 계획했다는 자백도 했습니다. 재판에서 그들은 당연히 유죄 판결을 받았고 무기 징역의 판결을 받았습니다. 그래서 그들은 지금까지 15년 동안 복역해왔던 것입니다.

우리는 그들의 변호사로부터 칭찬할 만하며, 우아하고 감동적인 변론을 들었습니다. 그녀는 이 비열하고 비인간적이며 어리석은 범죄에 자신의 의뢰인들이 연루되어 있다고 보기에는 논리적으로 의심스러운 사실이 존재한다고 우리들을 설득하고자 하였습니다. 그러기 위해 그녀는 경찰이 제시한 증거를 반박하려고 노력했으며 항소인들의 자백은 강제에 의한 것임을 밝히려고 애를 썼습니다. 물론 이런 것들은 기소된 사람들이 의례적으로 반복하는 주장과 정확하게 동일한 주장입니다. 이 항소인들의 사건을 고려할 때 우리는 **무엇을** 의심하는 것이, 그리고 **누구를** 의심하는 것이 올바른지 질문을 해야 합니다. 검사께서 현명하게 이를 수행했지요. 이 질문에 대한 답이 아주 중요할 것입니다.

우리 유틸리타리아의 정의에 기초가 되는 명제는 **최대 다수의 최대 효용**이라는 사실을 아무리 강조해도 지나치지 않다고 생각합니다. 이 명제는 우리 앞에 던져져 있는 질문에도 확실히 적용됩니다. 사람들의 효용이 그런 의심을 필요로 할 때에만 의심하는 것이 타당하며, 만약 그렇지 않다면 그 의심은 타당하지 못한 것이지요. 우리 경찰의 진실성과 성실성, 우리 판사들과 배심원들의 현명함을 의심하는 것이 전체적으로 효용을 높이는 수단이 될 수 있습니까? 그런 의심을 퍼뜨림으로써 이익을 보게 되는 사람은 누굽니까?"

그는 무서운 눈초리로 철창을 쏘아 보았다.

"법이라는 것은 과거의 잘못으로부터 미래의 선을 만들어내는 거대한 기계입니다. 특히 형법은 죄질에 따라 적절하게 분류된 방대한 처벌 체계를 적용함으로서 과거의 부정과 범죄, 그리고 경범죄 등에 대처하는 법입니다. 잘못을 방지하여 미래에 올바른 행위를 최대화하기 위해서 말입니다. 이 기계가 잘 작동하려면 세 가지 조건이 충족되어야만 합니다. 첫째, 범죄는 반드시 처벌받아야만 합니다. 둘째, 처벌은 죄질에 따라 적절해야만 합니다. 셋째, 범죄자들은 반드시 처벌받는다는 일반적인 믿음이 있어야만 합니다. 이 마지막 조건은 어떤 비용을 치르더라도 훼손시켜서는 안 됩니다. 우리 유틸리타리아 사람의 삶의 방식에 대해서 집요하게 반대하는 사람들이 지휘하는 테러 도발에 직면해 있는 우리의 현재 상황에서 이 사건은 특히 그런 역할을 해야만 합니다. 자신들이 저지르고자 하는 행동의 대가가 두려워서 잠재적인 테러리스트와 범죄자들은 자제하고 있는 것입니다. 이건 분명한 사실이지요. 오늘 우리의 응답을 기다리는 질문들이 이러한 두려움의 강도를 높여주지는 않습니다. 어떤 사람들은 정의가 맹목적이라고 말하는 것을 들었을 것입니다. 이 말은 틀렸습니다. 정의는 귀머거리입니다. 자신의 존재 기반을 갉아먹는 의심에 대해서 귀머거리인 것입니다. 바로 이 때문에 나는 이렇게 말하겠습니다. 이야기를 들으면 들을수록 법정은 원심 배심원들의 평결이 옳았다는 사실을 더욱 더 확신하게 된다고 말입니다."

이렇게 이야기한 뒤에 탠터마운트 판사는 자신의 조끼 주머니에서 휴대용 계산기를 꺼냈다. 그리고 이야기를 계속했다. "이 법정은 이 사건에 많은 시간과 비용을 할애했습니다. 우리는 항소인들을 위해 17명의 증인이 증언하는 것을 들었습니다. 이들의 증언과 항소인 측 변호사의 긴 변론은 꼬박 107시간이나 걸렸습니다. 이 법정을 운영하는 데 걸린 시간을 분 단위로 계산해보면 실제로 어마어마한 시간이 소모되었다는 사실을 알 수 있습니다. 보통의 경우라면 법정은 이 비용 전부를 항소인들에게 부담시키려 했을 것입니다. 그러나 이 특별한 사건의 경우에 우리가 수행하고 있는 광범위한 정의를 위해서 이들의 비용을 우리가 기꺼이 떠맡겠습니다. 만약 이들과 같이 끔찍한 범죄를 저지른 사람들에게 책임을 묻지 않는다면, 우리 사회의 법 질서의 권위와 신뢰는 허물어져버릴 것입니다.

언제나 그렇듯이 우리는, 우리가 내리는 판결이 우리 유틸리타리아의 사법 제도에 어떤 결과를 가져올지 숙고해야만 합니다. 사람들은 이들의 항소가 허용되어야 하는지에 대해서 질문할 것입니다. 만약 이 다섯 사람이 항소에서도 지게 된다면, 좋지 않은 목적을 위해서 많은 시간과 돈을 낭비한 결과만을 낳을 것입니다. 이 다섯 사람이 항소에서 이기게 되는 경우를 생각해봅시다. 이는 경찰의 위증죄와 폭행죄, 협박죄를 인정하게 되는 것이며, 결국 자백이 강제에 의한 것이기 때문에 증거로서 적당하지 못했다는 것을 인정하는 것입니다. 그리고 그들에 대한 유죄 판결은 잘못된 것이었다는 결론에 이르게 됩니다. 이런 전망은 너무도 끔찍한 것입니다. 따라서 이 땅의 모든 양식 있는 사람들은 이들 다섯 사람이 상고에서 이기는 것이 결코 정당하지 않다는 사실에 동의할 것입니다.

이 사건은 문명국인 유틸리타리아가 어떤 나라인지를 보여주는 사건입니다. 무고한 사람 21명을 가장 사악한 방법으로 살해하여 유죄가 입증된 다섯 사람이 여기에 있습니다. 그들은 돈이 한 푼도 없습니다. 그러나 국가가 그들의 변호를 위해 막대한 비용을 지불했습니다. 그들은 살인죄가 인정되었고 무기 징역형이 언도되었습니다. 그들이 야비한 위증죄를 저질렀다는 증거가 있습니다. 그러나 국가는 경찰에 대항하기 위해 그들이 벌인 활동에 여전히 많은 비용을 지불해왔습니다. 이제 그것을 그만둘 시기가 되었습니다. 이것은 확신을 옆으로 밀쳐두려는 시도에 불과합니다. 추문이 더 이상 지속하도록 해서는 안 됩니다. 항소를 기각합니다."

"저는 동의합니다."라고 바커 재판관이 으르렁거리며 말했다.

"저도 동의합니다."라고 그로울러 재판관이 짖듯이 말했다.

경악의 목소리가 방청석으로부터 터져나왔다. "유틸리타리아의 정의는 이제 끝장났다!"라고 재판부 왼쪽에 있던 한 젊은이가 외쳤다. "용기를 잃지 말아요! 우리는 당신을 위해 싸울 것입니다!" 다른 사람들은 이렇게 소리쳤다. 서기는 "조용히 하세요! 여기는 법정입니다."라고 지시했다.

다섯 명은 그들이 있던 장소에서 뒤쪽 아래로 신속하게 호송되었다. 같은 순간에 세 명의 판사들은 일어나서 퇴장했다. 몇몇 방청객은 일어나서 다시 그들에게 고개를 숙였다. 항의하는 목소리가 꼬리에 꼬리를 물고 터져나왔다. 법정 서기는 "방청객들을 다 내쫓아버려!"라고 명령했고 흥분한 군중은 출입구를 통해 떠밀려나왔다. 니콜라스와 그레고리는 그 건물의 출입구 쪽으로 향했다.

"재판장이었던 탠터마운트 판사를 한 번 만나보시죠. 저는 그 사람을 잘 안답니다. 사실은, 꽤 가까운 친구 사이입니다. 그도 기꺼이 당신을 만날 것입니다." 그레고리가 말했다. 그는 전화기를 집어들고 어디론가 전화를 했다. 얼마 안 지나서 유니폼을 입은 여자 안내원이 도착했다. 그녀는 그들을 법원의 과거와 현재─법관들의 흉상과 초상화, 심지어 다양한 색상과 형태의 모피 가운을 입고 모자를 쓴 채 유리 상자 속에 진열된 마네킹도 있었다─가 진열된 복도로 안내했다. 그들은 나선형의 돌계단을 올라가서 어떤 문 앞에 이르게 되었다. 그 문은 잠겨 있었다. 여자 안내원이 그 문을 열었다. 떡갈나무로 만들어진 위풍당당한 문을 통과하여 다른 복도를 통과했다. 마침내 그들은 '수석 재판관'이라는 명패가 달린 문 앞에 도착했고, 그녀는 노크를 했다. 그들은 탠터마운트 판사의 집무실에 들어갈 수 있었다.

그의 집무실은 인상적이었다. 법률 책들이 천장까지 쌓여 있었으며, 중간 문설주가 달린 높은 창문을 통해 칙칙한 빛이 흘러들어왔다. 그 빛은 법정에 흘러들어오던 빛과 동일한 빛이었다. 탠터마운트 판사는 자신의 책상에서 일어나서 환한 미소를 띤 채 그들에게 인사했다. 그레고리는 니콜라스를 소개했으며, 다시 한 번 그의 임무와 그것의 행복한 완수에 대해서 설명했다.

"캐리타트 교수님, 만나뵙게 되어서 영광입니다."라며 판사가 인사했다. "적포도주 한 잔씩 하시겠습니까?"

그레고리가 아주 흔쾌히 동의를 했다. 탠터마운트 판사가 거만하게 벨을 누르자 근무중인 남자 시종 한 사람이 적포도주 한 병과 잔 세 개를 은접시에 받쳐서 가지고 들어왔다. 그레고리와 니콜라스는 포도주를 한 모금 마시며 가죽 팔걸이소파에 푹 파묻히도록 몸을 눕혔다. 책상을 등진 상태로 판사는 그들을 마주보며 앉았다.

"오늘 유틸리타리아의 정의의 여신이 자신의 임무를 다했는데 당신은 거기에 대해 어떻게 생각하시는지 듣고 싶군요." 그는 니콜라스에게 질문했다.

니콜라스는 단어를 아주 신중하게 선택했다. "잘 모르겠지만, 제가 관찰할 수 있었던 것만을 가지고 이야기한다면 음, 유틸리타리아의 정의의 여신은 항소인들의 사건을 자신이 가지고 있는 저울에 제대로 달아보지 않은 것 같았습니다."

탠터마운트 판사는 약간 놀라서 쳐다보았다. "정의의 여신은 그 사건의 판결이 뒤집혔을 때 생길 수 있는 위험을 잘 측정했습니다."라고 그가 대답했다.

"그러나, 항소인들의 주장이 옳았을 때 생기는 위험은 없는 걸까요?" 니콜라스가 대꾸했다.

"캐리타트 교수님" 판사가 답변하기 시작했다. "우리의 전반적인 법체계는, 그것이 원활하게 잘 작동하고 있다고 모든 사람이 믿는 경우에만 작동할 수 있습니다. 범죄를 저지를 가능성이 있는 사람들은 자신들이 범죄를 저지르더라도 그것이 결코 자신에게 이익이 되지 못한다는 사실을 잘 알고 있습니다. 그 밖의 다른 사람들도 이 사실을 너무나 잘 알고 있습니다. 이런 식으로 우리는 범법 행위를 최소화하고 있으며 우리의 실제 안전과 체감 안전도 모두를 최대화하고 있는 것입니다. 오늘 당신이 관찰하셨던 사건을 예로 들어봅시다. 항소인들에 내려진 원심 판결은 모든 사람에게 법 체계가 잘 기능하고 있다는 믿음을 유지시켜주었습니다. 그 판결이 법 체계를 보호했다고 할 수 있겠죠. 만약 원심 판결이 번복되었다면 법 체계의 기반이 손상되었을 것입니다."

"만약 그들이 무죄라면 그 다섯 명은 공공의 이익을 위해 희생양이 된 것이라고 말씀하시는 것입니까?" 니콜라스가 질문했다.

"캐리타트 교수님, 당신은 매우 다채로운 표현을 사용하시는 재주를 가지고 계시는군요." 판사가 말했다. "저로 말씀드리자면, 저는 희생 같은 단어를 사용하지는 않습니다. 사실, 유틸리타리아에서 그런 개념은 거의 이해되지 않습니다. 그것은 종교적인 수사이지요. 과거로부터 전승되기는 했지만 현재의 우리 상황에는 거의 적합하지 않습니다. 저는 차라리 경제적이거나 상업적인 수사를 더 선호합니다. 오늘 우리가 경험했던 것을 손익 계산이라고 부릅시다."

이 문제가 계속해서 니콜라스를 곤혼스럽게 만들었기 때문에 그는 끈질기게 이 문제에 집착했다.

"교도소 지붕에서 어떤 사람이 자신은 무죄라고 주장하는 것을 한 언론인이 보게 되었다고 가정합시다. 그 언론인은 그 사람의 주장을 조사해야만 할까요, 아니면 그냥 그곳을 떠나야만 할까요?" 니콜라스가 판사에게 질문했다.

"오! 그냥 그곳을 떠나야지요." 탄타마운트 판사가 이야기했다. "교도소 지붕 위의 사람을 무시하면 됩니다. 억울하게 유죄 판결을 받았다는 내용의 편지를 저는 셀 수 없이 받습니다. 유감스럽지만 저는 그것들을 쓰레기통에 버린답니다."

그들의 만남은 단호한 유틸리타리아 식의 결론을 도출한 것 같았다. 왜냐하면 판사가 앉아 있던 의자에서 일어나서 니콜라스에게 손을 내밀었기 때문이다.

"교수님, 만나뵙게 되어 아주 기뻤습니다. 아주 날카로웠던 교수님의 질문들을 가슴에 새겨두겠습니다. 당신의 이곳 체류가 즐거운 추억이 되었으면 좋겠네요. 우리 모두에게 유익한 것이 되면 더욱 좋겠고요. 우리의 도움이 필요하시면 주저하지 마시고 연락주십시요. 힘닿는 데까지 도와드리겠습니다. 기대하셔도 됩니다. 그레고리, 잘 가게."

판사는 니콜라스와 그레고리와 함께 방을 나와 계단까지 그들을 배웅했다. 그들이 판사들의 흉상을 통과할 때, 그레고리가 "정말 훌륭한 판사야!"라고 입을 열었다. "정말 믿을 만한 사람입니다. 원칙에 충실하고. 약간 고지식하기는 해도 말이죠."

"고지식하다니, 무슨 뜻이죠?" 하고 니콜라스가 질문했다.

"아직도 배심원 제도를 신뢰한다는 말입니다. 그것이 계속해서 정의의 외양을 보존하고, 판결이 근거가 있다는 사람들의 믿음을 유지시킨다고 생각하는 것이지요. 하지만 우리가 살펴보았던 사건을 한 번 생각해 보세요. 만약 모든 일이 치안 판사에 의해 약식으로 다루어진다면, 그 비고타리아 사람들과 그들의 지지자들은 희망을 거의 가지지 않았을 겁니다. 그랬다면 그들은 결코 항소하지 않았겠죠! 얼마나 많은 시간과 수고와 돈을 절약할 수 있었겠어요! 만약 원심대로 집행되었다면, 우리는 사실 그 사건에 대해서 더 이상 듣지 않아도 되었을 겁니다."라고 그레고리는 답했다. 그리고 그는 덧붙였다. "우리는 오늘 검사장과 점심 식사를 같이 해야 합니다. 그녀는 배심원 제도를 폐지해서 전체 유틸리타리아 체계를 더욱 효율적으로 만들자는 캠페인의 선봉에 서 있는 사람입니다. 사실, 저의 가까운 친구입니다." 니콜라스는 유틸리타리아의 유력 인사들 가운데 그레고리의 친구가 아닌 사람이 있을까라는 의문을 품기 시작했다.

　유력 인사들로 보이는 사람들이 낮은 목소리로 이야기하고 있는, 단아하고 차분한 조명의 식당에서 점심 식사를 할 때 검사장 펠리시티 호크는 니콜라스에게 강렬한 인상을 남겼다. 그녀는 마른 체형이었고 열정적으로 보였다. 검은빛이 도는 회색의 우아한 바지 정장을 입고 있었으며 짧은 머리였다. 열정적이고 격정적이며 단호한 태도로 의미를 명확히 전달하던 펠리시티야말로 유틸리타리아에 대한 신실한 신자이자 열광적인 전도사였다. 그레고리는, 적어도 학문적인 관심 때문에라도 유틸리타리아의 미래를 예시할 수 있는 특정 과거에 주의를 기울였다. 이와 대조적으로, 펠리시티는 과거라는 것을 법 체계의 효율적인 관리에 아무런 도움을 주지 못하는 장애물이라고 생각하는 것 같았다.

　그녀는 고급 치즈와 야채 샐러드를 집어들면서 "중세에 만들어진 폐물이야! 감상적으로 집착하고 있을 뿐이라고!"라는 말을 했다. 그리고 니콜라스에게 질문했다. "법률적인 절차에서 가장 중요한 판단을 12명의 아마추어들에게 맡겨버리는 방법을 양식 있는 사람들은 어떻게 생각해야 할까요?"

　니콜라스는 배심원 한 사람 한 사람에게 주어지는 권리의 중요성에 대해 무엇인가를 말하려고 하였으나, 그녀는 니콜라스의 생각을 듣고 싶어하지 않는 것 같았다.

　"그건 웃기는 일이야. 전문적이지도 않고 효율적이지도 않지. 공공의 기금을 내다버리는 짓이라구."라고 그녀가 덧붙였던 것이다.

　"그것은 또한 정치적인 동기에 의한 것이지요." 그레고리가 끼어들었다. "행동당은 배심원 제도를 찬성합니다. 우리 모두 그 이유를 알고 있습니다. 모든 사람이 전문가가 될 수 있다고 사람들에게 아부하는 그들의 일상적인 선동 책략이죠. 그러나 걱정하지 마십시요." 그는 니콜라스를 확신시키고자 했다. "배심원 제도는 유틸리타리아에서 사라지고 있으니까요."

니콜라스는 설복되지 않았다. 오히려 대화에 참여하는 것이 아무런 의미가 없다고 생각할 뿐이었다. 니콜라스와 식사를 같이 하는 사람들은 너무나 확신에 차 있었기 때문에, 니콜라스가 자신들의 의견에 동의해야만 한다고 단순하게 생각하여 그를 설득하려고 하지도 않았다. 확실한 동의를 구하고자 하는 그들의 명백한 의도는 니콜라스에게까지 미치지 못한 것 같았다.

니콜라스는 그날의 나머지 시간을 자신의 연구실에서 취임 강연 준비를 하면서 보냈다. 그가 그의 아파트로 돌아왔을 때 그의 현관문에는 "당신은 8시 15분에 소집될 것입니다."라고 적힌 종이가 붙어 있었다.

그는 침대에 누워서 꽁스탕땡 프랑수아 볼네*를 상대로 과거와 현재와 미래의 관계에 대해서 가상의 논쟁을 진행했다. 볼네는 자신의 친구이자 노예제 폐지를 위한 운동의 동지였던 꽁도르세보다 인간 진보에 관해서 덜 확신하고 있었다. 그렇지만 그도 꽁도르세처럼 "모든 인류가 거대한 단일 사회를 형성하고, 그 사회의 각각의 개별 가족은 단일한 정신과 동일한 법에 의해 통치되며, 인간이 본능적으로 누릴 수 있는 모든 종류의 행복을 향유할" 그런 시기를 갈망하였다. 하지만 과거를 회고하면서 그는 폐허를 예견했다.

---

* 꽁스탕땡 프랑수아 볼네Constantin-François Volney는 18~19세기 프랑스의 철학자이자 정치 사상가로 온건 자유파로 프랑스 혁명에 참여하였으며, 그 경험을 바탕으로 인류 화합의 낙관적 역사 철학을 제시한 『제국의 폐허Ruins of Empire』(1791)을 저술하였다. 그의 이름 Volney는 볼테르Voltaire와 그가 살았던 지역 이름 Ferney를 결합하여 그가 만든 것이다.

이 주랑柱廊 아래 모였던 시끄러운 군중은 죽음과도 같은 고독을 물려받았다. 무덤의 고요함이 공공 장소의 시끄러움을 대체해버린 것이다. 상업 도시의 풍부함은 섬뜩한 가난으로 변했다. 왕의 궁전은 사슴들의 놀이터가 되었으며, 더러운 파충류들이 신전에 거주하고 있다.……영광은 여기에서 그 광채를 잃었도다! 얼마나 많은 노고가 절멸되어버렸는가!……그러므로 제국과 제국의 시민은 사라져버렸도다! 국가가 없어져버린 것이다!

그는 한탄하면서 니콜라스에게 질문하는 것처럼 보였다. "현재 그들의 쇠락한 모습이 우리 나라의 운명이 아니라고 누가 나를 설득할 수 있겠는가?"

"아무도 없지요." 니콜라스는 대답했다. "우리는 과거를 너무 비관적이게 보거나 미래를 너무 낙관적으로 보는 것으로부터 벗어날 방법을 찾아야만 하겠군요." 그리고 과거는 우리가 살아가면서 개선해 나가야 할 집과도 같은 것이지, 그 위에 완전히 새롭게 세워야 할 일련의 폐허는 아니라고 생각하면서 잠이 들었다.

13
납치

다음 날 아침 8시 15분 쯤 앞문에서 노크 소리가 들려왔다. 문을 열어보니 끝이 뾰족한 모자를 쓴 젊은 남자가 서 있었는데, 어제 그 사람은 아니었다. 어제와 마찬가지로 맥시만드 교수의 요청을 받고 여기에 온 대학의 운전수라고 스스로 소개했다. 니콜라스는 그를 따라 나섰다. 이번에는 승강기를 이용하지 않았다. 대신에 계단을 걸어 내려갔다. 건물의 뒷문을 통해 밖으로 나와서 대기하고 있던 차로 향했다. 운전수가 뒷문을 열어주었다. 니콜라스는 뒷좌석에 몸을 푹 파묻었다. 그러자 차는 속도를 높이기 시작했다.

몇 분 뒤에, 운전수는 니콜라스에게 자신들이 지금까지와는 전혀 다른 낯선 길을 통해 대학으로 가고 있다고 알려주었다. 니콜라스는 자신이 탄 차가 도시 중심부로 향하는 것이 아니라 외곽으로 빠져 나가고 있다는 사실을 천천히 깨달았다. 운전수에게 말을 걸기 위해 몸을 앞으로 숙였을 때 비로소 니콜라스는 자신과 운전수를 갈라놓고 있는 철창이 있다는 사실을 알아차렸다. 그는 식은땀을 흘리기 시작했고, 창문을 열어야겠다고 생각했다. 그러나 차 뒷문에는 창문 손잡이가 없었다. 뿐만 아니라 문도 열 수 없는 구조였다.

차는 단층의 우중충한 주택들이 늘어서 있는 황량한 도로를 빠른 속도로 질주했다. 그러다가 갑자기 주택들 사이로 난 길 가운데 한 곳으로 진입했다. 어떤 어두운 차고에 차가 멈추어 섰다. 이와 동시에 날카로운 금속성의 소리가 나면서 차고 문이 닫혔다. 그는 차 뒷문 양쪽이 열리는 소리를 들을 수 있었다. 양쪽에서 각각 한 사람이 차에 올라탔다. 그는 자신의 손에 수갑이 채워지고 눈가리개가 씌워지고 있다는 것을 느꼈다. 차고 문이 열리는 소리를 들었다. 차는 뒤로 잠시 밀렸으나 곧 출발했다. 아무도 말을 하지 않았다.

'당신은 8시 15분에 소집될 것입니다.'라고 씌어진 쪽지대로 자신이 소집되고 있다고, 즉 납치되고, 잡혀가고, 끌려가고 있다고 생각했다. '그렇지만 누가, 왜'라는 의문이 들었다. 그는 침묵하고 있는 동행자들에게 질문을 하기로 결심했다.

"왜 나를 이런 식으로 대접하는 거요?"라고 그가 질문했다.

"곧 알게 될 거요." 무뚝뚝한 대답이 들려왔다.

계속 침묵이 흘렀다. 약 20분 동안 차가 계속 달렸다. 다시 한 번, 차는 주택들 사이로 난 길로 빠져 들어가서 갑자기 정지했다.

차 뒷문이 열렸다. 니콜라스와 동행하고 있던 사람 중 한 명은 그를 잡아당겼고 나머지 한 사람은 밀어서 그를 차 밖으로 내보냈다. 그들은 니콜라스의 손과 발을 잡아서 들어올린 뒤에 어떤 건물로 들어갔다. 계단을 내려가서 침대 한 개가 놓여 있는 방으로 그를 데려갔다. 그런 다음에 그를 혼자 그 방에 머물게 했다. 물론 그들은 방문을 잠갔다. 혼자가 된 니콜라스는 극도로 불안해졌다.

몇 분이 흘렀다. 그는 소리를 죽여서 이야기하고 있는 여러 사람의 목소리를 들을 수 있었다. 이 건물 어느 곳에선가 진행되고 있는 회의 소리인 것 같았다.

무거운 발자국 소리가 들리더니 누군가가 문을 열었고 마침내 방 안으로 들어왔다. 수갑이 풀리고 눈가리개가 벗겨지자 니콜라스는 수갑을 풀어준 사람을 볼 수 있었다. 키가 크고 마른 젊은이였다. 헝클어진 검은 머리를 하고 있었고, 얼굴이 창백했으며 턱은 튀어 나왔다. 그리고 그 턱에는 억센 수염이 자라고 있었다. 그러나 그의 가장 두드러진 특징은 그의 오른쪽 눈이었다. 그의 오른쪽 눈은 깜박이지 않았고, 부싯돌을 부딪쳤을 때 생기는 불꽃처럼 반짝거렸다. 거의 눈치채지 못할 정도의 사팔뜨기인 것 같았다. 그는 마치 총을 겨냥하는 것처럼 니콜라스를 뚫어지게 쳐다보았다.

"당신의 강연 제목은 '과거로부터 벗어나기'라고 알려져 있더군." 외눈박이가 이야기하기 시작했다. "우리는 그런 생각을 좋아하지 않아. 유틸리타리아 식의 환상을 장려하는 당신의 그런 생각을 좋아하지 않는다는 것이지. 과거로부터 벗어나서 우리가 살 곳이 어디지? 우리의 목표는 미래로부터 벗어나는 것이야. 유틸리타리아 사람들이 우리들에게 부과하려고 애쓰고 있는 바로 그 미래로부터 말이야. 비고타리아는(그는 열정적으로 이 부분을 강조하며 결론을 내렸다) 유틸리타리아의 폐허 위에서만 세워질 수 있는 것이라오."

"당신들이 그런 목적을 추구하는 데 내가 어떤 역할을 할 수 있다는 거지?" 니콜라스가 질문했다.

"당신은 유틸리타리아 사람들에게는 대단히 가치 있는 사람이지. 따라서 우리들에게는 더욱 가치가 있겠지." 외눈박이가 대답했다.

"왜 그런 생각을 하게 되었지?" 니콜라스가 질문했다.

"우리는 맥시만드 교수가 TV에 출연해서 당신에 대해 자랑하는 것을 보았어. 유틸리타리아는 세상에서 가장 가능성 있는 나라라고 당신이 결론내렸다던데. 게다가, 그 사실을 매주 TV를 통해 이야기하기로 했다니. 우리의 판단으로는, 당신은 매우 위험한 유틸리타리아의 이념가야."

외눈박이가 지적한 세 가지는 모두 잘못된 것이지만, 괜히 그것을 지적했다가는 논점을 흐릴 것 같아서 니콜라스는 아무 말도 않기로 했다. 적들에게 가치가 있다고 인정받는 것이 니콜라스에게 이익이 될 것도 같았다.

"나를 어떻게 이용하자는 거지?"라고 니콜라스가 질문했다.

"우선, 당신이 납치당했다는 사실 자체가 우리의 존재를 상징적으로 드러내준다고 할 수 있지. 우리의 각성과 저항하겠다는 불굴의 의지도 함께 알리겠지. 둘째, 우리는 현금이 필요해. 우리는 당신의 몸값을 요구할 생각이야. 그들이 당신에게 어느 정도의 가치를 부여하는지 지켜보는 것도 (그는 니콜라스를 차갑게 쳐다보았다) 재미있는 일이겠지."

니콜라스는 다시 식은땀을 흘리기 시작했다.

"만약 그들이 내 몸값을 지불하지 않는다면 어떻게 할 생각인가?" 니콜라스가 질문했다.

"그런 일이 생긴다면, 당신은 즉시 현재로부터 자유로워지겠지." 열쇠를 집어들면서 외눈박이가 대답했다.

그는 문을 열고 방을 나갔다. 밖에서 자물쇠를 채우는 소리가 들렸다.

14
중재

외눈박이가 나가자, 그는 자유롭게 새로운 주변 환경을 관찰할 수 있게 되었다. 실내 장식은 확실히 대머리가 있던 곳보다는 나았다. 그는 감옥의 독방이 아니라, 어떤 집의 방 안에 있는 것이었다. 다소 습기가 찬 거무죽죽한 방으로, 옷장과 세면대가 구비되어 있고, 벽에는 새장 안에 있는 새의 그림 액자가 걸려 있었다. 6인치 정도 떨어진 벽에는 조그마한 창문도 있었다. 니콜라스가 창문으로 목을 길게 빼고 내다본다면, 작은 부분에 불과하지만 푸른 하늘도 볼 수 있었다. 그러나 감옥의 독방이라면 적어도 자신이 어디에 위치해 있는가는 알았을 것이다. 즉, 독단적이고 무자비하긴 하지만 전문적으로 투옥하고 심문하는 사람들에 의해 운영되는 공공 시설의 죄수라는 지위를 알 수 있다는 것이다. 현재 그는 인질이 되었고, 전혀 예측할 수 없는 상황에서 그 자신은 좀처럼 이해할 수 없는 대의명분을 위해 열정적으로 싸우는 투사의 손에 운명이 내맡겨져 있었다.

그는 이러한 생각에 사로잡혀 첫째 날의 나머지 시간을 보냈다. 거칠어 보이는, 면도도 하지 않은 젊은 남자들이 그에게 차갑고 맛없어 보이는 식사와 밤에 갈아입을 옷을 가져다주었고, 그의 방 밖에서 그 건물의 화장실 시설로 향하는 복도를 따라 조용히 그를 감시하였다. 여기서도 그는 밀리타리아 감옥에서처럼 시간 감각을 상실해가기 시작했다.

한 마디로 요약한다면, 정말 비참한 날이었다.

둘째 날

다음 날 아침, 그는 외눈박이에 의해 잠이 깨었는데, 외눈박이는 무척 흥분된 상태였다.

"이것 봐, 교수 양반!" 타블로이드판 신문을 불쑥 내밀며 그가 말했다. "당신이 1면을 장식했어!"

굵은 활자로 된 1면에서 그는 '테러리스트들, 철학자를 가두다'라는 머리기사를 읽었다. 큰 제목 밑에는 공항에서 미소짓는 그의 사진이 커다랗게 확대되어 있었고, 기사는 다음과 같았다.

어제 이른 아침에 비고타리아 테러리스트들이 대담한 일을 벌였다. 칼큘라의 아파트에서, 최근에 밀리타리아로부터 정치적 망명을 하여 이곳에 도착한 유명한 사상가이자 저술가인 니콜라스 캐리타트 교수를 납치하였다.

"그는 우리 학생들에게 첫 번째 강의를 하기로 되어 있었습니다."라고 정부 측 문화 자문역이자 교수인 그레고리 맥시만드가 전했다. "그는 우리 체제가 가장 훌륭하다는 것을 인식했던 통찰력 있고 현명한 사람입니다. 그를 납치한 인간들은 그의 메시지를 두려워한 것이 분명합니다."

수상은 '영예로운 손님'에게 그러한 일이 일어난 것에 대해 우려를 표명하였고, '가능한 모든 조치를 취할 것'이라고 약속하였다.

대학 지역에는 경계령이 선언되었다. 칼큘라의 경찰청장은 도시 전체에 강력한 경찰력 집행을 명하였고, '테러리스트들이 붙잡히고 캐리타트 교수가 자유로워질 때까지, 백방으로 노력할 것'을 선언하였다. 경찰청으로 들어온 전화 메시지에 따르면 비고타리아파가 교수를 붙잡고 있는 것이 확실하며, 또 다른 메시지가 전달될 것으로 예상된다.

"당신들, 어떤 메시지를 보낼 거요?" 니콜라스가 물었다.

"우리는 투사이지 저술가가 아니오." 그에게 종이와 펜을 건네며 외눈박이가 대답했다.

"당신이야말로 유명한 저술가이지 않소. 신문에서 그러더군. 당신이 메시지를 쓰시오. 우리는 그것을 전달만 하겠소. 당장 당신 친구인 맥시만드 교수에게 편지를 쓰시오."

"도대체 그에게 뭘 말하란 말이지?" 니콜라스가 신경질적으로 물었다.

"그에게 우리가 장난치는 것이 아니라고 하시오, 교수. 당신의 유틸리타리아 친구들이 만약 우리가 이미 전달했는 데도 그들이 반응을 보이지 않고 있는 우리의 요구 조건에 응하지 않는다면, 당신에게 더 나쁜 일이 일어날 것이오. 만약 (외눈박이는 목표물에 더 가까이 다가왔다) 그들이 시간을 너무 끈다면 우리는 당신을 약간 손볼 수밖에 없고, 사진을 보내서 그들을 독려하는 수밖에 없다는 것을 당신도 알아두는 게 좋겠소."

이 말을 남기고, 그는 방에서 나간 뒤에 문을 잠가버렸다.

니콜라스는 자신이 또 다시 식은땀을 흘리고 있음을 깨달았다. 그는 편지를 쓰기 시작했다.

친애하는 그레고리

어제 강의에 참석하지 못한 것을 먼저 사과해야겠군요. 학생들이 너무 실망하지 않았기를 바랍니다. 여기에 나를 포로로 잡은 사람들은 "장난이 아니다."라고 합니다. 이 말이 의미하는 바는 두 가지로 해석될 수 있을 것 같습니다. 첫째, 그들은 심각하게 몸값을 요구하고 있으므로, 돈이 지불되어야만 내가 풀려날 것 같다는 점. 둘째, 돈이 빨리 지불되지 않으면, 폭력을 쓸 것이라고 나를 위협했다는 점. 실제 그럴 준비도 꽤 되어 있는 것 같습니다.

내가 당신과 다른 사람들을 이런 까다로운 상황으로 이끈 것 같아 매우 미안하게 생각합니다. 어떻게 해야 될 지에 대한 조언도 감히 못하겠습니다. 어떠한 경우에라도 좀처럼 객관적일 수 없을 터이니 말입니다. 내가 할 수 있는 것이라고는 최근에 견고해진 우리의 우정에 기대어, 최선의 결과가 나오기를 바라는 것뿐입니다.

샤르미앙과 그레이엄에게 안부를.

니콜라스로부터

그가 편지를 마무리짓자마자, 외눈박이가 들어와서 편지를 읽고는 말했다.

"좋소. 10점 만점에 10점이오. 그들은 당신의 편지를 곧 받아보게 될 거요. 다만, 당신을 위해서라도 그들이 당신의 메시지를 받아들이기를 바랄 뿐이오."

이런 위협적인 생각을 알리고, 그는 둘째 날의 나머지 시간동안 니콜라스를 감금시켜놓았다. 니콜라스를 방해한 것은 식사의 배달과 외눈박이의 무뚝뚝하고 말없는 동료 두 명의 감시뿐이었다.

셋째 날

조간 신문을 들고 외눈박이가 들어왔다. 그의 얼굴에서 승리감을 엿볼 수 있었다. 니콜라스는 '캐리타트의 교섭 청원 일축되다'라는 머리기사를 읽었다. 또 다시 그의 공항에서 웃는 모습이 보이고, 그레고리에게 보낸 편지도 게재되었다. 기사는 짧았지만 정곡을 찌르는 것이었고, 희망적인 것은 아니었다.

납치당한 밀리타리아의 니콜라스 캐리타트 교수가 편지를 보내어 그의 석방에 대한 비고타리아 테러리스트들의 교섭 조건을 명백히 했다. 그는 수도의 어딘가에 감금되어 있는 것으로 여겨진다. 그의 소재에 대한 몇몇 단서가 최근 속속 나타나고 있다.

내무성은 다음과 같은 입장 표명을 하였다. "테러리스트들과의 교섭은 있을 수 없는 일이다. 이는 지금까지 정부의 흔들리지 않는 입장이었고, 앞으로도 계속 그러할 것이다."

야당의 유스타스 레기는 '정부의 입장에 전폭적이고 무조건적인 지지'를 보낸다는 당의 입장을 전달했다. "테러리스트들과 협상을 한다는 것은 우리로서도 생각할 수 없는 행동이다."라고 말했다.

정부 측 문화 자문역이자 납치당한 교수의 친구이며 동료인 그레고리 맥시만드 교수는 "우리는 개인 감정을, 우리가 다루는 객관적인 계산에 개입시켜서는 안 된다. 지금과 같은 극단적인 상황에서는 더욱 그러하다."라고 말했다.

"놀랍군!" 외눈박이가 말했다. "일이 멋지게 되어가는데!"

"어째서 그렇지?" 니콜라스가 의심쩍다는 듯이 물었다.

"이는 그들이 이제 막 협상하려 한다는 것을 의미하는 것이지."

니콜라스는 '네 생각이 맞기를 바랄 뿐이다'라고 속으로 생각했다.

넷째 날

다음날 아침 신문에는 훨씬 짧은 내용만 실렸다. 수상이 정부의 기존 노선을 다시금 확인한 것 말고는 보도할 만한 것이 없었던 것 같았다.

우리는 우리의 삶의 방식을 파괴하려는 사람들과는 절대 거래할 수 없다. 그들은 우리가 거절할 수밖에 없는 제안을 하고 있다.

"멋진데!" 외눈박이가 말했다. "당신은 며칠 안에 자유로운 몸이 될 것이오."

니콜라스는 계속 희망에 매달렸지만 불안감을 느꼈다. 우선, 그는 그레고리의 말에 신경이 쓰였다. 그렇게까지 분명하게 말할 필요가 있었을까? 또 한 가지는 그를 포로로 잡고 있는 사람들의 예측력을 전적으로 믿을 수 없다는 것이다. 그들은 미래보다 과거에 대해 훨씬 더 편안함을 느끼는 것처럼 보였다.

다섯째 날

5일째 되는 날에는 새로운 뉴스는 없었지만, 그의 사회 생활에 변화가 일어났다. 지금까지 그의 사회 생활이란 주로 외눈박이와 짧은 대화를 나누는 정도에 불과했고, 외눈박이의 동료들과는 마주쳐도 아무런 말도 하지 않았었는데, 그들이 말을 하기 시작했다. 한 사람이 그에게 점심을 가져다주고는, 문간에서 서성대며 비고타리아의 천 년의 역사에 대해 이야기를 해주었다. 그것은 철저히 전쟁, 외국 침입, 그리고 영웅적 레지스탕스로 이루어진 것 같았다. 저녁을 가지고 온 다른 동료도 같은 주제를 가지고 계속 이야기했지만, 보다 구체적인 시각에서 400년 전에 있었던 전쟁에 거의 초점을 맞추어, 세부 사실까지 ─ 날씨, 장면, 사령관, 군인들, 전투의 다양한 단계까지 ─ 마치 방금 일어났던 일인 것처럼 생생하게 말해주었다. 니콜라스는 포로 청중이었다. 비록 군대 역사에 대해서는 조금도 관심이 없었지만, 그는 과거를 현재화하는 납치범들의 방식에 자신이 내통하고 있음을 느꼈다. 적어도 그 순간만큼은 자신의 불안한 미래에 대해 생각하는 것보다는 즐거운 것이었다.

여섯째 날

신문에서 그의 사건에 대한 내용을 거의 발견할 수 없었다. 경찰과 군대가 교외 지역의 집들을 계속 수색하고 습격하고 있다는 보도만이 있을 뿐이었다. 그러는 동안 역사적인 전투에 대한 이야기는 계속 이어져, 패배에 괴로워하고 영광스런 승리에 감격해 하기도 하였다. 세 명의 납치범 모두 그의 방으로 몰려들어 점심 식사는 두 시간 동안이나 이어졌고, 저녁 식사 또한 늦은 밤까지 계속되었다. 넷이서 병맥주를 서로 나누어 마시기도 하였다. 니콜라스는 그들의 이야기가 즐길 만한 것이라고 생각하게 되었다. 그 자신이 무기가 된 그들의 최근 전투에 대한 이야기를 제외한다면 말이다.

일곱째 날

사건에 대한 새로운 소식이 또 없었다. 실제로, 더 이상 그 사건이 신문의 1면을 장식하지도 않았다. 외눈박이는 불만스러운 듯이 보였다.

"지금까지 우리가 좀 움직였어야 했어." 외눈박이가 말했다.

"이건 좋지 않은 상황이군. 또 편지를 써야 할 시점이야." 그는 니콜라스에게 펜과 종이를 건넸다. "10분 뒤에 돌아오지."

> 친애하는 그레고리
>
> 당신에게 또 다시 이런 편지를 쓰는 나를 용서하기 바랍니다. 내가 당신을 곤란한 상황으로 몰아넣어, 사적인 우정의 부름과 공적인 의무 사이에서 이러지도 저러지도 못하게 하고 있다는 것을 잘 알고 있습니다. 물론 유틸리타리아 사람들이 계산을 얼마나 중요하게 여기고 있는지도 잘 알고 있고, 당신이 내 문제를 그런 정신으로 다루어야 한다는 것도 깨닫고 있습니다. 내가 부탁하고 싶은 것은 모든 관련 요인을 고려해달라는 것입니다. 내 목숨이 거기에 달려 있을 지도 모르기 때문입니다. 나를 포로로 잡은 사람들은 잔인한 사람들입니다. 생각컨대, 아무 것도 얻지 않고는 멈추지 않을 것 같습니다. 확신컨대, 그들은 진짜 그들의 대의명분에 전념할 것입니다. 나로 말하자면, 최선의 경우를 계속 바랄 뿐입니다.
>
> 샤르미앙과 그레이엄에게도 안부를.
>
> 니콜라스로부터

두 명의 동료와 함께 외눈박이가 돌아왔다. 편지를 집어들고서 죽 훑어보고 난 뒤에 "10점 만점에 8점."이라고 말했다.

"'진짜 그들의 대의명분에 전념할 것입니다' 뒤에다가 한 구절을 더

첨가할 필요가 있겠는데."

"무슨 구절?" 니콜라스가 물었다.

"……그리고 그들의 대의명분은 정당하다." 외눈박이가 말했다.

"하지만" 니콜라스가 항변하였다. "내가 그렇게 쓰면, 별로 당신에게 도움이 될 것 같지 않은데? 그건 내가 당신의 동조자가 된 것처럼 보이게 만들고, 그러면 나는 더 이상 그들에게 가치 있는 사람이 되지 않을 것 아니겠소."

외눈박이는 그다지 감응이 없었다.

"추가해!" 외눈박이가 날카롭게 말했다.

"미안하지만 그럴 순 없소." 니콜라스가 정중하게 말했다.

외눈박이는 니콜라스 쪽으로 다가서더니, 갑자기 안경을 잡아채고는 그의 눈에 주먹을 날렸다. 이 일은 너무나 갑작스럽고 예기치 못한 것이어서 니콜라스는 바닥에 넘어져 엉덩방아를 찧고 말았다. 그리고 외눈박이를 용의주도하게 주시하면서 민첩하게 팔로 기었다.

"이제," 외눈박이가 만족스럽다는 듯이 말했다. 갑자기 화가 풀린 것 같았다. "아주 멋지게 멍든 눈이 되겠군. 이제 그 구절을 추가할 텐가?"

"그쯤 해둬, 대장." 동료 중 한 명이 말했다. "그가 옳은지도 몰라."

"좋아, 그러나 눈이 멍들었을 때 사진을 찍어둬!"

그리고 난 뒤, 세 사람은 나갔다.

사진을 찍고 몇 시간 지난 뒤에 그의 편지를 그들이 가져갔고, 니콜라스는 그날 나머지 시간 내내 혼자 남겨져서 멍든 얼굴을 치료하였다.

여덟째 날

8일째는 팽팽한 긴장 속에서 보냈다. 그에 대한 어떠한 뉴스도, 전쟁에 대한 이야기도, 맥주도, 더 이상의 멍든 눈도 없었다. 네 사람 모두 다음의 전개 상황을 기다리고 있었다.

아홉째 날

다음 날 아침 신문은 그에게 충격을 주었다. 그것은 외눈박이도 놀라게 한 것 같았다. 그는 확실히 기분이 언짢아 보였다. '감금된 철학자에 대한 의혹 제기'라는 기사 제목 아래, 눈에 커다랗게 멍이 들어 비참해 보이는 니콜라스의 사진이 실려 있었다. 그 옆에 수상, 탠터마운트 판사, 그리고 그레고리의 사진도 있었다. 그의 편지 전문도 실려 있었다. 기사는 다음과 같았다.

> 납치당한 밀리타리아의 망명객 니콜라스 캐리타트가 칼큘라의 은신처에서 또 다른 편지를 보내어, 그의 '친구'이자 정부 측 문화 자문역이며 교수인 그레고리 맥시만드에게 그를 억류하고 있는 비고타리아 과격분자들과 협상하여 자신을 풀어달라고 촉구하고 있다 (편지 참조).
>
> 그런 협상에 정부는 절대 타협하지 않겠다는 입장이 다시 한 번 반복되었고, 수상은 "이 개인이 우리의 삶의 방식에 전적으로 따를 것인지, 그리고 그가 전체 효용에 기여할 수 있는 잠재력이 원래 기대했던 것만큼 대단한 것인지 분명하지 않다."고 덧붙였다.
>
> 수석 재판관인 탠터마운트 판사는 캐리타트가 유틸리타리아의 정의의 원칙과 실천에 대해 미심쩍은 의혹을 표명했다는 사실을 확인하였다. 이러한 의심은 검사장인 펠리시티 호크에 의해서도 확인되었다. 또한 맥시만드 교수는 캐리타트가 납치되던 날로 예정되었던

강의를 위한 노트에 '우려할 만한 과거와 미래에 대한 단상들'이 포함되어 있다는 대학가의 소문이 사실임을 확인했다.

그리고 전날 저녁 날짜로 된 짧은 기사가 뒤이어 있었는데, 그것은 '밀리타리아의 특파원'으로부터 온 것으로 '정신과 의사, 캐리타트와 납치범 사이의 연계 주장'이라는 기사 제목을 달고 있었다.

유명한 정신과 의사인 오르빌 글로불루스 박사는 캐리타트가 납치된 상황에서 보낸 두 번째 편지를 해석한 결과, 그가 납치범과 동일감을 느끼게 되는 '스톡홀름 증후군'에 빠졌다고 주장했다.
"저는" 박사는 어제 저녁 TV에서 이렇게 말했다. "스톡홀름 증후군에 관해서뿐만 아니라 캐리타트에 대해서도 전문가입니다. 저는 그를 잘 압니다. 편지에서 그는 비고타리아파를 '진짜 자신들의 대의 명분에 전념하는' 사람들이라고 언급하고 있습니다. 이보다 더 명백한 증거가 필요합니까?"
"사실, 저는 더 심한 경우도 있을 수 있다고 생각합니다. 캐리타트가 이곳 감옥에서 탈출을 기도하고 있었다고 내가 믿는 바로 그때, 그 자신이 납치를 기획했다고 하더라도 저는 전혀 놀라지 않을 겁니다. 그는 사기와 책략의 명수입니다. 그가 학생이었을 때 이미 사람들은 그에게서 광신의 초기 증세를 발견했습니다."라고 박사는 덧붙였다.

그는 외눈박이에게 신문을 되돌려주었다.
외눈박이는 매우 기분이 나빴다.
"당신이 우리를 이 지경으로까지 몰고 왔소, 교수. 아주 심하게 말이오. 당신은 확실히 우리에게 전혀 도움이 되질 않소."

심하게 욕을 하고 난 뒤에 그는 그를 혼자 남겨두었다.

니콜라스는 버림받은 기분이 들었다. 세 나라가 전혀 원하지 않는, 나라를 잃은 사람이 되어버린 것이다. 납치범들은 식사를 전해줄 때와 화장실을 가는 길에 감시할 때를 제외하고는 그를 혼자 내버려두었고, 이전의 무뚝뚝한 침묵으로 되돌아갔다. 그날의 나머지 시간에는 아무런 일도 일어나지 않았다.

열흘째와 열하루째 날

다음 날도 그랬고, 그 다음 날도 마찬가지였다. 외눈박이가 그에게 조간 신문을 가지고 오는 법도 없었다. 그는 더 이상 그런 주목을 받을 만한 가치가 없어져버린 것이다.

열두째 날

그날 새벽 무렵에, 니콜라스는 저스틴에게 두 번째 편지를 쓸 시간이 되었다고 생각했다. 유틸리타리아에서 여태까지 그가 겪었던 충격을 요약하고, 그의 비참한 상황과 우울한 전망을 보고하면서, 이런 상황이 외부의 개입에 의해 개선될 수 있을지를 물어보기 위해서였다. 그가 핸드로부터 약간의 도움을 줄 수 있지 않을까? 그는 나중에 그 편지를 보낼 방법에 대해서 생각해야만 할 것이다. 이전에 그레고리에게 보낸 헛수고가 된 편지를 썼을 때 남은 종이가 있어서, 그는 편지를 쓰기 위해 자리에 앉았다.

비고타리아

칼귤라,

유틸리타리아

친애하는 저스틴

나는 지금 감옥의 독방에서 편지를 쓰고 있네. 내가 비고타리아 사
람들의 공갈 협박으로 납치되어 구금되어 있다는 사실을 자네도 알
고 있을 줄로 믿네. 자네가 비록 그들의 목적에는 동조하지 않는다
하더라도, 그들의 수단에는 비교적 친숙할 거라고 가정할 수밖에
없겠네. 그런데 혹시 비고타리아에 아는 사람이 없는가? 내 석방을
확보하기 위해 이용할 수 있는 레지스탕스 운동의 비밀 지하 조직
에 닿을 만한 줄 말이네. 나는 납치범들이 나를 제거하고 싶어한다
는 강한 느낌을 받고 있네. 문제는, 내 생존에 지장을 주지 않는 방식
으로 그들이 그렇게 하도록 돕는 것이지.

밀리타리아에서는 정부에 의해 투옥되고 레지스탕스에 의해 자유
롭게 되었는데, 유틸리타리아에서는 레지스탕스에 의해 감금되었
고, 정부는 나의 자유에는 거의 관심을 보이고 있지 않다니 정말 이
상하지 않은가. 그러나 유틸리타리아 사람들은 어떤 사람의 자유에
대해서도 많은 관심을 보이지는 않을 것이라고 생각하게 되었네.

그러나 그들은 다른 무언가— 그들 모두의 미소의 근원이 되고 그들
모두의 계산의 목표가 되는 무언가—에는 무조건적이고 열광적인
관심을 보이네. 그들은 그것을 어떻게 극대화할 것인지를 누가 결
정할 것인가에 대해 논쟁을 벌이고, 그것을 감소시킨다고 생각되는
사람들을 처벌하고, 그것을 위협한다고 생각되는 사람들로부터 자
신들을 방어하고 있다네. 하지만 도대체 그것이 무엇이겠는가? 나
는 아직 발견하지 못했다고 고백하는 수밖에 없네. 그것의 다양한

명칭—'효용', '행복', '복지', '욕구 충족'—도 전혀 도움이 되지 않는
다네. 마치 그들의 삶 전체가 난해한 미스테리, 신성한 본질, 불가해
한 비밀, 어떤 것과도 관련이 없는 가치 같은 것들에 기반한 것과도
같다네. 우정, 가족 같은 어떤 특별한 사회적 관계나 공동체와는 전
혀 관계가 없는 듯이 보이지. 내가 말했다시피, 그에 대한 관심은 자
유에 대한 욕망을 의미하는 것 같지 않네. 하지만 그들은 그것을 전
적으로 믿고 있고, 마치 그들이 그것의 정도를 정확하게 계산할 수
있는 것처럼 행동하고, 그들의 행동으로써 마치 그것의 극대치를
확보할 수 있다고 여기는 것 같네. 이것은 내가 이제껏 마주쳤던 종
교 중에서 가장 이상한 종교라네.

모든 것을 고려하건대, 나는 유틸리타리아에 정착할 순 없다고 생
각하네. 그럴 것 같진 않지만, 내가 이곳에서 다시 외교적 국빈이 된
다고 하더라도 말이네. 내 아이들에게 이곳으로 이민오라고 권하고
싶지도 않네. 그들 중 누구에게도 적당한 곳이 아닌 것 같아. 마르커
스는 틀림없이 이곳 종교의 신비주의에 질려버리겠지. 계산이 모든
문제에 해결책을 제공해준다는 것에 대해 그 애는 나만큼이나 어리
둥절해할 것 같네. 엘리자는 이곳 인권 환경에 대해, 즉 유틸리타리
아 사람들은 인권에 대한 개념을 이해할 수 없을 것이기 때문에 인
권 환경이 부족한 것에 대해 우려를 표하겠지.

자네가 만일 태어날 사회를 찾고 있는 호기심 많은 태아라면, 내가
자네에게 무엇을 말하고 싶겠나? 유틸리타리아는 접어두라는 것이
지. 자네가 만약 장애가 있거나, 생산 능력이 없거나, 자원을 즐거움
으로 전환시키는데 효율적이지 못하거나, 과거에 어쩔 수 없이 관
심을 갖도록 저주받지 않았다면 한 번 시작해보는 것도 나쁘진 않
겠지만. 물론 일단 태어나면, 유틸리타리아 사람들이 자네에게 유틸

리타리아적인 정신을 주입하기 위해 할 수 있는 모든 일을 할 걸세. 가장 최악은, 그들이 그 일에 성공하여 자네가 결국 행복하게 될지도 모른다는 점이라네.

많은 유틸리타리아 사람이 그런 것처럼 말일세. 마르커스와 엘리자에게 내 사랑을 전해주게. 앞으로 상황이 호전되기를 바라면서.

팽글로스

니콜라스는 조심스레 편지를 접고, 봉투에 넣었다. 그리고 봉투에 주소를 적고, 그것을 바지 주머니에 집어넣었다. 아무런 일도 일어나지 않고, 그날의 나머지 시간이 흘러갔다.

열사흘째 날

마침내 새로운 일이 일어났다. 외눈박이가 그날 신문을 들고 나타났다. 이번 기사 제목은 그래도 좀 고무적인 것이었다. '고위 성직자, 캐리타트 구출에 나서다.' 그리고 그 아래, 깃을 빳빳이 세운 옷을 입고 덥수룩한 수염을 기른, 친절한 눈빛의 성직자가 미소짓고 있는 사진이 있었다. 기사는 다음과 같았다.

분쟁 조정에 취미가 있는 코뮤니타리아의 목사, 가딩턴 트와이트의 개입으로 캐리타트 인질 사건의 교착 상태가 곧 해소될 전망이다. 인질을 도와주는 것으로 유명한 트와이트는 유틸리타리아 정부가 캐리타트 석방을 위한 협상을 단호히 거절함으로써 일어난 교착 상태를 해결하기 위해 자신이 나서겠다고 제안해왔다.

수상은 의회에서 이 중재 시도에 협력할 의사가 있다고 밝히고, 캐리타트가 안전하게 그 나라를 떠나 코뮤니타리아로 가는 것을 허락한다고 하였다. 유스타스 레기는 야당도 이를 적극적으로 지지한다고 밝혔다. 의회에서는 유일하게 네드 에르스킨이 반대하였다. "그들은 오로지 비고타리아파가 캐리타트를 살해하지 않도록 하기 위해 협력할 따름이다. 왜냐하면 그런 일이 발생하면 생산력 있는 밀리타리아 망명자들이 유틸리타리아로 오는 흐름이 저지될까 우려하기 때문이다."

테러리스트들도 협력할 준비가 되어 있는 것으로 여겨진다. 캐리타트가 이제 그들에게 부담스러운 존재로 판명되어, 그들도 캐리타트로부터 손을 떼고 싶어하는 것 같다. 사실 관측자에 따르면, 만약 그들이 캐리타트를 죽인다면 그것은 유틸리타리아를 위해 좋은 일을 해준 것이라고 생각하게 될지도 모른다는 추측마저 나돌고 있다.

"당신들, 협력할 작정이요?" 니콜라스가 외눈박이에게 물었다.

"물론이지!" 외눈박이가 말했다. "왜 우리가 그들 좋으라고 당신을 죽여야 하지? 언제라도 떠날 수 있게 준비해두라구."

외눈박이가 나갔다. 사실 팽글로스라는 이름의 위조 여권과 글로불루스의 이름으로 되어 있는 통행증, 그리고 자신의 이름으로 되어 있는 유틸리타리아의 체제 및 취업 허가증과 저스틴에게 보낼 편지를 제외하고 떠날 차비를 할 것이 전혀 없었다. 그는 그날 내내 희망을 가지고 기다렸으나, 아무 일도 일어나지 않았다. 마침내 그는 깊은 잠에 빠졌다. 두 시간 뒤에 그는 세 명의 납치범들이 갑자기 그의 작은 방으로 들어오는 소리에 깨어났다. 다시 그들은 그의 눈을 가리고 수갑을 채운 뒤에 그를 앞세워 차가운 밤 공기 속으로 나갔다. 그리고 자신이 익숙한 어느 차 뒷자리에 쑤셔넣어지는 것을 알 수 있었다. 납치범들은 그의 양 옆자리에 자리를 잡았고, 차는 곧 출발하였다.

30분 가량 빠른 속도로 달린 뒤에 그들은 멈춰섰고, 그는 차 밖으로 끌려나왔다. 그들은 한적한 시골에 있는 것 같았다. 그의 얼굴에 감도는 부드러운 미풍을 느낄 수 있었고, 바람에 나무가 스치는 소리를 들을 수 있었다. 납치범들은 그를 앞세워 낮은 나무 의자가 있는 곳으로 데리고 왔고, 그에게 앉으라고 명령했다.

"자, 교수 양반." 외눈박이의 목소리가 들려왔다. "13이란 숫자는 당신에겐 행운의 숫자인 모양이오. 당신에게 작별 인사를 할 수 있어 정말 기쁘오." 멀어져가는 발자국 소리가 들렸고, 문이 쾅 닫힌 뒤 차가 떠났다.

약 한 시간 가량을 눈이 가려지고 손이 묶인 채로, 그는 거기 앉아 있으면서 근처의 나무에서 들려오는 새들의 새벽 합창과 이른 아침의 신선한 공기와 임박한 자유에 대한 희망을 맛보았다. 마침내, 그는 차가 다가오는 소리를 들었다. 발자국 소리가 가까워졌다. 그리고 누군가 헛기침하는 소리가 들려왔다.

"제가 당신의 그 거추장스러운 것들을 풀어도 될까요, 캐리타트 교수님?" 목소리가 들렸다.

"제발 그렇게 좀 해주십시오." 눈가리개가 부드럽게 풀리자, 니콜라스는 안도하여 대답했다. 눈 앞에는 가딩턴 트와이트라는 친숙한 인물의 얼굴이 있었다. 그는 이 이른 새벽에 어느 숲 언저리에서 그의 수갑을 풀어주며, 그 앞에 서 있었다. 그는 매우 키가 컸고, 건장했으며, 턱수염을 기르고 있었고, 깃을 세운 검은색의 성직자 옷을 입고 있었다. 덥수룩한 수염은 검은색과 회색이 뒤섞인 새의 둥지 같았고, 넓게 열린 눈은 성실해 보였다. 친절하고 확신에 찬 그의 얼굴은 선의와 격려의 뜻을 발산하고 있었다.

"정말, 정말 감사합니다." 니콜라스는 진정으로 외쳤다. 정말 안도감에 쌓여, 이런 말이 당황하지 않고 나올 수 있었다.

"박애란" 트와이트 목사가 말했다. "외국에서부터 시작된다고 저는 항상 말해왔습니다. 하지만 전 당신을 정말 환영받고 있다고 생각되는 곳으로 데려가려 합니다. 믿어주십시오. 코뮤니타리아는 사람이 정말 편안함을 느끼는 곳이랍니다."

그들은 차를 타고 출발하였다. 뒷자리에서 니콜라스는 그의 여행 가방을 발견하였다.

"당신 물건들을 아파트에서 가지고 왔습니다. 우리는 당신의 여행이 끝나기를 바라지만, 그래도 당신이 그것들을 필요로 할 것 같아서요. 당신은 이제껏 많은 불행을 겪었지요, 캐리타트." 트와이트가 말했다. "이제 당신은 그로부터 벗어날 만도 합니다. 우리는 최선의 세계를 찾으려 하는 당신의 사명에 대해 들었습니다. 곧 우리는 그곳으로 직행하는 비행기를 탈 것입니다. 당신은 환대받을 것이며, 존중받는 존재가 될 겁니다. 코뮤니타리아에서는, 사람들이 그 자체로서 존중받고 있습니다."

'나 자체라는 것은 무엇일까?' 니콜라스는 궁금했지만, 당분간 그 질문을 보류해두기로 했다. 솔직히 말해서, 그는 다소 지쳤기 때문이다.

오래지 않아, 그들은 공항에 도착하여 어떤 관리를 만났는데, 그는 그들을 곧바로 VIP 라운지로 인도했다. 기다리는 동안, 니콜라스는 구석에서 우체통을 발견했다. 그는 저스틴에게 보낼 편지가 담긴 봉투를 주머니에서 꺼내어, 봉투 뒷편에 "마침내 자유를. 다음 기착지는 코뮤니타리아"라고 휘갈겨 썼다.

"혹시 우표 가진 것 있습니까?" 그는 그의 길동무에게 물어보았다. 가딩턴 덕택에, 니콜라스는 편지를 부쳤다. 여권 통제실에서, 니콜라스는 팽글로스 이름으로 되어 있는 여권을 건네주었다.

"감사합니다, 팽글로스 교수님." 공항 관리자가 정식으로 스탬프를 찍은 여권을 되돌려주면서 말했다.

여권 통제실 옆에, 니콜라스가 도착했을 때 그를 인터뷰했던 회색 정
장 차림의 이민 담당 관리자가 서 있었다.

"이렇게 빨리 이곳을 떠나십니까, 캐리타트 교수님?" 그녀가 말했다.
"곧 다시 방문하러 오시기를 바랍니다."

비행기로 가는 버스를 타면서, 그는 그것이 함께 동의할 수 없는 하나
의 희망이라고 생각하였다.

15
도착

고공에서, 좌석에 안전 벨트를 맨 채 마티니를 홀짝거리며 니콜라스
와 가딩턴은 마침내 이야기할 기회를 가졌다. 니콜라스의 구세주는 거의
왕성함에 가까운 진심어린 신앙심을 마음껏 내뿜었다. 코뮤니카 교회의
목사인 가딩턴은 선한 일에 대한 분명한 믿음을 가지고 있었다. 그는 구
원의 사명에 대한 이야기로 니콜라스를 즐겁게 해주었다. 한때 그는 감
옥에 갇혀 고문을 당한 적도 있었지만, 결국에는 그가 항상 승리하게 되
었다. 가딩턴은 모든 승리를—실패가 있긴 했을까?—지고한 힘의 영광
으로 돌리고 자신은 그 도구에 불과하다고 함으로써 자신을 낮추는 듯이
말했다. 니콜라스는 만약 자신을 애초부터 그런 곤란 속으로 밀어넣지
않을 수 있었다면, 왜 지고한 힘을 축복해야 하는지 궁금했다. 그러나 그
는 그런 불경한 생각을 입 밖에 내지 않는 게 더 낫겠다고 생각했다.

코뮤니카교Communicanism는 역사적으로 코뮤니타리아Communitaria의 지
배적인 종교였다고 가딩턴은 니콜라스에게 설명했다. 그 시절에는 나라

가 훨씬 더 동질적이었다― 인종적으로나, 문화적으로나, 종교적으로나, 모든 면에서. 옛날의 코뮤니타리아는 결속력이 있었고 기틀이 잡힌 나라로서 여러 가지 연줄로써 서로 한데 묶었는데, 많은 연줄 가운데 코뮤니카 종교가 가장 두드러졌었다. 그 나라의 과거의 시인과 철학자들은 꽤나 농업적인 은유를 즐겨 사용했다. 그들의 작품을 보면 사람들은 코뮤니타리아 사람들이 얼마나 흙에 귀착하여 자신의 **뿌리**를 배양했으며, 서로간의 유기적인 연대를 느끼고 있었는가를 알 수 있다고 하였다. 그들은 유틸리타리아 사람들의 계산적인 삶의 방식을 경멸했으며, 대신에 말로 표현되지 않는 이해와 검토되지 않은 전통과 서서히 발전해온 관습에 의존하고 있었다.

　그 이후에 코뮤니타리아에는 많은 변화가 일어났다. 이민의 물결과 현대적인 의사소통은 구 시대의 생활 양식을 뒤흔들어, 매우 이질적인 사회를 만들어냈다. 새로운 코뮤니타리아는 각각의 공동체들을 끼워맞춘 짜깁기와 같은 것이다. 각각의 공동체는 자신의 고유한 생활 방식의 고유한 가치를 인정해달라고 주장하게 되었던 것이다. 새로운 코뮤니타리아 사람들은 '다문화주의'를 신봉했으며, 매우 공정하게 그 나라 제도의 다양한 정체성을 인정하여, 소위 '차이의 정치'라고 불리는 것을 실천하였다. 불이익을 당하고 있거나, 소멸의 위험에 빠진 공동체들을 장려하기 위해 적극적 조치를 실시하게 되었다.* 고용 할당제를 실시하여 전문직과 공무원직에 모두가 골고루 진출하도록 보장해주고 있다. 각각의 소수 집단은 공금의 할당된 몫을 지니게 되었다. 학교는 집단 별로 분리되었지만, 모든 다양한 문화에 똑같은 가치를 부여하는 커리큘럼을 가르

---

* 적극적 조치affirmative action는 약자와 소수 집단을 돕기 위해 그들에게 적극적으로 기회를 부여하는 정책으로 고용이나 입학에서 할당을 적용하기도 한다.

치고 있었고, 어떠한 생활 양식도— 과거의 코뮤니타리아의 삶의 방식도 예외는 아니다— 우선권이 부여되지 않았다. 요약하면, 각각의 코뮤니타리아의 시민들은 자신의 생활 양식에 최고의 가치를 부여하면서, 동시에 다른 사람들의 삶의 방식과도 동등하다는 것을 인정하게 되었다.

코뮤니카교에 관해 말하자면, 그것은 대단히 이질적이고 다원적이라고 한다. 거기에는 높은 코뮤니카교 신도들과 낮은 코뮤니카교 신도들이 있다. 앞의 것은 성직자, 권위, 형식적인 의식의 중요성을 신봉하지만 뒤의 것은 그렇지 않다. 그리고 넓은 코뮤니카교 신도들과 좁은 코뮤니카교 신도들이 있다. 넓은 파는 교회 원칙을 해석하는 데 있어서 최대한의 유연성을 선호하지만, 좁은 파는 엄격한 교리에 열중한다. 또한 보편적 코뮤니카 신도들(일명 '에쿠스')이 있는데, 그들은 자신들을 코뮤니타리아의 모든 강령을 위한 방을 가지고 있는 커다란 맨션의 점유자라고, 좀 더 멋지게 표현하면 비옥하지만 잘 경작되고 있지 않은 코뮤니타리아 정원에 무성하게 피어 있는 많은 꽃 중의 하나라고 여기고 있다. 이는 반反보편적 코뮤니카 신도들(일명 '반反에쿠스')과 대조를 이루는데, 이들은 그들 주위의 풍부한 다양성을 인내하면서 자신들만의 일에 초점을 맞추고 있다.

"나 자신에 대해서 말하자면," 하고 가딩턴은 말했다. "저는 매우 낮은 교회파이면서, 넓은 에쿠스입니다."

"잘 알겠습니다." 니콜라스가 말했다.

"제 가족이 당신에게 이를 입증해줄 것입니다." 가딩턴이 자랑스레 말했다. "오늘 저녁 당신은 제 가족들을 만나게 될 것입니다. 우리의 손님으로서 당신은 우리와 함께 머물게 될 것입니다."

"매우 감사하게 생각합니다." 니콜라스가 말했다.

"박애는 집에서도 찾을 수 있지요." 그 말을 인정하듯이 가딩턴이 말했다.

스튜어디스가 작고 하얀 플라스틱 사각형 상자들과 투명한 비닐에 쌓인 점심을 플라스틱 쟁반에 담아서 가지고 왔다.

"우리가 지금 유틸리타리아 항공을 타고 가고 있다는 것을 알 수 있군요." 가딩턴이 말했다. "우리가 만약 코뮤니타리아 항공을 탔다면, 훌륭하고 실속 있으며 맛좋은 민족 고유의 식사를 할 수 있었을 텐데. 이런 쓰레기 같은 것 대신에!" 니콜라스는 트와이트에서 맛볼 저녁 식사를 즐겁게 고대했다.

플라스틱에 담긴 식사를 하면서, 가딩턴은 니콜라스에게 도착하면 정체성에 대한 질문을 받을 준비를 해야 한다고 말했다.

"모든 사람이 당신이 누구인지 알고 싶어할 것입니다." 그가 말했다.

니콜라스는 자신의 문제를 깨닫기 시작했다. 그는 어떻게 대답해야 할지 혼란스럽다고 가딩턴에게 설명하였다. 우선, 그는 네 개의 신분 증명 서류를 가지고 있는데, 세 개의 다른 이름으로 되어 있으면서도 모두가 자신과 유사한 면이 있는 것이었다. 더욱이 이처럼 해결의 여지가 있는 서류의 문제는 별도로 치더라도, 질문을 던지는 코뮤니타리아 사람에게 어떻게 그 자신을 확인시킬지 자신이 없었다.

"글쎄요." 가딩턴이 말했다. "많은 가능성이 있습니다. 사실 우리 나라에는 34개의 민족 공동체와 17개의 종교가 있습니다. 공항에서 당신은 공식 목록을 받게 될 것입니다."

비행기가 코뮤니타리아의 수도 폴리고폴리스의 도시 중심부로 내려가기 시작하였다. 니콜라스는 자신이 누구일 수 있는지에 대해 계속 걱정하고 있었다.

일단 도착하자, 가딩턴은 민첩하게 그를 여권 통제실로 데리고 갔다. 가딩턴이 서로 일치되지 않고 다소 부정확한 그의 서류의 복잡성에 대해 설명하자, 회색 베레모를 쓴 유쾌한 얼굴을 한 관리가 그를 위 아래로 쳐다보았다. 그리고 전화를 하고 나더니, 마침내 그 설명을 받아들였다. 그리고 난 뒤에 니콜라스 쪽으로 몸을 돌려, 다짜고짜 질문을 던졌다.

"이민자인가요, 아니면 방문객인가요?"

'이민자'는 그의 상황을 설명하기에는 너무 단호한 용어였다. 아마 '이주자'가 더 적절할 것 같았다. 그는 길 위에 서 있는 사람이었다. 항해가이자 방랑자이며, 메시지를 찾아나선 선교사이자 순전한 외국인이었다. '이민자'는 확고한 의사 표명을 함축하고 있다. 무엇보다도, 니콜라스는 아직 확신이 서지 않았다. 한편, '방문객'은 너무 약하고 너무 피상적으로 보였다. 그는 최선의 세계를 발견하러 온 것이지, 단지 지나쳐가기 위해 온 것이 아니기 때문이다.

여권 담당 관리자는 니콜라스가 선택의 문제로 고민하는 것을 깨닫고서 관대해졌다.

"당신을 '미결정' 상태로 놔두겠습니다. 그러니 앞으로 60일 동안 결정할 시간을 갖게 되는 것이지요. 이민을 신청하기로 결정하면, 이 양식을 채우고, 당신이 어떤 종교와 민족 공동체에 자신을 동일시할지 확인해야 합니다. 그리고 뒷장을 떼어내어 당신의 신분 증명 서류에 붙여서, 이민국에 제출하십시오. 여기 코뮤니타리아의 공식 공동체 목록이 있습니다."

"감사합니다." 니콜라스가 말했다. "그런데 제가 일단 제 공동체를 선택한 뒤에, 선택을 바꿀 수 있습니까?"

여권 담당자는 이전보다 훨씬 더 관대한 얼굴로 그를 쳐다보았다.

"그것이 지금 당신을 괴롭히고 있는 문제로군요." 그가 말했다. "하지만 그런 일은 결코 일어나지 않을 것이라고 확신합니다."

그들은 그의 여행 가방을 가지러 수하물 찾는 곳으로 걸어갔다. 그가 받은 공문서는 간략 명료했다. 그것은 단지 신청자가 공식적인 민족, 종교 공동체에 자신을 동일시하기만을 요구하고 있었다. 양식서의 오른쪽 상단에 '자기 접착SELF-ADHESIVE'이라는 말이 있었다.

'하지만' 택시를 타기 위해 출국 장소로 걸어나오면서 니콜라스는 생각했다. '그게 문제야. 나의 자아는 접착적일까?'

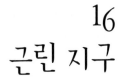

16
근린 지구

수도로 차를 타고 가는 동안에도, 니콜라스는 그 문제에 대해서 계속 숙고하였다. 어떻게 자신의 자아가 설명될까? 그는 자신의 삶에 최근에 일어난 갑작스런 전반적인 변화에 대해서 생각해보았다. 그는 더 이상 교수도 학자도 아니었으며, 존경받는 전문가도 부모도 아니었다. 현재 그는 허위 서류와 가명을 가지고서 레지스탕스를 위해 세계를 여행하는 고독한 비밀 첩보원이었다. 현재의 자신과 과거의 정체성을 대조해보면서, 그는 날카로운 상실의 아픔을 느꼈다.

지금 그의 자아를 새로운 문화와 생활 양식에 일치시킴으로써, 새로운 인격을 획득할 수 있을까? 그러나 그렇게 된다 하더라도, 그것은 일치시키는 작업을 하고 있을 그의 현재의 자아일 뿐이다. 공동체의 새로운 정체성을 가지면 실제로 다른 사람이 될 수 있을까? 그는 (즉, 그의 현재의 자아는) 그것을 원하는 있는가? 왜 그는 (또는 그것은) 그러길 원해야만 하는가? 가딩턴은 그의 불안을 눈치채고서 그를 안심시키고자 하였다.

"코뮤니타리아는 잘 보살피는 사회입니다." 그가 말했다. "일단 당신에게 알맞은 곳을, 당신이 쉴 수 있는 장소를, 당신의 문화적 집을 (니콜라스는 가딩턴이 세 구절로 말하는 재미있는 버릇이 있음을 알아챘다) 발견하게 되면 안정감을 느낄 것이고, 당신 자신과의 싸움도 끝날 것입니다. 당신은 다른 모든 코뮤니타리아 사람처럼 정체성, 인격, 자아에서 확신을 갖게 될 것입니다."

모든 코뮤니타리아 사람? 코뮤니타리아 사람들의 생활 양식은 정말 모든 시민에게 균일하게 적합한 것일까? 그들은 모두 그들이 원한 방식을 인식하고 있을까? 그는 가딩턴에게 이런 질문을 던졌고, 가딩턴은 다음과 같이 대답했다.

"'네 자신의 자아에 충실하라'는 모든 코뮤니타리아 사람이 믿고 있는 원칙입니다. 하지만 사람이 도대체 무엇에 충실해야 할까요? 자아란 무엇일까요? 그것은 어떤 영적인 본질, 원자, 단자가 아닙니다. 우리는 자아, 인격, 개인은 사회적으로 구성되는 것이라고 알고 있습니다. '내'가 어떻게 '나'를 인식할 수 있을까요? 타자의 눈을 통해서입니다. 다른 사람들이 나를 인식해주지 않는데, 어떻게 스스로를 인식할 수 있겠습니까? 확인이 되지 않는데, 어떻게 정체성을 가질 수 있겠습니까? 자아란 제가 속한 공동체가 저에게 부여한 것입니다. 자신의 자아에 충실하다는 것은 자신의 공동체에 충실하다는 것이고, 역의 관계도 성립하지요. 우리의 성경이 말하다시피, '네 이웃을 네 자신과 같이 사랑하라.'"

설교 겸 강의가 끝나자, 가딩턴은 니콜라스에게 코뮤니타리아 사회가 어떻게 조직되었는지 설명해주기 시작했다. 공식적으로 등록된 공동체는 민족과 종교, 두 종류였다. 민족의 구성원은 주로 자신의 역사적, 지리적 역사에 대한 사실로써 결정되었다. 당신은 어디서 태어났는가? 당신의 부모, 조부모, 또는 당신의 조상들은 어디서 태어났는가? 특정한 생활 양식에 참여하고 있으며, 공동의 영웅과 적을 불러일으킬 만한 어떤 공유된 집단적인 기억을 지니고 있는가? 각각의 민족 공동체는 귀속을 위한 기준을 적용함에 있어서 다소 다른 엄정함을 지닌다. 어떤 공동체는 족보나 공식적인 출생 증명서를 요구하기도 하지만, 다른 곳은 보다 관대하여 적당한 기억, 영웅, 적을 가질 준비가 되어 있는 어떤 사람이나 받아들인다. 종교 공동체에 관해 말하자면, 이는 단지 신념에 달려 있는 것이다. 모든 코뮤니타리아 사람은 하나의 민족 공동체와 하나의 종교 공동체의 구성원이 되어야만 한다. 물론 '융합된' 몇몇 민족-종교 공동체도 있긴 하지만. 일반적으로 각각의 종교는 하나 이상의 민족 공동체와 연합하는 경향이 있다. 그래서 이웃이 민족적으로나, 종교적으로 동질적이게 되는 경향이 있다. 그러나 종교가 때때로 단일한 민족 공동체 내에서 분화를 일으키는 근원이 되기도 한다. 이때 민족 공동체는 종교 라인을 따라 분리되곤 한다.

가딩턴이 이를 설명할 때, 니콜라스는 공항에서 받은 공동체 목록을 내려다보았다. 그것들은 그가 알지 못하는 사람들, 문화, 신앙과 실천을 나타내고 있어서 거의 그에게는 낯선 것들이었다. A 항목 아래에서 '무신론자Atheist'를 발견했지만, '불가지론자Agnostics'는 없었다. 호기심이 발동하여 I 항목 밑을 살펴보았다. 그러나 거기에 '독립주의자Independents'는 없었다. C 항목 아래에서 '세계주의자Cosmopolitans'도 찾을 수 없었고, H 항목 아래에 '인문주의자Humanist'도, M 항목 아래에 '부적응자Misfits'도, N 항목 밑에 '비순응주의자Nonconformists'도 없었다.

가딩턴에 따르면, 각각의 공동체는 자신의 지도자를 선출하는 자기 고유의 방법을 지닌다고 한다. 선출된 지도자는 두 종류의 국회 의사당, 즉 민족 의사당과 종교 의사당에 앉게 된다. 적절하게도 종교 의사당은 상원으로 알려져 있고 '정신적인' 문제를 다루고 코뮤니타리아 전반의

'정신 건강'을 돌보는 임무를 맡고 있지만, 하원은 일상 생활의 문제를 다루게 된다. 문제는 정신적인 것과 세속적인 것 사이 어디에서 선을 그어야 할 것인가에 대해 각각의 공동체마다 서로 다른 견해를 가지고 있다는 것이다. 어떤 공동체들은 (무신론자들과 신비주의 종교 집단을 포함하여) 선이 그어질 수 있다는 견해 자체를 거부하기도 한다. 그 결과 양측은 쌍무 협정을 맺게 되었고, 이 협정에 의해 이론이 분분한 쟁점에 대해서는 합동 회기 기간에 양원이 함께 모여 결정하게 되었다. 이런 경우가 아니면 하원은 주로 민족 공동체들에 주된 관심 부문의 법안을, 상원은 종교 공동체들에 주된 관심 부문의 법안을 발의하고 수정한다.

코뮤니타리아는 상징적인 대통령을 지니는 공화국이라고 가딩턴은 자랑스럽게 말했다. 과거의 코뮤니타리아는 군주제였지만 민족적, 종교적 다원주의의 발생은 왕족을 물러나게 만들었다고 한다. 왕족은 과거의 코뮤니타리아에서 지배적인 공동체였던 기득권층Better Established Element, BEE과 너무 긴밀하게 제휴하고 있었다. 토착 및 외래의 여러 공동체들이 코뮤니타리아 생활의 주류가 되자, 과거 기득권층 식의 사조와 생활 방식은 많은 것 중의 단지 하나로서밖에 기능하지 못하게 되었다. 왕족은 세력을 잃게 된 것이다. 관련된 추문들이 널리 알려지고 불법적 연루가 논란이 되자, 과거 기득권층 세력의 여왕은 눈물을 흘리며, 그러나 우아하게 상황의 불가피성을 받아들이고서 퇴위하였다. 왕자는 그의 과거 행적 때문에 왕관을 쓸 수 있는 운명이 아니었고, 이렇게 군주제는 폐지되었다.

과거 코뮤니타리아의 지배적 종교인 코뮤니카 국교회 또한 같은 운명을 겪었다. 나라의 이질성이 점차 증가하자, 이 또한 많은 종파 중의 하나로서의 기능밖에 하지 못하게 된 것이다. 그럼에도 불구하고 그 교회는 여전히 코뮤니타리아 사람들의 삶에서 특별한 자리를 잡고 있다고 가딩턴은 주장하였다. 그도 알다시피, 코뮤니카교는 바로 코뮤니타리아 사람들의 삶의 이상을 종교적으로 표출한 것이기 때문이다.

택시가 건물이 빽빽이 들어찬 지역으로 들어섰다.

"이곳은 개미족이 살고 일하는 곳이죠. 특별히 일을 열심히 하는 곳이라고 할 수 있습니다." 가딩턴이 말했다.

처음에 그들은 큰 길을 따라 양옆으로 커다랗고 헐어빠진 집들이 줄지어 서 있는 것을 보았다. 다층 건물이었으며, 방이 많았고, 각각의 집은 여러 가족이 점유하고 있는 것 같았다. 보도에는 아이들이 있었고, 엄마들이 창 밖에서 그들을 부르고 있었다. 큰 길로부터 많은 좁은 옆길이 나 있었는데, 큰 길의 집들과 유사하지만 더 수수한 집들이 줄지어 서 있었다. 그런 뒤에 그들은 상업 및 쇼핑 지역으로 보이는 곳으로 들어섰다. 니콜라스가 이곳을 관찰할 수 있도록 가딩턴은 운전사에게 속도를 줄여 달라고 부탁했다. 그곳에는 식료품점, 정육점, 제과점, 의류점, 철물점 등이 있었지만, 또한 수많은 사람이 미친 듯이 일하고 있는 많은 단층 건물도 있었다. 반쯤 열린 문 사이로 니콜라스는 형광등 조명 아래에서, 줄지은 남녀들이 긴 나무 탁자 위에 몸을 구부려 갖가지 일을 하고 있는 것을 보았다. 바느질, 재봉, 피륙 짜기, 망치질, 고철 만들기, 톱질, 용접, 그리고 옷, 보석, 가죽제품, 가구 및 모든 종류의 수공예품 만들기. 그들 주위를 감도는 강렬한 분위기는 가차 없이 바쁜 모습이었다. 아무도 사고팔고 만드는 작업에서부터 위를 한번 쳐다보거나 잠시 멈추는 법이 없었다.

"개미족은" 가딩턴이 말했다. "믿을 수 없을 만큼 열심히 일하는 사람들이지요. 그 때문에 많은 존경을 받기도 하고요. 그들이 신봉하는 절약교의 작업 윤리에 완전히 흠뻑 빠져 있죠. 그러나 그들이 항상 존경받는 것은 아니랍니다. 헌법 제정 전의 투쟁 기간 동안, 그들은 시기받고 경멸받았습니다. 그리고 난 뒤에 그들은 '개미 녀석들'이라고 불렸지요."

상업 지구를 가로질러 택시는 계속 달렸고, 또 다른 주거 지역으로 들어섰다. 그곳에서는 집들이 훨씬 더 밀집해 있었고, 더 초라하고 허름했으며, 훨씬 더 많은 가족들로 붐볐다. 이곳에서는 모든 것이 잘 정돈되어 있거나 조직된 것 같지 않았고, 삶의 속도도 늘어져 보였다.

"이제 우리는" 가딩턴이 설명했다. "베짱이 지구로 들어섰습니다. 이제 곧 보시겠지만, 베짱이족은 개미족과는 매우 다릅니다. 참, 오늘이 6월 5일이지요. 오늘은 헌법 제정을 기념하는 국경일입니다. 베짱이족은 독특한 방법으로 축하하고 있을 것입니다."

"개미족은 휴일이 아닙니까?" 니콜라스가 물었다.

"아닙니다." 가딩턴이 말했다. "그들은 더 열심히 일함으로써, 6월 5일을 기념하지요."

이제 주거 지역에서부터 쇼핑 지역으로 접어들었다. 축제가 활개치고 있었다. 그러나 니콜라스의 뇌리에 스친 첫 번째 것은 차 창문을 통해 들어온 냄새였다. 자신이 아주 특별한 장소에 있다고 느끼게 만드는 달콤하고 유쾌하고 풍부한 향기였다. 그리고 그제서야 그는 유틸리타리아에서는 어떤 냄새도 나지 않았었다는 것을 깨달았다.

음식과 드링크를 파는 가게를 제외한 대부분의 가게는 문을 닫았다. 그러나 바와 카페, 그리고 레스토랑들은 모두 사람들로 넘쳐났다. 음식과 자질구레한 장신구를 파는 좌판이 보도에 늘어서 있었다. 거리의 코너에서는 작은 음악 밴드들이 전염되기 쉬운 리드미컬한 음악을 연주하고 있어서, 코너 쪽의 모든 사람은 음악에 동조되어 몸을 흔들었다. 옆길의 몇 군데에서는 하얀 식탁보를 덮은 기다란 테이블이 보도를 장악하였다. 테이블에는 음식과 포도주가 풍성하게 놓여 있었고, 가족들이 소리치고 웃으며 앉아 있었다. 그 주변에서 웨이터들이 김이 모락모락 나는 음식을 바쁘게 나르고 있었다. 커플들은 거리의 음악에 맞춰 춤을 추고 있었고, 어린 아이들은 알록달록한 축제 의상을 입고 있었다.

"보시다시피, 베짱이족은" 가딩턴이 니콜라스에게 말했다. "즐길 줄을 알죠. 과거 코뮤니타리아 시절에는, 이들과 기득권층 사이에 적대감이 만연했었습니다. 베짱이족은 기득권층이 적절한 보상도 없이 그들이 생산한 것의 대부분을 뽑아감으로써 그들을 착취했다고 주장했죠. 그러나 헌법 제정 이후에 상황은 달라졌습니다. 당신은 그들이 얼마나 열정적으로 이날을 축하하는지 보실 수 있을 것입니다. 비록 베짱이족은 어떤 것이라도 열정적으로 축하하려 한다고 생각하게 되겠지만요."

택시는 속도를 내어 또 다른 주거 지역을 통해 갔는데, 그곳도 여전히 베짱이족이 사는 곳처럼 보였다. 그러나 그런 다음에 집과 거리의 성격이 점점 더 질서 있고 단정하며, 보다 교외적인 것이 되어갔다. 늘어선 집들은 정원이 있는 분리된 독립 가옥이었고, 잘 손질된 나무들이 평온한 거리를 따라 늘어서 있었다. 주차된 차들도 더 크고 비싼 것이었고, 도로 표지판조차 새로 칠을 한 것처럼 보였다. 마침내, 도로가 오르막으로 올라가기 시작하였다.

"이제 만드빌의 교외 지역에 도착했습니다. 기득권층의 언덕이라고 달리 알려져 있기도 하죠." 가딩턴이 말했다. "이곳은 가장 상류 인사가 모인 기득권층 근린 지구입니다. 언덕 높은 곳에 살면 살수록, 더 높은 상류 인사가 되는 것입니다. 옛 여왕의 궁전이 언덕 꼭대기에, 의사당 맞은편에 있습니다. 우리는 위쪽에서 약 1/3 가량 되는 곳에 살고 있죠."

"기득권층은 6월 5일을 경축하지 않습니까?" 니콜라스가 물었다.

"오, 합니다." 가딩턴이 말했다. "하지만 우리는 그것을 가족 행사로서, 집에서 저녁을 먹으며 축하하지요. 가족은 모든 공동체에게 중요한 제도이지만, 기득권층의 경우는 더 특별하지요."

차가 언덕을 올라가자, 집들은 점점 커지고 우아해졌다. 굽이치는 오르막길로부터 떨어져서 지어진 집들은 질서, 프라이버시, 가정 생활에 가치를 두는 안정되고 전망 있는 엘리트들을 재현해주고 있었다. 택시는 박공 지붕과 밝은 녹색 대문을 가진, 사방으로 뻗은 커다란 집 밖에서 멈추었다. 가딩턴은 도로에서 현관으로 난 길 쪽으로 니콜라스를 이끌고는 문을 열고서 그의 집안으로 들기를 권했다.

17
경축

　현관에 들어서자, 그는 많은 아이들의 목소리가 와글거리는 것을 들을 수 있었다. 통통하고 장미빛 뺨을 지닌 여인이 계단을 내려왔다. 그녀는 골치가 아픈 듯이 보였지만, 명랑했다.

　"델마 트와이트입니다. 가딩턴이 선생님을 구해서 정말 기쁩니다." 손을 뻗으며, 그녀가 다정하게 말했다. "선생님은 정말 힘든 경우였어요."

　가딩턴은 자부심으로 얼굴에 홍조를 띠었다.

　"곧 또 한 분을 만나게 될 것입니다." 그가 말했다. "그러나 먼저 델마가 방을 안내해드릴 것입니다. 무척 지쳤겠지요. 푹 자두십시오. 저녁 식사 시간이 되면 깨워드리겠습니다."

　델마 트와이트는 한때 이 나라의 많은 공동체와 함께 일했던 경험이 있는 사회 복지사였다. 니콜라스는 그녀가 기분 좋게 수수하다고 생각했다. 그녀 남편처럼 그녀도 일생을 선한 일에 바쳤지만, 그와는 달리 그녀는 공개적인 광고를 해대지 않고 사적으로 일을 해 나갔다. 그녀의 전공은 가정 파탄을 돌봐주는 것이었다. 물론 그 문제는 공동체들마다 매우 다르다고 그녀가 설명하였다. 예를 들어 개미족의 경우에 가정 파탄의 주요 원인이 일 중독에 있지만, 베짱이족의 경우에는 나태에 원인이 있다는 것이었다.

"기득권층은 어떻습니까?" 니콜라스가 물었다.

기득권층의 경우에 단일한 요인은 없다고 그녀가 답했다. 기득권층은 이전의 지배 계급으로서, 코뮤니타리아 전반에 걸쳐 사회 통합을 장려하는 데 특별한 의무감을 가지고 있다고 그녀는 생각했다. 그녀 자신도 분명히 이러한 책임을 받아들이고 있었다. 왜냐하면 그녀는 서비스로부터 생산적인 부문으로 직업을 옮겼고, 가딩턴과 함께 다양한 공동체들로부터 끌어들여진 모범적인 다문화 가족이라고 기대하는 것을 만들었기 때문이다.

"저녁 식사 시간에 그들을 만나실 거예요." 그녀가 말했다. "지금은, 푹 자두세요." 그는 정말 그렇게 했다.

세 시간 뒤에 니콜라스는 훨씬 개운해진 기분으로, 트와이트 가족의 크고 넓은 부엌에서 크고 둥근 식탁 주위에 앉아 있는 사람들과 합류하였다. 이들은 주로 장난 잘 치고, 재잘거리는 아이들로 구성되어 있었다. 사내아이 다섯 명, 계집아이 다섯 명이었는데, 추측컨대 나이는 여덟 살부터 열여섯 살까지 있는 것 같았다. 여자아이 중에서 열두 살 정도 되어 보이는 한 아이가 그의 시선을 끌었는데, 그 아이는 생기 있고 예쁜 녹색 눈과 긴 검은 머리, 표정이 풍부한 보조개를 지니고 있었다. 소녀는 옆의 두 아이와 손장난을 하고 있었는데, 아이들로 하여금 점점 더 떠들썩하게 놀기를 독촉하고 있었다. 그러면서도 부모님들이 조용히 하라고 명령하게 될 순간을 엿보느라, 부모님 쪽으로 눈을 흘깃거리고 있었다. 그리고 적당한 때 그 순간은 왔다. 소녀를 보고서 그는 그 나이 또래였을 때의 엘리자를 떠올리지 않을 수 없었다.

가딩턴과 델마로부터 떨어진 곳에, 어른이 한 명 더 있었다. 그는 검정 가죽 재킷을 입은 젊은 남자로, 주변의 즐거운 장면으로부터 조용히, 다소 뒤로 물러나 앉아 있었다. 호리호리한 체격과 죽은 사람 같이 창백한 안색을 하고선 눈에 띠게 우울한 표정을 짓고 있었고, 검은 안경을 쓰고 있었다. 가딩턴은 그를 자기 집의 손님이자 친구라고 소개했으며, 윌리엄이라고 불렀다.

니콜라스가 식탁에서 자신의 자리를 잡자 가딩턴이 기도를 하기 위해 자리에서 일어났고, 아이들의 떠들썩한 장난도 잠잠해졌다.

"소중한 내 아이들, 가족 그리고 친구분들," 마치 설교하듯이 단어에 억양을 주면서 그가 말했다. "우리는 오늘 우리 나라의 영광스런 헌법 제정을 기리고, 손님들을 환영하며(그러면서 니콜라스와 윌리엄에게 고개를 끄덕여 보였다), 서로 친분을 나누기 위해 이 자리에 함께 모였습니다. 우리가 이제 얻을 것에 대해, 우리의 다양한 신이 우리로 하여금 진실로 감사하는 마음을 갖게 하기를 기원합니다. 기도합시다."

이 마지막 말에, 식탁 주변에서는 한 차례의 움직임이 파도와도 같이 일었다. 가장 어린 두 아이들이, 둘 다 남자아이였는데 자리에서 일어났다. 한 아이는 똑바로 일어섰고, 다른 아이는 균형을 잡기 위해 식탁 가장자리를 이용하면서 물구나무를 섰다. 다음으로 어린 한 쌍이, 이번에는 남자아이와 여자아이였는데 바닥에 웅크리고 앉았다. 남자아이는 왼쪽 귀를 바닥에 대고, 여자아이는 오른쪽 귀를 바닥에 대었다. 다음은 다소 나이 먹은 두 소녀였다. 둘 다 자리에 앉아 있긴 했지만 꿈꾸는 듯한 표정으로 천장을 응시했다. 한 소녀는 부드럽게 성가를 불렀고, 다른 한 소녀는 조용히 있었다. 그리고 난 뒤에 두 명의 다소 나이 먹은 소년이 일어나 리드미컬하게 몸을 흔들었다. 그러나 방향은 반대였다. 마지막으로 움직인 아이들은 가장 나이가 많은 소년과 소녀였다. 그들은 기도하는 자세로 머리 위에 손을 깍지 끼고 소년은 무릎을 꿇고, 소녀는 그냥 자리에 앉아 있었다. 가딩턴과 델마 또한 자리에 앉아 머리 위로 손을 두고 있었다. 윌리엄은 따분한 얼굴로 여전히 자리에 앉아 있었다.

몇 분 뒤에 긴장은 완화되었고, 모두 원래 자세로 돌아와 있었다. 가딩턴은 니콜라스 쪽으로 몸을 돌려, 방금 일어난 일에 대해 설명을 해주었다.

"보시다시피, 우리는 진짜 에쿠메니칼(코뮤니카 통합파) 가족이랍니다. 다른 종교뿐만 아니라, 같은 종교의 다른 분파까지도 기꺼이 받아들이고 있습니다." 가딩턴은 가장 나이 많은 두 아이가 자신의 친자식이며, 이 아이들은 모두 코뮤니카 신도인데, 한 명은 높은 코뮤니카교 신도이고, 다른 한 명은 낮은 코뮤니카교 신도라고 설명했다. 나머지는 입양한 아이들이었다(가딩턴은 세 단어로 이야기하는 버릇이 있지만, 아이들은 둘씩 입양한 것 같았다). 리드미컬하게 몸을 흔드는 아이들은 베짱이들이었고, 민속 종교들의 혼합체인 양손허리주의를 신봉했다. 한 명은 꽤 독실한 엄격한 양손허리주의자였고, 다른 한 명은 소위 느슨한 양손허리주의자였다. 천장을 바라보던 아이들은 후광파로 알려져 있는 내세적이고 신비적인 종교의 다른 종파에 속해 있었다. 귀를 바닥에 대고 웅크리고 앉아 있던 아이들은 지하파였다. 그들의 강령은 내세적 후광파와 정반대였다. 그들의 신은 대지 그 자체에 내재해 있는 존재였다. 그리고 가장 어린 두 친구들은 석회암 신을 추종하고 있었다. 한 아이는 이 세상의 삶은 정신적인 완전함을 추구하는 쪽으로 상향 진보하고 있다고 믿는 석순파에 속해 있었고, 다른 한 아이는 삶이 초기의 정신적인 완전함으로부터 점점 아래로 쇠퇴하는 과정이라고 보는 종유석파에 속해 있었다.

델마는 음식을 가지고 오기 위해 자리를 떴고, 이미 준비된 음식들로 가득 찬 수레를 가지고 돌아왔다. 니콜라스는 그녀가 서빙하려는 것들을 보고 놀랐다. 각 쌍의 아이들에게 다른 음식을 제공하고 있었다. 고기 스튜, 생선 요리, 매운 쌀 요리, 채식주의자 식사, 조개 수프. 다른 어른들에게는 고기 스튜를 제공했는데, 그것이 전형적인 기득권층의 요리라고 그녀는 설명했다. 그러나 니콜라스에게는 음식 중 아무 것이나 고르라고 제안하였다. 그는 스튜로 정했다.

"사람이란" 가딩턴이 말했다. "자신이 먹는 바 그것이지요. 다른 식사를 하고, 다른 기도를 하면서, 우리 아이들은 각자 자신의 존재가 되어가고, 서로를 존중하며 그렇게 하고 있습니다. 우리 생활 양식 전체는 '각자 respective 그리고 존중하자respectful'라는 구절로 요약할 수 있습니다. 대타협 이전에는 우리는 전자만 지녔었습니다. 사람들은 자신들의 다양한 인종 전쟁과 종교 전쟁을 피해 이곳으로 왔지만 자신들의 갈등, 싸움, 반목도 또한 함께 가지고 왔지요. 우리가 오늘 기념하는 것은 우리 '생활 양식'의 위대한 발명입니다. 즉, 우리는 우리 모두의 다양한 생활 양식을 동등한 지위로 올려놓은 것입니다. 모든 생활 양식은 자기만의 가치를 가지며 더한 것도 덜한 것도 없습니다. 또한 모든 종교는 자기만의 방식대로 진실한 것입니다. 우리가 살아가는 위대한 원칙은 '모욕하지 않기의 원칙'입니다. 이는 우리 법의 기초가 되는 것이기도 합니다. 우리가 가치를 두는 것은 '다양성, 다원성, 이질성'이고, 우리가 존중하는 것은 '차이, 타자, 대안'입니다."

니콜라스는 이 연설을 하는 동안에 윌리엄의 우울한 분위기가 상당히 깊어가고 있다는 강한 인상을 받았다. 사실, 그 젊은 남자는 매우 비참해 보였다.

가딩턴은 아이들을 향해 계속 말하기 시작했다.

"너희 모두가 우리의 친구 니콜라스가 누구인지, 왜 그가 여기에 왔는지 알고 싶어할 거라는 생각이 드는구나. 자, 이 분은 외국에서 오신 매우 유명한 교수님이시란다. 한때 매우 거친 곳에서 지내기도 하셨고, 매우 흥미로운 모험을 겪기도 하셨단다. 그리고 이곳에 온 것은 이 분이 '실현 가능한 최선의 세상'을 찾고 있기 때문이란다. 이 분이 그곳을 발견한 데 대해 우리 모두 감사를 드리자. 이제 건배를 할까요, 코뮤니타리아— 실현 가능한 최선의 세상을 위하여! 그리고 그 가운데에서 니콜라스가 번창하기를!"

가딩턴과 델마가 잔을 높이 들었다. 윌리엄도 그러긴 했지만, 니콜라스가 보기엔 열의가 없는 것이었다.

나머지 식사 시간은 꽤 즐거웠다. 아이들은 니콜라스에게 그의 모험에 대해서 물어보았고, 그가 대머리, 1번과 2번, 저스틴과 글로불루스 박사, 맥시만드와 그의 일행들, 외눈박이에 의한 그의 납치 사건 등을 이야기해주자 흥분하고 매우 즐거워하였다. 윌리엄조차도 니콜라스의 이야기에 관심이 있는 듯이 보였고, 얼굴의 그늘이 다소 누그러진 것처럼 보였다.

식사가 끝나자, 아이들은 잠자리에 들기 위해 자리를 떴다. 하지만 그러기 위해 니콜라스는 다음날 이야기를 더 해주겠다고 약속해야만 했다. 델마는 아이들을 돌봐줘야 했기 때문에, 가딩턴이 니콜라스에게 응접실에서 윌리엄과 자신과 시간을 더 보내기를 청했다.

"당신에게 윌리엄을 적절하게 소개드리고 싶군요. 그가 대화하기에 매우 흥미있는 사람이라는 것을 알게 될 것입니다. 그리고 당신이 그를 도울 수 있을지도 모르고요."

18
록 스타의 이야기

응접실로 들어가고 난 뒤, 가딩턴은 마치 대화의 비밀 보장이라도 하듯이 주의를 기울이며 문을 닫았다. 그들은 커피 테이블 주위에 있는 가죽 안락의자에 깊숙이 앉았다. 가딩턴은 파이프에 불을 붙이며 조용히 말하기 시작했다.

"우선," 그가 말했다. "이 사람은 (윌리엄을 가리켰다) 윌리엄이 아닙니다. 아이들 앞에서만 그렇게 부릅니다. 그의 진짜 이름은 조나단 시프셀루스, 일명 조니 시프셀루스로 록 스타입니다. 대부분의 아이들은 실제로 그가 누구인지 알 것입니다. 하지만 우리는 안전을 위하여 위장을 하고 있습니다. 그는 가명으로 우리와 함께 살고 있습니다. 왜냐하면 그는 지금 숨어 있는 몸이기 때문입니다. 사실, 그의 목숨은 심각한 위험에 빠져 있습니다."

니콜라스도 조니 시프셀루스에 대해 들은 적이 있었다. 마르커스가 그의 음악은 영감을 준다고 했던 것이 기억났다. 그들은 아마 같은 또래일 것이다. 조니 겸 윌리엄이 그의 검은 안경을 벗었다. 그는 아마 20대 중반 쯤 되었을 텐데, 야위고 고민이 있는 듯한 흙빛의 얼굴을 하고 있어 나이보다 더 많이 들어 보였고, 푹 꺼진 슬픈 눈을 하고 있었다. 그는 앞으로 몸을 내밀고는, 몸짓을 섞어가면서 낮고 단조로운 어조로 이야기를 시작했다.

적절하게도, 그는 코뮤니타리아 식의 용어로 자신을 설명하기 시작했다.

"저는 악의족malvolian이며, 종유석파 사람입니다." 그가 말했다. "아니 적어도 그랬었습니다. 하지만 악의족과 종유석파 공동체는 저에게 전쟁을 선포했습니다. 지금 저는 그들의 '적 1호'입니다. 이 모든 것은 록 오페라에서 비롯되었습니다."

"그 오페라는 무엇에 관한 것이었는데요?" 니콜라스가 물었다.

"그것은 '노란 스타킹과 빨간 파자마'라고 불린 오페라였습니다. 제가 성장한 세계, 저의 민족, 종교에 대한 것이었습니다. 제 그룹에 있는 사람들도 악의족이며 종유석파였고, 오페라는 우리 공동체에 바치는 것이었습니다. 우리의 마지막 세계 순회 공연 기간 동안에 제가 곡을 썼고, 세계의 몇몇 수도에서 공연을 했습니다. 그건 정말 대단한 성공이었습니다. 스타디움을 가득 메웠었지요. 그리고 난 뒤에 어떤 바보 같은 비평가가 그 오페라에 대한 기사를 썼는데, 오페라를 극찬하고 있었지만 기막힌 풍자 작품이라고 묘사를 한 겁니다. 그것도, 제가 인용해 썼던 '편협한 민족성과 광신적 신앙'을 언급하면서 말입니다. 우리는 '풍자'가 무엇을 의미하는지 몰랐습니다. '편협함' 또는 '광신'이라는 의미도 몰랐습니다. 이런 개념은 코뮤니타리아에는 존재하지 않으니까요. 이제서야 풍자가 유머의 한 형태라는 것을 알았지만, 사실 유머라는 개념도 여기에서는 존재하지 않지요. 분명히, 무언가를 풍자라고 부른다는 것은 그 대상이 조롱

받을 것이라는 것을 의미하는 것이지만, 우리의 경우는 절대 그렇지 않았어요."

"하지만 비평가들이 어떤 사람들인지 아시죠. 곧, 외국의 모든 사람이 그 오페라를 풍자적이라고 설명하기 시작했던 것입니다. 그들은 제 작품을 '풍자의 걸작', '세계 최초의 풍자적 록 오페라'라고 일컬었습니다. 이는 오페라가 이곳 폴리고폴리스에서 열리려던 바로 그때 일어난 일이었습니다. 악의족과 종유석과 공동체의 지도자들이 이 과대 선전을 듣게 되었고 오페라의 금지를 요구했습니다."

"그래서 금지되었습니까?" 니콜라스가 물었다.

"예." 조니가 말했다. "하지만 거기에서 끝나지 않았어요. 우리는 반역자, 이단자로 비난받게 되었습니다. 그들은 격분하여 제 정신이 아니었고, 우리에게 오페라를 공식적으로 폐기시키고 우리가 저지른 짓에 대해 공개 사과를 하라고 하였습니다."

"그래서 그렇게 했습니까?" 니콜라스가 물었다.

"글쎄요, 우리 리드 기타리스트는 그 압력을 견딜 수 없어서 굴복했습니다. 자살이었죠. 그룹의 다른 멤버들은 그 오페라를 공식적으로 포기했을 뿐만 아니라, 제가 오페라를 하도록 꾀어냈다고 저를 비난했지요."

"당신은 어떻게 했습니까?" 니콜라스가 물었다.

"저는 저항했습니다." 조니는 도전적으로 말했다. "저는 부끄러운 짓은 하지 않았다고 생각했습니다. 저에게 그 오페라는 제 공동체를 기리는 한 방식이었고, 그렇게 항변하려고 준비했습니다. 왜 제가 단지 어떤 비평가가 그것을 보고 재미있다고 느낀 것 때문에 그것을 포기해야한단 말입니까? 그가 웃었는데, 왜 제가 비난받아야 합니까?"

"그래서 무슨 일이 일어났습니까?" 니콜라스가 물었다.

"두 공동체가 회합을 가졌습니다. 처음에는 따로따로 만났는데, 나중에는 함께 모여 저를 어떻게 할 것인지 결정하려 했습니다."

"악의족은" 가딩턴이 설명했다. "코뮤니타리아에 있는 공동체 중에서 가장 과민 반응을 보이는 사람들입니다. 그들은 꽤 까다로워서 악의족 생활 방식의 어떠한 비난이라도 색출해내기 위해 특별 자위대도 고용하고 있습니다. 그들에게 조니의 오페라는 정말 배반이었습니다. 종유석파 사람들은 자신들이 불경하다고 판단한 것에 대해서는 항상 호전적인 자세를 취합니다."

"그래서 저는" 조니가 이어서 말했다. "반역과 불경의 죄를 추궁당했고, 신성 모독으로 비난받게 되었습니다."

"그것은" 가딩턴이 말했다. "코뮤니타리아에서 가장 무거운 죄입니다. 모욕, 조롱, 놀림보다 더 심한 것이죠. 그것만으로도 사형을 언도할 수 있습니다."

"제 사건이 법정으로 갔을 때," 조니가 계속 말했다. "그건 엄청나게 널리 알려졌죠. 제가 유명인이기 때문이기도 했지만, 그보다는 제가 한 때 악의족과 종유석파의 대표적인 인물이었기 때문이었죠. 모든 사람이 제게서 등을 돌렸습니다. TV와 신문에서는 제가 코뮤니타리아주의의 기초 정신을 공격했다고 비난했습니다. 아무도 감히 내 편이 되어주지 않았습니다."

"저는 변호사를 통해 제 자신을 방어하고자 했습니다. 제가 오페라에서 의미했던 것은 내 공동체의 생활 양식을 공감적으로 묘사한 것이었다고 주장하면서 말입니다. 하지만 작품의 의미 해석에서 저작자의 의도는 무관한 것이라고 주장하면서, 재판관은 저에게 불리한 판정을 내렸습니다. 그는 의미는 사회적으로 구성되는 것이고 코뮤니타리아의 모든 사람도 그것을 알고 있다고 주장했습니다. 하지만 그것이 바로 저를 구해주게 된 것이었습니다. 저의 변호사는, 제가 모든 사람이 '풍자'라고 동의했다는 것에 대해서는 책임을 질 수 없다고 주장했습니다. 그래서 저는 법적으로는 자유롭게 되었습니다. 하지만 제 상황을 일종의 자유라고 부를 수는 없을 것입니다. 악의족과 종유석파 사람들은 격노했습니다. 지도자들은 한나절 동안 모임을 가졌고, 저를 **파문**하기로 결정하였습니다. 그것은 이곳 코뮤니타리아에서는 일종의 사회적 죽음입니다. 솔직히, 그것이 제가 처하게 될 유일한 죽음은 아닐 것 같습니다. 가딩턴 씨를 제외하고, 제가 누구에게 의지할 수 있었겠습니까?"

"제가 조니에게 피난처를 제공하고, 동정심을 표했지요." 가딩턴이 말했다. "하지만 제가, 그가 한 일을 동조할 수는 없다는 것을 먼저 말해두고 싶군요. 우리는 항상 자유를 지키는 데 게을리 하지 말아야 합니다. 모욕으로부터 타인의 자유를 지키는 것 말입니다. 우리 사회 전체는 우리가 다른 사람의 생활 양식, 또한 우리 자신의 생활 양식을 비난하지 않는 것에 기초하고 있습니다. 조니의 오페라가 두 공동체에게 심대한 모욕을 주었다는 것은 부인할 수 없는 사실입니다. 아마 풍자가 또 하나의 고유한 생활 양식을 구성한다고, 그래서 우리의 방이 많은 맨션에 그것을 위한 공간도 마련해야 한다고 주장할지도 모르겠습니다. 그러나 그런 경우라 하더라도 우리는 풍자가 다른 사람을 모욕하지 않고 존재할 수 있도록 노력해야 합니다."

"니콜라스," 목사가 계속해서 말했다. "이것이 당신이 도움을 줄 수 있을지도 모르는 지점입니다. 우리는 이 점을 실천하고, 조니 스스로 빠져버린 곤경으로부터 나올 수 있는 길을 발견하도록 노력해야 합니다. 저는 기회가 외부에 있을지도 모른다고 생각했습니다. 외국에서 온 저명한 방문자, 박해로부터의 망명자, 그리고 그의 사건이 우리 신문에까지 알려진 사람, 바로 당신이 일종의 평화 해결사로서 행동할 수 있을지도 모른다고 보았습니다. 그러니까 악의족과 종유석파 사람들을 설득하여 좀 더……" 가딩턴은 적당한 단어를 찾고 있었다.

"관용성 있게?" 니콜라스가 제안했다.

"아마도" 의심쩍다는 듯이 가딩턴이 말했다. "외국에 있는 동안 이 '관용'이라는 개념을 우연히 알게 되긴 했습니다. 이곳 코뮤니타리아에는 그 개념이 없거든요. 내가 이해한 대로라면, 그것은 모욕을 받더라도 참아야 한다는 것을 의미하는 것 같습니다마는, 하지만 왜 그래야 하지요? 무엇보다도 왜 사람이 모욕을 받아야 하지요? 그러나 우리의 당면 과제는 조니의 이전 공동체 지도자들에게 그가 준 모욕을 상대적으로 보도록 설득하는 것입니다. 아마 그들이 심하게 모욕받은 것이 아니라고 설득할 수 있을 것입니다. 그들이 통찰력을 지녀서 사물을 좀 더 보편적으로 바라볼 수 있기를 바랄 뿐이죠."

"예, 최선을 다해보죠." 니콜라스는 도움이 되게끔 말했다.

가딩턴은 그의 손을 잡고 다정하게 흔들었다. 조니는 의심쩍어 하는 눈치였다.

"내일, 제가 당신을 그들에게 데리고 갈 것입니다. 쉽진 않겠지만, 확실히 시도해볼 만한 가치는 있지요. 하지만 그 전에, 당신은 이 모든 문제의 근원을 알고 싶어하시겠지요?"

그는 비디오를 켜고서 테이프를 넣었다. 셋은 비디오를 보기 위해 뒤로 물러앉았다. 니콜라스는 대개 시끄럽고 비선율적인 메탈 음악을 그다지 좋아하지 않았다. 그러나 연기는 고무적이었고 즐길 만한 것이었다. 전반적으로 매우 색채가 풍부하였고, 춤이 매우 많았다. 주역은 두 집단이었다. 첫 번째 집단은 엇갈린 가터가 달린 노란 스타킹을 신고 있었고, 두 번째 집단은 빨간 파자마 위에 헐거운 빨간 가운을 입고 있었다. 긴장이 고조되는 순간에, 때때로 빨간 집단은 그들의 상의를 벗고 물구나무서기를 하였다. 이국풍의 의상을 입은 다양한 다른 인물들도 때때로 모습을 보였다. 그는 줄거리를 따라 잡기가 힘들다는 것을 발견했다. 줄거리는 주인공들이 다른 사람들에 의해 최고로 고결하고 우수하다고 인식되고자 하는, 반복되지만 성공적으로는 보이지 않는 시도들과 관련된 것 같았다. 어떤 인물에도 특별히 공감이 가지는 않았지만, 그렇다고 그들이 웃기는 인물인 것은 분명히 아니었다.

비디오가 끝나자, 그는 여흥을 보여준 것에 감사하면서 가딩턴과 조니에게 밤 인사를 하였다. 그러나 불행히도 그것은 잘못된 말이었다.

조니는 절망에 빠진 얼굴을 하고 있었다. 가딩턴이 말했다.

"실수를 하시면 안 됩니다. 이것은 위험한 자료입니다. 당신은 여기서 이것을 보았다는 것을 절대로 누설해서는 안 됩니다."

침대에 누워서, 니콜라스는 볼테르와 관용에 대해서 가상적인 토론을 벌였다. 볼테르는 "인간의 법은 어떠한 경우에라도 자연 법에 기초해야 하지."라고 꽤 거창하게 주장하였다.

"역사적 사실들이 보여주는 바는 인간들이 비非관용을 오히려 자연적이라고 받아들이는 것 같은데요." 니콜라스가 반박했다.

볼테르는 니콜라스의 말에 별로 감명을 받지 않았던 같다.

"어떻게 한 사람이 다른 사람에게 '내가 믿는 것, 하지만 너는 믿을 수 없는 것을 믿어라, 그렇지 않으면 멸망이다!'라고 말하는 것이 자연스러울 수 있지?" 볼테르가 물었다. "만약 인간 법의 기초가 그러하다면, 일본인들은 시암인들을 저주하는 중국들을 혐오해야 할 것이다. 시암인들은 차례로 티벳인들을 내쫓아야 하고, 티벳인들은 인더스 강의 주민들을 공격해야 할 것이다. 무굴은 그가 발견한 최초의 말라바인의 심장을 도려내야 하고, 말라바인은 페르시아인을 죽여야만 할 것이다. 페르시아인은 터키인을 살육해야만 하겠지. 그리고 그들 모두는 기독교인들에게 덤벼들어야만 할 것이다. 기독교인들은 매우 오랫동안, 서로를 멸망시켜왔으니까. 비非관용에 대한 권리는 이처럼 불합리하고 야만적인 것이다. 그것은 호랑이들의 권리와도 같다. 다만 훨씬 더 끔찍할 뿐이지. 왜냐하면 호랑이들은 다만 먹기 위해 서로를 죽이는 데 비해, 우리는 명분을 위해 서로를 모조리 없애니까."

"도대체 주장하고 싶은 게 무엇입니까?" 니콜라스가 물었다.

"각각의 시민이 자신의 이성을 발휘해서 공공 질서를 교란시키지 않는 한, 계몽된 이성이든 현혹된 이성이든 이성이 명하는 바대로 생각하게 하자는 것이오."

"코뮤니타리아 사람들은 다른 해결책을 찾은 것 같소." 니콜라스가 말했다." 그들은 개별 시민에 대한 신뢰도 높지 않은 것 같고, 이성의 명령에 대한 신념도 높지 않은 것 같소. 그들의 생각은 모든 공동체들이 다른 삶의 방식을 존경해야 하고, 모든 명분은 똑같이 유효한 것으로 선포해야 한다는 것 같소."

볼테르는 회의적인 것 같아 보였다. 아니 그보다는 약간 당황하고 있었다.

"어떻게 편견과 망상을 존경할 수 있지? 그리고 어떻게 서로 모순되는 주장들이 똑같이 유효할 수가 있지?" 볼테르가 물었다.

이번에는 니콜라스가 당황해했다. 그러나 잠이 쏟아져, 대답을 미루기로 했다.

19
악의족과 종유석파

다음날 아침, 니콜라스는 아이들이 제각기 학교로 가려고 부산을 떠는 소리에 잠이 깼다. 아이들이 떠난 뒤에 그는 아래층에 내려갔고 조니가 블랙커피를 마시며 소파에 앉아 있는 것을 보았다.

"어제 오페라는 매우 멋졌습니다." 그는 말하였다.

"고마워요." 조니가 중얼거렸다.

"그 오페라가 얼마나 멋졌는지 어떻게 말로 평가할 수가 없군요." 그는 계속해서 말했다.

"오늘이 지난 뒤에 평가할 수 있으실 겁니다." 조니가 말했다.

가딩턴이 아이들을 학교에 보내고 돌아와서는 함께 커피를 들었다.

"우리는 악의족을 먼저 방문하게 될 것입니다. 면담은 오늘 오전 11시로 정해졌습니다. 물론 그들은 당신이 조니를 대신하여 청원을 하려는 것을 모르고 있지요. 그들은 유명한 방문객이 자신들을 우선적으로 방문하려는 것을 당연한 것으로 용인해줍니다. 그렇지 않으면 이것은 그들이 상대방을 모욕하는 것이 될 테니까요. 그리고 당신의 임무에 관하여도 알고 있습니다." 가딩턴이 말했다.

"그리고 아마 자신들의 생활 양식이 실현 가능한 최선의 세상에서도 최선의 것이라고 당신에게 말하겠지요." 조니가 찡그리며 말했다.

가딩턴이 동의할 수 없다는 듯이 그를 흘깃 쳐다본 뒤에 말을 이었다. "오후에는 종유석파를 방문할 것입니다. 그런데 주의할 점은 반드시 신중해야 한다는 것이고, 어떤 경우에도 조니를 만났다는 사실을 밝혀서는 안 된다는 것입니다."

가딩턴과 니콜라스는 악의족을 만나기 위해 민족관House of Ethnicity으로 출발하였다. 그 두 개의 의사당 건물은 과거 왕궁의 반대편 기득권층의 언덕 꼭대기 넓은 공터에 나란히 서 있었다. 이것들은 대타협 이후에 세워졌으며 별 특징이 없는 직사각형 모양이었다(아마도 모욕을 피하기 위해서). 각각의 건물 밖에는 형형색색의 다양한 복식의 의장대가 사열해 있었다. 한편 민족관 내부는 모든 공식 민족 공동체의 깃발과 문장, 초상화들로 장식되어 있었고 입구 쪽 홀의 전시 공간은 각 공동체에게 균등하게 분배되어 있었다.

그들은 각 인종 집단의 이름이 적혀 있는 문들이 알파벳 순으로 양 측에 늘어서 있는 복도를 지나갔다. 기득권층bees과 개미족emmets, 그리고 많은 이름을 지나서야 겨우 M자로 시작되는 곳에 도착할 수 있었으며 악의족malvolians이라고 씌어진 문 앞에 멈춰섰다. 가딩턴이 노크를 하였다.

몸에 잘 맞지 않는 제복을 입은 신경질적인 급사 소년이 회의실 문을 열었다. 연배가 서로 달라 보이는 남자 다섯이 긴 탁자 주변에 앉아 있었는데, 모두 엇갈린 가터가 달린 양말과 회색 튜닉 상의를 입고 있었다. 가장 나이 많은 이가 문에서 보아 중앙에 위치해 있었다. 그는 뾰족한 턱수염과 반짝거리는 대머리를 가진 남자였는데, 그 사납고 강렬한 인상은 방문객이 도착했음에도 불구하고 전혀 부드러워지지 않았다. 다른 이들은 무관심하게 노려보는 듯한 눈초리를 하고 있었다. 우호적이지도 비우호적이지도 않은 그들의 적대적인 얼굴 표정은 보통 바깥 세상이라 불리는 곳을 향한 것이었으며, 니콜라스와 가딩턴은 이 바깥 세상의 대표자들이었던 것이다.

턱수염을 기른 늙은 남자가 악의족 의회의 의장이라고 자신을 소개하였다. 다른 이들은 각료들이었다. 모두와 악수하고 나서 가딩턴과 니콜라스는 그들과 얼굴을 맞대고 자리에 앉았다.

의장은 신중하고도 느릿느릿 말하기 시작했다. 니콜라스는 그가 1인칭 복수형을 신중히 구별함 없이 사용한다는 것을 알아챘다. 그는 "우리" 혹은 "우리들의"라는 단어를 자신과 각료들을 지칭하는 데 사용하기도 하고 어떤 경우에는 악의족 공동체를 지칭하는데, 그리고 어떤 경우에는 악의족과 종유석파를 지칭하기 위해 사용하기도 하였으며 또 어떤 경우에는 코뮤니타리아 시민 전체를 지칭하여 사용하기도 하였다.

"우리 나라의 다른 어떤 공동체보다도 먼저 우리 공동체에 교수님을 데려온 당신의 예의바름에 대하여 우리는 영광을 느끼는 바입니다." 그가 가딩턴에게 말하였다.

"우리는 이 존중을 높이 평가하는 바입니다. 그러면 교수님, 당신은 어느 공동체에서 오셨습니까?" 그가 니콜라스에게 물었다.

"캐리타트 교수는 밀리타리아를 출발하여 유틸리타리아를 거쳐 여기 코뮤니타리아로 왔습니다." 가딩턴이 급히 설명하였다. "교수는 당신들의 생활 양식에 지극히 관심을 가지고 있습니다."

"아하! 그렇습니까?" 의장이 말했다. "우리는 당신의 임무에 관하여 들은 적이 있습니다. 우리는 다른 시민들의 삶의 방식들을 존중함에도 불구하고 우리 자신의 생활 양식에 자부심을 가지고 있습니다. 불행하게도 이러한 존중은 언제나 상호적인 것은 아니지요. 우리는 지속적으로 이러한 사실을 주지하고 있습니다."

"그것이 당신들에게 큰 문제인가요?" 니콜라스가 솔직하게 물어보았다.

"아마 가장 큰 문제일 것입니다. 우리는 우리들이 성스럽게 생각하는 것에 대한 불경스러움을 용인할 수 없습니다. 그러한 용인은 우리 생명의 원천을 망쳐버리는 것입니다."

"하지만, 그러면 관용이라고 불릴 만한 것이 없어지지 않습니까?" 니콜라스가 과감히 물어보았다.

"문제는 상대방을 공격하는 행위에 있는 것입니다. 당신이 관용이라고 부르는 것은 내가 이해하는 한, 상대방을 공격하는 행위 이후의 것입니다. 하지만 존중이라는 것은 이러한 공격 행위를 유발하지 않는 것입니다. 우리의 사회 전체는 바로 이 후자를 믿고 따르는 것이지 전자는 아닙니다." 의장이 말했다.

방 안의 분위기가 눈에 띄게 냉랭해졌고 탁자 주변의 표정들은 더욱 적대적으로 변했다. 뼈마디가 굵고 안경을 쓴 각료 한 명이 대화에 끼어들었다.

"당신은 왜 이러한 문제에 관심을 가지는 것이지요?" 그는 날카롭게 물었다.

"저는 철학자이니까요." 니콜라스가 대답했다. 하지만 이 대답이 효과가 있지는 않았다.

"당신은 시프셀루스라는 작자의 오페라라고 하는 것을 보았습니까?" 의장의 왼편에 있는 늙은 남자가 물었다.

"그에 대해 들어본 적이 있는 것 같군요." 니콜라스가 조심스럽게 말했다.

"이것은 우리를 다른 이들이 보기에 경멸할 만한 자로 만드는 신성 모독적인 작품입니다. 이것은 우리의 명예를 더럽히며 우리를 왜소하게 만드는 것입니다. 이것은 비열한 역겨움과 음란함으로 가득 찬 것입니다. 불행하게도 판사는 법을 오해했고, 그렇기에 우리는 이 범죄에 대하여 우리 스스로가 대항해 조치를 취해야 했습니다. 그리고 우리가 앞으로도 그에 대한 조치를 취하는 것이 당연한 것입니다." 의장이 말했다.

"어떤 조치를 말하십니까?" 니콜라스가 물었다.

"그의 사회적 정체성을 박탈하는 것입니다. 그가 만약 자신의 견해를 철회하지 않는다면 그는 육체적 정체성마저 잃게 될 것입니다." 의장이 차갑게 말했다.

"하지만 누군가 이런 가혹한 처벌은 그의 권리를 존중하는 것에 위배된다고 주장하지 않을까 싶은데요." 니콜라스가 용기를 내어 말했다.

"권리라고!" 의장이 주먹으로 탁자를 내리치며 날카롭게 소리쳤다.

"권리라고! 그것은 적들의 언어입니다. 무엇이 잘못된 것인지 말해주고 싶군요. 개인들은 권리를 가지고 있지 않습니다. 만약 우리가 권리에 대하여 말하려 한다면, 우리는 시프셀루스가 우리를 왜곡하였고 마땅히 존중받아야 할 우리의 절대적인 권리를 침해했다는 것을 반드시 말하여야만 합니다."

방 안의 분위기는 완전히 얼어붙었다. 콧수염을 기른 악의족 한 명이 위협하듯이 몸을 앞으로 숙였다.

"당신은 우리를 그다지 존중하는 것 같이 보이지 않는군요, 교수님." 그가 말했다.

"우리는 사람들을 그 자체로서 존중합니다. 또한 우리는 필요한 경우에는 그 자체에 대해 사형 언도를 내릴 수도 있는 것입니다. 시프셀루스는 우리와 우리가 삶에서 지향하는 바를 파괴하려는 것을 유일한 목적으로 가지고 있는 배신자입니다. 우리는 지금 당신이 어떠한 사람인지 매우 궁금하군요, 교수님. 그를 동정하다니, 그것은 우리를 존중하지 않는 것입니다." 의장이 말했다.

"제발 내 질문에 대하여 공격적인 태도를 취하지 말아주십시오. 난 단지 상황을 이해하고 싶을 따름입니다." 니콜라스가 항의했다.

하지만 냉랭한 분위기는 전혀 바뀌지 않았다. 열 개의 분노에 찬 눈이 의심스럽다는 듯이 니콜라스를 쏘아보고 있었다. 잠시 침묵의 시간이 흘렀다.

"이제 가야 할 시간인 것 같습니다." 가딩턴이 정중하게 말했다. "여러분이 오늘 담화에 대해 너그럽게 생각해주시기를 바랍니다. 제 친구 캐리타트는 우리의 삶의 방식이 낯선 것이고, 제가 장담하건대 이를 진정으로 이해하고자 했던 것이지 판단하려고 했던 것은 아닙니다. 그가 온 곳에서는 사람들이 때때로 오해받을 수도 있는 질문을 함으로써 그렇게 합니다. 부디 그가 본의 아니게 야기한 공격 행위를 용서하시기 바랍니다."

열 개의 눈이 점점 더 분노에 찬 눈빛으로 그 대상을 쏘아보고 있었다. 의장이 자리에서 일어섰다.

"내 생각에도 당신들이 자리를 뜰 시간인 것 같군요." 그가 말했다. "우리는 이 만남의 의미에 대하여 우리들 스스로의 결론에 분명 도달했습니다."

신경질적인 급사 소년이 문을 열었다. 니콜라스와 가딩턴은 급히 그 방을 떠났다.

"성공한 것 같지 않아." 니콜라스가 입구를 향해 걸어가면서 말했다.

"거의 재앙에 가까운 것이었지요." 그의 안내자가 말했다.

가딩턴이 가장 좋아하는 멜리푸안 식당에서 점심을 먹으면서 그들은 오후에 있을 종유석파와의 면담을 어찌 해야 가장 좋을까 토의하였다.

"그들은 아마 오늘 아침 우리의 대실패에 대하여 벌써 잘 알고 있을 것입니다." 가딩턴이 말했다. "그러니까 우리는 이 불리함을 안고 움직이기 시작해야 할 것입니다. 그들은 면담이 시작되자마자 우리를 의심스러운 눈빛으로 볼 것입니다. 당신이 말한 그 관용이라는 것을 그들에게 납득시키기란 불가능합니다. 그런 관념은 이곳에 존재하지 않거든요. 그 점에 있어서 악의족들이 옳았던 것입니다. 코뮤니타리아의 가장 추앙받아야 할 덕목은 존중이며, 이것은 상대를 공격하지 않는 것을 말합니다."

"하지만 그들은 조니의 오페라에 대하여 공격 행위를 하지 않았나요?" 니콜라스가 말했다.

"예. 하지만 그들이 그러는 것은 타당한 것이 아니었던가요? 아마도 당신은 그들이 그 오페라를 잘못 이해했을지 모른다고 설득해볼 수도 있겠지요. 하지만 당신이 그 오페라를 보았다고 시인하지 않는 한, 그런 설득은 매우 난감한 일이지요. 그리고 당신이 그 오페라를 보았다고 한다면 당신은 그들의 적으로 낙인찍히게 될 것입니다. 판사를 포함하여 모두가 이것이 풍자라고 말하는 한 우리도 그렇다고 인정할 수밖에 없습니다. 이런 면에서 당신은 아마 그들에게 풍자와 풍자의 목적에 관해 말할 수 있을 것입니다. 풍자가 건설적이며 종교적일 수도 있다고 그들을 납득시켜보십시오. 만약 이것도 실패한다면 예상컨대, 우리의 오직 유일한 희망은 그들의 동정심에 호소하는 것뿐일 것입니다." 가딩턴이 말했다.

점심을 먹고 나서 그들은 도시 반대편에 있는 종유석파 사원으로 차를 몰았다. 이것은 꽃과 나무가 꽉 들어찬 공원 안에 있는 아름답고 붉은 빛이 도는 핑크색 원형 건물이었다. 정문은 열려 있었다. 빨간 옷을 입은 창백하고 공손한 젊은이가 그들을 맞이하여 안으로 안내했는데, 그곳은 사방에 있는 높은 유리창으로부터 빛이 드는 커다란 반원형의 응접실이었다. 높다란 천장은 금빛이었고 이를 중심으로 복식을 갖춘 형태의 수많은 조각상이 늘어져 있었는데, 그 분위기가 음울하며 동시에 경건하였다. 조각상들의 머리와 뻗은 팔은 아래쪽에 있는 기도하는 자를 위한 돌마루 쪽을 향해 있었다. 그것들과 마주하는 상단에는 성좌와 낮은 탁자가 있었는데, 그 탁자 위에는 커다란 책이 한 권 놓여 있었다. 그 책 건너편에는 보라색 쿠션이 달린 관管 모양의 물체가 들어 있는 유리 상자가 있었다. 뒤에 가딩턴이 니콜라스에게 설명하기를 그 책은 석회암 신Stala이 지하 동굴에서 그의 제자들에게 하였던 성스러운 말씀을 적어놓은 것이고, 유리상자 안에 있는 것은 그의 발가락뼈라는 것이다. 성좌 뒤에 문이 있었는데, 이 문을 통하여 그 젊은이가 한 눈에 보아도 성직자의 방인 듯한 곳으로 그들을 안내하였다. 그들은 커다란 금빛 문을 통해 정원으로 나 있는 창문을 통해 빛이 들어오는 길쭉한 방에 들어갔다. 높은 금빛 천장에 둘러쳐진 조각상들이 아까보다 훨씬 많이 있었다. 벽에 기댄 채로 붉은색 파자마를 입은 열 명의 사제가 물구나무선 채로 있었고, 한 명의 젊은 종유석과 사제가 앞뒤로 움직이며 그들의 위를 향한 발에 향내나는 가루를 뿌리고 있었다. 중앙에 있는 등받이가 높은 금빛 의자에는 어둡고 짙은 적색 성의聖衣를 입은 대사제가 앉아 있었다. 가딩턴과 니콜라스가 들어오자 사제들은 일어나서 붉은 성의를 입은 뒤에 벽 쪽에 줄지어 놓여 있는 열 개의 금빛 의자에 제각기 자리하였다. 그러는 사이에 대사제가 일어났다. 반원형으로 줄지어 앉은 사제들의 중심에 의자가 두개 놓여 있었다. 대사제는 이 방문자들에게 사제들 앞의 그 자리에 앉으라는 손짓을 하였다. 니콜라스와 가딩턴은 이에 따랐다. 대사제는 그의 성좌에 돌아가 앉은 뒤에 가딩턴에게 말하기 시작하였다.

"당신이 우리와의 만남을 요구하였고, 우리는 기꺼이 이를 받아들였습니다. 하지만 지금 우리는 당신이 이 만남을 원하는 목적을 알고 싶습니다.”

“첫 번째 목적은 여기에 있는 캐리타트 교수를 당신들과 만나게 하기 위해서였습니다. 아시다시피, 그는 실현 가능한 최선의 세상을 찾아다니고 있습니다.”

“실현 가능한 최선의 세상은 바로 여기에 있습니다. 그리고 그러한 세상에 대한 믿음은 그러한 세상의 실제에 대하여 신념을 가진 사람들에게만 허용되어 있는 것입니다.” 대사제가 짧게 평하듯 말하였다.

“과연 그렇습니다.” 가딩턴이 말했다.

“그리고 두 번째 목적은?” 턱수염을 기른 조금 젊은 사제가 물었다. 가딩턴과 니콜라스는 이 사제가 누구인지 알 수 있었다. 그는 아침에 만났던 악의족 중 다섯 번째 사람이었고, 그때 아무 말도 하지 않았던 유일한 사람이었다. 그가 질문하는 투엔 적대감이 역력했다. 말꼬리를 돌릴 수 없는 형편이었다.

“캐리타트 교수는 외국에서 온 저명한 학자이고 우리들의 문제를 냉정하고 차분히 살펴볼 능력이 있는 사람일 것입니다. 그는 시프셀루스 사건에 대하여 전해듣게 되었고 당연히 이에 관심을 가지게 되었습니다.” 가딩턴이 말했다.

“무엇에 관하여 그가 관심을 가지고 있지요?” 턱수염을 기른 사제가 물었다.

“단지 법에 관한 것은 아닙니다. 판사는 재판에서……”

가딩턴이 말하는 도중에 그 사제가 날카롭게 말을 끊었다.

“판사는 법의 정신을 오해한 것입니다.”

“천상의 법과 인간의 법 사이에는 차이가 있는 것입니다. 그 사건은 신성 모독에 관련되어 있는 것이고, 그런 이상 천상의 법이 이를 주관하여야 하는 것입니다.” 대사제가 이에 덧붙여 말하였다.

"하지만 이것이 신성 모독에 관한 것이라고 당신들은 확신할 수 있습니까?" 마침내 니콜라스가 이 대화에 끼어들어 말하였다.

"확신할 수 있지요. 확신하고 있습니다. 그럼 당신은 이것이 어떤 사안이라고 생각하는 겁니까?"

"이것은 단지 풍자에 관한 것이라는 생각이 들진 않나요?"

"당신이 말하는 풍자라는 것이 무엇이지요?" 대사제가 니콜라스에게 물었다.

"풍자란 어리석음과 사악함을 꾸짖는 시입니다. 그리고 풍자란 마땅히 록 오페라의 형태가 될 수도 있는 것이지요. 풍자를 사용하는 것은 악덕이라는 것을 우스꽝스럽게 드러내어 인간의 어리석음과 사악함을 꾸짖기 위한 것입니다." 니콜라스가 존슨 박사의 『영어 사전』을 인용하며 말하였다.

"무슨 목적으로?"

니콜라스가 드라이든*을 인용하며 말했다. "풍자의 진정한 목적은 악덕의 교화입니다. 그리고 이렇게 함으로써 지혜와 미덕에 이르는 길을 알려주는 것이지요."

"그리고 천상의 법이 명령하는 바를 인간에게 환기시키기 위한 것이지요." 니콜라스가 조금 더 용기를 내어 덧붙였다.

"그것은 사제들의 임무입니다. 풍자 작가들이 사제들을 대신할 수 있는 것입니까?" 대사제가 매섭게 꾸짖듯이 말하였다.

"작가들이 사제들을 보조할 수 있지요. 그들은 서로 동일한 목적을 가지고 있습니다. 단지 다른 방식을 사용할 뿐이지요." 니콜라스가 제안하

---

* 존 드라이든John Dryden(1631~1700)은 영국의 시인이자 극작가, 비평가로 1688년에 계관 시인이 되었다. 왕정 복고기의 대표 작가로서 그의 시와 비평은 사뮤엘 존슨에게 영향을 주었다.

듯이 말하였다.

"조롱의 방식이라." 턱수염을 기른 사제가 니콜라스의 말을 받았다.

"풍자는 성스러운 것을 세속화시키기 위해 조롱의 방식을 사용합니다. 이것은 우리의 성스러운 책에 씌어 있는 석회암 신의 말씀, 즉 신의 계시에 의한 말씀에 대한 경외와 숭배를 잠식하는 것입니다. 이것은 우리 스승들 혹은 권위자들에 대한 존경심을 망가뜨립니다. 성스러운 법을 어떻게 조롱을 통해 가르칠 수 있겠습니까? 그런 생각 자체가 우스꽝스러운 것입니다. 지금 당신은 터무니없는 것을 말하고 있습니다." 사제가 말했다.

니콜라스에겐 발 밑의 땅이 꺼지는 듯하였다. 그는 마지막으로 좀 선부른 시도를 하고자 마음먹었다. "하지만 이런 존경이 맹목적이어서는 안 되지 않겠습니까? 우리는 아마 풍자를 통해 우리 자신의 약점을 포함하여 인간의 약점에 대해 이해할 수 있을지도, 그리고 이런 식으로 겸허함을 배울 수도 있을지 모릅니다."

"당신이 말하는 인간의 약점은 오직 믿음의 힘을 통해서만 치유될 수 있는 것입니다. 교수님, 당신은 소위 풍자라는 것이 믿음에 있어서 적이라는 것을 우리에게 확신시켜준 셈입니다. 그밖에 무슨 다른 하실 말이라도 있습니까?"

니콜라스는 절망감에 젖어 가딩턴을 바라보았다. 가딩턴 역시 절망감에 싸여 그를 바라보고 있었다. 가딩턴이 말했다. "물론입니다 여러분. 저는 여러분의 믿음의 교리가 무엇인지 잘 모릅니다. 제가 알고 있는 것을 통해 볼 때, 저는 여러분과 여러분의 종교를 지극히 존중할 수 있습니다. 그리고 더 많은 것을 배울 수 있기를 바라 마지 않습니다. 제가 지금 알고 싶은 것은 여러분의 종교에 연민이라는 것이 존재하는가 하는 점입니다."

"연민이야말로 우리 믿음의 핵심입니다." 대사제가 대답하였다. "당신의 짐작이 맞습니다. 연민과 그에 따르는 불가피한 것, 즉 그러한 연민의 기반을 파괴하는 모든 것에 대한 무자비한 증오입니다."

그 순간 열 명의 사제가 휙 물구나무를 섰는데 스무 개의 눈이 마루 부근에서 니콜라스와 가딩턴을 쏘아보고 있었다. 한편, 대사제는 의자에서 일어나 집게손가락으로 니콜라스를 가리켰다. 그의 목소리는 점점 더 커지고 날카로워졌다. "풍자와 풍자 작가와 그 공범들에 대한 무자비한 증오!" 대사제가 소리쳤다.

가딩턴이 니콜라스의 소매를 잡았다. "서두릅시다." 그가 속삭였다. "급히 자리를 떠야 할 것 같아요." 그들은 자리에서 일어나 인사를 하였다.

"그들을 보내주어라." 대사제가 그들을 데려온 붉은 사제복을 입은 사제에게 명령했다. "하지만 그들에게 주의하라고 경고하여라." 그들이 떠나려 돌아섰을 때 대사제가 짤막하게 덧붙였다.

니콜라스가 사과하려고 하였다. 하지만 대사제가 이렇게 말했다.

"우리는 더 이상 듣고 싶지 않습니다. 우리는 필요 이상으로 많이 들었습니다."

방문자들은 기도실로 나있는 금빛문과 거리로 나있는 정문을 거쳐 그곳을 떠났다. 그들은 낙담한 채로 침울해져서 집으로 돌아왔고 이날의 두 실패담을 조니에게 말해주었다. 조니는 이를 듣자 슬퍼하는 것 같았지만 놀라지는 않았다.

"당신이 당신의 오페라를 단념하고서 공개적으로 사과를 해야 하지 않을까 싶어요. 다른 방법이 없어요." 가딩턴이 조니에게 말했다.

"절대로! 절대 굴복하진 않겠어요!" 조니가 말했다. 그의 음성은 어찌할 수 없는 분노로 떨렸다. 그는 이 말을 한 뒤에 방문을 쾅 닫으며 떠났다.

가딩턴은 근심스러워 보였다.

"이번 일은 잘될 수 없을 거야." 그는 머리를 절레절레 흔들며 한숨을 내쉬었다. "하지만 당신은 이 사소한 일로 우리 사회를 성급히 판단하셔서는 안 됩니다. 당신이 일자리를 구한 것이 어찌 되었는지 내일이면 알 수 있을 것입니다."

"대학university에서의 일자리 말입니까?" 니콜라스가 물었다.

"우리는 그것을 유니디버시티unidiversity라고 부릅니다. 폴리고폴리스 유니디버시티의 총장이 당신을 초대하였고 내일 아침에 만났으면 합니다. 제가 당신을 그곳에 모셔갈 수 있어서 기쁩니다. 당신이 교수가 된다면 그들은 이를 영광스럽게 생각할 것이라고 저는 확신합니다."

니콜라스는 마음 한 구석에 점점 더 불안함이 자라나는 것을 느끼며 잠자리에 들었다. 그는 자신이 조니뿐만 아니라 무언가 더 커다란 대의를 저버렸다고 느끼게 되었다. 왜 코뮤니타리아 인들은 이렇게 위선적일까, 니콜라스는 시인 포프에게 물어보았다. 포프는 이에 답하여 니콜라스에게 조롱이라는 것이 얼마나 효과적인가를 말해주었다.

그래, 나는 자랑스럽다네. 나는 마땅히 자랑스럽게
신을 두려워하지 않고 나를 두려워하지 않는 사람들을 바라보네.
난간과 설교단과 성좌에 둘러싸여 안전하게
하지만 조롱만은 나를 화나고 부끄럽게 하네.

하지만 조나단 스위프트*가 이 대화에 끼어들어 말했다. 그는 많은

---

* 조나단 스위프트Jonathan Swift(1667~1745)는 아일랜드 출신의 대표적 풍자 문학가로 『걸리버 여행기』를 썼다.

사람이 풍자를 읽고서 화나거나 부끄럽다고 느끼지 않기 때문에 풍자를 즐긴다고 말했다. 그에 따르면, "풍자란 이를 통해 다른 사람의 얼굴은 발견할 수 있지만 정작 자신의 얼굴은 발견할 수 없는 거울과 같은 것이고 이러한 점이 풍자가 세상 사람들에게 특정한 방식으로 받아들여지는 이유, 그리고 동시에 거의 어떤 사람도 모욕받았다고 느끼지 않는 이유가 된다."고 했다. 그리고 덧붙여 그는 "풍자란 사악한 사람들에게는 전혀 도움이 안 된다. 왜냐하면 이것의 목적이 좋은 의도를 가진 사람들을 계속 선하게 하려는 것이지 악한 사람들을 교화하는 것이 아니기 때문이다."라고 말했다.

스위프트의 관점에 따르면 풍자의 독자들은 모욕감과 부끄러움을 피할 수도, 남에게 전가할 수도 그리고 이를 감내할 수도 있는 것이다. 니콜라스는 꽁도르세를 기억에 떠올렸는데, 그는 언젠가 풍자란 자신들의 지위나 권력 덕분에 어떠한 응징으로부터도 보호받는 사람들에 대항하는 무기라고 하였다. 하지만 코뮤니타리아에서 그런 사람들은 풍자로부터도 안전한 듯이 보였다.

20
유니디버시티

다음날 아침, 그들이 유니디버시티로 차를 타고 가는 도중에 가딩턴이 니콜라스에게 몇 가지 충고를 해주었다.

"이제 당신이 만나게 될 다양한 사람에게 말을 할 때 주의하셔야만 합니다. 유머 감각을 살리시거나 하시면 안 됩니다. 종종 이런 것은 오해받기 십상이니까요. 물론 악의족이나 종유석파와 이야기하실 땐 특히 주의를 하셔야 하겠지요. 개미족에 관해 말하시면 안 된다는 것을 기억하세요. 그리고 다른 민감한 소수 집단이 인디전들입니다. 이들은 기득권층이 이 나라를 식민화시키기 전에는 꽤 큰 집단이었고 착취와 차별의 긴 역사를 가지고 있습니다. 당신은 이들을 만나는 데 아주 주의해야 합니다. 저는 우선, 당신에게 자리를 줄 것으로 기대되는 총장에게 당신을 데리고 가겠습니다. 하지만 그 뒤에 저는 당신을 그곳에 두고 자리를 비우게 됩니다." 가딩턴이 말했다.

유니디버시티는 의회 건물과 마찬가지로 특징 없고 모욕적이지 않은 모습으로 들쭉날쭉하게 지어진 특정 시대나 풍을 알 수 없는 커다란 흰색 건물의 복합체였다. 니콜라스는 가딩턴을 따라 돌계단을 오르고 넓은 복도를 통해 내려가 가장 위풍당당한 건물 내부로 들어갔다. 가딩턴은 거대한 문에 달린 청동 문고리를 두드렸다. 비서가 문을 열었고 총장이 있는 호화로운 사무실로 그들을 안내했다. 총장은 아주 고상한 은발의 신사였는데, 그들을 웃으며 맞이하였다.

"캐리타트 교수를 소개할까 합니다." 가딩턴이 말하였다.

"캐리타트 교수는 철학자이자 역사학자이며 실현 가능한 최선의 세상을 찾는 탐구자입니다."

"캐리타트 교수님, 저는 당신의 임무에 대하여 들은 바 있습니다. 동료 철학자로서, 저는 이 모험에 나선 당신을 격려하고자 합니다. 그리고 코뮤니타리아인의 한 사람으로서, 저는 당신이 그러한 세계를 이곳에서 찾으려 하는 훌륭한 안목에 찬사를 보냅니다. 어디가 실현 가능한 최선의 세상인가라는 당신의 질문에 대한 대답은, 제가 확신하건대 바로 당신의 눈 앞에 놓여 있습니다. 하지만 저는 유니디버시티의 총장으로서, 우리가 당신의 그러한 질문을 달갑지 않게 여긴다는 것을 말해야 하겠습니다. 왜냐하면 그러한 질문은 개개의 세계가 서로 비교되어 열등한 것과 우수한 것으로 판단되고 평가될 수 있다는 것을 내포하기 때문입니다. 그것은 공동체들 중의 한 공동체로서 우리가 엄수해야 할 다문화적 상대주의라는 것을 위배하는 것입니다. 반면에 저는 또한 당신의 바로 그런 질문이 더 이상 필요 없게 되는 그런 세상에 더 이상 개선의 여지는 없다는 유쾌한 역설적 생각에 일종의 즐거움을 느낄 수밖에 없다는 사실에 인정해야 할 것 같습니다."

총장이 말하는 어리둥절한 이야기의 흐름 속에서 니콜라스는 어떻게 대답해야 좋을지 몰랐다. 아마 이 문제에 대해 토론하지 않는 것이 최상이리라 싶었다. 니콜라스는 어쨌든 '모욕'을 야기하는 행위를 피하고 싶었던 것이다.

총장은 개의치 않고 계속 말하였다.

"저는 우리 유니디버시티의 명예 객원 교수로 당신이 지명되었음을 기쁘게 알려드리는 바입니다. 이는 전적으로 저희의 영광이라 생각합니다. 당신이 이를 받아들여주신다면 당신은 아마 종교 연구와 민족지 연구과에서 겸임 교수직을 맡게 되실 것입니다."

니콜라스는 뭐라고 말을 해야 하겠다고 느꼈다. 그래서 불공손하게 들리지 않도록 주의하여 한 마디 하였다..

"저는 그 두 분야에서 전문가가 아닙니다. 가딩턴이 말하였겠지만, 제 연구 분야는 계몽주의입니다. 저는 철학자이고 역사학자입니다."

"전혀 문제가 되지 않습니다. 이곳에서 철학과 역사는 오직 민족 연구와 종교 연구의 하위 분야로서만 가르치고 있습니다. 당신은 폭넓은 선택의 여지를 가지게 될 것입니다." 총장이 말하였다.

"하지만 당신이 생각하기에 제가 무엇을 가르쳤으면 하십니까?" 니콜라스가 물었다.

"계몽 철학자로서 당신은 '왜 계몽주의 계획은 실패했어야 했는가'라는 제목의 강좌를 맡아주셨으면 합니다." 총장이 대답했다.

다시 한 번 니콜라스는 이에 항의하고 싶어졌다. "하지만 저는 그 계획이 실패했어야만 했는지 확신하지 않는데요." 그는 낮은 목소리로 말하였다.

"정말 그렇군요. 우리는 성급히 결론을 내려서는 안 되겠지요. 열린 사고를 견지해야 합니다. 그러면 '계몽주의 계획은 실패했어야 했는가'는 어떻습니까?"

"그러면 괜찮을 것 같습니다." 니콜라스가 의심스러운 마음으로 이를 인정했다.

"받아들인다는 말씀입니까? 훌륭한 뉴스입니다. 세부적인 사항에 대해서는 차후에 이야기하게 될 것입니다. 당신이 동의하시리라 예상하고 앞으로 함께 하게 될 동료 교수들과 학생들과의 만남을 제가 이미 주선해놓았습니다. 그들은 이 건물의 다른 곳에서 당신을 기다리고 있습니다. 저와 함께 가시렵니까, 트와이트 목사님?"

가딩턴은 급히 해결해야 할 문제가 있다고 양해를 구한 다음에 그곳을 떠났다. 니콜라스는 그가 누구를 구하기 위해 길을 떠났는지가 궁금해졌다.

니콜라스는 총장을 따라 '회의실'이라고 씌어진 곳으로 갔다. 안에는 20여 명이 반짝거리는 긴 테이블 주변에 앉아 있었다. 한쪽 끝에 네 개의 자리가 있었고 가운데 두 자리가 비어 있었다. 다른 쪽에 앉아 있던 두 명이 자리에서 일어나 그들을 향해 걸어오는 총장과 니콜라스에게 인사하였다.

"민족지 연구학 과장이신 그렌첸 교수를 소개하고자 합니다." 총장이 말했다. 니콜라스는 60대 정도로 보이는 키가 크고 위엄 있게 생긴 인상 좋은 이 남자와 악수를 나누었다.

"이쪽은 종교학 과장이신 글라우베 교수님이십니다." 니콜라스는 그렌첸과 연배가 비슷해 보이는 이 사람과 악수했다. 이 교수는 뭐랄까 좀 더 엄격하고 건실해 보였다. 인사 뒤에 이들 넷은 테이블에 모여 앉았다.

총장은 특기할 만큼 짧고 형식적인 연설을 하였는데, 그 연설은 다음과 같았다. "캐리타트 교수께서 우리 연구진의 일원이 되는 것에 동의해준 것에 대해 우리는 매우 기쁘고 영광스럽게 생각하는 바입니다. 그가 밀리타리아에서 온, 계몽주의에서 저명한 학자라는 사실은 제가 다시 언급할 필요가 없을 만큼 자명한 사실입니다. 그리고 그는 여기 두 학과에서 강의를 할 것이며 연구 계획을 감독하게 될 것입니다. 민족지학과를 대표하여 그렌첸 교수님께서 몇 말씀을 해주셨으면 합니다."

그렌첸 교수는 목을 가다듬으며 연설하기 위해 일어섰다. "총장께서 말씀하셨듯이 귀하께서 저희 연구진에 동참하시게 된 것은 저의 영광, 아니 저희의 영광입니다. 귀하는 계몽주의 학자이시며, 강조하여 말씀드리지만 저희는 당신의 학문적 관심에 관하여 깊은 존경을 표하는 바입니다." 그렌첸 교수가 말하였다.

"저 또한 당신의 학문적 관심에 관하여 깊은 존경을 표합니다." 니콜라스가 짤막하게 말했다.

그렌첸 교수가 말을 이었다. "하지만 저희 코뮤니타리아의 삶의 방식과 교육 철학은 계몽주의에 대하여 특별한 관점을 가지고 있다는 것을 말씀드려야 할 것 같습니다. 저희가 단순하게 계몽주의를 반대하거나 하는 것은 아닙니다. 단지, 뭐랄까요, 계몽주의는 대체되어야 하거나, 아니면 이렇게 말하는 것이 더 나을지 모르겠는데, 제자리를 찾아야 한다고 저희는 생각하고 있습니다."

그렌첸 교수는 계속하여 말하였다. "볼테르를 인용하면 제가 무슨 말을 하려는지 잘 설명할 수 있을 것 같습니다. 선생님께서 저보다 잘 알고 계시겠지만, 볼테르는 그의 『형이상학에 관한 논문』에서 행성을 연구할 때 지구 외부로부터 들여다보는 관점을 갖고 관찰해야만 한다고 말했지요. 그가 말하길, 바로 이러한 관점에서만 지구에서 보이는 행성의 움직임의 외향과 태양을 중심으로 한 행성의 실제 운동이 비교 가능하듯이, 인간에 대한 연구 또한 마찬가지라고 주장했습니다. 행성에 대한 연구와 마찬가지로 그는 '인간을 연구하는 데 있어서 나는 인간의 밖에 위치하고자 노력한다. 이해관심을 초월하고 교육과 국적과 무엇보다도 철학의 편견을 제거하려 노력한다'고 말했습니다.

우리가 위험스럽게 생각하는 것은 바로 이 세계에 속하지 않는 곳으로부터 이 세계에 대한 관점을 찾고자 하는, 그리고 자신이 속한 공동체의 세계관으로부터 도피하려는, 계몽주의 사상가들에게 전형적인 이러한 야심입니다. 캐리타트 교수님, 이러한 시도가 위험한 까닭은 이것이 바로 **자민족 중심적**이기 때문입니다. 이른바 '어느 곳에도 얽매이지 않는 관점'이란 그것을 내세우는 사람의 주장이 보편적이고 객관적이기 때문에 다른 이들에게 주입되어야 할 것이라는 의미를 가지는 특정한 곳으로부터의 관점이라는 것이 명백하기 때문입니다. 바로 저희 기득권층이 예전에 고국과 멀리 떨어진 세계 곳곳의 식민지에서 행했던 바이지요. 코뮤니타리아에서 저희는 모든 관점이 실은 어디로부턴가 나온 것이며, 어떤 관점도 다른 관점보다 우월하지 않다는 것을 당연하게 여깁니다.

이러한 원칙이 여기 유니디버시티에서의 교육 원칙입니다. 교과 과정은 개개의 특정한 지식에서도 이 다문화주의를 반영하고 있습니다. 저희는 모든 학생이 반드시 읽어야 하는 이른바 '기본적인 고전'을 가지고 있습니다. 이것은 코뮤니타리아를 대표하는 집단들의 전통들에 기초한 도서 목록으로 구성되어 있습니다. 어떤 집단의 전통도 누락되어 있지 않으며 어떤 것도 우월한 위치를 점하지 않습니다. 어떤 집단의 전통들은, 예를 들자면 인디젼과 멜리푸안의 전통이 그러한데, 이들의 경우에 그 전통이라는 것이 거의 구전되는 것이고 기록으로 남아 있지 않습니다. 이 경우에 저희는 그들의 민담과 민요 그리고 민속 무용을 연구합니다.

이 과정 이후에 학생들은 전공을 선택하는데, 그들은 자신이 공부하는 것의 민감한 부분을 극히 주의하면서 전공 과정을 이수합니다. 저희는 어떤 연구 논문이 이 논문의 대상을 모욕하는 내용을 포함하고 있을 때 이것은 학문적으로 실패한 것이라 간주합니다. 마치 학생이 이러한 모욕을 자행했을 때 저희가 가르치는 이로서의 본분을 다하는 데 실패한 것으로 스스로 간주하는 것과 마찬가지이지요.

캐리타트 교수님, 귀하께서 교과 과정의 첫머리에서 학생들에게 계몽주의에 대하여 강의하는 것이 매우 좋을 것 같습니다. 왜냐하면 학생들이 이를 통하여 자신들의 앞길에 어떤 위험이 놓여 있는지 확실히 알게 될 수 있기 때문이지요. 무엇보다도 자민족 중심주의의 위험을 말이지요. 제가 확신컨대, 귀하의 강의가 학생들에게 훌륭한 개론 수업이 될 것입니다."

그렌첸 교수가 연설을 마쳤고 총장은 확실히 이에 흡족한 듯했다. 총장은 이번엔 글라우베 교수를 향했다.

"이번에는 글라우베 교수로부터 종교학과를 대표하여 환영사를 듣고자 합니다."

"저는 제 동료가 말한 것에 전적으로 동의하며," 웃음없는 얼굴의 글라우베 교수가 입을 열었다.

"저 또한 귀하가 심사숙고한 뒤에 저희 교수진에 동참하시게 된 것을 영광스럽게 생각하는 바입니다. 귀하께서 저희 학생들에게 계몽주의 사상을 소개한다는 것은 매우 좋은 생각인 것 같습니다. 저는 제 동료가 계몽주의에 관해 말한 것에 동의하지만, 그럼에도 불구하고 저의 학과가 귀하의 전공에 대하여 갖는 몇 가지 관점을 덧붙여 말씀드릴까 합니다. 두 말할 것도 없이 저희는 귀하의 전공에 대하여 경의를 표합니다."

니콜라스는 이 말에 공손히 고개를 숙여 답했다. 글라우베 교수는 계속 말했다.

"물론 우리는 계몽주의가 종교에 대하여 우호적이지 않다는 것을 알고 있습니다. 이 사상은 기적에 대하여 회의적이며 또한 신의 계시에 대하여서는 비판적입니다. 이 사상은 악마의 존재를 들어 종교적 신념의 신뢰성에 도전합니다. 그리고 성경에 의거한 종교적 권위에 대하여 의심을 품게 합니다. 그뿐만이 아니라 이 사상은 종종 신념에 찬 신도들과 사제들을 **풍자**하여 모독하고는 합니다. (그가 이 말을 하였을 때 그의 눈이 니콜라스의 눈과 마주쳤고, 일종의 **전율**이 방안을 스쳐 지나갔다. 니콜라스는 글라우베 교수가 종유석파 중 한 명이 아닐까, 그래서 그 종교 지도자의 관점을 옹호하고 있는 것일까라는 의구심이 들었다) 하지만 이런 것들은 우리들의 주요 관심사가 아닙니다. 우리에게 있어서 중요한 것은 계몽주의가 스스로 지킬 수 없는 한 가지 약속을 했었다는 것입니다. 바로 도덕률을 정당화하기 위한 근거를 이성에서 찾으려는 것이었지요.

아시다시피 그러한 근거란 없는 것입니다. 특히 대문자로 시작되는 이성Reason이라는 것에는요. 이성이란 하나의 도덕률이 다른 것들보다 우월하다는 것을 증명하려 할 뿐입니다.

상이한 도덕률들은 상이한 미덕들을 낳으며 상이한 의무를 부과합니다. 또한 이 세상에서 어떤 것이 가치 있는 것인가에 대한 상이한 관점들을 가져오게 됩니다. 이러한데, 이성이란 것이 어떻게 이처럼 서로 상이한 것들 사이를 중재할 수 있겠습니까? 그런 기능을 할 수 있는 이성이란 것은 없습니다. 단지 상이한 추론 과정만이 있을 뿐이지요. 각각의 추론 과정은 고유의 생활 양식과 전통에 내재하는 것이고요. 게다가 종교적 근거를 제외하고서 어떻게 도덕률의 근거라는 것이 가능하겠습니까? 이른바 세속 사회라는 것도 실은 이것이 그렇게도 반대하려 하는 종교라는 유산의 도움을 받아서 가능한 것입니다. 그리고 그 자체로 받아들일 수 있는 단일한 종교적 기반이라는 것이 있는 것은 아닙니다. 신들이란 어쩔 수 없이, 그리고 영원히 다양성을 갖는 것입니다. 우리의 '영광스러운 대타협' 이전에 끔찍한 종교 분쟁들이 있었고 이는 전쟁과도 같았습니다. 하지만 그 이후에 우리는 평화 조약을 체결하였고 '각자respective 그리고 존중하자respectful'라는 원칙을 만들었습니다. 이 원칙은 코뮤니타리아에서 우리 삶의 근간을 이루고 있는 것입니다.

그러므로 저는 그렌첸 교수의 말에 전적으로 동의합니다. 우리 학생들에게 계몽주의와 이것의 허상을 배우게 합시다. 그들에게 이 사상의 허상이 야기하였던 재앙들을 보여줍시다. 그것은 바로 보편적 이성과 진리라는 이름 아래 한 문화와 한 지식 체계가 다른 모든 것들을 지배하고자 했던 것이었고, 특수한 유형의 생활 양식을 수출하고 강요하는 것이었으며, 다른 것들을 격하시키고 전통적인 개별 문화들을 어지럽히고 파괴하였던 것입니다. 저는 귀하의 계몽주의에 관한 개론 과정이 학생들로 하여금 그들의 개별 종교와 동료들의 종교에 대한 경의라는 것을 더욱 확고히 해줄 것이라 믿습니다."

글라우베 교수가 자리에 앉자 테이블 주위는 그의 말에 대해 동의를 표하는 수군거림으로 웅성거렸다.

"아멘!" 머리를 뒤로 틀어매고 열정적인 안경을 쓴 한 여성이 말했다.

"코뮤니카 사회 기득권층의 일원으로 그리고 '착취의 역사' 과정 교수로서 말씀드리는데, 저는 우리가 우리 역사를 통하여 부끄러워해야 할 것들이 많다는 것을 고백해야 할 것 같습니다. 우리는 삶과 사유의 다른 방식들에 대하여 우리의 헤게모니를 추구하기 위해서 잔인함도 마다하지 않았던 것입니다. 우리는 한때 이른바 계몽주의라는 것에 영향을 받았었지요, 캐리타트 교수님. 우리는 계몽주의가 그렇게 믿었고 자신이 이를 증진시킬 수 있을 것이라 생각했던 '문명의 진보'라는 미명 아래 우리의 헤게모니를 행사했었던 것입니다. 하지만 우리는 더 이상 '문명의 진보'를 이야기하지 않습니다. 문명civilization이라는 것은 없습니다. 오직 상이한 문화들cultures만이 있지요. 그리고 진보라는 것 또한 없으며 단지 스스로의 잣대에 의해서만 판단되어질 수 있는 상이한 문화의 상이한 발전 과정만이 있는 것입니다. 귀하의 '진보'라는 것은 한 문화의 다른 문화들에 대한 지배를 위한 틀에 박힌 어구에 불과한 것입니다. 이러한 점을 우리 학생들이 귀하로부터 배울 수 있다는 것은 매우 탁월한 일일 것입니다!"

테이블 다른 편에 셔츠를 열어젖힌 채 앉아 있던 진지해 보이는 젊은 이가 몸을 앞으로 내밀었다.

"그렇구 말구요!" 그가 말했다. "멜리푸안의 일원으로서 저는 이에 동의하는 바입니다. 제 전공은 문학인데, 문학에서도 제 동료가 말한 그 헤게모니라는 것은 여전히 작동하였던 것입니다. 이것의 현존presence은 스스로를 극명히 드러냈습니다. 말하자면 이것이 가진 부재不在의 체계적 구조 속에서 말입니다. 텍스트의 부재不在와 보이지 않는 작가라는 것은 이전에 우리가 가졌던 전통적인 교과 과정의 꼭꼭 숨겨진 비밀이었던 것입니다. 참으로 그들은 이것의 명백한 내용들을 감지할 수 없는 형식으로 빚어냈던 것입니다. 기득권층의 문화와 가치는 다른 문화적 가능성들이 구조적으로 억압되는 상황에서 우리의 정신과 감성을 지배하였습니다. 우리는 오직 기득권층의 소리만을 들을 수 있었을 따름입니다. 왜냐하면 다른 목소리들은 침묵했기 때문이지요. 그리고 사람들이 그들에 반대하려고 하였을 때 무슨 일이 일어났을까요? 사람들은 **벌침에 쏘였습니다!**" 동의하는 듯한 웅성거림이 테이블 주위를 휘돌았다.

"하지만 다행히도 모든 것이 변했습니다. 우리는 기득권층의 벌침을 물리쳤으며, 이제 우리의 목소리가 들리게 되었습니다. 우리는 이제 같은 노래를 부르지 않습니다. 그리고 기득권층의 노래는 이제 단지 여러 소리 중의 한 가지에 불과하게 되었습니다. 우린 권력을 부여받았습니다. 각각의 작가, 철학자, 시인, 민담들은 당연히 마땅한 존중을 받게 된 것입니다. 우리는 우리의 기준을 상기하며 **비평**을 배웁니다. 하지만 오직 스스로를 비평할 뿐입니다. 어떤 공동체도 다른 공동체의 문화적 업적을

222

비평하지 않습니다. 캐리타트 교수님, 귀하의 강좌는 우리에게 지대한 도움이 될 것입니다. 학생들은 당신으로부터 과거 압제의 실제 뿌리가 어디에 놓여 있는지 배우게 될 것입니다. 그것은 바로 계몽주의라는 허상에, 문화들 사이에 두루 적용될 수 있는 단일한 기준이 있다는 도그마에, 그리고 전 세계를 포괄할 수 있다는 그런 세계주의적인 악몽과도 같은 전망에 있습니다."

니콜라스는 불만에 가득 차기 시작하였다. 그의 주변으로 넌더리나는 한 무리의 연대가 형성되는 듯했다. 하지만 다음에 발언한 사람이 그를 여러모로 꽤 편하게 해주었는데, 그녀는 젊고 매우 아름다운 여인이었다. 하얀 도자기와 같은 피부에 깊고 까만 눈, 그리고 칠흑 같은 긴 머리칼을 가진 여인이었는데 나즈막하고 부드러운 목소리로 격정적인 발언을 하기 시작하였다.

"저는 인디젼의 성원입니다." 그녀는 약간 길게 자기 소개를 하며 말을 시작하였다.

"그리고 여성입니다. 저는 '젠더 연구'를 가르치고 있습니다. 저는 우리가 캐리타트 교수에게 다문화주의에 대한 아주 잘못된 상을 보여드리지 않았나 걱정스럽습니다. 우리 운동의 역사에서(니콜라스는 그녀의 우리라는 말이 누구를 의미하는지 알 수 없었다) 우리는 다문화주의라는 것이 단지 개혁이 아니라 변혁의 의미로 이해되도록 하기 위하여 투쟁해왔습니다. 우리에게 다문화주의란 기득권층 중심주의를 효과적으로 해체하고 전적으로 새로운 교과 과정을 수립하는 것에 관련되어 있는 것입니다. 이점이야말로 우리가 직면한 목표이고, 우리가 완전히 성취하지 못한 목표인 것입니다. 너무도 종종(그녀는 안경을 쓴 그녀의 동료 여교수를 바라보았다) '다문화주의'란 단지 자기 만족적인 휘황찬란한 단어에 불과한 것이 되곤 합니다. 제 멜리푸안 동료 교수께서는(그녀는 셔츠를 풀어헤치고 있는 남자를 소개하였다) 우리가 권력을 부여받았다고 말씀하셨습니다. 하지만 과연 우리의 정신이 진정 탈식민화되었다고 자신할 수 있습니까? 정녕 우리가 우리 자신을 기득권층 중심주의와 계급 특권, 인종주의 그리고 성 차별주의로부터 해방시킨 것일까요?"

테이블 주위에는 심기가 불편한 듯한 술렁거림이 일었다.

"이러한 문제점들로 인해 저는 성sex과 젠더gender라는 골치 아픈 문제를 연구하게 되었습니다." 그녀가 계속하여 말하였다.

"어떤 사람들은 아직도 성과 성 차별 사이의 차이를 모르는 체하고 있습니다. 그래서 제가 이 차이가 무엇인지 말씀드리려 하는 것입니다. 성이란 저의 신체 기능과 그렌첸 교수와 글라우베 교수의 신체 기능 사이의 차이입니다.(주변은 더욱 술렁거렸다. 니콜라스는 자신이 여기서 말하는 차이라는 것을 머리 속에 그려보고 있다는 사실을 알아챘다.) 성 차별이라는 것은 제가 왜 민족지학과나 혹은 종교학과의 학과장이 될 수 없느냐를 설명해주는 것입니다. 불행하게도, 성 차별은 아직도 코뮤니타리아에서 억압의 근원입니다. 우리는 아직도 여성만이 성 차별을 지니며 다른 모든 사람은 똑같이 인간이라고 생각하고 있습니다. 우리의 위대한 '영광스런 대타협'은 전혀 이 문제를 해결하지 않았습니다. 성 차별은 그 이후에야 하나의 의제가 되었고, 여성 운동은 그후 여성의 정체성에 대한 인식을 위하여 투쟁하였습니다. 하지만 불행하게도, 여성은 어떤 공동체도 아니었으며 소수 집단도 아니었습니다. 그리하여 우리는 그 해결에서 밀려났고, 우리에게 남겨진 것은 '토크니즘'*이었습니다."

"이보십시요, 보드킨 교수님. 우리가 당신을 그런 식으로 생각하지는

---

* 토크니즘tokenism이란 조직에서 소수자들, 예컨대 여성들을 한두 명 고위직에 임명하고 외양으로 소수자를 보호한다는 인상을 주고자 하는 것을 지칭한다.

않지요." 총장이 중간에 끼어들었다.

"그렇게 생색내실 필요는 없습니다." 보드킨 교수가 말했다. 그녀의 음성은 처음 분노를 드러내었다. "저는 단지 여성을 여성으로 존중하는 것에 대한 우리의 통탄할 만한 실패에 대해 말하려는 것뿐입니다. 오직 민족과 종교만이 존중받아야 할 것으로 운명지어졌습니다. 그리하여 우리는 41개의 공동체가 그 공동체 내의 여성을 자신이 내키는 대로 대우하는 것을 허용한 것입니다. 그것도 대부분의 경우에 그릇되게 대우하는 것을 말입니다(질린 듯한 표정들이 탁자를 건너 교차되었다)."

"우리에게는 성 차별 모임이 있습니다." 총장이 보드킨 교수의 말에 항의하였다.

"그렇지요!" 보드킨 교수가 말했다.

"쓸모없고 죽어버린, 그야말로 이빨 빠진 모임이고 아무도 그 목표가 무엇인지 이해하지도 기억하지도 않는 모임 말이지요. 아무래도 여성의 문제에 관한 한, 우리는 아직 가장 실현 가능한 최선의 세상에 살고 있는 것이 아닙니다, 캐리타트 교수님. 저는 단지 당신의 과목을 통해 우리가 어떻게 하면 이러한 세상을 만들 수 있는지 배울 수 있으면 하고 바랄 뿐입니다. 하지만 당신의 계몽주의라는 것이 이 문제에 관하여 그리 계몽되어 있지는 않지요, 그렇지 않나요?" 그녀는 영락없는 전투적인 시선으로 니콜라스를 쏘아보았다.

니콜라스는 긍정적으로 자극을 받았다. 그녀가 말한 것이 거짓이 아니었다. 하지만 그 논점은 이론의 여지가 있는 것이었다. 특히 꽁도르세에 관해 살펴보면 어떠할까? 1789년에 그는 그 시대의 가장 계몽된 남성들의 행위를 비난하면서 여성에게 시민권을 부여하는 것에 찬성하였다. 그는 '법률을 제정하는 과정에 참여할 권리를 인류 절반으로부터 박탈함으로써 그들(남성)은 평등권의 원칙을 위반한 것이 아닌가?'라고 썼다.

그리고 그는 권리로부터의 이러한 배제를 정당화시킬 수 있는 남성과 여성 사이의 차이가 과연 무엇인지 밝혀보라고 요구했다. 니콜라스는 보드킨 교수와 페미니즘과 계몽주의에 관하여 훗날 흥미진진하게 토의할 수 있을 것이라는(사적인 토론이면 더 좋을 텐데) 상상을 해보았다. 하지만 어쨌든 그것은 나중의 일일 것이다. 테이블 주위의 분위기는 버거워졌고 총장이 능수능란하게 절차를 마감하였다.

"앞으로의 동료 교수들께서 이곳에서 선생에게 기대하는 것이 무엇인가에 대한 약간의 단상을 주었다고 생각합니다. 이제 카페테리아로 가서 학생들을 만나면 어떨까요. 이제 그렌첸 교수와 글라우베 교수가 안내할 것입니다." 모두 카페로 가려 자리에서 일어났고, 니콜라스는 그렌첸 교수와 글라우베 교수를 따라 복도로 나섰다.

"필로메나 보드킨 양은 특이한 사람이지요. 생김새는 달콤하지만 그속내는 매섭습니다." 걸어나가면서 글라우베 교수가 말하였다.

"그녀가 말하는 것을 액면 그대로 받아들여서는 안 됩니다." 글라우베 교수가 이렇게 덧붙였다.

"성 차별 모임이라는 것이 무엇이지요?" 니콜라스가 물었다.

"대타협 당시에 여성의 관심을 증진시키고 그들의 이해를 보호하기위하여 설립한 모임입니다. 요즘은 성 추행에 관한 사건을 기소하는 것을 제외하고는 별다른 일을 하지 않습니다. 이 단체를 운영하는 여성들사이에 이 단체가 무엇을 해야 하는 지에 대한 동의가 이루어지지 않고있습니다." 그렌첸 교수가 답하였다.

"그 모임에는 네 개의 분파가 있지요." 글라우베 교수가 설명하기 시작하였다.

"우선 전투적 페미니스트가 있는데, 그들은 우리가 여성들을 나쁘게대하고 있다고 주장하며 모든 공동체와 종교 집단과 민족 집단과 분쟁

중에 있습니다. 하지만 그들은 우리를 공개적으로 비판하지는 않습니다. 왜냐하면 그렇게 한다는 것은 법에 저촉되는 것이니까요. 상대주의자들이 그들을 반대하는데, 왜냐하면 상대주의자들은 각 공동체 내에서 여성을 대하는 방식은 모두 올바르다고 말하기 때문입니다. 이 상대주의자들은 감히 다른 특정 공동체의 관습을 비판하는 사람들을 공격하는 데 모든 시간을 할애하고 있습니다. 예를 들어 여성 할례를 관습으로 하는 공동체를 비난하는 헐뜯기파 사람들에 대한 공격말이지요. 그리고 다음으로 특수주의자들이 있는데, 그들은 하나의 특정 공동체에 여성이 어떤 대우를 받아야 하는지에 대한 답이 있다고 말합니다. 하지만 그 특정 공동체가 어떤 공동체인지에 대하여 서로 동의하는 것은 아닙니다. 어떤 이는 이것이 멜리푸안 공동체라고 하고, 또 다른 이들은 인디젼 공동체라고도 합니다. 아무튼 이들이 자신들의 생각을 깊게 진전시킨 것은 아닙니다. 그렌첸 교수가 말한대로, 이런 각 분파들은 자신들에게 접수된 성 추행 사건을 기소한다는 점에서는 서로 동의를 하고 있습니다. 성 차별 모임은 재판 전에 진술을 심리하고 이것이 성 희롱에 해당된다고 파악되면 법정에 기소합니다. 많은 사건을 그들은 매우 성공적으로 해결했습니다. 왜냐하면 모든 공동체는 여성을 존중해야 한다고 주장하기 때문이지요."

그들은 사람들로 가득 차 있는 카페테리아에 도착하였다. 일부는 커피 판매대 부근에 서 있었고, 다른 이들은 테이블 주위에 앉아 있었다. 그렌첸 교수와 글라우베 교수는 기대에 부풀어 있는 열두 명 남짓의 학생이 기다리고 있는 테이블 너머로 니콜라스를 데리고 갔다. 그들은 니콜라스와 대담을 나누기로 예정되어 있던 터였고 니콜라스가 그들과 자리를 함께 하게 되자 몹시 기뻐했다.

"여기에서 공부하니까 어떤 것 같아요?" 니콜라스는 학생들에게 물었다.

이 질문은 일종의 기도문 암송과도 같은 자기 만족, 즉 다양성을 찬미하는 합창을 이끌어내었다. 학생 중에 두 명은 기득권층이었고, 그들은 '기득권층 중심주의'와 헤게모니에 대한 열망을 매우 강하게 부정하였다. 그들은 교과 과정이 전적으로 '탈기득권층'적이고 '다중심'적이라고 주장하였다. 나머지 이들은 전투적이고 주장이 강했다. 더 이상 그들은 주변적이고 보조적이지 않으며 그들은 '권력을 부여받았다empowered.' 한 명은 주장하기를, "우리는 모두 각각 자신의 톨스토이(위대한 작가)를 가지게 되었으며 그 작품들을 읽고 있다."고 말했다.

"갈등이나 분열은 없습니까? 그래서 아무도 '모욕'을 하지 않는가요?" 니콜라스가 물었다.

"아하, 우리에게는 그것을 막기 위한 발언 규정이 있습니다." 한 학생이 대답하였다.

"그 규정이라는 것이 어떻게 작동하는 건가요?" 니콜라스가 물었다.

"만약 누군가가 어떤 공동체에 대해 모욕적인 발언을 하였다면 그 혹은 그녀는 기소되고 유니디버시티 최고 위원회에 출두하여야 합니다. 그에 대한 처벌은 경고에서부터 영구 추방까지 세분화됩니다. 만약 교수들이 이러한 행위를 하였다면 그들은 감옥에 갇히게 될 것입니다."

"어떤 발언이 그러한 것입니까?" 니콜라스가 계속하여 물었다.

"오! 우리는 예를 들어 말할 수 없습니다. 그런 발언을 입에 올린다는 것은 너무도 위험한 일입니다." 또 다른 학생이 말하였다.

"말해봐요, 단 한 마디만이라도!" 니콜라스는 집요하게 요구하였다.

"그러면 하나 알려드리죠." 그들 중 한 명이 주위를 살피면서 목소리를 낮춰 말하였다. "만약 당신이 개미처럼 바쁘다는 말을 한다면 1달 동안 금고형에 처해질 것입니다."

니콜라스는 뭔가 조여오는 듯한 느낌을 받았다. 그 순간 다행히도 니콜라스는 근처 테이블에서 막 자리를 뜨려고 하는 필로메나 보드킨 교수의 날씬한 모습을 볼 수 있었다. 니콜라스는 사람들에게 양해를 구하고서 그녀에게 말하기 위하여 다가갔다.

"저는 당신이 가진 계몽주의에 관한 관점이 논의의 여지가 있다는 것을 말씀드리고 싶은데요……." 니콜라스가 말하였다.

"하실 말씀이 있으면 언제든 하셔도 좋습니다." 그녀가 말했다.

"언제 식사라도 하며 이 문제에 대해 이야기해보는 것이 어떨까요?"

"그러죠." 그녀가 대답했다.

이것은 일종의 호의일까? 니콜라스는 확신하기 어려웠다.

"오늘 저녁 식사라도 하는 것은 어떨까요?" 그가 제안하였다.

"안 됩니다. 오늘 저는 학생 기숙사 사감으로 당직해야 하거든요."

"그럼 내일 여기에서 점심을 같이 하는 것은 어떻습니까? 오후 1시에 말이지요."

그녀는 동의하였고 니콜라스에게 인사하고는 뒤도 돌아보지 않고 그 장소를 떠났다.

니콜라스는 학생 토론자들과 다시 자리를 함께 하고 싶지 않았다. 그들은 놀라울 만큼 일종의 신봉자들이었으며 자신들의 사회의 담론에 대해 무비판적인 것 같았다. 니콜라스는 자신의 자녀들의 정신적 독립에 대해 자랑스럽게 느끼며, 다소 괴로운 심정으로 그들이 어떻게 지낼까 걱정했다. 망설이며 그곳에 서 있을 때, 그는 자신의 소매를 누군가 당기는 것을 느꼈다. 니콜라스의 등 뒤에는 젊게 보이는 학생 둘이 서 있었다. 소년은 앙상한 몸매에 검은 머리칼을 지니고 가죽 재킷을 입고 있었다. 소녀는 앳된 얼굴에 금발이었고 청바지와 빨간 스웨터를 입고 있었다. 그들은 근심스럽고, 긴장하며, 무언가 숨기는 듯한 은밀한 분위기였다.

"캐리타트 교수님, 저희는 교수님과 말씀나누기를 학수고대해왔습니다." 젊은 남학생이 절박한 분위기로 말하였다. "하지만 지금 여기가 아니었으면 합니다. 오늘 저녁에 저희를 만나주실 수 있으신가요?"

"예, 물론이지요." 니콜라스가 말했다.

"그러면 저녁 여섯 시에 여기에서 뵙겠습니다." 젊은 남학생이 말하였고 그들은 황급히 사라졌다.

그 순간 그렌첸 교수가 불쑥 다가와서 팔을 잡았다.

"이제 당신의 연구실과 당신 비서를 소개해드릴까 합니다. 이제 선생은 우리 중의 한 명이 된 것입니다." 그렌첸 교수가 말했다.

21
반항자

니콜라스의 코뮤니타리아에서의 사무실은 유틸리타리아에서의 그
것과 흡사하였다. 모양을 중시하지 않으며 기능적인 사무실이었다. 하얀
빈 벽들로 가로막혀 있었고 단순한 모양의 책상과 의자, 회색 책장이 하
나씩 있었다. 하지만 아마 이런 연구 환경은 한 곳에 정착할 수 없는 니콜
라스의 처지에는 잘 들어맞는 것 같았다. 이런 연구실은 니콜라스가 밀
리타리아에서 가졌던 서재와는 전혀 다른 것이었으며, 니콜라스는 아련
하게 예전 연구실을 그리워했다. 동시에 니콜라스는 예전에 사용하였던
그 서재의 따뜻함과 함께 과거 자신의 편안함과 안락함을 돌이켜 생각하
면서, 그것이 얼마나 그 체제의 냉혹한 잔혹성의 바탕에 기초한 것이었
던가라는 점을 생각해보았다.

니콜라스의 비서는 니콜라스에게 학과와 도서관을 보여주었다. 그렌
첸 교수와 글라우베 교수와 점심을 하며 그들이 아침에 했던 연설을 반
복해서 들은 뒤, 니콜라스는 도서관에서 책을 뒤적이다가 저녁 늦게 집

에 돌아가게 될 것이라는 말을 전하려고 가딩턴에게 전화를 하였다. 여섯 시 조금 전에 니콜라스는 약속을 지키기 위하여 카페테리아로 갔다.

한 쌍의 젊은이들이 입구에서 그를 기다리고 있었다. 그들은 벤자민과 콘스탄스라고 자신을 소개했다.

"캐리타트 교수님, 이 유니디버시티에 있는 제 방으로 함께 가시렵니까? 포도주와 간단한 저녁을 대접하고 싶은데요." 벤자민이 말했다.

니콜라스는 이 제안을 받아들였고 그들을 따라 건물을 나와 교정을 가로질러갔다. 니콜라스는 그들이 다른 이들의 눈에 띨까봐 노심초사하고 있다는 것을 알아차렸다.

"흔쾌히 저희를 만나주셔서 참 감사합니다." 벤자민이 말하였다.

"저희는 당신의 임무에 대하여 들어서 알고 있습니다. 그리고 당신이 쓰신 글 일부를 어렵게 구할 수 있었는데 읽어보니 매우 흥미로웠습니다. 저희는 당신에게 이곳의 일면적인 모습만 보여지지 않았나 걱정하고 있습니다. 우린 하나의 단체를 만들었습니다. 일종의 비밀 단체이지요……."

"비밀 **혁명** 단체입니다." 콘스탄스가 열정적으로 덧붙여 말하였다.

"……다른 대안적 사상을 찾기 위한 것입니다. 우리는 대안적 사상이란 것에 대하여 당신과 토론해보고 싶습니다. 하지만 우리가 하고 있는 일은 위험하며 분명 불법입니다. 저희의 일에 동참하시렵니까?" 벤자민이 물었다.

"그러지요." 니콜라스는 단호하게 말했다.

그들은 건물 몇 채를 거쳐 지나서 학생 기숙사로 보이는 탑들이 즐비한 지역에 들어섰다. 그들은 이들 중 한 탑에 들어가 승강기를 타고서 6층으로 올라갔다. 그리고 복도를 따라 걸은 뒤에 벤자민의 방에 들어갔다. 이것은 작은 공부방이었는데 침대가 딸려 있었다. 종이와 책들이 창문 가까이에 있는 책상 위에 수북이 쌓여 있었다. 방 한가운데에는 나지막한 원형 탁자가 있었고 그 둘레에 여덟 명의 젊은이가 앉아 있었다. 어떤 이들은 마루에 책상다리를 하고 앉아 있었고, 다른 이들은 의자에 앉아 있었다. 벤자민은 니콜라스에게 낮은 안락의자를 권했다. 벤자민과 콘스탄스는 몇 병의 멜리푸안 포도주가 놓여 있는 다른 테이블로 갔다. 벤자민이 다른 동료들에게 니콜라스를 소개하는 동안 콘스탄스는 니콜라스에게 포도주 한 잔을 권했다.

"내가 이미, 왜 우리가 교수님을 뵙고자 했는지 말씀드렸습니다……." 벤자민이 말을 시작하였다.

"그냥 니콜라스라고 불러줘요."니콜라스가 말했다. 격식을 따지지 말자는 이런 제안은 물론 잘 받아들여졌다.

"아시다시피, 이곳에서의 일들은 겉으로 드러나 보이는 것들과는 현저히 다릅니다. 교수들과 학생 대표들은 당신에게 공식적인 이야기만 했던 것입니다." 벤자민이 니콜라스를 바라보며 말을 이었다.

"그러면 어떤 것이 진짜일까요?"니콜라스가 물었다.

"어디에서부터 시작할까요?"벤자민이 물었다.

"우리 자신의 이야기부터 시작하지요." 콘스탄스가 제안하였다. "저는 기득권층이고 벤지(벤자민의 애칭)는 인디젠입니다. 그리고 우리는 결혼하고자 합니다. 하지만 코뮤니타리아에서는 이런 민족 사이의 결혼에 대한 엄청난 사회적 억압이 있습니다. 이런 결혼이 불법적인 것은 아니지만, 거의 모든 공동체에 의하여 방해받습니다. 그리고 이러한 결혼을 통해 태어난 아이들은 아버지의 종교와 민족적 정체성에 따르도록 키워져야만 합니다. 제 부모님은 벤지에 대하여 아무것도 모르고 있으며, 벤지의 부모님은 저에 대하여 역시 아무것도 모르고 있습니다."

"만약 부모님이 당신들의 관계에 대해 알게 된다면 그들은 어떻게 할까요?" 니콜라스가 물었다.

"아마 저희와 의절하실 겁니다. 유산 상속을 거부하실 것이고, 저희와 더 이상 아무 관계도 맺지 않으시려 할 겁니다."

"우리는 몰래 만나야만 합니다. 오직 친구들만이 알고 있지요. 교정에서 우린 서로 모른 척합니다."

"이런 일이 흔한가요?" 니콜라스가 물었다.

테이블 주위로 잔잔한 웃음소리가 흘렀다. "알 수 없지요." 콘스탄스가 말했다. "극소수의 사람들이 법의 테두리에서 벗어나 행동합니다. 이런 결혼을 한 사람들이 꽤 있기는 하지만, 이런 비밀스럽고 **위험한 관계**를 갖는 사람들이 얼마나 되는지 알고 있는 사람은 없습니다."

"불법 결혼만이 위험한 일의 전부는 아닙니다." 검은 곱슬머리를 가진 젊은 남자가 한 마디 거들었다. "법의 테두리를 벗어나는 사안은 매우 많습니다."

"어떤 것들인가요?" 두 번째 잔의 포도주를 따르며 니콜라스가 물었다.

"자신의 민족 집단이나 종교 집단을 거부하거나 마치 자신이 이런 집단에 속해 있지 않은 것처럼 행동하는 것, 그리고 혹은 자신이 다른 집단에 속해 있는 것처럼 행동하는 것이지요. 그리고 가장 심한 것은 집단 정체성에 대한 관념 전체를 거부하는 것입니다." 그 젊은 남자가 대답했다.

검은 머리칼을 가진 한 젊은 여인이 그의 말에 전적으로 동의하며 말하였다. "누군가 자신이 실제로 속해 있는 집단에 속하지 않는다고 말하려 시도하기만 해도 그는 아주 곤란해질 것입니다."

또 다른 이가 덧붙였다. "혹은 누군가 자신은 어딘가에 속해 있다는 생각 자체를 믿지 않는다고 말한다고 가정해봅시다. 과연 그에게 무슨 일이 일어날까요!"

니콜라스 곁에 앉아 있던 약간 우울해 보이는 소년이 고개를 끄덕여 이 말에 동의를 표했다. "이러한 것들을 감히 입 밖에 낼 수 있는 사람 혹은 이런 말을 믿는다고 여겨지는 사람들은 사람들로부터 따돌림당하게 되고 좋은 직업을 구할 수도 없습니다. 제 아버지는 바로 이런 이유로 몇 년 동안 실직 상태에 있어야 했습니다. 아버지는 직업 할당 범위에 선택되지 않는 것입니다."

"하지만 무엇보다도 나쁜 것은" 또 다른 이가 말하였다. "공식적으로 공인되지 않은 민족 집단이나 종교 집단에 누군가가 소속되기를 원한다면, 그는 스스로를 인정할 수 있겠지만 관계 당국은 그를 인정하지 않을 것입니다. 그리고 이런 인정받지 못한 공동체는 공식 목록에 있는 그런 공동체들에 의해 진정한 위협 중의 하나처럼 간주될 것입니다."

"요약하자면" 벤자민이 말했다. "공식적인 것에 적응하지 못하는 사람은 고난을 겪어야 한다는 것입니다. 사람들은 이런 사람은 진정한 코뮤니타리아 사람이 아니라고 말합니다. 때때로 이런 사람은 바탕이 없는 세계주의자라고 불립니다."

니콜라스는 그들이 말하는 것이 매우 흥미롭다고 생각했다. 니콜라스는 그들의 모임이 대단히 마음에 들었고, 그들의 우정과 열정과 진실함에 감동받았다. 그들은 자신의 경험담을 담아 많은 이야기들을 해주었다. 다 듣고 나니 무언가 황폐한 느낌이 들었다. 시간은 점점 흘러갔고 콘스탄스는 니콜라스에게 맛좋은 멜리푸안 포도주를 거듭하여 따라주었다. 니콜라스는 약간 어지러움을 느끼기 시작하였고 어지러움을 누그러뜨리려 샌드위치를 조금 집어 먹었다.

"니콜라스!" 벤자민이 갑자기 말하였다. "저희를 도와주십시오. 저희는 당신의 글에 대해 알고 있고 그 일부는 이미 읽어보았습니다. 우리는 우리 스스로를 보호하고 방어할 방법을 알아야만 합니다. 무엇보다 다른 이들로 하여금 자신들이 보호받고 지켜질 필요가 있다는 점을 확신시킬 방법이 필요합니다."

"무엇으로부터의 보호와 방어이지요?" 니콜라스가 물었다.

"소속됨으로부터의 보호와 방어 말입니다." 벤자민이 말했다.

"소속되기를 바라야 하는 것으로부터의 보호와 방어이기도 합니다." 콘스탄스가 말했다.

"계몽주의에 대한 내 강의가 이것에 대하여 뭔가 말해줄 수도 있을 것 같은데" 니콜라스 말했다. "반드시 인간의 권리와 시민의 권리에 관하여 강의 중간에 언급하도록 하지요."

"선생님의 강의는 교묘하게 조작될 것이고 다른 교수들에 의해 비난 받을 것입니다." 벤자민이 말했다. "그들은 선생님을 어떤 생각을 해서는 안 되는가에 대한 객관적인 교훈을 제공할 사람으로 이용하고자 합니다."

니콜라스에게 갑자기 어떤 생각이 떠올랐다. "하지만 보드킨 교수는 어떤가요? 그녀는 우리 편이 아닌가요?" 니콜라스가 물었다.

탁자 주위에 약간의 소동이 일었다. 분명 이 부분에 대한 의견 차이가 있었다. "그녀라면 괜찮지요." 콘스탄스가 말했다. "그녀는 분명 기존의 독선에 반대합니다. 문제라면 그녀가 오직 '대타협' 과정에서 여성이 배제된 것에만 반대한다는 것이지요. 다른 사람들과 마찬가지로, 그녀 또한 정체성이라는 망상에 사로잡혀 있습니다. 여성의 문제를 가장 우선 순위에 놓아야만 그녀는 관심을 가질 것입니다. 그녀는 사람이 아니라 오직 여성에 관심을 가질 뿐입니다."

"그녀가 남성에 관심을 갖지는 않나요?" 니콜라스가 물었다.

"절대 아니지요!" 콘스탄스가 말했다. "그녀는 남성을 혐오합니다."

니콜라스는 낙담했다.

"저희는 선생님이 우리 모임의 성원이 되었으면 합니다." 벤자민이 말했다. "그래서 저희에게 지도도 해주시고, 인간 권리를 위한 투쟁에서 선전용으로 사용할 수 있는 책들을 소개해주시면 합니다."

"이를 위하여 건배합시다!" 곱슬머리 학생이 말했다.

콘스탄스는 니콜라스의 잔에 다시 포도주를 가득 따랐다.

"당신의 제안에 찬성하는 바입니다." 니콜라스는 맛있는 멜리푸안 포도주 여섯 잔째를 들이키며(일곱 잔째던가?) 앞뒤 분간 없이 말했다. 니콜라스 주변에 있던 사람들의 얼굴에 상냥함이 번졌다. 니콜라스는 시간이 얼마나 흘렀는지 감을 잡을 수가 없었지만 분명 늦었다는 것은 알 수 있었다. 그는 몸의 긴급한 생리적 요구를 느낄 수 있었다.

"어디가 가장 가까운 화장실이지요?" 니콜라스는 벤자민에게 물어보았다.

니콜라스는 그들이 있는 방을 나와 복도를 따라 비틀거리며 걸었다. 복도에는 푯말이 붙어 있는 문이 몇 개 있었는데, 니콜라스는 그것이 무엇을 의미하는 지 알아낼 수가 없었다. 푯말에는 전통 의상을 입은 사람의 모습이 선으로 그려져 있었다. 문제는 모두 바지를 입은 모습으로 그려져 있었다는 것이다. 어떤 것엔 헐렁한 바지가 그려져 있었고 또 어떤 것에는 딱 달라붙는 바지가 그려져 있었다. 분명 이것은 여성과 남성 화장실을 구분하는 표시였겠지만, 니콜라스는 어떤 것이 어떤 것인지 구분할 수 없었다. 잠시 동안 니콜라스는 이 두 문 사이를 왔다 갔다 하였다. 마침내 더 이상 참을 수가 없어서 아무렇게나 하나를 골라 문을 열고 들어갔다.

안에는 타일로 덮인 욕실이 있었고 변기와 세면대가 몇 개 있었다. 한쪽 끝에는 샤워 커튼들이 드리워져 있었다. 그 커튼 중 하나로부터 물소리가 나고 있는 것을 니콜라스는 들을 수 있었다.

"거기 누가 있으면 비누 좀 집어줘." 명령조의 목소리로 그 사람이 말했다.

니콜라스는 주위를 둘러보았지만 비누를 찾을 수가 없었다.

"거기 선반 위에 있어. 제발 빨리 좀 줘!"

니콜라스는 그 사람이 시키는 대로 했다. 비누를 들고서는 샤워 커튼 쪽으로 걸어갔다. 천천히 샤워 커튼을 옆으로 젖혔는데, 그 안에는 필로메나 보드킨 교수가 알몸인 채 정면으로 서 있었다. 둘의 눈이 마주쳤다.

"나가!" 그녀가 날카롭게 외쳤다.

비누를 내밀며 니콜라스는 머뭇거렸다.

"미안해요, 단지 실수입니다. 단지……." 니콜라스는 상황을 설명하려 했다.

"나가!" 그녀가 소리를 질렀다.

"화나게 해서 미안해요." 니콜라스가 말했다. "그렇지만 내일 점심 약속은 여전히 유효한 것이었으면 하는데요."

"나가!" 째지듯 소리쳤다. 니콜라스는 샤워 커튼을 놓고 비누를 움켜잡은 채 급히 자리를 떴다. 복도 뒤쪽에서 그는 상형문자가 적혀 있는 다른 문을 열어보려고 하였다. 하지만 그것은 잠겨 있었다. 몇 개의 문을 열어본 뒤에야 니콜라스는 찾으려던 것을 찾을 수 있었으며 육체적인 위안을 얻을 수 있었다. 하지만 정신적인 위안을 얻을 수는 없었다.

니콜라스는 잔뜩 근심스러운 마음으로 학생들이 있는 곳에 돌아왔고 그들에게 방금 전에 무슨 일이 있었는지 말해주었다. "오, 세상에!" 콘스탄스가 말했다. "그녀가 당신이 우리를 방문했다는 것을 몰라야 할 텐데. 그녀는 우리 모임에 대하여 알지 못해요."

집에 갈 시간이 되었다. "당신의 도움은 매우 클 것입니다." 벤자민이 말했다. "우리는 앞으로 계속 당신과 만날 것입니다. 하지만 어느 상황에서도, 그리고 누구에게도 오늘 저녁 이 모임에 대해서 이야기해서는 안 됩니다. 우리는 보안에 대해 극히 신경써야 합니다."

니콜라스는 그들을 다시 만날 것과 그들의 비밀을 지켜주겠다는 것을 약속했다. 그는 그들의 열정과 활력과 비판적인 정신에 즐거움을 느꼈다. 사실 그들은 니콜라스에게 마르커스와 엘리자에 대한 기억을 생생히 일깨워주었다. 한 학생이 작은 자동차를 가지고 있어서 니콜라스를 집까지 태워다주었다. 니콜라스가 예상치 못하게 필로메나를 만난 사실은 마치 술에 전혀 취해 있지 않았던 것처럼 생생했다. 이 기억이 니콜라스가 집까지 가는 내내 그를 걱정하게 만들었다.

집에 오자 가딩턴이 기다리고 있었으며 몹시 근심스러워 보였다.

"조니가 사라졌어요"

"왜?" 니콜라스가 물었다.

"아마 아침에 내가 받은 익명의 편지 때문인 것 같아요. 이 편지에는 '당신 손님들을 조심하시오. 또한 당신 손님들을 조심시키시오.'라고 씌어 있었지요. 이 편지가 당신에 관하여 말하고 있는 것인데도 조니는 이것을 자신더러 떠나라고 하는 말로 받아들였음이 분명해요. 아무튼 오늘 하루 어땠나요?"

니콜라스는 저녁 모임에 관한 부분을 제외하고서 유니디버시티를 방문한 것에 대한 개략적인 이야기를 해주었다. 가딩턴은 흡족해 했다.

"당신은 이곳에서 분명 성공해가고 있네요." 그는 유쾌하게 말했다. "시프셀루스 일로 너무 걱정하지 않아도 될 겁니다. 물론 어떤 위험에 조심해야 하겠지만요. 다음으로 어떤 곳을 방문하고 싶습니까? 국회 혹은 법정?"

"성 차별 모임은 어떨까요?" 니콜라스가 제안하였다.

"아하, 그것에 대해 들은 적이 있습니다. 훌륭한 생각이군요. 모레 당신을 그리로 데리고 가도록 하지요. 아마 우리가 어떻게 여성 문제를 다루는지 알게 될 것입니다."

니콜라스는 잠자리에 들었다. 그리고 자신이 생각하는 여성 문제를 떠올려보았으며, 벤자민과 콘스탄스 및 그 친구들과의 비밀을 지키면서 필로메나에게 어떻게 그가 그녀의 욕실에 가게 되었는지 설명할 방도를 궁리하였다. 니콜라스는 여러 계몽 철학자들을 떠올려보았지만 어느 누구도 도움이 되지 않았다.

22
성차별 모임

니콜라스는 밤새 뒤척였고, 다음날 아침 일어났을 때 심한 숙취로 고생했다. 그는 근심거리를 하나하나 쌓아올리고 있는 듯했다. 악의족과 종유석파들의 불길한 위협과 그의 미래 동료 및 학생들 모두의 싸늘하며 우호적이지 않은 태도, 그리고 이제 필로메나 문제까지. 마지막 문제야말로 참 해결하기 어려워 보였다. 진실을 이야기하지 않고서 어떻게 학생 기숙사 6층에 밤늦게 있을 수 있었나를 설명할 수 있을까? 그것도 그녀가 사감으로 있었던 그곳에, 더구나 그녀가 샤워를 하던 곳에 말이다.

아침을 먹고 나서 가딩턴은 니콜라스를 차로 유니디버시티까지 데려다주었다. 니콜라스는 주교(가딩턴)의 도움을 청할까 하다가 마음을 고쳐먹었다. 니콜라스는 벤자민에게 절대 비밀을 지킬 것을 약속했던 것이다. 그리고 벤자민과 콘스탄스와 그의 동료들이 필로메나를 불신하는 이상, 그들에게 이 문제를 해결하는 데 도움을 달라고 부탁할 수도 없는 노릇이었다. 니콜라스는 이 문제를 풀려고 아침 나절의 반을 보냈지만 성과가 없었다. 만약 필로메나가 점심 약속에 나타난다면(니콜라스는 아직도 반신반의하며 기대하고 있었지만) 니콜라스는 자기가 도서관에서 늦게까지 있다가 교정으로 산책을 나갔으며 화장실을 찾는 데 급급하여 실수를 한 것이라고 말하리라 마음먹었다. 아마 이것은 그녀를 설득하는 데 충분하지는 않을 것이다.

니콜라스의 반쪽 희망은 무산되었다. 그는 한 시에서 한 시 반까지 혼자 카페테리아에 앉아 있었다. 하지만 그녀는 나타나지 않았다. 그렌첸 교수와 글라우베 교수가 나타나 함께 이야기나 나누자고 했을 때 니콜라스는 침울하게 일어났다. 그들과 자리를 함께 하긴 했지만, 그들과의 대화가 니콜라스의 절망감을 누그러뜨려주진 않았다. 그들은 니콜라스가 정확히 무엇에 관해 강의를 할 것이냐고 물었다. 그들 스스로 이에 대한 정확한 답을 염두에 두고 있으리라는 것은 자명했다. 벤자민이 옳았다. 그들의 의도는 잘못된 사상의 표본이 될 강의를 니콜라스가 해주는 것이었다. 니콜라스는 그들의 푸들 강아지가 되어야 할 것이고, 신도들 사이에서 합리주의자가 되어야 할 것이며, 그리고 집안의 타락한 자식이 되어야 할 것이었다.

합리주의자가 어찌 신도들을 이끌 수 있겠는가? 이것은 쉬운 문제가 아니었다. 특히 그들의 계획이 니콜라스의 합리주의를 자신들의 신념을 강화하기 위한 기초로 사용하고자 하기 때문에 더더욱 그러했다. 벤자민과 콘스탄스와 그리고 그 친구들이 있다는 사실이 용기를 북돋아주었지만, 코뮤니타리아에 이들에게 동조할 사람들이 얼마나 있겠는가? 오직 유일한 해결책이란 니콜라스가 최선을 다해 설득력 있게 강의를 진행하는 것이고, 진실이 스스로를 드러내주기를 바랄 뿐이었다. 불행하게도 진실이라는 것이 그날 내내 니콜라스의 머리 속을 떠나지 않던 필로메나 문제를 해결하는 데에는 사용할 수 없는 노릇이었다. 하지만 가딩턴의 아이들과 저녁을 먹으면서 그들에게 자신의 여행에 관하여 이야기하는 동안 불현듯 기발한 생각이 떠올랐다는 것은 좋은 일이었다.

다음날 아침 가딩턴은 9시에 니콜라스를 유니디버시티까지 차로 태워다주었고, 10시에 다시 돌아와 그를 성차별 모임에 데려가겠노라고 약속했다. 건물 본관에 들어서며 니콜라스는 한 청년이 유니디버시티 신문을 팔고 있는 작은 매점을 발견할 수 있었다. 니콜라스는 신문을 한 부 사서 맨 앞장부터 읽어 내려갔다. 그의 얼굴에 핏기가 사라졌다.

검고 굵은 활자로 기사 제목이 크게 씌어져 있었다. 제목은 '초빙 교수, 나체의 보드킨을 희롱하다'였다. 이 제목 아래 커다란 사진이 실렸는데, 사진에서 필로메나 보드킨이 새침하게 미소를 짓고 있었다. 너무도 놀란 나머지 니콜라스는 기사를 읽어 내려갔다.

수요일 밤, 파인탑 기숙사에서 놀라운 사건이 발생했다. 성 차별 연구 담당 교수이자 파인탑 기숙사의 사감인 필로메나 보드킨 양은 밤 10시 30분 경 샤워를 하고 있었는데, 이때 한 남자가 아무 기척도 없이 욕실에 들어와 샤워 커튼을 한 쪽으로 걷어 젖히고서 유니디버시티 발언 규정에 위배되는 민족 집단에 대한 비방 발언을 했다. 비누를 건네주려는 척하던 이 무단 침입자는 다름 아닌 니콜라스 캐리타트 교수였고 최근에 그는 민족지학, 종교학과의 초청 교수로 임명되었다. 그는 최근에 유틸리타리아에서 비고타리안계 단체에 의하여 납치당했다가 가딩턴 트와이트 주교의 도움으로 위험을 모면했었다. 그보다 전에 그는 밀리타리아에서 도망쳐나왔는데, 그곳의 저항 단체는 그에게 '실현 가능한 최선의 세계'을 찾는 임무를 부여했다.

"이번 사건은 '초청 교수'라는 호칭에 새로운 의미를 부여하고 있습니다. 이른바 그의 임무라는 것에 대해 캐리타트 교수가 찾는 것이 무엇인지 자명해졌지요!" 보드킨 교수는 이번 사건에 대해 이렇게 언급했다. 민족지학, 종교학과 학과장들인 그렌첸 교수와 글라우베 교수는 이에 대해 어떤 논평도 하지 않았다. 유니디버시티 학교 당국은 학교 안에서 목욕을 하거나 샤워를 할 땐 반드시 목욕탕 문을 잠그라는 내용의 주의 사항을 주지시켰다.

니콜라스는 사시나무 떨 듯이 떨며 자신의 사무실에 들어와 생각을 수습해보려 하였다. 복도에 있는 편지함에 세 통의 편지가 니콜라스 앞으로 와 있었다. 하나에는 '개인적'이라고, 다른 하나에는 '긴급한'이라고, 또 다른 하나에는 '매우 긴급한'이라고 씌어 있었다. 니콜라스는 가장 긴급하다는 것부터 순서대로 편지를 열어보았다.

가장 긴급하다는 편지는 성 차별 모임에 출두하라는 출두 요구서였다. 여기에는 "귀하는 아래에 적힌 날짜에 오전 11시까지 보드킨이 제소한 캐리타트 씨에 대한 예비 심리에 참석하기 위하여 성 차별 모임에 출두하여야 합니다. 그곳에서 이 사건 혹은 사건들을 성 추행 방지법에 의거하여 기소할지 아닐지가 결정될 것입니다."라고 씌어 있었다.

긴급하다는 편지는 총장이 가능한 한 급히 그를 보았으면 한다는 내용이 씌어 있었다.

개인적이라는 편지는 익명의 편지였는데, "당신에게 경고하건대, 시프셀루스는 그의 적에게도 위험하고 그의 친구들에게도 역시 위험하다."는 간략한 내용을 담고 있었다.

니콜라스는 연구실로 들어가 자리에 앉았다. 무단 침입과 추행에 대한 사회적 비난은 참으로 혹독하였다. 니콜라스가 그의 친구들을 배신하지 않고 어떻게 자신을 변호할 수 있을까? 그런데 민족 집단에 대한 비방 발언이라니? 이게 무슨 말인가?

　니콜라스는 즉시 총장을 만나보는 편이 나을 것이라고 생각하였다. 아마 니콜라스는 임박한 재앙들을 피해가려 시도해볼 수 있을 것이다. 그는 총장의 방으로 걸어가 방문을 두드렸고 총장이 들어오라고 하였다.

　총장은 여전히 품위 있고 상냥했다. "일의 전말이 어떻게 된 것이지요? 저는 당신의 결백함을 입증할 해명이 가능하리라 믿는데요." 총장이 말했다.

　"예 그렇습니다. 하지만 지금 당장 말씀드릴 수는 없습니다." 니콜라스가 믿음직하게 말했다. 니콜라스는 벤자민을 만나 알리바이를 만들어낼 수도 있을 것이다. 하지만 그것이 그가 필로메나가 샤워하는 곳에 갔던 것을 설명해줄 수 있을까? 총장은 낙담하는 것 같았다.

　"애석한 일이군요. 보드킨 교수는 만만한 사람이 아닙니다. 그녀가 싸움을 걸어올 때는 거기서 비켜서야 하는 겁니다. 아무튼 우리는 당신의 해명이 조만간 있으리라 기대합니다." 총장이 말했다.

　'저도 그래요'라고 니콜라스가 속으로 말했다.

　니콜라스는 가능한 한 조속히 다시 연락을 하겠다고 약속하며 총장 방을 나섰다. 자신의 상황을 생각해보려 연구실로 돌아왔다. 생각해볼수록 무서운 일이었다. 벤자민을 찾아봐야 하는 것일까? 하지만 어디에서 그를 찾을 수 있을까? 그리고 벤자민이 어떻게 니콜라스를 도와줄 수 있을까?

　가딩턴을 만나야 할 시간이 되었다. 그는 유니디버시티 정문에서 주교를 만났다. 그 뉴스는 그도 알고 있었다. 가딩턴은 매우 안절부절 못하는 듯하였다.

　"니콜라스, 니콜라스! 무언가 끔찍한 오해가 있었던 것이겠지요?" 가딩턴은 니콜라스의 어깨에 손을 얹으며 외쳤다.

"예, 오해였어요." 니콜라스가 그렇다고 말했다.

"아마 다른 사람으로 착각해서 그런 것이겠지요?" 가딩턴이 희망에 차서 말했다.

"아니요." 니콜라스는 어떤 암시도 주지 않으며 대답했다.

그들은 가딩턴의 차에 탔다. 니콜라스는 가딩턴에게 성 차별 모임의 소환장을 보여주었다.

"내가 보기에는 전문가의 중재가 필요한 것 같아요. 아다시피, 나는 그 방면에서 경험이 많지요. 하지만 내가 도우려면, 우선 당신에게 무슨 일이 있었는지 모두 다 알아야 합니다." 출발하며 가딩턴이 말했다.

니콜라스는 이를 생각해보았다. 가딩턴에게 벤자민과 콘스탄스의 비밀을 알려도 좋을까? 아무래도 가딩턴은 코뮤니타리아 체계의 일원이고 이 사회의 이념에 깊이 연관되어 있는 터였다. 그의 이런 신분상의 특성을 망각할 수는 없는 노릇이다. 그는 아마 그 혁명 단체를 반역적이고 비애국적인 단체로 여길 것이었다. 그리고 그는 니콜라스가 이 단체를 지지한다는 사실을 어떻게 받아들일 것인가? 니콜라스는 좀 더 추이를 지켜보기로 마음먹었다.

"이 일에 대해 해명할 것이 있어요. 하지만 아직 당신에게 말할 수는 없습니다." 니콜라스가 말했다.

"애석하군요. 저는 당신을 변호하기 위해 예심 심리에 함께 참석했으면 하는데요. 하지만 당신의 속사정을 알지 못하고 그렇게 하는 것은 매우 어려운 일입니다. 우린 가능한 한 빨리 이 사건을 해결해야 합니다. 당신은 시프셀루스를 변호하다가 악의족과 종유석파들로부터 벌써 충분히 곤경을 겪었으니까요." 가딩턴이 말했다.

니콜라스는 가딩턴에게 익명의 편지를 보여주었다.

"당신을 걱정시키고 싶지는 않았는데" 가딩턴이 말했다. "오늘 아침에 똑같은 게 집으로 배달되었었지요." 니콜라스는 확연히 언짢아졌다.

그들은 외곽 지역에 있는 또 하나의 특징 없는 건물인 성 차별 모임에 도착하였다. 건물 밖에는 TV 중계차가 몇 대 주차되어 있었다. 그들은 현관으로 걸어 들어갔다. 가딩턴은 자신이 오늘 늦게 성 추행 사건 하나를 중재하여야 한다고 니콜라스에게 말했다.

"이 사건은 아마 당신 사건 다음 번일 겁니다." 가딩턴이 말했다. "당신 사건이 먼저 다루어질 것입니다. 내가 맡은 것은 중년 교수가 여학생을 희롱한 사건입니다. 나는 그들을 설득하여 사건을 취하하도록 할 생각입니다. 이러한 일들은 단지 감정을 상하게 하고 공동체 사이의 관계를 나쁘게 할 뿐입니다. 하지만 성공할 것 같진 않군요. 이 사안에 대해 그들은 매우 전투적입니다."

그들은 문을 열고 들어갔다. 검사대를 지나 접수대에서 서명하고 굵은 검은 글자로 그들의 이름이 씌어진 신원 증명 명찰을 받았다. 로비는 여기저기 무리지어 있는 사람들로 붐볐다. 기대와 흥분의 분위기가 만연해 있는 듯 했다. 니콜라스는 핀을 써서 명찰을 옷깃에 달았다. 이제 그가 누구인지 몰라볼 사람은 없을 것이다.

니콜라스는 가딩턴을 따라 사람들이 꽉 들어찬 승강기에 올라섰다. 승강기 문이 닫혔다. 승강기가 위로 올라감에 따라 안에 타고 있는 사람들의 호기심도 늘어만갔다. 그들은 자신의 언어로 중얼거리고 있었다. 6층에 도착했을 때, 문이 열렸고 모두가 승강기 밖으로 나왔다. 니콜라스가 걸음을 옮길 때 그의 옆에 있던 젊은 여인이 다가와 말을 걸었다.

"실례합니다, 캐리타트 교수님," 메모장을 넘기며 그녀가 말했다. "몇 가지 여쭤봐도 괜찮겠습니까?"

"아니요."

"이번이 첫 번째인지 말씀해주실 수 있으신가요?"

"무슨 말이죠?"

"그러니까 전에도 성 추행을 했던 경험이 있으신가요?"

"아니요, 절대로." 니콜라스는 분개하며 말했다.

"아동 학대에 대해서는 어떻게 생각하십니까?" 그녀가 신이 나서 물었다.

"당신의 질문은 모욕적이고 불필요한 것입니다." 가딩턴이 말을 끊었다.

그녀는 메모장을 덮었다. "오늘 우리가 증언을 통해 듣게 될 그의 행동은 제 질문보다 훨씬 더 모욕적일 걸요." 그녀는 매섭게 말하고는 성큼성큼 걸어 그 자리를 떠났다.

주로 여성인 청중은 복도에 모여 있었고 천천히 두 개의 문을 통해 정복을 한 수위를 지나쳐 안으로 들어가고 있었다. 문 부근에 다다르자 가딩턴은 자신들이 누구인지 수위에게 말하였다. 그는 복도 저편에 있는 대기실을 가리켰고, 가딩턴과 니콜라스는 청문회가 시작될 때까지 거기서 기다려야 했다.

가딩턴은 니콜라스에게서 뭔가 더 알아내고 싶어했다. "무슨 일이 있었는지 내게 말해줄 수 없는 건가요?" 그가 물었다.

"미안해요." 니콜라스는 맥없이 대답했다. "내가 그녀를 추행하지 않았다는 것만은 사실입니다. 하지만 난 그녀가 샤워를 할 때 그곳에 있었고, 하지만 왜 그랬는지는 말할 수 없어요. 적어도 당분간은 말입니다."

가딩턴은 난감해 했지만 계속 니콜라스를 도우려 했다. "그래요. 우린 앞으로 공격이 최선의 방어라는 말대로 해나가야 합니다." 그가 말했다.

그들이 잠시 더 그곳에서 기다리는 동안 가딩턴이 니콜라스에게 법정이 성 추행에 대해 부과하는 형벌에 대하여 1개월 금고형부터 찬찬히 설명해주었다. 니콜라스가 자신의 임무 완수를 위해 코뮤니타리아의 감옥 안까지 조사해야 하는 것일까? 니콜라스는 거미줄에 걸린 파리와 같은 심정이었다. 움직일 때마다 거미줄은 그를 옥죄어왔다.

마침내 수위가 와서 그들이 심리받게 될 곳으로 안내했다. 그 방은 TV 중계를 위해 켜놓은 조명등으로 인해 매우 밝았다. 그리고 방 안에는 한 무리의 리포터, 기자, 카메라맨과 호기심에 찬 청중이 있었다. 카메라는 열 명의 심리 의원이 원탁 주위에 앉아 있는 방의 한가운데에서 앞으로의 절차들을 찍기 위해 예의 주시하고 있었다. 한 명을 빼고는 모두 여자였다. 원탁의 한 쪽 끝에 필로메나 보드킨이 그녀에게 무언가 씌어진 쪽지를 건네주거나 소곤거리며 충고를 해주는 사람들에 둘러싸여 앉아 있었다. 그녀의 눈은 정면을 주시하고 있었다. 니콜라스와 가딩턴이 방에 들어서자 그녀는 아무 기색도 없이 그들을 바라보았다. 그들은 다른 쪽 끝의 비어 있던 의자에 각각 앉았다. 카메라 플래시가 터지기 시작했고 방송 카메라가 돌아가기 시작했다.

분명 오늘 소송의 주재를 맡은 것으로 보이는 회색 머리의 다소 살찐 여성이 말했다.

"보드킨 양이 캐리타트 씨를 상대로 낸 고발 건에 대해 심리를 시작합니다. 보드킨 교수님, 고발 사건의 사실 관계에 대하여 설명해주십시오."

"캐리타트 교수는 제 동료 교수로서 새로 막 임명되었습니다. 그런데도 그를 고발하게 되어 참으로 유감스럽게 생각합니다." 필로메나는 차분히, 그리고 차갑게 말하였다.

"하지만 처음부터 그가 저를 대한 태도는 좀 의심스러운 구석이 있었습니다. 첫 모임에서 그는 계몽주의에 관한 저의 사고를 계몽하겠다는 구실로 바로 그날 저녁을 함께 하자고 제안했습니다." 킥킥 웃는 소리가 여기저기에서 들렸다. 살찐 여자가 사회봉으로 탁자를 쾅 내리쳤다. 심리 위원 중 한명이 몸을 앞으로 기울였다.

"그 제안을 받아들였습니까?" 그녀가 물었다.

"아니요. 사실 저는 학생 기숙사 사감으로서의 일이 있기 때문에 저녁을 할 수 없다고 설명하는 실수를 저질렀습니다. 그는 그리고 나서 다음날 점심을 함께 하자고 제안했습니다."

"그 제안은 받아들였습니까?" 그 심리 위원이 물었다.

"예, 마지못해서요. 그의 의도가 순수하지 않을 것이라는 의심을 하지 않았던 것은 아니지만, 저는 함께 학교 생활을 하는 데 있어서 비협조적이고 싶지 않았습니다."

"현명한 판단이었나요?" 역시 그 심리 위원이 물었다.

"아니요." 필로메나가 말했다.

"그리고 나서 어떤 일이 일어났는지 말씀해주십시오." 의장이 말했다.

"그날 저녁 10시 15분 경 저는 샤워를 하고 있었습니다. 공동 욕실의 문은 열려 있었지요. 저는 누군가 들어왔을 때 그 사람이 어떤 여학생인 줄 알았고, 그래서 비누를 집어달라고 부탁했습니다. 그런데 갑자기 캐리타트 교수가 제 앞에 나타난 것입니다."

"그의 상태가 어떤 것 같았나요?" 또 다른 심리 위원이 물었다.

"비틀거렸습니다. 술을 마셨던 것 같습니다. 제가 그에게 즉시 밖으로 나가라고 말했지만 그는 제 말을 이해하지 못하는 것 같았습니다." 필로메나가 대답했다.

"그가 당신의 몸을 만졌나요?" 심리 위원 중 남성 위원이 물었다.

"그렇게 하지 못하게 했습니다. 하지만 저는 그가 반드시 그렇게 하려 했다고 생각합니다." 필로메나가 대답했다. "그는 제가 고분고분하지 않을 것이라는 것을 어렴풋이 알아채고는 용서받지 못할 민족 집단에 대한 모욕적인 발언을 하였고, 이에 덧붙여 다음날 점심을 같이 하자는 제안을 다시 거듭함으로써 반복하여 저에게 위해를 가했습니다."

"그를 어떻게 쫓아냈지요?"

"소리를 질러서요." 필로메나가 말했다.

"고맙습니다, 보드킨 교수님." 의장이 말했다. "피고 혹은 피고의 대변자께서는 하실 말씀이 있으십니까?"

"예." 가딩턴이 몸을 앞으로 내밀며 말했다. " 캐리타트 교수는 이 모든 고소 내용에 대하여 자신을 설명할 수 있습니다. 하지만 그는 적당한 시기까지 스스로를 변호하는 것을 미루고 싶어할 따름입니다. 이와는 별도로, 저는 왜 보드킨 교수가 욕실 문을 열린 채로 두었을까 그 이유를 알고 싶습니다. 이것은 뭔가 보통 때와 다른 것이 아닙니까? 이것이 혹시 상대의 성별에는 관계없이 흥미를 느끼는 미지의 누군가를 불러들이는 것으로 간주될 수 있지 않을까요?"

분노의 아우성과 야유와 휘파람이 방 안에 울려퍼졌다. 의장이 사회봉으로 탁자를 세게 내리쳤다.

"저는 그런 발언을 경멸할 가치도 없는 것이라 생각합니다." 필로메나가 전혀 감정의 동요 없이 말했다.

니콜라스는 가딩턴이 근심거리를 더 늘리는 것이 아닌가 염려스러웠다. 니콜라스는 스스로 질문을 해보리라 결심했다.

"실례지만, 이해되지 않는 부분이 있습니다." 니콜라스가 말했다. "제가 말했다는 민족 집단에 대한 모욕적인 발언이라는 게 무엇이었지요?"

처음으로 필로메나에게 분노의 기색이 드러났다. 그녀의 까맣고 아름다운 눈이 이글거렸으며 목소리가 높아졌다.

"당신은" 필로메나의 목소리는 격앙되어 떨렸다. "내가 '인디젼Indigen' 이라 아쉽다고 말했습니다."

니콜라스는 기억을 더듬어보았다. "제가 실제로 말했던 것은 당신이 화나서indignant 유감이라는 것이었습니다."

불신의 웃음이 방에 메아리쳤다.

"인디전 평의회가 이 문제에 대하여 유니디버시티 최고 평의회에 고소를 제기할 것입니다. 그들이 우리 중 누가 진실을 말하는지 가려낼 것이라 믿으며, 그렇기에 저는 그들의 결정에 만족할 것입니다." 필로메나가 말했다.

"피고는 이 사건에 대해 더 언급하거나 질문할 것이 있습니까?" 의장이 물었다.

가딩턴이 몸을 구부려 니콜라스의 귀에 대고 속삭였다. "더 이상 말하지 말아요. 이미 당신이 그녀가 샤워할 때 있었다는 사실을 말했습니다. 실수한 거예요."

"아니요, 없습니다." 니콜라스가 말했다.

"원고는 더 증언할 것이 있습니까?"

"예, 있습니다." 필로메나가 말했다. "극도로 성적 업악을 받았던 과거를 가지고 있는 피고에게 정신 감정을 해볼 준비를 하고 있습니다. 우리는 밀리타리아에서 온 이 부문의 세계적인 권위자 오르빌 글로볼루스 교수의 도움을 청해두었습니다. 그는 자진하여 무보수로 도와주기로 하였고, 이미 그가 잘 알고 있는 피고의 신상 명세에 관한 자료를 준비하고 있습니다."

"고맙습니다, 보드킨 교수님. 심리는 휴회합니다. 법정에 정식 기소할 것인가에 대한 판결은 오늘 오후에 있을 것입니다." 의장이 말했다. "다음 사건!"

"나는 여기 잠시 있어야겠소. 당신도 잠시 쉬었다 나가는 것이 좋을 것 같은데요." 가딩턴이 속삭였다.

니콜라스는 심리실을 빠져나왔다. 그의 등 뒤로 기자들이 뒤따랐다. 그는 계단을 통해 내려와 거리로 나가려 하였다. 그들 중 몇몇은 계속하여 니콜라스의 뒤를 따라왔으며, 니콜라스가 도망치듯 걷는 것을 사진찍기도 하였다. 니콜라스는 빠른 몸놀림으로 문을 빠져나와 길을 따라 걸었다. 어디로 가고 있는지 알 수도 없었다. 마침내 니콜라스는 따라오던 일단의 무리들을 떨쳐버릴 수 있었다. 그의 앞에는 커다란 코뮤니타리아 건물이 있었는데, 살펴보니 기차역이었다. 니콜라스는 그 안으로 들어가서 열차 시간표를 읽어내렸다. 그는 그가 모르는 곳으로 떠날 가장 빨리 출발하는 열차편을 찾아보았다. 하나가 그의 눈을 끌었다. 13시 30분 발, '프리덤'행 열차, 3번 승강장. 니콜라스는 매표소로 갔다.

"프리덤까지 얼마입니까?" 그가 물었다.

니콜라스가 가지고 있던 돈은 표를 사기에 충분했다. 출발 시간까지 한 시간 남짓 남았기 때문에, 니콜라스는 택시를 잡아타고서 가딩턴의 집으로 갔다. 니콜라스는 택시 기사에게 기다려달라고 하고 나서, 집으로 들어가 자신의 방에서 소지품과 논문들을 여행 가방에 담아 가지고 나왔다. 역에 도착해 택시에서 내리니 13시 25분이었다.

니콜라스는 쏜살같이 달려 3번 승강장으로 갔다. 기차는 승강장에 서 있었다. 이것은 허름한 구식 증기 기관차였고 대부분의 객차는 텅텅 비어 있었다. 니콜라스는 기차에 올라탔다. 그리고 빈 4인용 객실을 찾아 들어가 창가에 있는 빨간 모조 가죽의자에 기진맥진하여 쓰러졌다. 창밖으로 기적소리가 들렸다.

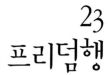

23
프리덤행

기차는 역을 서서히 빠져나갔다. 점차 속도를 올리더니 길고 어두운 터널로 들어섰다. 마침내 도시의 주변부 같은 곳에 기차가 모습을 드러내었다. 곧 농촌을 가로질러가더니 양편으로 풀이 자라 있는 언덕배기가 펼쳐진 들판을 거침없이 달렸다. 들판에는 소떼가 있었고 언덕에는 양떼가 있었다. 열차는 개울과 연못을 지나갔고 때때로 농가가 보이기도 했다. 은빛 구름은 하늘에 흐르고 있었으며 태양은 환하게 빛나고 있었다.

니콜라스는 저스틴에게 편지를 써야 한다는 것을 생각해내었다. 니콜라스는 종이와 편지 봉투를 여행 가방에서 꺼냈다. 의자 앞에 팔걸이 탁자를 내어 받치고서 편지를 쓰기 시작했다.

코뮤니타리아의 폴리고플리스와 프리덤의 중간에서

저스틴에게

한동안 편지하지 못해서 미안하네. 하지만 코뮤니타리아에서 보낸 시간은 꽤 소모적이었고 **긴장된** (니콜라스는 적절한 말이 무엇일까 궁리했다) 것이었어. 이제 나는 프리덤에서의 시간이 이보다는 덜 소모적이고 긴장되는 것이었으면 할 따름이라네.

내가 그 나라에서 내내 느꼈던 초조함의 근원은 아마 내가 거기에서 전혀 편안함을 느낄 수 없었다는 것 때문일 것이야. 나는 정착할 곳을 찾았었고―아직도 찾고 있는데―많은 코뮤니타리아인은 내게 그런 곳을 기꺼이 제공하고자 했었지. 하지만 나와 코뮤니타리아인들이 같은 생각을 하고 있었던 것일까? 나는 마음을 붙일 곳이란 친숙한 사람들과 사물들로 가득 찬 곳이라 생각하네. 자유롭게 움직이고 떠날 수 있으며 돌아갈 수 있는 그런 곳 말이네. 하지만 코뮤니타리안들은 자신의 고향이라는 것을 근원과 운명으로 여기는 듯하네. 한 사람의 전체 인생을 결정지을 수 있는 엄청난 중요성을 가진 것으로서, 자신을 바라보는 상을 정의할 뿐만 아니라 개인적, 사회적 관계 또한 좌우하는 것이지.

그래서, 위에 적은 주소에서 알 수 있듯이 나는 코뮤니타리아에 정착하지 않기로 마음먹었네. 솔직히 나는 그곳에서 살아간다는 것을 상상할 수도 없네. 장차 그곳에서 살아가기를 원했다면 나는 상상하는 것을 그만두었어야 했을 것이야. 코뮤니타리안들은 개인 혹은 개별로서가 아니라, 외적으로 그리고 집단적으로 형성된 삶(그들은 이것을 정체성이라고 부른다네)을 살아가고 있지. 그리고 누구라도 자신의 테두리에서 벗어나려 하면, 어느 곳에도 발붙일 수 없게 된다네. 나는 자유롭게 되고자 노력하는 몇몇 용감한 코뮤니타리아인들을 만날 수 있었지만, 내가 보기에 그들의 운명은 암울하다네. 하나의 정체성을 다른 것으로 바꾸거나, 혹은 여러 개의 정체성을 동시에 가지는 것, 혹은 정체성을 갖지 않는 것은 어느 것도 불가능해 보인다네. 엘리자라면 인권을 위한 자신의 활동이 발 디딜 곳을 유틸리타리아에서보다도 이곳에서 찾기가 훨씬 더 어려울 것 같네. 인권이라는 사상은 유틸리타리아에는 없지만, 여기 코뮤니타리아에서는 금지되어 있기 때문이지. 마르커스라면 이곳의 어디에나 있는 강제적인 종교를 견디지 못했을 것이고, 코뮤니타리아인들의 진리관 때문에 미쳐버렸을 거야. 적어도 유틸리타리아인들은 각각의 문제에 원칙상 계산 가능한 올바른 답이 있다고 믿지. 코뮤니타리아인들에게는 각각의 문제와 답은 각각 특정 관점으로부터 온 것일 뿐, 어떤 관점도 다른 것보다 우월하지 않다네. 왜냐하면 이보다 더 나은 관점이란 없을 테니까(하지만 이상하게도 그들은 바로 이러한 생각 자체가 진실이라는 관점을 가지고 있다네).

그럼 태어날 곳을 찾고 있는 태아에게 어떤 대답을 해야 할까? 매우 어려운 일이라네. 나는 물론 계몽주의의 세 자녀들인 우리가 왜 그곳에서 살아갈 수 없는지 설명할 수 있다네. 반면에 코뮤니타리아의 몇몇 공동체는 젊은이들이 아무런 저항이나 분열도 없이 살아가도록 자신들의 생활 양식에 적합한 방식으로 능숙하게 키울 수 있다네. 과연 우리가 그러한 저항을 격려할 뿐만 아니라 환영해야 하는 이유는 무엇인가? 어떤 근거에서 우리는 저항이 없이는 삶이 옹색해질 뿐이라고 주장할 수 있는 것일까? 우리의 내부적인 것을 따르는 삶이 인간의 외부로부터의 규정에 따른 삶에 비해 더욱 낫다는 것을 우리는 확신할 수 있는가, 또한 일반적으로 그러하다고 확신할 수 있을까? 왜 정체성이 아니라 자유를 선택해야만 하는 것일까? 나는 다음 편지에서 이러한 것들에 대해 답할 수 있기를 바라네. 사랑하는 마르커스와 엘리자에게 곧 우리가 다시 만나 함께 살 수 있으리라는 나의 희망을 전해주면 고맙겠네.

팽글로스로부터

니콜라스는 팔걸이 탁자를 접고 편지를 주머니에 넣으며 '프리덤'에 도착하면 이것을 부쳐야겠다고 생각했다. 그는 마치 거미줄에 걸린 파리와도 같이 느꼈던, 최근의 함정에 빠진 심정을 되뇌며 의자 등받이에 기댔다. 기차가 움직이며 내는 부드럽고 규칙적인 소리는 기분좋게 잠을 몰고 왔고 니콜라스는 압도해오는 해방감과 안도감에 쾌적하게 몸을 내맡겼다. 그는 객실 밖에서 나는 목소리와 작은 종소리를 들을 수 있었다. 아마도 점심 식사를 알리는 것 같았다. 배고픔이 피곤함에 겹쳐졌다. 니콜라스는 눈을 뜨고 있으려 안간힘을 썼다. 잠시 후 두 번째 점심 종을 기다려야만 할 것 같았다.

갑자기 그는 기차가 아주 작은 시골 역에 정차했다는 것을 알아차렸다. 점심 식사의 기척도 없었고, 함께 탔던 승객도 전혀 보이지 않았다. 객실에도 어느 곳에도 사람이라곤 보이지 않았다. 빈 승강장에는 떠나는 이도, 도착하는 이도 없었다. 들리는 소리라고는 새들의 지저귐과 멀리서 소들이 움직이는 소리였다. 작은 검정색 찌르레기 한 마리가 가까이서 울고 있었다. 니콜라스는 기차에서 내려 승강장을 따라 기관차 부근까지 걸어갔다. 기관사가 없었다. 그는 객실로 돌아와 짐을 챙기고서는 아무도 없는 개찰구를 통해 역 밖으로 나갔다.

니콜라스는 시골 길에 서서 넓은 들녘과 버드나무, 분홍바늘꽃, 들풀에 둘러싸인 자신을 발견했다. 길가에는 덩굴꽃과 쐐기풀, 데이지꽃, 그리고 제비꽃이 자라고 있었다. 멀리로 꼭대기에 농가가 하나 있었는데, 나무가 울창한 언덕이 보였다. 들판을 가로질러 오솔길 하나가 그쪽으로

나 있었다. 니콜라스는 이 오솔길을 따라 힘차게 걸어갔다. 얼마 되지 않아 낮은 울타리가 나타나자 니콜라스는 가방을 손에 든 채로 훌쩍 뛰어넘어 계속 걸어갔다.

멀리 앞쪽으로 햇빛에 연못이 반짝이는 것이 보였다. 그가 다가가서 보니, 그것은 커다랗고 둥근 연못이었다. 두 사람이 연못가에서 낚싯대를 드리운 채 앉아서 대화에 여념이 없었다. 한 명은 넓은 어깨와 딱 벌어진 가슴을 지니고 건장해 보였다. 그는 피부색이 검었고 약간 머리가 벗겨졌으며, 굵고 흑단 같이 검은 머리칼과 턱수염, 그리고 날카롭고 매서운 눈매를 가졌다. 그는 아주 열심히 오랫동안 말을 하고 있었는데 가끔 독설과도 같은 냉소적인 미소를 머금기도 하였다. 다른 한 명은 깡마르고 키가 컸으며 소년처럼 젊어 보였다. 얼굴의 선이 예리했고 약간 노란빛의 구레나룻과 즐거워 보이는 반짝이는 눈을 가지고 있었다. 그의 민첩한 움직임은 빠르고 힘찼다. 그의 말투는 명쾌하고 간략하였으며 태도는 군인처럼 분명했다. 두 사람 모두 승마복을 입고 있었다.

"안녕하십니까?" 니콜라스가 말했다.

그들은 이야기를 멈추고서 니콜라스를 놀라움에 찬 눈빛으로 바라보았다.

"방해해서 대단히 죄송합니다만, 여기가 어디인지 말씀해주실 수 있을까요?" 니콜라스가 물었다.

"댁은 우리 낚시터에 있소." 반짝이는 눈을 가진 남자가 대답했다.

"예, 하지만 이곳 지명이 무엇인지요? 저는 아무래도 길을 잃은 것 같아서요. 저는 '가장 실현가능한 최선의 세상'을 찾아 여행중인데, 지금 위치를 알고 싶습니다." 니콜라스가 말했다.

"아하" 외눈 안경을 눈에 갖다대며 다른 남자가 말했다. "댁은 유토피아주의자군. 댁이 생각하기에는 이상적인 것을 상상 속에서 불러내어서는, 그에 합당한 현실을 찾아가거나 창조할 수 있을 것 같지요. 우리가 아는 바는 다릅니다. 우리는 댁이 찾고자 하는 세상을 세계사적 발전의 냉엄한 과정을 통해서, 프롤레타리아트의 혁명적 투쟁을 통해서 이룩했습니다. 간단하게 말해서 우리가 지시한대로 만국의 노동자가 단결하였고, 우리는 그들의 성공적인 투쟁을 통해 가능해진 신세계에 살고 있는 것입니다."

"이 새로운 세계의 이름은 무엇입니까?" 니콜라스가 물었다.

"이 세계를 실현시킨 계급의 이름을 따서 **프롤레타리아**Proletaria라고 불립니다. 물론 이 계급 자체도 이제 다른 모든 계급과 마찬가지로 사라졌지요withered away." 그의 키 큰 동료가 말했다. "그나저나 인사도 나누지 않았군요. 내 이름은 프레드이고, 이쪽은 칼입니다."

니콜라스는 악수를 하고 자신을 소개했다. 그는 점점 더 호기심이 났다. "한 가지 여쭤봐도 괜찮다면, 왜 승마복을 입고 낚시를 하고 계신지요?"

"글쎄요, 오늘 아침에 우리는 사냥을 나갔었고 지금은 낚시를 하고 있습니다. 저녁에 우리는 소떼를 돌보고 저녁 식사 뒤에는 문학 비평을 할 겁니다. 하지만 잊어서는 안 될 중요한 점은 우리가 사냥꾼도, 낚시꾼도, 농부도, 비평가도 아니라는 점입니다. 우리는 이런 일을 하고 싶기 때문에 하는 것입니다. 프롤레타리아에서는 어느 누구도 어떤 특정 활동만을 전적으로 해야 하지는 않지요." 칼이 말했다.

"그렇군요. 사냥을 잘 하시나요?" 니콜라스가 말했다.

이 질문을 듣자 그들은 매우 유쾌해 하였다. "프레드는 매우 잘해요. 저는 언제나 이러한 점에 대해서 그에게 뭐라 하곤 했지요. 그는 지역 귀족과 신사들과 함께 사냥을 가곤 했는데, 모임에 빠지는 적이 없었으니까요. 혁명 이후에도 누군가는 기병대를 인솔해야 하지 않느냐고 그가 그러더군요. 그는 언제나 도랑과 수풀과 다른 방해물들을 제거하는 데 앞장을 섰어요. 나는 늘 그가 언젠가 사고라도 당하지 않을까 걱정이 된답니다." 칼이 말했다.

"칼은 말이죠, 자기가 말을 탈 수 있는 척하길 좋아한답니다. 그래서 그에게 승마 학교에 나가보라고 했지요. 하지만 그는 세 번 이상을 버티질 못하더군요. 오늘 아침에 우리는 여우를 한 마리 잡았습니다. 적어도 나는 잡았지요. 하지만 오늘 낚시는 영 운이 따라주질 않는군요." 프레드가 말했다.

"낚시의 중요한 점은, 이것이 대화를 나눌 아주 좋은 기회를 제공한다는 것이지요." 칼이 말했다. 그는 니콜라스에게 낚싯대 하나를 건네주며 말했다. "함께 낚시하는 게 어때요?" 니콜라스는 기꺼이 그들의 곁에 앉아 반짝이는 수면 위로 낚싯대를 드리웠다.

"댁은 영락없는 여행객이로군." 프레드가 말했다. "여행담이나 좀 들려줘보시지?"

니콜라스는 그의 모험담을 시작했다. 두 사람은 간간이 질문하기도 하고 감탄하기도 하며 열심히 이야기를 들었다. 우선 니콜라스는 그들에게 밀리타리아에서 그가 체포되고 투옥되었던 일과 탈출 계획에 대해 이야기하였다. 칼은 저스틴과 니콜라스의 임무라는 것에 매우 흥미를 느끼는 듯 했다.

"댁의 젊은 친구 저스틴이 이곳에 대해 물론 알고 있겠죠?" 칼이 물었다.

"예 알고 있죠. 하지만 그가 자신이 들은 것을 아직도 믿고 있는지는 잘 모르겠네요." 니콜라스가 말했다.

"당신이 그의 믿음을 굳건하게 해줄 수 있겠군." 칼이 확고한 어조로 말했다.

"예." 니콜라스가 동의했다.

다음으로 니콜라스는 유틸리타리아로 탈출한 이야기를 했다. 칼과 프레드는 니콜라스의 그곳에서의 생활담을 듣자 매우 놀라워하는 것이었다.

"우리는 언제나 공리주의란 터무니없는 것이라고 말해왔었지." 프레드가 말했다. "사람들 사이의 다양한 관계들을 오직 상업적, 금융적 관계의 또 다른 이름에 불과한 유용성이라는 관계 하나로 통합해버리겠다는 말도 안 되는 생각이지"

"벤담이 그렇게 생각하는 것도 당연하지." 냉소적인 웃음을 띠며 칼이 말했다. "부르주아지의 혓바닥 두꺼운 대변자 같은 놈!"

니콜라스는 그들에게 계속해서 의회와 법정을 방문했던 이야기를 해주었고, 그리고 비고타리아인에 의해 납치당할 뻔했던 이야기도 해주었다. 칼과 프레드 모두 놀랍게도 비고타리아인에게 동정적이었다.

"계급 억압의 희생자이자 이데올로기에 현혹된 자들!" 칼이 선언하듯 말했다.

둘은 코뮤니타리아에 대하여서도 같은 견해를 보였다.

"기득권층은 여전히 그 지역을 지배하고 있는 것이지. 사람들의 심성에 호소를 하지만, 동시에 머리 속에는 우상 숭배와 원시적인 환상을 주입하면서. 종교는 이 심장 없는 세상의 심장일지 모르지만, 동시에 인민의 아편이야. 이 문제의 본질은 기득권층이 아주 성공적으로 노동자들로부터 잉여가치를 착취하고 있다는 것이야. 그들의 문화와 우리 문화의 차이를 보시오! 그들이 꿀벌Bees이라면, 우리는 건축가Architects들입니다. 인간에게 적합한 도시 건축가이지요. 가장 훌륭한 꿀벌 한명과 가장 열등한 건축가 한 명을 비교해보십시오. 그리고 필로메나 사건*에 있어서도 그래요. 그녀는 왜 노동자의 투쟁에 동참하지 않은 겁니까?" 프레드가 말했다.

"그곳에는 노동자의 운동이라는 것이 없다고 저는 생각합니다." 니콜라스가 말했다. 칼과 프레드는 대단히 미심쩍어했다.

"당신의 모험에서 이제야 우리를 만나게 된 거로군요." 칼이 말했다. "프롤레타리아에 대하여 무엇을 알고 싶습니까?"

"그러니까, 예를 들어 이곳이 어떤 국가 체제를 가지고 있나요?" 니콜라스가 말했다.

"쉬운 문제로군. 우리는 어떤 국가도 가지고 있지 않습니다." 칼이 말했다. "국가는 소멸됐지요withered away."

"인간에 대한 지배적인 정부는 사물들에 대한 관리의 정부로 대체되었습니다." 프레드가 덧붙였다.

"무슨 뜻이지요?" 니콜라스가 물었다.

"그러니까, 이 행정부가 어디에 연못을 만들지를 결정하지만, 그 연못에서 낚시를 하는 것은 어느 누구에게나 자유인 것이죠." 프레드가 말했다.

"그렇군요." 니콜라스는 이것을 이해했는지 확신할 수 없었지만 그렇다고 말했다. "그렇다면 법은 어떻습니까? 어떤 법 체제가 있지요?"

"역시 소멸되었습니다." 칼이 말했다.

"하지만 인간의 권리라는 것은요? 사람들은 어떤 권리를 갖지요?" 니콜라스가 물었다.

---

* 필로메나 사건이란 앞의 장에서 유니디버시티의 여교수 필로메나 보드킨이 니콜라스를 모욕죄로 기소한 사건이다.

"우리에게 권리라는 것은 없습니다." 칼이 자랑스럽게 대답했다. "사실 권리에 관한 모든 개념이 소멸되었습니다. 사람들이 말하곤 했던 '평등한 권리', '정의', '형평성'이라는 것은 낡은 세계에 속했던 것이지요. 이런 것들은 모두 이데올로기적인 거짓말이었고 쓰레기 같은 말장난이었던 것입니다. 우리는 권리라는 것을 필요로 하지 않아요. 이해관계가 충돌하지 않기 때문에 정의를 위한 보호와 보장이라는 것이 필요하지 않은 것입니다. 왜 필요하겠어요? 마침내 우리는 빈곤과 이기주의와 비합리적인 것과 비관용적인 것을 철폐해버렸습니다."

"모든 것이 소멸되었나요?" 니콜라스가 물었다.

"바로 그겁니다!" 칼이 말했다.

"하지만 모든 것이 소멸되었다면 남은 것이 무엇입니까?" 니콜라스가 좀 어리둥절해 하며 물었다.

칼과 프레드 모두 소리내어 껄껄 웃었다.

"좋은 질문입니다!" 프레드가 말했다. "우리는 바로 그 제목으로 책을 쓰고 있는 젊고 똑똑한 학자 한 명을 알고 있습니다.* 남은 것은 바로 진정한 자유의 왕국입니다. 단지 형식적인 것이 아니라 모든 이를 위한 진정한 자유, 생산적이고 건설적인 자유 말입니다."

"우리는 인류를 과거 임금 노동의 노예 상태에서 해방시켰습니다." 칼이 말을 이었다. "개인들은 더 이상 분업에 종속되지 않습니다. 정신 노동과 육체 노동 사이의 대립은 사라졌습니다. 노동은 삶의 수단이 아니라 삶의 중심점이 되었습니다. 생산력은 개인의 전면적 발전과 함께 증가했고, 협동적 부의 샘은 더욱 더 넘쳐흐르고 있습니다. 각자가 자신의 소질

---

* 이 소설의 저자인 스티븐 룩스의 주된 저서의 제목이 『권력 – 급진적 견해 그리고 남은 것은 무엇인가? Power: A Radical View and What is Left?』이다.

을 어떤 방향으로 발달시키건 그것은 자유입니다. 자유의 참된 왕국인 이곳에서 결합적인 생산자들은 그들의 자연과의 교환을 합리적으로 규제하며, 마치 어떤 보이지 않는 힘처럼 그것에 의해 지배당하는 것이 아니라 그것을 자신들의 공동의 통제 아래, 즉 인간에게 적당하고 합당한 조건 아래 두고 있습니다."

"알겠습니다." 니콜라스가 다시 한 번 말했다.

"당신은 보게 될 것입니다." 프레드가 말했다. "참된 인간 사회가 어떻게 작동하는지 당신에게 보여드리죠. 그리고 노동을 통해 우리가 참된 인간이 되는 곳이지요." 그는 시계를 보았다. "이제 소떼를 돌보러 갈 시간입니다. 함께 가실까요?"

고기는 낚지 못했지만 만족한 채로, 셋은 낚시도구를 챙겨든 채 농장 쪽으로 언덕을 터벅터벅 걸어 올라갔다. 농장에 도착하자, 그들은 양떼를 지키는 개들이 몰고 온 양떼를 볼 수 있었다. 양떼를 돌보는 것은 몇 명의 남녀 목동이었다. 사내아이들은 플루트를 불고 있었으며 여자아이들은 하얀 장식이 달린 분홍색 드레스를 입고 양동이에 가득 담긴 꽃을 들고 목동의 플루트에 맞추어 노래하고 있었다. 어떤 아이는 낮은 음으로 어떤 아이는 높은 음으로 화음을 넣어가며 노래하고 있었다. 양떼의 소리와 개 짖는 소리, 그리고 플루트와 노랫소리가 어울려 무척 즐거운 인상을 주었다. 칼과 프레드는 자신들의 주머니에서 플루트를 꺼내 목동들과 함께 연주하기 시작했다. 니콜라스는 이런 목가적인 풍경을 경이롭게 바라보고 있었다.

다시 한 번 양떼들이 둥그렇게 모여들었고, 칼과 프레드는 플루트 불기를 그만두었다. 그들은 니콜라스를 농장 안마당으로 안내했다. 거위와 닭들이 있는 곳과 치즈, 버터, 요구르트 제조장을 지나 그들은 젖 짜는 아낙들이 암소 젖을 짜는 곳으로 들어섰다. 그녀들 역시 화음을 맞추어 노래하고 있었다. 칼과 프레드는 그들과 함께 노래하며 젖을 짰다. 칼은 굵은 바리톤 음성이었고, 프레드는 테너를 맡았다. 노래의 어우러짐이 참 듣기 좋았다.

소젖 짜는 일이 끝나자 칼과 프레드는 니콜라스에게 자신의 친구들과 함께 농장에서 저녁을 함께 하고 하룻밤 묵어가는 것이 어떻겠냐고 청했다. 집으로 걸어가던 도중에 니콜라스가 물었다.

"농장에서 만든 것을 어떤 방식으로 시장에 내다팝니까?"

"시장이라니?" 칼이 노여워하며 외쳤다. "시장 역시 소멸되었어요. 더 이상 판매와 구매라는 것은 없습니다. 화폐라는 것도 없지요. 화폐는 세계 전체, 즉 인간 세상과 자연 모두로부터 그 고유한 가치를 빼앗아버리는 수단입니다. 화폐는 인간과 자연의 진정한 능력을 단지 추상적인 표상으로 바꾸어버립니다. 화폐는 사회와 개인에게 있어서 부패한 권력인 것입니다. 화폐는 신뢰를 불신으로, 사랑을 증오로 그리고 증오를 사랑으로, 미덕을 악덕으로 그리고 악덕을 미덕으로, 종을 주인으로, 멍청함을 총명함으로 그리고 총명함을 멍청함으로 바꾸어버립니다."

"예, 알겠습니다." 니콜라스가 말했다. "하지만 생산된 우유, 치즈, 버터, 계란과 고기는 어떻게 하지요?"

"각자의 능력에 따라 생산하고, 각자의 필요에 따라 분배하지요." 칼이 대답했다.

"예." 니콜라스가 말했다.

저녁 식사는 아주 흥겨운 자리였다. 음식은 훌륭했고 넘쳐났으며 농장에서 금방 만들어진 것이라 신선했다. 더구나 포도주 또한 많이 있었다. 거위간을 다져넣어 만든 파이를 먹고 구운 감자와 신선한 콩을 곁들여 기름진 수탉 요리도 먹었다. 그리고 나서 딸기와 크림을 후식으로 먹었다. 후식을 먹으며 프레드가 농담 하나를 해주었다. 한 공산주의자가 혁명 이후에는 모든 사람이 딸기와 크림을 먹을 수 있을 것이라고 예언했다고 한다. 그리고 한 사람이 이에 반대하였다. "하지만 나는 딸기와 크림을 싫어하는데?" 그러자 그 공산주의자는 "혁명 이후에 자네는 딸기와 크림을 좋아하게 될 걸세."라고 답했다고 한다. 이 농담에 모두가 즐거워했다.

손님들 중엔 칼이 망명 시절부터 사귀었던, 오랜 친구들과 전직 혁명가들이 있다고 그가 설명했다. 대부분이 지식인이나 교사, 예술가 혹은 작가들이었다. 그리고 적지 않게 노동자가 있었다. 모두가 이제 이런 직업 중에 하나를 선택해야 하지 않아도 된다는 사실에 매우 흡족해 했고, 이 모든 것을 다 할 수 있다는 것에 더욱 흡족해 하고 있었다. 그들은 문학과 역사에 대하여 자유롭게 이야기를 나누었다. 이때 칼이 단테의 『신곡』의 긴 문장을 암송했고 셰익스피어의 『맥베스』 중 한 장면을 연기했다. 프레드는 재미있는 이야기를 많이 해주었고 놀라우리 만큼 여러 언어를 구사할 수 있는 듯했다.

저녁 식사를 마치고 그들은 이른바 '비판'에 몰두했다. 니콜라스에게 그것은 마치 철학적인 대화처럼 느껴졌으나 금방 한 가지 특이한 점을 알아챌 수 있었다. 그들은 모두 다음과 같은 동일한 가정에서 출발하고 있었다. 자신들은 완벽한 합리성의 유일무이한 관점을 공유하며, 절대적이고 객관적인 지식을 소유하고, 또한 자신들의 삶의 방식은 인간이 성취한 최고 단계를 구현하고 있다는 것이었다. "진정한 철학은 사유의 과학이야. 나머지 것들은 모두 역사적 관심의 가치가 있을 뿐이며, 일종의 유물이지."라고 프레드가 어느 순간 모두의 동의를 구하듯 말했다. '비판'이라는 것은 이러한 유물들의 예들을 검토하여, 칼과 프레드가 '역사적 및 변증법적 유물론'에 비추어 이들의 일면성과 부적절함을 드러내 보이는 일인 것 같았다. 물론 칼이 역사적 유물론에, 그리고 프레드가 변증법적 유물론에 더 관심을 갖는 것 같았지만 말이다.

니콜라스가 그들에게 자신의 계몽주의에 대한 학문적 관심을 이야기했을 때, 니콜라스의 고백에 대한 그들의 반응은 연민과 혼란스러움이었다. "그들 가운데 다수의 사상가는 반동적 관념주의자요." 프레드가 말했다. "그리고 심지어는 유물론자였던 이들 역시 유물론을 은밀히 받아들이고서 세상 앞에서는 이를 부인했지요. 니콜라스 당신은 관심에서 좀 더 앞서 나가서 변증법적으로 바뀔 필요가 있어요."

칼은 자신의 아버지가 볼테르와 루소에 심취했었다고 말했다. "여러 모로 중요하고 진보적인 사상가들이었지요. 하지만 이미 선사 시대의 인물들입니다. 우리가 당신에게 공부할 다른 책들을 권해드리지요."

"고맙습니다." 니콜라스가 말했다.

마침내 '비평'이 끝나고 손님들이 돌아갔다. 칼과 프레드는 니콜라스를 방으로 데려갔다. 니콜라스는 저녁 식사와 술과 담소를 즐긴 탓인지 졸음이 쏟아지는 듯 했다. "내일 당신에게 프롤레타리아가 어떻게 운영되는지 좀 더 보여드리지요. 내일 한 악기 공장에 함께 가봅시다." 프레드가 말했다.

다음 날 아침 , 그들 셋은 일어나 차와 신선한 달걀과 우유와 요구르트로 아침을 먹었다.

"차 좀 드시겠소?" 칼이 생기 있는 목소리로 말했다.

니콜라스는 이 둘에게 프롤레타리아에서의 삶에 관해 물어보고자 했다.

"아직 극복하지 못한 문제들이 어떤 것들인지 말씀해주실 수 있을까요?" 니콜라스가 말을 꺼냈다.

"예를 들면?" 프레드가 물었다.

"그러니까" 니콜라스가 용기를 내어 물었다. "비용에 대한 가격을 통해 정보를 제공하는 시장이 없이 사람들의 수요를 충족시킬 생산을 어떻게 계획하는지 알 수 없단 말입니다."

"아하!" 프레드가 말했다. "생산과 소비에 관한 정보를 제공하는 것은 쉬운 일입니다. 한 사람이 평균적으로 얼마 만큼 필요로 하는지 안다면, 이런 사람들의 일정 수가 필요로 하는 분량을 계산하는 것은 쉽지요. 그리고 생산이 더 이상 개인 생산자의 손에 달려 있는 것이 아니라 공동체와 관리 기구에 속한 생산자들에 달려 있기 때문에, 생산을 수요에 맞추는 것은 사소한 문제에 지나지 않습니다."

"하지만, 어떻게 사람들이 원하는 것을 알 수가 있는 거지요?" 니콜라스가 이의를 제기했다.

"사람들은 자신에게 필요한 것을 원하지." 칼이 말했다.

"그리고 사람들은 자신이 원하는 것을 필요로 하고." 프레드가 덧붙였다.

"그 둘은 전혀 동일한 것이 아닙니다." 니콜라스가 말했다. "왜냐구요? '내가 먹는 것을 나는 본다'는 것이 '나는 내가 보는 것을 먹는다'는 것과 같다고 말하는 것이나 마찬가지이기 때문이지요. 아니면 '나는 내가 가지고 있는 것을 좋아한다'는 말과 '나는 내가 좋아하는 것을 가진다'는 말이 똑같다고 하던지. 혹은 '나는 잠잘 때 숨을 쉰다'와 '나는 숨을 쉴 때 잠을 잔다'가 마찬가지라고 하든지."

"다른 질문을 해보시오?" 칼이 말했다.

"좋아요, 그러면 범죄와 같은 그런 사회 문제들은 어떻지요? 그리고 청소년 비행과 소외 문제는 어떻지요? 혹은 문화적 문제들은? 서로 다른 배경과 생활 방식을 가진 사람들이 어떻게 서로 잘 지낼 수 있지요? 그리고 개인적 문제는 어때요? 개인 사이에 갈등은 없나요? 결혼이 파탄난다거나 혹은 부모와 자식 사이에, 연인 사이에, 동료 사이에 갈등이 생길 수 있는 것이 아닌가요?"

"여덟 개의 질문이군요." 프레드가 말했다.

"그 질문에 대한 답은 명확합니다." 칼이 말했다. "공산주의가 사람과 자연 사이 그리고 사람과 사람 사이의 대립에 대한 확고한 해결책입니다. 이것이야말로 존재와 본질, 객관화와 자기 확인, 자유와 필연, 개인과 집단 사이의 갈등에 대한 진정한 해결책이지요. 이것은 역사의 수수께끼에 대한 해답이며 자신이 이 해답이라는 것을 알고 있습니다."

"알겠습니다." 니콜라스는 이에 대해 확신하지 못하며 대답했다. 해답이라는 것이 수수께끼보다 훨씬 더 어려워 보였다.

아침 식사 뒤에, 셋은 걸어서 언덕을 내려가 연못 반대 방향을 향해 갔다. 도로에 닿자 그들은 기차역으로 가서 기차를 탔다. 차표를 살 필요는 없었다. 역을 두어 개 지나쳐서 그들은 잘 가꾸어진 정원과 화단이 눈길이 가는 곳까지 멀리 펼쳐진 잘 지어진 빅토리아 시대 건물이 즐비한 공장 지대에 도착했다. 하지만 이상한 것은 그곳에서 나는 소리였다. 각각의 건물에서는 여러 음색이 섞인 듣기 좋은 소리가 흘러나오고 있었다. 각각의 음색은 뚜렷이 들리지 않았지만, 그것들이 섞인 소리는 편안하고 기운을 북돋아주는 듯하였다. 니콜라스는 칼과 프레드를 따라 건물 안에 들어갔다. "프레드가 일하는 곳이 여기입니다." 칼이 설명했다. "그는 자기 아버지의 면화 공장에서 일했었습니다. 그는 아직 직물 사업을 하고 있습니다. 보시다시피 여기서는 옷을 만들고 있습니다."

공장의 내부는 둥근 원형이었고 영국의 대영 박물관 도서관만한 크기였다. 천장 중앙엔 둥근 채광 창이 있었는데, 그 창의 간유리를 통해 햇빛이 들어오고 있었다. 1층은 유리벽에 의해 둘로 나뉘어져 있었다. 둥글고 반짝거리는 하얀 벽이 있었는데, 이 둘레로 난간들이 있었고 그 사이로 유리로 된 승강기가 오르내렸다. 이 난간들 또한 유리 칸막이에 의해 여러 부분으로 나뉘어져 있었다. 니콜라스는 약 천 명의 노동자가 서로를 바라보며 기계 앞에 앉아 있거나 서 있는 것 같다고 추측했다. 다른 층의 중앙에는 연단이 있었는데, 그 위에 최고 관리자가 작은 봉을 든 채로 서서 공장 전경을 살피고 있었다.

고도의 기술 수준과 개인적 숙련, 계획과 즉흥성, 협동과 자발성을 결합한 듯한 대조적인 광경이었다. 어떤 곳에서는 디자이너가 컴퓨터 화면에 의상을 그리고 있었다. 방적기계, 염색기계와 다양한 천을 자르는 재단기가 있었다. 허리띠와 단추를 만드는 기계들도 있었다. 기계 감독자들은 컴퓨터 단말기 앞에 앉아 있었다. 프레드가 안내한 두 번째 칸에는 사무원과 회계원들이 일하는 곳이 있었는데, 일하는 사람들은 노동자들로 구성되어 있었고 그들 역시 컴퓨터 단말기 앞에 앉아 있었다. 또한 니콜라스는 여자 재봉사들과 재단사들이 일하고 있는 칸도 볼 수 있었는데, 그들은 컴퓨터 단말기에서 알려주는 옷본에 따라 맞춰 율동적으로 가위질하고 천을 오리고 바느질을 했다. 니콜라스는 노동자들이 가끔 자리에서 일어나 자리를 바꾸곤 하는 것을 보았다. 여자 재봉사가 디자인 칸에서 일하기도 하고 기계 관리자가 솜씨 있는 장인의 역할을 하기도 하고 회계사가 바느질을 하기도 하는 등등.

가장 높이 있는 칸엔 마르고 키가 크며 고상하고 놀랄 만큼 매력적인 젊은 여성과 근육질이고 볕에 그을린 운동 선수처럼 보이는 젊은 남자가 그날 만든 옷을 마네킹에 입혀 보며 앞뒤로 오가고 있었다. 천 개의 눈동자가 그들을 올려보고 있었다. 이때, 칼이 노동 생산물로부터의 소외는 극복되었다고 니콜라스에게 설명했다. 노동자들은 단지 위를 바라보는 것만으로 어느 때라도 자신들의 집합적인 노동의 최종 생산물을 쳐다볼 수 있었다.

하지만 가장 이상한 점은 음악이었다. 각각의 노동자들의 움직임은 특징적인 소리를 내곤 하였다. 그들이 기계를 다룰 때, 키보드를 두드릴 때, 바느질을 하고 천을 자를 때 그들에게선 소리가 났다. 각각의 소리는 제각기 하나의 선율을 이루었고 이런 것들이 모여 연단에 있는 관리인의 지휘에 따라 천 개의 선율로 이루어진 교향곡이 되었다.

　음악은 강제적이었고 일종의 최면 상태의 것이었다. 풍성한 선율은 참으로 편안한 느낌을 주었지만, 그 리듬은 끊임없는 반복이었다. 마치 달리는 기차의 바퀴소리처럼.

24
프리덤빌

　니콜라스는 자신의 오른 무릎을 누군가 세게 툭툭 치는 것을 느꼈다. 니콜라스는 고개를 들고 눈을 비볐다. 아까 그 일정한 선율의 음악은 사라져버린 뒤였다. 모든 것이 고요했다. 기차가 멈춰 있었던 것이다.

　"여권과 차표를 보여주시오!" 제복을 입은 차장이 니콜라스에게 말하고 있었다.

　니콜라스가 잠에서 덜 깬 상태에서 보인 첫 반응은 짜증스러운 것이었다. 그 짜증은 니콜라스가 저스틴에게 '실현 가능한 최선의 세계'에 도착했다는 '임무 완수'의 편지를 써 보내지 못했기 때문이었다. 니콜라스는 안주머니에서 팽글로스 이름으로 되어 있는 여권과 차표를 꺼내었다.

　차장은 이것들을 살펴보고 나서 다시 돌려주었다.

　"고맙습니다. 교수님이시군요? 아마 휴가를 가시나 보죠?"

　니콜라스는 그럴 거라고 대답했다.

　"재미있는 이름이군요, 팽글로스라……." 차장이 말했다.

"예, 특이한 이름이죠. 이 이름은 이 세상이 실현 가능한 최선의 세상이라고 믿었던 볼테르가 창조해낸 인물의 이름과 같지요." 니콜라스가 이에 덧붙여 말했다.

"그 분은 이곳에서는 살 수 없었겠군요." 차장이 무뚝뚝하게 말했다.

"죄송합니다만, 여기가 어디지요? 이 나라 이름은 뭐지요?" 니콜라스가 물었다.

"당신이 가고 있는 곳이 어딘지 모른다고요?" 차장이 놀라서 말했다. "여기는 리버타리아Libertaria이고, 당신은 그 수도인 프리덤으로 가고 있습니다."

"여기서 살기가 그리 나쁜가요?" 니콜라스가 물었다.

"이곳에서는 운이 없거나 실직했거나 한 사람들은 살 곳이 못됩니다." 차장이 침울하게 말을 이었다. "하지만 일부에게는 괜찮지요. 어쨌거나 휴가 잘 보내십시오, 팽글로스 교수님. 프리덤에서 즐거운 시간을 보내시리라 믿어 의심치 않습니다." 그는 문을 닫고 사라졌다.

니콜라스는 창 밖을 내다보았다. 밖은 어두워지고 있었다. 그가 볼 수 있던 것은 수많은 승강장과 각각의 기차들이 서 있는 선로들이었다. 비가 내리고 있었다.

니콜라스는 복도 밖에서 나는 발자국 소리를 들었다. 누군가 그의 객실 문을 다시 열었다. 아까 차장과는 다른 사람이었다.

"표 주시오!" 차장이 말했다. 니콜라스는 차표를 다시 건네주었다.

검표원은 이것을 살펴보더니 돈을 얼마 내라고 요구하였다.

"무슨 말이요? 나는 이미 이 차표의 값을 치루었는데요?" 니콜라스가 항의했다.

"물론 그렇겠지요. 하지만 당신은 지금 리버타리아에 있는 겁니다. 당신은 단지 여행 경비만 지불한 것이지요. 이제 좌석 요금을 지불해야 합니다. 그 좌석은 '공정 요금 회사' 소유이지요. 그 회사는 이 좌석을 공동 소유하고 있습니다. 그리고 당신이 리버타리아에 있는 동안 이 좌석을 이용한다면 요금을 내야 합니다." 검표원이 말했다.

"하지만 이런 것이 정말 공정한 겁니까?" 니콜라스가 항의했다.

"기분 나빠하지 말아요. 언제든지 당신은 여기저기를 둘러보고 더 싼 좌석을 찾아 이용할 수 있으니까요."

"만약 서서 간다면?" 니콜라스가 물었다.

"그렇다면 당신은 복도 이용 요금을 내야 합니다. 그게 아마 싸겠군요. 그리고 아마 철로 추가분이 있습니다." 검표원이 말했다.

"그건 또 뭐지요?" 니콜라스가 물었다.

"철로를 사용한 댓가지요. '고속 철로 회사'가 철로를 소유하고 있으니까요. 그리고 당연한 말씀이지만 제가 그 요금을 관리합니다. 철로를 관리한다는 것은 돈이 들거든요." 검표원은 그 밖의 명목으로 적지 않은 양의 돈을 요구했다.

"물론, 당신이 이 삯을 내고 싶지 않다면 기차에서 내리시면 됩니다."

니콜라스는 다시 한 번 창 밖을 내다보았다. 비가 억수같이 쏟아지고 있었다. 그는 자신의 지갑을 들여다보았다. 그의 지갑에 돈이 별로 없었으며, 더구나 모두 코뮤니타리아 화폐였다. 니콜라스는 검표원에게 이 문제를 상의했다.

"언제든 원하는 때에 역에서 환전할 수 있습니다." 검표원이 말했다. "하지만 시간이 얼마 남지 않았군요. 기차는 30분 뒤에 떠납니다. 기차가 떠난 뒤에 오늘 안으로는 환전할 수 있는 역이 없을 겁니다." 검표원이 이 말에 덧붙여 다음과 같이 말했다.

"기차에서 내리면 '승강장 서비스 회사'에 승강장 사용료를 내야 합니다. 이 회사는 승강장을 소유하고 있고 역시 제가 요금을 관리하지요." 검표원은 또 다른 명목의 돈을 요구했다.

"만약 이런 요금들을 내지 않는다면요?" 니콜라스가 점점 끓어오르는 마음을 억지로 누르고 말했다.

"좌석 요금이나 복도 이용 요금 그리고 선로 이용 요금을 내지 않는다면, 당장 이 기차에서 내리라고 말할 수밖에." 검표원이 말했다.

"그러면 만약 내가 승강장 요금을 내지 않으면?" 니콜라스가 말했다.

"그런 경우에는 기차에서 내리는 것이 허용되지 않습니다. 당신의 선택에 달렸지요. 선택의 자유! 이것이야말로 리버타리아에서 우리가 믿고 있는 것이지요." 검표원이 말했다.

니콜라스는 돌아와서 그 요금들을 내겠다고 약속하며, 대신에 자신의 가방을 자리에 남겨둔 채 승강장에 내려 역사를 향해 급히 걸었다. 그는 역사 중앙의 양편에 있는 몇몇 환전소를 발견했다. 니콜라스는 왼편의 좀 더 그럴 듯 해 보이는 환전소를 향해 걸었다. 환전소의 창엔 각 나라의 통화에 대한 환율을 적어 놓은 포스터가 붙어 있었다. 창 안쪽에는 금발의 중년 여성이 앉아서 손톱에 매니큐어를 바르고 있었다. 환전소에는 비참한 인상으로 여덟 명이 줄 지어 서 있었다. 니콜라스는 무슨 일이냐고 그들 중 한 명에게 물어보았다.

"돈이 떨어졌어요. 그래서 기다려야 합니다."

"얼마나 오래 기다려야 하는데요?"

"누가 알겠어요?" 대답은 이러했다.

니콜라스는 '신속 환전 회사'라고 씌어 있는 이동 가판대로 만들어진 다른 환전소로 뛰어갔다. 그 환전소 밖에는 각각의 환율이 적힌 플래카드가 걸려 있었는데, 이 환율들은 리버타리아 화폐로 자기가 가진 타국 돈을 바꿀 사람에게는 약간 불리하였다. 일정 금액 이하를 환전하려면 그 환율은 더 불리하게 차이가 났다. 이 환전소에는 줄서서 기다리는 사람도 없었고 환전 업무도 매우 신속했다. 니콜라스는 선택의 기로에 있었고 적은 금액을 아주 형편없는 환율로 바꿔서 기차로 돌아왔다. 검표원은 니콜라스를 기다리고 있었다. 니콜라스는 기차가 다시 움직이기 시작할 때, 검표원에게 돈을 지불하고서 세 장의 영수증을 받았다.

기차가 점점 속도를 높이기 시작했고, 니콜라스의 근심은 쌓여만갔다. 여기에 오기까지 니콜라스는 오직 프리덤으로의 탈출만 생각했던 것이다. 하지만 이제 그는 그가 탈출하여 발길을 향하고 있는 그곳이 어떤 곳인가 생각해야 하고, 그 거창한 이름만 알고 있는 그곳에서 어떻게 살아갈 것인가를 생각해야 했다. 그에게는 약간의 돈, 그리고 가방 안에는 가죽이 둘린 망토를 비롯한 옷 몇 벌, 그리고 팽글로스 박사의 이름으로 되어 있는 여권만이 남아 있을 따름이었다. 아무리 머리를 짜내어봐야 자신에게 도움을 줄 수 있는 리버타리아 출신 동료 교수의 이름을 생각해낼 수가 없었다.

기차는 엄청난 속도로 여러 역을 거쳐 지나갔다. 한 시간 혹은 한 시간 반이 지나서, 기차는 거대한 도시의 외곽에 들어섰다. 니콜라스는 고민했다. 오늘밤을 보낼 숙소를 구할 수 있을까?

안내 방송이 시작되었고 커다란 목소리로 잠시 후 프리덤에 도착한다고 알려주었다. 니콜라스는 여행 가방을 선반에서 내렸다. 기차가 멈춰섰다. 니콜라스는 거의 황폐화된 승강장에 내려섰고 역사를 향해 걷기 시작했다. 기차 역사는 여느 도시의 야경에서나 볼 수 있는 그런 사람들로 가득 차 있었다. 핫도그를 파는 사람, 술 취한 사람 몇 명, 벤치에 누운 채 잠들어 있는 여행객들, 눈에 거슬리는 가출 청소년들. 니콜라스는 문가와 어두운 구석 자리에 담요만 덮고 자는 놀랄 만큼 많은 사람을 볼 수 있었다. 그는 빠른 걸음으로 그들을 지나쳐 역사를 빠져나와 거리로 나섰다. 비가 오고 있었으며 매우 추웠다. 저 편에 '호텔'이라고 씌어진 네

온사인을 볼 수 있었다. 니콜라스는 길을 건너 호텔을 향해 걸었다.

가까이 가니 호텔의 간판이 보였다. 니콜라스는 이 호텔의 이름이 참으로 마음에 든다고 생각했다. '순례자의 안식처' 니콜라스가 생각하기에 자신은 여행자나 이주자나 방문자가 아니라 순례자였다. 예정된 목적지가 없이 정처 없는 여행을 해야 하는 순례자.

'순례자의 안식처'가 과연 최후의 안식처가 될 수 있을까? 아니면 단지 거쳐 지나가는 하나의 역에 불과할 것인가? 니콜라스는 궁금해졌다.

니콜라스는 호텔 로비에 들어섰다. 깔끔하고 단정한 호텔이었지만 약간 낡은 느낌도 들었다. 살집이 좋은 나이든 남자가 계산대에 앉아 있었는데, 수없이 많은 사람이 거쳐 지나가는 곳에서 일한 결과 생긴 무관심이 몸에 밴 사람이었다.

"501호실로 가세요." 그 늙은 남자가 처다보지도 않은 채 말했다. "일행, 목욕, 아침, 애완 동물은 안 됩니다. 그리고 내일 정오까지 나가셔야 하구요." 그는 방 열쇠를 건네주기 전에 니콜라스에게 여권을 보여달라고 하였다. "4층까지 승강기를 이용하시고 그 이후에는 비상 계단을 이용하시오."

니콜라스는 여행용 가방을 둘러메고 그 늙은 남자가 말한 대로 했다. 니콜라스는 경사진 지붕 밑에 딸린 작은 다락방에 들어갔다. 이것은 작았고 내부 장식도 없었으며 상자처럼 생긴 작은 유리창이 달린 다락방이었다. 니콜라스는 옷을 입은 채로 뒤척이며 잠에 곯아 떨어졌다.

25
화폐

니콜라스는 다음날 아침 일찍 일어나서 재빨리 옷을 입고 호텔 로비로 내려갔다. 호텔 프런트에는 갈색 곱슬머리에 테 없는 안경을 낀 젊은이가 앉아 있었다. 그는 코르덴 재킷과 단추를 채우지 않은 셔츠를 걸치고서 신문을 읽고 있었다. 니콜라스는 테이블 위에 열쇠를 올려놓았다. 젊은이는 신문에서 눈을 떼지 않고 여권을 돌려주었다.

"교수이십니까?" 젊은이가 못마땅하다는 듯이 물었다.

"맞소." 니콜라스가 상냥한 어조로 대답했다.

젊은이는 얼굴을 찌푸렸다.

니콜라스는 헛기침을 한 번 하고서 용기를 내었다. "저……여기서 좀 더 지냈으면 하는데. 방을 며칠 더 쓸 수 없을까요?"

"며칠이나요?" 젊은이가 호텔 숙박부를 펼치며 투덜대듯이 물었다.

니콜라스는 급히 헤아려 보았다. 식비나 생필품 비용을 최소한으로 줄인다면, 딱 한 달 동안 버틸 수 있는 돈이 남아 있었다. 하지만, 무리하지 않는 편이 나을 듯싶었다.

"한 7일 정도?"

젊은이가 고개를 들어 처음으로 다소 관심을 보이면서 말했다. "좋습니다."

니콜라스는 대답했다. "저……저는 여기 아는 사람이 아무도 없습니다. 그래서 말인데, 저는 일자리를 구하고 싶거든요."

젊은이는 공허한 웃음을 흘렸다. "그렇지 않은 사람이 어디 있습니까?"

"그렇게 힘든가요?" 니콜라스가 물었다.

"힘들다고도 말할 수 없습니다." 젊은이가 말했다. "정말 불가능에 가깝죠. 나도 더 좋은 직장을 구할 수 있었으면 이런 일은 하지 않았을 겁니다. 이만한 일이라도 얻었으니 다행이죠."

"어떤 직업을 원하는데요?" 니콜라스가 물었다.

젊은이가 어깨를 으쓱했다. "아무 거나요. 경영자, 회계사, 사무원 같은 거요. 있잖아요, 교수님(그는 교수님이라는 단어를 약간 씁쓸한 어투로 말했다), 저는 대학에서 경제학을 전공했습니다. 소위 학위라는 것도 받았죠. 그게 문제예요. 제가 취업을 하려고 하면 그때마다 사람들은 저보고 학력이 너무 높다고들 합니다. 그 사람들 말은 제가 더 나은 직장이 생기면 곧 옮길 것이기 때문에 그 직장에 오래 남지 못할 거라는 거죠. 저는 지난 6개월 동안 무려 200번이나 지원서를 냈습니다."

"끔찍하군요!" 니콜라스는 공감을 나타냈다.

"끔찍하지요." 젊은이도 동의했다. "그래도 불황으로 인해 완전히 의기소침해져서는 안 됩니다. 교수님의 전공 분야는 무엇입니까?"

"저는 계몽주의를 연구하는 학자랍니다." 니콜라스가 답했다.

"맙소사!" 젊은이가 말했다. "쓸모없는 졸업생들을 생산하는 분이 여기 또 한 분 계시네."

니콜라스는 낙심하였다.

"선생님이 해야 할 바를 알려드리지요." 젊은이의 말투에는 잠시 동안의 관대함이 배어 있었다. "대학에 가서서 계몽학 분야나, 선생님께 맞는 다른 분야의 교수직을 모집하는지 알아보세요. 행정실로 가시면 구인 리스트를 보여줄 겁니다. 그런데 그곳에 있는 동안에 저의 옛 스승이신 팁스터 교수의 강의를 들어보세요. 그 분은 언제나 사람들에게 웃음을 주시고 돈 버는 방법에 대해서도 자유롭게 충고를 해주시곤 합니다. 어쩌면 그 분이 선생님께 아이디어를 주실지도 모르죠. 그렇게 된다면 제게 팁이나 두둑히 주세요. 참, 제 이름은 레온입니다. 역 부근에서 8번 버스를 타시면 대학에 가실 수 있습니다."

니콜라스는 레온에게 진심으로 감사를 표하고 떠났다. 역 주변의 쇼핑 구역은 주로 섹스 숍, 실내 경마장들과 '성인' 영화 전용 비디오 클럽들, 수표 교환점과 환전소(그는 '신속 환전 회사'도 여기에 포함되어 있다는 것을 알아볼 수 있었다), 24시간 편의점과 낙오자들처럼 버려진 카페들로 이루어져 있는 것 같았다. 사람들은 담요를 두르고 문 앞에서 몸을 웅크린 채 지나가는 행인들에게 커피 한 잔 값을 구걸하고 있었다. 그는 돈을 조금 바꾸어 그 중 한 카페에서 커피를 마시고 8번 버스 정류장을 향해 걸어갔다.

버스 정류장은 전면이 정원과 낮은 벽으로 된 사무실 건물이 있는 기차역 부근의 길가에 있었다. 정류장으로 다가가면서 그는 작은 여행 가방을 옆에 두고서 낮은 벽 위에 앉아 있는 중년의 남자를 주의해서 보았다. 그 남자는 말끔하게 면도를 하고 넥타이를 맨 정장을 잘 차려입고 있었으며, 실업가나 공무원처럼 보였다. 그는 버스를 기다리고 있는 듯했다. 8번 버스가 와서 니콜라스는 버스에 올라탔다. 그 남자는 니콜라스를 면밀히 관찰하면서 벽 위에 계속 앉아 있었다.

　대학은 크고 현대적인 캠퍼스였다. 육중한 건물들에는 모두 파랗고 하얀 표시가 있었다. 그는 행정실이 있는 캠퍼스 중앙의 창이 없는 큰 건물로 걸어갔다. 정문에 다다르자 정면에 사환이 있는 프론트가 있었다.

　니콜라스는 물었다. "제게 마땅한 일자리가 있는지 알아보려면 어디로 가야 되나요?"

　사환은 그에게 2층에 있는 인사과로 가는 길을 일러주었다. 돌계단을 오르면서 니콜라스는 이런 식으로 교수직을 찾는 것이 거의 정상적이지 않다고 생각했다. 하지만 다른 어떤 방도가 있을 수 있겠는가? 적어도 그는 학과 리스트와 교수진 명부는 얻을 수 있을 것이다. 어쩌면 그가 익히 명성을 알고 있는 교수의 이름을 발견할 수 있을지도 모른다. 그리고 어쩌면 교수직이 아닐지라도 그가 지원할 수 있는 직위가 있을지도 모른다. 예를 들면 대학 도서관 같은 곳에 말이다. 그도 아니면 캠퍼스 정원을 가꾸는 일에는 종사할 수 있지 않을까?

　인사과에는 전면이 유리로 되어 있는 칸막이 창구들이 일렬로 이어져 있었으며 많은 사람이 대기하고 있었다. 그는 '결원' 표시가 붙어 있는 창구로 다가갔다. 그곳은 닫혀 있었다.

　그는 유리창을 두드렸다. 아무도 오지 않았다. 그는 거듭 두드렸다. 딱딱한 표정에 뿔테 안경을 쓴, 나이를 짐작할 수 없는 여인이 그의 앞에 나타났다.

　"원하는 게 뭐죠?" 그녀가 공격적으로 물었다.

　"저기 말이죠" 그는 대답했다. "이 대학에서 취업의 기회를 얻을 수 있을까 해서 그러는데요."

　"자리가 없습니다. 그렇기 때문에 이 부서가 닫혀 있는 것이지요." 그녀는 다소 짜증 섞인 어투로 귀찮은 표정을 지으며 말했다.

그녀는 무관심을 나타냈으며, 그는 이러한 무관심에 익숙해지고 있었다. 그는 한 번 더 질문을 던짐으로써 그것을 테스트해보기로 결심했다.

"앞으로도 가능성이 없을까요? 저는 외국에서 온 학자인데, 어떤 것이든 적당한 자리만 있으면 여기서 일하고 싶습니다."

그녀는 여전히 아무런 관심이나 호의도 보이지 않고 그를 쳐다보았다. 그는 짜증나는 질문을 늘어놓는 또 한 명에 불과했던 것이다.

"이름과 학위를 남기고 가시면 리스트에 올려놓겠습니다." 그녀는 의례적인 상냥함을 섞어 대답하고서 그에게 종이 한 장을 내밀었다. 그는 그것이 짜증나는 질문을 했던 사람들의 리스트임을 추측할 수 있었다. 그럼에도 불구하고 니콜라스는 자신의 이름도 올려놓아야겠다고 생각했다. 그러나 어떤 이름을 올려놓을 것인가? 여권을 고려하면 팽글로스라는 이름을 사용하는 것이 나을 듯했지만, 계몽주의에 대해서 조금이라도 아는 사람이라면 누가 팽글로스 박사의 지원서를 진지하게 받아들일 것인가? 그는 위험 부담을 무릅쓸 수밖에 없었다. '학위'란에 그는 그의 학위를 적어놓고 '전문 분야'란에는 '계몽주의'라고 썼다. '희망 구직 분야'라는 칸도 있었는데, 그 밑에 그는 다음과 같이 적었다. "적당한 자리가 주어진다면, 어떤 것이라도 좋습니다. 예를 들면 교수직이나 연구직, 도서관이나 캠퍼스 정원 관리직 같은 것."

"한 가지만 더 물읍시다." 그는 뻣뻣한 여인에게 말했다. "학과 리스트와 교수진 명부를 얻을 수 있을까요?" 그녀는 잠시 자리를 떴다가 대학의 명부를 가지고 돌아왔다.

"아 참, 마지막으로 하나만 더요." 그는 말했다. "팁스터 교수는 지금 어디서 강의를 하고 있나요?"

"이곳 학생이 아니면 수업료를 내야 합니다." 그녀는 금액을 제시하면서 대답했다. 그는 수업료를 지불하고 영수증을 받아들고서 그녀가 일러

준 경제학 강의실로 향했다.

경제학과에는 다양한 강의들을 알리는 안내판이 있었다. 팁스터 교수는 한 시간 뒤에 '화폐의 이론과 실제'라는 강의를 하기로 되어 있었다. 니콜라스는 캠퍼스를 돌면서 산책을 한 뒤에 뒷 줄에 좌석을 잡기 위해 강의실로 향했다.

팁스터 교수는 잿빛 머리에 작고 옹골찬 남자였으며, 네모난 얼굴에 콧수염을 기르고 덥수룩한 눈썹을 쉴 새 없이 움직이면서 표정을 바꾸곤 했다. 그는 강한 톤으로 이야기했으며, 가는 고음으로 음절 하나하나를 똑똑 끊어서 분명히 발음했다. 그리고 강조할 때면 교탁을 손으로 쾅쾅 두드렸다. 그가 내뱉는 말 속에는 가끔씩 단어들이 포함되어 있긴 했지만, 대부분은 모든 사람이 볼 수 있도록 머리 위로 투사되는 영사기를 통해 스크린에 비추어지는 수학적이고 대수학적인 기호들로 표시된 방정식들로 이루어져 있었다. 전반 15분 동안의 강의 내용 대부분은 니콜라스에게는 불투명했다. 그동안에 그는 주의 깊게 강의를 듣고 있는 학생들을 눈여겨보았다. 그때 갑자기 팁스터 교수가 강의 내용을 바꾸었다.

"자," 그가 말했다. "오늘 이론 수업은 이 정도에서 끝냅시다. 이제 실제로 들어가볼까요."

뜻밖에도 니콜라스는 학생들이 일제히 흥미를 잃은 듯이 바로 강의 노트를 덮어버리는 것을 볼 수 있었다.

"돈이라는 것은" 팁스터 교수가 강의를 이어나갔다. "내가 관찰해온 바에 의하면, 아무도 남보다 적게 갖기를 원치 않는 바로 그런 것입니다. 사람들은 모두 최소의 비용으로 더 많은 돈을 획득하는 기술을 얻기를 갈망하지만 소수만이 이를 성취할 수 있습니다. 나는 그러한 기술의 공인받은 대가로서 그 신비를 더 많은 사람에게 널리 알리고자 하는 의미에서(수강생들 사이에서 킥킥대는 웃음소리가 새어 나왔다), 한두 가지 충고를 끝으로 오늘의 강의를 마치고자 합니다. 여러분, 리버타리아 국립 도서관에 투자하십시오. 도서관은 민영화 과정에 있고 주식은 엄청나게 싼 값으로 팔리고 있습니다. 국립 도서관 주식을 사서 크게 한 번 벌어보십시오. 장담하는 바입니다만, 내 충고를 따르면 여러분들은 지금 가진 돈을 세 배나 네 배까지도 불릴 수 있습니다. 그는 슬라이드를 스크린 위에 투사했는데, 그 위에는 다음과 같은 공식이 나타났다. "X×3=3X 그리고 X×4 =4X." 청중들은 또 한 번 킥킥대며 웃었다. "내가 이토록 확언할 수 있는 이유는 간단하지만, 결과에 앞서 미리 그 이유를 밝히지는 않겠습니다. 하지만 제 말을 믿으십시오. 국립 도서관 주식이야말로 오늘의 돈이 몰려 있는 곳입니다. 여러분들 스스로 부를 늘리십시오!"

이 마지막 말이 끝나자, 학생들은 미적지근하고 다소 야유가 섞인 박수를 터뜨렸다. 니콜라스는 자신의 오른쪽 옆의 신입생인 것처럼 보이는 학생에게 그의 동료들이 교수의 실제적인 지식에 대해서는 그의 이론적 지식만큼 관심을 보이지 않는 이유를 물어보았다.

"우리는 모두 돈에 관심이 있습니다." 그 학생이 설명했다. "다만 우리는 돈이 없습니다. 우리에게 투자하라고 말하는 것은 좋습니다. 하지만 우리들 대부분은 교재도 살 수 없을 정도의 근소한 대여 학자금으로 살아가고 있습니다! 우리는 교수님의 충고를 따르는 위험을 감수할 수는 없지요!"

팁스터 교수는 연단 위에 남아서 학생들에게 이야기하고 있었다. 니콜라스는 마지막 몇 분 동안의 강의에 감명을 받았으며, 팁스터 교수의 외모가 풍기는 권위와 확신에 매혹되었다. 니콜라스는 그에게 다가가기로 결심했다.

"실례합니다. 팁스터 교수님." 그가 말했다. "저는 외국에서 온 방문객입니다. 교수님의 강의를 잘 들었고, 질문을 하나 하고 싶습니다."

"좋습니다." 팁스터가 흔쾌히 승낙하면서 눈썹을 추켜세웠다. "외국에서 온 방문객을 만나는 것은 내게 늘 반가운 일이지요. 특히 당신처럼 한참 진행중인 자유 경제를 보고 싶어서 온 성인 학생이라면 말입니다. 당신은 시간을 잘 맞추어 왔군요. 새 정부 아래서 전면적인 민영화가 진행되고 있습니다. 얼마 안 있으면 우리는 '공공'이라는 단어가 무엇을 의미하는지조차 모르게 될 테니까요! 국립 도서관 주식의 발행은 시작일 뿐이지요. 그게 끝나면 공공 도서관은 민영화될 것이고, 그 다음에는 박물관, 미술관, 오페라 하우스와 기념물 차례랍니다. 그리고 나면 공립 공원과 해변들이 공동 소유 형태로 팔리게 될 겁니다. 경탄할 만한 자유의 폭발이지요. 사고팔 수 있는 자유, 그리고 무엇보다도 소유할 수 있는 자유 말입니다. 정말 훌륭해요! 훌륭하다고 생각하지 않습니까?"

"아직은 잘 모르겠습니다." 니콜라스가 조심스럽게 말했다.

"매우 신나는 일인 것 같습니다만. 그런데 제게 한 가지만 알려주셨으면 좋겠습니다. 어떻게 하면 제가 국립 도서관의 주식을 살 수 있고, 또 어떻게 하면 그것을 팔 수 있습니까?"

"세상에서 가장 쉬운 일이지요." 팁스터가 말했다. "우체국에 가서 도서관 주식을 신청하시오. 모든 사람은 개인당 1000주를 살 수 있지요. 주식을 배당받으면 내 주식 중매인을 찾아가보시오(그는 지갑을 열어 니콜라스에게 명함을 하나 내밀었다). 그 사람이 당신을 대신해서 그걸 팔아줄 겁니다. 내 소개로 왔다고만 이야기하면 됩니다." 팁스터가 손을 내밀었다. "만나서 반가웠소. 당신 이름이 뭐라고 했지요?"

"팽글로스입니다." 니콜라스가 말했다.

"잘 어울리는 이름이군." 팁스터는 비꼬듯이 말하면서 서둘러 갈 길을 갔다.

니콜라스는 '주식 중매인 오스굿 미클스러스트'라고 쓰인 명함을 처다보았다. 그는 그것을 주머니에 넣고 캠퍼스를 가로질러 교문을 향해 걸어갔다. 나가는 길에 커다란 안내판이 그의 눈길을 끌었다. 그 위에는 '리버타리아 정신의학자 협회 – 연례 모임'이라는 문구가 적혀 있었다. 모임은 오후 4시에 한 대학 건물 안에서 리셉션과 함께 열릴 예정이었다. 니콜라스는 대학을 나와서 인근의 우체국으로 가면서 마음 속으로 어떤 생각을 떠올렸다가 지우고 다시 떠올리고를 반복했다.

26
정신의학자들

우체국의 '주식 매매' 창구에는 사람들이 몰려 서로 앞 다투면서 밀고 부딪치고 있었다. 연령도 천차만별이고, 외양에서 풍기는 부유함의 정도도 저마다 다른 사람들이 창구에 가서 주식을 사겠다는 단 하나의 바람으로 한데 뭉쳐 있었다. 니콜라스는 입구에 있는 신청서 양식을 한 장 집어 기입한 다음에, 그 용지를 허공에 흔들어대고 다른 사람들과 함께 소리치면서 인파 속에 합류했다. 창구의 직원이 군중을 통제하고자 했지만 소용이 없었다. 니콜라스는 조금씩 앞으로 비집고 나아갔다. 그는 안지 얼마 되지도 않은 사람의 충고를 따라서 그보다도 더 아는 바 없는 모험에 그가 가진 모든 것을 걸려 하고 있었다. 주식 1천 주를 정해진 값에 사고 나면 그에게는 겨우 3일을 버틸 수 있는 돈이 남아 있을 뿐이고, 호텔 숙박비조차 낼 수 없을 것이다. 그럼에도 불구하고 그는 자신이 지금 막 떠맡으려 하고 있는 위험에서 아주 낯설고 스릴 넘치는 자유를 느꼈다. 그는 곧바로 새처럼 위로 이동하거나 잠수부처럼 아래로 이동할 것이다.

어느 쪽이든 그는 지금 미지의 세계를 향해 자유롭게 나아가고 있는 것이다. 그는 자신의 자아에 대해 전혀 새롭고 뜻밖의 무언가를 발견한 것이다. 그의 자아 내부에는 투기꾼의 강렬한 욕망이 정박해 있었던 것이다. 그의 유일한 두려움은 그 욕망의 충족 시기가 너무 늦지는 않았는지 여부였다.

마침내 창구에 이르러 니콜라스는 '프리덤 시, 순례자의 안식처 호텔 팽글로스 박사'의 명의로 작성된 지원서 양식을 창구에 제출했다. 니콜라스는 직원에게 주식을 배당받으려면 얼마나 기다려야 하는지 물었다.

"좀 기다리셔야 합니다." 여직원이 대답했다.

"얼마나요?" 그가 집요하게 물었다.

"조금요." 아무런 도움도 되지 않는 대답이었다. 안내해주어야 할 직원이 아무 것도 안내해주지 않고 있는 것이다. 그리고 나서 여직원은 주식 값에다가 예상하지도 않았던 높은 수수료까지 덧붙여 청구하였다. 결국 그의 여비는 하루를 겨우 버틸 수 있는 액수만큼으로 작아졌다. 그럴수록 니콜라스는 더더욱 자유롭게 느꼈다. 이제 전부가 아니면 전무였다. 호텔로 돌아가기 위해 우체국을 나설 때에는, 머리와 호주머니가 모두 가볍게 느껴졌다.

그는 휘파람을 불면서 호텔방으로 올라가서 옷을 벗었다. 그 다음에 그는 여행 가방에서 초록색 벨벳 상의와 밝은 노란색 셔츠 꺼내 입고, 빨간색 물방울 무늬의 나비 넥타이를 꺼내 매었다. 그리고 계속 휘파람을 불면서 방에서 나와 엘리베이터 쪽으로 걸어 내려가 1층으로 내려가서, 호텔을 떠나 8번 버스 정류장으로 걸어갔다. 그는 아침에 거기서 본 적이 있는 여행 가방에 옷을 잘 차려입은 남자가 여전히 벽에 앉아 있는 모습을 알아볼 수 있었다. 니콜라스는 희미하게 고개를 끄덕이며 인사를 했으나, 그는 응답하지 않았다. 니콜라스는 대학으로 가는 버스를 탔다. 4

시가 가까워지고 있었다.

그는 곧장 본관 건물 가운데 하나인 건물의 2층에서 열리는 정신의학자 대회로 향했다. 건물에 들어서서는 서둘러 남자 화장실로 달려갔다. 다행히도 화장실에는 아무도 없었다. 그는 상의 주머니에서 회색으로 물들인 턱수염을 꺼내 얼굴에 조심스럽게 붙이고 매끈하게 다듬었다. 그는 커다란 거울 속에 비친 자신의 외모를 찬찬히 살펴보고 나서 만족스러운 듯이 화장실에서 나와 2층으로 올라갔다.

정신의학자들은 모두들 긴 테이블 위에 차려진 맛좋은 비스킷 접시와 찻잔과 커피 잔을 들며 서로 만나 인사를 나누고 있었다. 방 안은 사람들로 가득 차 있었고, 니콜라스는 그 중 대부분을 알고 있는 듯이 느꼈다. 그는 자신감을 가지고 테이블 쪽으로 걸어가 커피 잔과 비스킷 한 접시를 들었다. 누군가가 그의 왼쪽 어깨에 손을 얹었다.

"친애하는 내 동료, 글로불루스." 친숙하지 않은 이 목소리의 주인공은 줄리우스 스터펑턴이라는 명찰을 트위드 재킷 위에 달고 빨간 체크 무늬 셔츠를 입은 통통한 남자였다. "여기서 자네를 볼 수 있다니 정말 좋군. 아니, 이게 얼마 만인가. 우리가 헤어지고 나서도 그동안 이곳 리버타리아 다리 밑으로 수많은 강물이 흘러갔네. 우리가 마지막으로 본 게 어디였더라?"

"나도 기억이 안 나는걸." 니콜라스가 말했다. "그건 그렇고 새로워진 게 뭐야? 이곳에서 어떤 일들이 일어났지?"

"정말 특별한 시간이었어." 스터펑턴 박사가 말했다. "여기서 국가는 정말로 소멸해버렸어(니콜라스는 자신이 아직도 꿈꾸고 있는 것은 아닌지 의문스러웠다). 대대적인 통제와 규제는 사라졌고, 예전에 공공 부문이었던 것은 이제 모두 민영화되었지. 철도, 버스, 전화, 수도, 가스, 우체국, 법원, 공원, 해변, 감옥, 경찰, 그리고 국립 도서관조차도 말이지."

"그래." 니콜라스가 말했다. "나도 들었어."

"새 정부는 누진세 제도를 폐지했어. 돈을 많이 벌면 벌수록 세금은 더 적게 내지. 모든 것이 숨 막힐 정도로 빠른 속도로 일어났어! 자네도 내일 수상의 연설을 들으러 가겠지?"

"어디서 하는데?" 니콜라스가 물었다.

"여기 대학 병원에서. 민간 의료와 관련된 중요한 정책을 발표하려고 내일 아침에 오는데, 우리 모두 들으러 갈 걸세. 그리고 오후에는 회의가 재개되고."

"나도 가지." 니콜라스가 말했다. 또 다른 손이 그의 어깨 위에 올려졌다.

"글로불루스! 리버타리아에 잘 왔네! 자네가 와서 정말 영광일세! 알고 있는지 모르겠지만, 우리는 모두 자네의 작업을 존경하고 있어."

니콜라스는 콧소리에 가까운 목소리의 주인공을 향해 고개를 돌려 황새처럼 생긴, 창백하고 야윈 얼굴에 금테 안경을 낀 남자를 바라보았다. 명찰이 시릴 신드롬 교수라는 그의 신원을 확인시켜주었다. "여기 얼마나 있을 예정인가?"

"아, 뭐 잠시 머물 작정이네." 니콜라스가 모호하게 대답했다.

"정말이지……," 신드롬 교수가 큰소리로 외쳤다. "이만큼 반가운 소식이 어디 또 있겠나. 여기 있는 동안 이곳 대학 병원의 방문 상담의로 자네를 초빙하고 싶은데 어떻겠는가?"

"그럴 수만 있다면 내게는 더 없는 영광이지." 니콜라스는 망설이지 않고 바로 대답했다. 그는 일자리가 몹시도 필요했다.

"아니, 오히려 우리가 그렇지. 내일 아침에 정신과로 와줄 수 있겠나? 9시 30분쯤이면 어떨까? 사무실과 비서, 그 밖의 것들을 마련해주겠네. 그리고 나서 함께 수상의 연설을 들으러 가세."

또 다른 몇몇 동료도 그의 어깨에 손을 얹었고, 모두 유사한 우의를 표현하였다. 니콜라스는 같은 직업에 종사하는 전문가들로부터 이처럼 크게 존경받을 수 있다는 것은 기분 좋은 일이라고 생각했다.

리셉션이 끝났고 정신의학자들은 연례 모임 일정을 잡았다. 이 과정에서 의장이 글로불루스 박사의 참석에 대해 정식으로 언급했다. 그러자 어느 젊은 여성 정신의학자가 발언권을 신청했다. 열정적이고 떨리는 음성으로 그녀는 밀리타리아에 대항하는 대학의 보이콧을 동료들에게 상기시켰으며, 군사 정권의 잔학성을 조목조목 열거하면서 글로불루스 박사와 군사 정권의 전적인 공모관계에 대해서 상세히 이야기했다. 니콜라스는 그 진술의 정확성에 놀랐고 그 격정적이고 강렬한 열정에 애정을 느꼈다. 그녀의 그러한 모습은 실종자들에 대한 정보 공개를 요청하면서 경찰과 맞서거나 신문 편집자의 비겁한 자기 검열을 꾸짖을 때의 엘리자와 꼭 같았다. 그녀의 말이 그를 난처하게 만들 수도 있었지만, 그는 그 젊은 여인을 안아서 격려해주고 싶었다. 이제 그는 글로불루스와 그의 고용주들을 변호해야 할 것인가?

걱정할 필요가 없었다. 젊은 여인의 발언이 시작한지 2분 여 쯤 지나자 의장이 그녀의 무례한 개입에 유감을 표하면서 말을 중단시켰기 때문이다. 그리고 나서 그는 내빈들에게 존경하는 방문객을 진심으로 환영한다면 박수로 화답할 것을 요청했다. 니콜라스가 본 바로는 리버타리아의 정신의학자들이 글로불루스와 밀리타리아의 통치자들에 대해 만장일치로 호감을 갖고 있다는 사실을 확인할 수 있었다.

회합이 끝나자 그들은 모두 저녁 식사를 하기 위해 식당으로 자리를 옮겼고, 니콜라스가 만나는 사람들은 다들 자신들의 동료의 용서할 수 없는 무례함을 대신 사죄했다. 니콜라스는 체제의 수치스러운 부분은 조심스럽게 생략해가면서 밀리타리아의 최근 동향에 대해서 조금 알려주고, 리버타리아의 자유를 향해 급변하는 상황과 의학 분야의 민영화, 그 중에서도 특히 정신의학 분야에 대해서 새 정부가 약속하는 장밋빛 전망에 대해 더 많은 정보를 수집했다. 저녁 식사 뒤에는 그의 미래의 동료이자 고용주가 '신드롬 증후군'이라는 흥미로운 제목의 강연을 하였다. 니콜라스는 강의실의 앞줄에 앉아서 강연을 주의 깊게 들었다. 신드롬 교수는 '슈퍼마켓의 부리단 당나귀 증상'이라고 농담삼아 명명한 새로운 이상 징후를 발견한 것 같았다. 부리단 당나귀는, 신드롬 교수가 청중에게 상기시킨 바에 따르면 자기 코에서부터 똑같은 거리에 있는 두 개의 동일한 건초더미 중에서 어떤 것을 선택할지 몰라서 굶어죽은 당나귀이다. 그의 설명에 따르면, 신드롬 증후군은 무의미한 선택의 과잉으로부터 생기는 정신적 마비의 명백한 형태로서 이따금 자살로 귀결된다는 것이다. 그것은 명확히 리버타리아에서 한참 증대하고 있는 문제였던 것이다. 강연은 활발한 토론을 불러일으켰으며, 매우 강력하면서 확실히 비싼 치료의 다양한 형태가 논의되었다. 이날 저녁은 니콜라스에게 큰 즐거움을 주었으며, 그는 많이 배우고 크게 자극받은 채 호텔로 돌아갔다. 비록 가짜 직업일지라도 그는 전문 직업인으로서의 자신의 지위를 되찾았다. 모든 것이 확연히 잘 되어가고 있었다.

그는 다음날 아침 일찍 일어나서 글로불루스의 복장으로 차려입고, 싸구려 카페에서 커피를 마시고 나서 바로 8번 버스 정류장으로 향했다. 갈색 여행 가방의 중년 남자가 벽에 올라앉아 있었다. 그는 거기서 밤을 지새운 것이 분명했다. 그는 면도를 하지 않은 것 같았고, 넥타이는 삐딱하게 매여져 있었다. 그는 니콜라스가 자신을 주시하고 있다는 것을 알아채고서 눈길을 돌렸다. 니콜라스는 버스를 타고 병원 정신과로 곧장 갔다. 신드롬 교수가 정문에서 그를 기다리고 있었다.

"어제 강연은 정말 멋졌어." 니콜라스가 말했다.

"고맙소, 고마워." 신드롬이 칭찬에 감사를 표하면서 말했다. "이곳에서의 삶은 그 자체의 문제를 낳을 수 있다는 것이 사실이지. 오, 자유의 짐이여! 자유를 축소하지 않고서 이 문제를 푸는 게 기술이지."

"맞소." 니콜라스가 동의했다.

신드롬은 카펫이 깔려 있고, 긴 가죽 소파와 안락의자들로 우아하게 꾸며진 새 진료실로 그를 안내했다. 그는 니콜라스를 위해서 일하게 된, 단정한 차림의 비서를 소개시켜주었다. 그녀 역시 다른 사람들처럼 그의 명성에 대해 경외심을 느끼는 것 같았다. "우리는 물론 여기서의 근무 기간에 자네에게 상당액의 의뢰비를 지불할 것이네. 하지만 자네는 이곳을 찾는 환자들의 재정 능력과는 상관없이 치료비를 얼마든지 자유롭게 청구할 수 있다네. 자네도 곧 알게 되겠지만 환자들은 꽤 부유하다네." 신드롬이 의기양양하게 말했다.

자신의 단기간의 직업이 미래를 보장받았으므로, 니콜라스는 마치 선의의 바다 위를 떠다니는 것처럼 활력이 솟는 것을 느꼈다. 가라앉지 않고 계속 물 위에 떠 있으려면 최대한 말을 아끼고 사람들의 기대를 충족시키기만 하면 되는 것이다. 그는 마치 자연스럽게 전개되는 극 속에서 어떤 역할을 하고 있는 것 같았다.

"혹시" 신드롬이 제안했다. "병동을 방문해보겠나? 수상의 방문 이전에 잠시 시간이 있는데, 그녀는 바로 이곳의 새로운 강당에서 연설을 할 걸세."

니콜라스는 신드롬 교수의 뒤를 따라서 정신과 병동으로 가는 복도를 걸어갔다. 신드롬은 암호를 눌러서 잠겨 있는 문을 열었고, 그들은 공동 구역으로 들어섰다. 몇몇 환자가 집중해서 TV를 보고 있었다. TV 화면 위에는 가볍고 명랑한 음악을 배경음으로 화면 조정을 하고 있었다. 환자들은 최면술에 걸린 듯이 꼼짝 않고 앉아 있었다.

두 교수는 병동 안으로 걸어 들어갔다. 니콜라스는 자신의 왼쪽 편에 펼쳐져 있는 기이한 광경을 바라보았다. 침대 위에 윤이 나서 반들거리는 냄비와 프라이팬들, 낡은 책들, 너덜너덜한 옷들, 깃털 모양의 먼지털이가 높이 쌓여 있었고, '건드리지 마시오' '불법 침입자는 기소할 것임'이라고 적힌 팻말들이 잔뜩 널려져 있었다. 이 낡은 잡동사니들의 한 가운데에는 잿빛의 쪽진머리에 두려움이 가득 찬 눈과 오므린 입술의 작고 땅딸막한 노년의 여인이 앉아 있었다.

"저 여자는 심각한 절도 공포증, 다시 말해서 사적 소유에 대한 광적인 집착을 보이고 있지." 신드롬이 설명했다. "저 환자의 이름은 미야라네. 저 여자는 자신의 '소유 재산'이라고 선언하는 것을 절대로 남이 가져가도록 내버려두지 않을 걸세. 세상 사람 모두가 그것들을 훔치고 싶어한다고 생각하거든."

"안녕하세요, 미야 씨." 니콜라스가 말했다. 그녀는 의혹이 가득한 눈빛으로 그를 쳐다보고 나서 프라이팬을 움켜쥐었다. 그는 그녀를 안심시키기 위해 뒤로 물러섰으나, 그녀는 안심하지 않는 것 같았다.

그들은 계속 걸어갔고, 다른 환자들을 지나쳤다. 작고 둥근 안경을 끼고, 왼쪽 볼에 큰 흉터 자국이 있는 사나운 표정의 30대 중반의 작고 주름살이 많은 남자가 침대에서 튀어나와 니콜라스에게 말을 걸었다.

"원하는 게 뭐요?" 그가 쉿 소리를 내면서 위협하듯이 말했다.

니콜라스는 더듬거리면서 답변할 거리를 찾았다. "제가 원하는 것은……"

"그게 바로 문제요!" 남자가 말했다. "내가 진단해주었잖아요. 무언가를 원하고 욕망하는 것을 그치면 여기 있지 않아도 될 텐데 말이요. 만족할 줄 모르는 그 탐욕스러운 욕구를 억제하셔야 합니다. 자제하세요!"

그는 점점 더 흥분하여 소리치기 시작했다.

"정욕을 극복하라! 그러면 자유로워질 것이다. 원하는 바를 획득하려는 당신의 성향을 멈추게 하려고 모두 악전고투하고 있지 않습니까? 그렇다면 스스로 절제하고, 욕망을 멈추십시오! 그렇게 하지 않는다면 도대체 어떤 조치를 더 취할 수 있겠소?"

"고맙습니다." 니콜라스가 말했다. 신드롬이 간호사에게 손짓을 하자 그녀가 그를 친절하게 침대로 데려갔다.

"흥미로운 증상이지." 박사가 설명했다. "욕망을 두려워하는 오렉시포비아Orexiphobia증을 앓고 있어. 우리는 저 사람을 세네카라고 부르지. 그는 여기서 지내고 있는 스토아 철학자라네. 하지만 자제력을 잃을 때면 주의 깊게 감시해야 하지. 자, 자네에게 보여주고 싶은 또 한 명의 환자가 있는데, 가보자구. 그들은 병동 끄트머리에 있는 침대로 걸어갔다. 침대 위에는 실크 가운과 실크 넥타이 차림의, 매부리코에다가 왼쪽 눈 위에 검은 반점이 있는 피부가 까무잡잡하고 체격이 큰 남자가 앉아 있었다.

"우리는 이 환자를 아리스토텔레스라고 부른다네."

"이 사람도 철학자인가?" 니콜라스가 물었다.

"아니, 저 사람은 선박 소유주라네." 신드롬이 말했다. "말하자면, 자기 스스로 그렇게 생각하고 있다는 거지. 몇 년 전에 머리에 부상을 입었는데, 그래서 눈에 반점이 생겼지. 아리스토텔레스는 자기가 굉장한 부자이고 자기 소유의 모든 증권과 돈이 스위스 은행의 금고에 있다고 생각하고 있다네. 그런데 그 금고의 비밀 번호가 생각이 나지 않는다는 거야. 우리의 관심을 완전히 사로잡을 만한 금전 편집증을 수반한 기억 상실증이지."

신드롬이 니콜라스를 아리스토텔레스에게 소개하자, 아리스토텔레스는 침대에서 일어나 두 사람 모두에게 반가운 마음으로 뜨겁게 악수했다.

"5000번대에서 기억력을 더듬고 있었습니다." 그가 신드롬에게 털어놓았다. "혹시," 그가 니콜라스에게 물었다. "생각나는 번호가 있으면 하나 불러주겠습니까?"

"5982?" 니콜라스가 기꺼이 응했다. 아리스토텔레스는 미심쩍어하는 것 같았다. "나중에 제 요트로 꼭 한 번 놀러오십시오."

"물론이지요." 니콜라스가 말했다.

"세월이 많이 흘렀으니 한 번 수리를 해야겠지만."

"그러시겠죠." 니콜라스가 대답했다.

"수상의 연설을 들으러 가야 할 시간이군." 신드롬이 말했다. "자, 가 볼까?" 그들은 아리스토텔레스에게 작별을 고했고, 니콜라스는 신드롬을 따라서 복도를 지나 출입문으로 나갔다.

복도는 수상의 얼굴을 잠깐이라도 보고 싶어 몰려든 간호사들, 청소부들, 그리고 피자마와 가운 차림의 환자들을 포함한 수많은 사람들로 북새통을 이뤘다. 연설은 '강당'이라고 표시된 문 뒤의 장소에서 열릴 예정이었다. 니콜라스는 그곳이 강의를 하는 곳인지, 아니면 각종 공연을 하는 곳인지가 의문스러웠다. 전자임이 밝혀졌고, 그곳에는 연설회에 초청되어 연단 가까이 나란히 앉아 있는 정신의학자들을 포함해서 고참 의사들과 상담의들이 광범위한 청중을 이루고 있었다. TV 카메라맨과 리포터들도 와 있었고, 경호원들도 청색 천이 덮인 테이블이 있는 정면의 커다란 연단과 통로를 배회하고 있었다. 니콜라스는 신드롬과 함께 앞줄의 병원 고위 관계자들 곁에 나란히 앉았다. 10시 59분 정각이 되자, 정부 관리가 수상을 모시고 입장하여 연단에 올랐다.

그녀를 바라보자 니콜라스는 어디선가 본 적이 있는 여인을 만난 듯이 갑작스러운 충격을 느꼈다. 그녀는 몸에 꼭 달라붙는 진청색 정장에 완벽하고도 우아하게 정돈된 머리모양을 하고 있었으며, 차갑게 빛나는 눈빛에 단호하고 확고한 표정을 지니고 있었다.

"신사 숙녀 여러분," 신드롬이 병원장이라고 알려준, 은빛 머리의 의장이 말했다. "우리는 오늘 수상 져글라 힐더브랜드 여사를 영접할 수 있는 영광을 갖게 되었습니다. 수상 각하께서는 우리 모두가 학수고대해온 중요한 정책을 발표하기 위해 이 자리에 오셨습니다. 자 여러분, 수상 각하를 모시겠습니다!"

그녀는 자리에서 일어나서 날카롭고 쩌렁쩌렁 울리는 목소리로 연설을 시작했다.

"여러분," 그녀가 입을 열었다. "저는 친구들에 둘러싸인 기분입니다. 우리는 한 배를 탔으며, 그 배는 우리를 고양시키고 흥분시키는 모험 속에서 항해하고 있습니다. 새 정부 아래의 나날들은 개인적인 자유를 점점 더 광범위하고 심오하게 증대시키고 있으며, 개인의 자유를 위협해온 이른바 사회적인 교의와 정책은 추방되었습니다. 저는 정확히 '사회적'이라는 단어 그 자체가 우리들의 어휘에서 삭제된 것이 기쁩니다. 더 이상 사회적이라는 단어를 여기저기 온갖 것에다가 갖다붙이지 않아도 됩니다! 더 이상 사회 정의나 사회 복지, 사회 정책, 사회 문제, 사회 사업이나 사회 안전망은 없습니다! 사회 계급도 이미 사라졌습니다! 사회 공학도 마찬가지입니다! 내가 자주 언급한 바 있듯이 사회 같은 것은 존재하지 않습니다. 개인들만이 존재하며, 이들의 자유는 나날이 증대하고 있습니다."

"오늘 그 자유는 더더욱 증대할 것입니다. 이미 그릇된 것으로 판명되고 파산해버린 사회 의식과 사회주의의 관에 못을 한 번 더 박아야 할 때입니다. 오늘 저는 개인들을 자유롭게 만들 또 하나의 조치를 발표하게 되어서 기쁩니다. 이 개인들은 바로 여러분이 앉아 있는 자리 바로 옆에서 지금까지 살아온 사람입니다." 어리둥절해진 청중들이 동요하면서 술

렁이기 시작했다.

"제가 말하는 사람들은" 그녀가 말을 이었다. "이 병원의 정신과 환자입니다. 오늘부터 그들은 자유입니다. 그들은 지역 사회로 돌아갑니다. 그들은 감금에서 풀려날 것입니다. 정신과 병동은 훨씬 더 중요한 다른 용도로 쓰일 것입니다. 예를 들면 이 병원은 훨씬 더 많은 이윤과 훨씬 더 높은 상품 회전율을 보장받을 수 있는 미용 성형 수술 같은 것을 시술하게 될 것입니다. 그리고 그동안 이전의 이 병원 환자들은 새로운 환경에 곧 익숙해질 테고 자립을 통해 책임감 있는 시민들이 될 것입니다. 가족과 친구들은 자신들이 사랑하는 사람들, 즉 예전에는 감금되어 있었던 이들이 새롭게 획득한 자유의 열매를 누릴 수 있도록 도와줌으로써 책임을 다해야 합니다. 오늘은 그야말로," 그녀가 결론을 지었다. "정신 건강을 위한 위대한 날입니다."

그녀가 자리로 돌아가자 청중은 큰 박수와 환호로 화답했다. 니콜라스는 정신의학자들의 반응을 살피기 위해 주위를 둘러보았다. 어떤 이들은 만족한 표정이었지만 대부분은 당황한 것처럼 보였고, 어떻게 열렬한 반응을 보여야 할지 모르는 것 같았다. 신드롬 교수는 풀이 죽어 고개를 숙이고 있었다.

"정말 참담하군!" 그가 니콜라스에게 속삭였다. "일생을 바쳐온 직업이 단 한 번의 연설로 무너져버리다니. 나와 내 동료들은 쓰레기더미 속으로 내던져진 거나 다름없어. 안됐지만 우리 계약도 취소되어야 할 것 같군, 글로불루스. 이런 불행이 또 어디 있단 말인가!"

니콜라스는 쓰레기더미로 던져진 장본인이 누구인지를 생각했다. 그는 마음속으로 자신의 사무실과 비서, 그리고 두둑한 상담비에 작별을 고했다. 수상과 그 일행은 연단에서 내려왔고, 병원장은 그녀를 신드롬이 있는 곳으로 데려와 그에게 인사시켰다.

"이 분은," 그가 말했다. "정신의학 교수이신 신드롬 교수이십니다."

신드롬은 창백한 얼굴로 그녀와 악수했다. "이제 곧 한때 교수였던 사람이 되겠지요." 그가 말했다.

"그러지 마십시오, 교수님." 수상이 말했다. "지금의 교수직과 병원 영업은 사적으로 계속 유지하실 수 있습니다."

신드롬은 무슨 말을 해야 할지 몰라 니콜라스를 소개시켰다. "밀리타리아의 저명한 정신의학자 글로불루스 박사를 소개시켜드리겠습니다."

그녀는 니콜라스에게 눈길을 돌렸다. "아, 밀리타리아!" 그녀가 말했다. "한 가지 점에서만 좋은 곳이지요. 그곳에는 자유는 없고 질서만 있습니다. 우리에게는 두 가지 모두가 있습니다, 선생님." 그녀는 의기양양하게 계속 말했다. "자, 우리 함께 오늘의 의식을 거행하러 갈까요." 그녀는 수행원들을 데리고 병원장과 나란히 강당에서 휙 나갔다. 신드롬과 니콜라스는 그 뒤를 따라갔다.

수상과 그 일행이 정신과 병동으로 걸어가고 있는 동안 강당 밖 통로에서는 안전 요원들이 극성맞은 구경꾼들을 앞으로 나오지 못하도록 막고 있었다. 중앙 출입문이 열리자 수상 일행이 병동 안으로 들어갔다. 앞쪽의 TV는 꺼져 있었고, 져굴라 힐데브랜드가 병원장과 나란히 당당한 발걸음으로 병동에 들어서는 동안 간호사와 의사들은 한 줄로 서서 차려 자세를 하고 있었다. TV 라이트가 병동을 환하게 비추었고, 카메라맨들은 저마다 남보다 유리한 위치에서 촬영을 하고 있었다. 환자들은 침대에 앉아 있거나 누워 있었고, 어떤 이들은 놀란 것 같았고, 어떤 이들은 어리둥절해 있었으며, 어떤 이들은 무관심했다. 몇몇 환자들은 자고 있었다. 신드롬과 니콜라스는 침대 사이의 벽에 붙어 섰다. 병원 스태프들은 전 세계로 생중계될 광경을 직접 보려고 병동으로 들어왔다.

"신사 숙녀 여러분," 병원장이 공표했다. "우리는 오늘 수상 각하를 맞이하는 영광을 누리게 되었습니다. 수상 각하는 여러분의 인생을 바꿀 담화문을 발표하려고 이 병동에 오셨습니다. 제가 이렇게 말해도 되는지 모르겠습니다만, 그것은 수동적인 환자였던 여러분을 능동적인 행위자로 바꾸게 될 것입니다. 자, 수상 각하를 모시겠습니다!"

수상의 보좌관들이 박수를 크게 쳤고, 소수의 몇몇 환자가 박수를 따라서 쳤다. 수상은 날카롭게 쩌렁쩌렁 울리는 목소리로 말하기 시작했다.

"우리는 오늘 단 하나의 단순한 메시지를 전달하려고 이 자리에 섰습니다. 여러분들은 자유로운 몸이 될 것입니다. 여러분들은 더 이상 사회 사업과 흔히 구제 사업이라고들 하는 사업의 희생자가 되지 않을 것입니다. 여러분들은 스스로 자신을 구제할 것입니다. 여러분들은 더 이상 이 병동에 감금되어 있지 않을 것입니다. 더 이상 아무도 여러분을 감시하지 않을 것입니다! 오늘 여러분들은 자유인이 되어 지역 사회로 돌아갈 것입니다. 여러분들은 지역 사회의 귀찮은 존재가 아니라, 그 사회의 성원이 될 것입니다. 그리고 국가에 의존하던 위치에서 벗어나 완전한 시민과 소비자가 될 것입니다. 그리고 그 보답으로 여러분께 바라는 것은 다음 선거에서 우리를 지지해주는 것뿐입니다. 정부는 이미 리버타리아를 세계에서 가장 자유로운 나라로 만들었습니다. 우리가 원하는 것은……."

"아하!" 어디서 들어본 듯한 목소리가 한 침대에서 터져나와 수상의 말을 끊었다. "그게 바로 문제예요. 그래서 당신이 여기 있는 거라구요. 그 욕망이 문제라구요." 이 목소리의 주인공은 세네카였다.

"우리 모두는 자유를 원합니다." 저굴라 힐데브란트가 말했다.

"원하는 게 많으면 많을수록 잃는 게 많은 법입니다. 우리는 자신의 욕망을 제거하고 스스로를 억제해야 합니다." 세네카가 부들부들 떨면서 소리쳤다. 간호사들이 재빨리 달려와 진정제를 놓았다.

"저는 전 세계 모든 사람이 여러분이 해방되는 오늘의 이 순간을 지켜보았으면 합니다." 수상이 말했다.

"간호사들이 여러분 각자의 소지품과 자유인으로의 이행을 도와줄 1주일 분의 생계비, 그리고 새 주소지를 기입할 종이를 나누어드릴 것입니다. 밖에는 여러분을 새 주소지로 모셔다줄 앰뷸런스가 대기하고 있습니다. 목적지를 어디로 할 것인지는 여러분 마음입니다. 여러분이 사랑하는 사람들, 가족, 친구들, 그 누구의 집이든 좋습니다. 주소를 적지 않으시면 버스 터미널에 내려드릴 것입니다. 여러분 모두가 앞으로 행복한 삶을 꾸려나가길 바라겠습니다. 자유 속에서 날로 번영을 이루시길 빕니다!"

그녀가 연설을 끝내자, 간호사들이 병동을 누비면서 아직도 파자마와 잠옷 차림인 환자들에게 옷을 입으라고 성화를 했다. 니콜라스는 자신의 냄비와 프라이팬들 더미 속에서 한 발자국도 움직이지 않으려고 완강히 저항하는 미야의 모습을 발견했다. 한편, 그는 아리스토텔레스의 침대 가까이에 서 있었는데, 거기 서서 한때는 우아했는지 몰라도 지금은 누더기가 되어버린 흰 셔츠와 분홍색 넥타이의 정장 차림으로 수상에게 살금살금 다가가는 아리스토텔레스의 모습을 지켜보았다.

"수상 각하시죠?" 아리스토텔레스가 그녀에게 말을 걸었다.

"왕년에는 수상 각하를 여러 번 뵈었었죠. 제 요트에 초대했던 분들도 꽤 된답니다. 이 자리에도 상당수 오셨었지요. 그들은 정말 지루하답니다. 자기네들과 자기네 당 재정으로의 기부금에 대해서만 이야기하고 싶어합니다. 그건 그렇고, 수상 각하께서 계신 당의 재정 상태는 어떻습니까?"

"좋습니다. 신경써주셔서 고맙습니다." 그녀가 차갑게 대답했다.

"저를 아리스토텔레스라고 불러주십시오." 그가 청했다. "금고 번호를 기억해낸 다음에, 각하를 제 요트로 한 번 모시고 싶습니다. 요트 수리를 한 번 해야 되겠지만요."

갑자기 벨이 울렸고, 병원 운반팀이 퇴원하는 환자들을 인솔하고자 병동에 들어왔다. 대부분은 순순히 아래층으로 내려가 거리로 나섰으나, 미야를 포함한 몇몇 환자는 침대를 떠나기를 거부했다. 저항하는 사람들 가운데 젊은 여자 한 명과 나이든 남자 두 명은 링거 걸이를 꽉 붙잡고 있었다. 병원장과의 상의 끝에 간호부장은 떠나는 행렬을 좇아서 이들의 침대를 병동 밖으로 끌어낼 것을 운반팀에게 명령했다.

신드롬 교수는 무기력하게 체념에 빠져 이 모든 광경을 빠짐없이 주시하고 있었다. 져굴라 힐데브란트는 위풍당당하게 병동 문을 나서면서 그의 참담한 표정을 보았다. "교수님, 걱정하지 마십시오." 그녀가 말했다. "세상은 미칠 만큼 미쳐 있으니까, 교수님은 충분히 이 일을 계속할 수 있을 겁니다."

니콜라스와 신드롬은 그녀를 따라서 거리로 나왔다. 병원 출입구에는 환자들이 대기중인 앰뷸런스 위로 가까스로 기어 올라가서 가방을 움켜쥔 채 운전사에게 종이쪽지를 건네주고 있었다. 호기심으로 가득 찬 사람들이 그 주위로 몰려들었으며, TV 카메라는 이 장면을 촬영하고 있었다. 니콜라스는 세네카와 아리스토텔레스가 앰뷸런스 안으로 들어가는 것을 보았다. 그때 갑자기 운반팀이 아직도 환자들이 앉아 있거나 누워 있는 침대들을 건물 밖으로 밀면서 나왔다. 미야는 자신의 잡동사니들 속에 파묻혀 있었고, 다른 몇몇 환자는 잠옷을 입고 있었으며, 세 명의 환자는 여전히 링거 걸이에 딱 달라붙어 있었다. 병원장, 운전수, 운반팀은 모여서 상의를 했다. 그리고 나서 운전수들은 차 뒷문을 쾅 닫고, 작별의 경적을 울리면서 차를 몰고 떠나갔다. 그동안 운반팀은 침대와 링거 걸이를 밀면서 도로를 가로질러 일정한 방향으로 가고 있었는데, 니콜라스는 그 목적지가 버스 터미널임을 짐작할 수 있었다. 출발중인 행렬의 말미에는 햇빛에 반짝이는 냄비와 프라이팬으로 무장한 미야가 있었으며, 그녀는 실눈을 뜬 채 입술을 꼭 오므리고 있었다.

"글로불루스, 이제 자네가 일할 자리는 없어져버렸네." 신드롬이 말했다.

"밀리타리아에서 내 일자리까지 좀 알아봐줄 수 있겠나? 자, 점심 식사나 하러 가세."

그들은 오찬회의 동료 정신의학자들과 합류했다. 모두들 방금 목격한 상황에 대한 니콜라스의 견해를 듣고 싶어했다. 이런 상황에서 글로불루스는 어떻게 말했을까를 떠올려보면서, 그는 자신이 정신 건강에 대한 힐데브란드 정책을 열렬히 지지한다고 주장했고, 동료들에게도 새로운 상황에 적응하고 그로부터 이익을 얻을 수 있는 방법을 생각해보라고 권유했다.

점심 식사 후 커피를 마신 다음에 정신의학자들은 건물 안뜰에 어정쩡하게 서서 자신들의 미래에 대해서 근심에 찬 대화를 나누었다. 니콜라스는 오후의 강의 일정표를 살펴보았다. 특별히 하나의 강의가 그의 눈길을 사로잡았다. 대강의실에서 오후 3시에 '정신분열증의 양의성'에 대한 워크숍이 열릴 예정이었다. 그는 혼자 산책을 하고 나서 시간 맞춰 그 강연에 참석해야겠다고 결심했다.

그는 기분 좋게 산책을 끝냈고, 3시 15분에 강의실에 도착했다. 니콜라스는 사람들이 눈치채지 못하도록 문을 아주 천천히 조심스럽게 열었다. 강연자의 목소리가 동요로 흔들리는 듯했다.

"……그리고 분열증적인 정신에 대한 나의 연구는, 그것이 특정한 상황에서는 아주 높은 강도의 활력을 갖게 된다는 것을 밝혀주었습니다. 말하자면, 분열된 인성은 자기 자신과 마주치고 이 마주침에 특별한 현실감을 부여할 수 있는 것입니다. 때로는 이것이 아주 공공연한 방식으로 일어날 수 있습니다. 이 증상들은 소통 불가능한 환상이라는 사적인 것에 한정되는 것이 아니라……."

니콜라스는 강의실 안에 들어가려고 문을 살짝 열었다. 기절초풍하게도, 그의 눈에 들어온 맞은편의 사람은 초록색 벨벳 정장에 노란 셔츠와 빨간색 물방울무늬 넥타이를 매고 회색 턱수염을 기른 채, 빛나는 안경 너머로 사악한 눈을 번득이면서 강의실을 가득 메우고 존경심에 가득 차서 강의에 몰두해 있는 청중에게 손짓을 써가며 강연을 하고 있는 오르빌 글로불루스였다.

"가끔씩 정신분열자는 유령으로 구현된 자신의 화신을 보고 있다고 확신합니다. 아시다시피, 이것은 죽음을 예고하는 실재적인 현존처럼 체험됩니다……."

그 순간, 글로불루스의 눈길이 니콜라스에게 닿았다. 그는 입을 벌린 채로 얼어붙었다. 침묵이 뒤따랐고, 곧이어 청중은 하나같이 눈빛을 강연자에게 고정시킨 채 강의의 극적인 결말을 기다렸다. 니콜라스도 그 자리에 못 박힌 것처럼 굳어버렸다. 글로블루스는 유령이라도 만난 듯이 손을 들어 떨리는 손가락으로 그를 가리켰다.

니콜라스는 혼비백산하여 계단을 내려가서 건물 밖으로 나와, 캠퍼스를 가로질러 버스 정류장까지 단숨에 뛰어 달아났다. 도중에 그는 수염을 잡아 뜯고 나비 넥타이도 풀어버렸다. 8번 버스는 초조한 5분 여의 기다림 끝에 도착했다. 순례자의 안식처 호텔로 돌아오자 프론트에는 레온이 앉아 있었다. 니콜라스는 꾸벅 고개를 숙여 인사를 하고 서둘러 방으로 가서 변장을 벗어 던졌다.

27
짐꾼

침대 위에 걸터앉아 니콜라스는 다시금 생각할 시간이 왔다고 생각했다. 정신병리학자로서의 경력은 이미 끝장난 상태였다. 그의 수중에 있던 돈은 거의 바닥난 상태였고, 한 가닥의 희망을 가지고 있던 뜻밖의 횡재 또한 언제 걸려들지 알 수 없는 노릇이었다. 그는 이미 돈도 내지 않은 채 호텔에서 3일 밤을 지낸 상태였으며 곧 숙박비가 청구될 것이라는 사실을 알고 있었다. 그가 이곳 리버타리아에서 도움을 요청해볼 만한 사람이라곤 레온을 제외하곤 아무도 없었다. 그는 옷을 입고 아래층으로 내려갔다.

"어디 좀 마땅한 일자리가 있던가요, 교수님?" 레온이 물어왔다.

"아니 아직은." 니콜라스가 대답했다. "레온 씨, 잠깐 나와 이야기 좀 할 수 있겠소?"

"물론이죠." 레온이 대답했다. "나는 8시에 일을 마칩니다. 8시에 만나서 어디가 저녁 식사나 하실까요?" 다소 안도의 기분을 느끼며 니콜라스는 호텔을 빠져나와 주위의 길거리를 따라 걸었다. 깔끔하게 포장된 도로변에는 섹스 숍, 비디오 클럽, 24시간 편의점 등의 상점들이 들어차 있었고 그 길을 따라 수많은 걸인이 길게 늘어서 있었다. 그는 이내 피곤에 지쳐 동전 한 닢을 애걸하는 거리 곳곳의 사람들을 오히려 깨끗한 마음으로 마주하게 되었는데, 왜냐하면 아마도 그들이 처해 있는 상황에 비해 그의 처지가 더 나을 바가 없다는 사실 때문이었다.

8시에 그들은 채비를 차리고 함께 밖으로 나가 호텔에서 골목으로 두 개 정도 떨어져 있는 레온이 자주 찾는 작은 레스토랑으로 향했다. '쌤의 가게'라고 이름한 그곳은 오래되어 좀 낡긴 했지만 편안함을 느낄 수 있는 그런 곳이었다. 천장에 매달려 있는 전등 가운데 몇 개는 전구조차 없이 비어 있었고, 암녹색의 카펫이 깔려 있었으며, 항구에 정박해 있는 기선들의 풍경이 그려진 그림들이 연녹색의 꽃무늬 벽지 위에 아무렇게나 걸려 있었다. 식당 안에는 세 개의 테이블에 앉아 있는 손님들이 고작이었고, 그들은 수수한 차림을 한 단골처럼 보이는 사람들로서 큰 소리로 지껄이고 있었다. 그들과 유사한 차림의 쌤은 뒤편 바 너머에 있었다.

식당에 들어가 자리에 앉자, 니콜라스는 그가 처한 재정적 곤란함에 대해 설명했다. 이어 레온은 다소 과장된 몸짓으로 음식값을 자기가 지불하겠노라고 선언했다.

"당신이 한 건하게 되면 그때 한 턱 내시죠. 팁스터 교수에게 가서 조언을 구해보시는 것도 괜찮을 텐데?"라고 레온이 말했다.

니콜라스는 그에게 팁스터 교수에게 지불해야 할 사례비와 국립 도서관의 주식 구매에 관해 이야기했다.

"와우!" 레온이 소리쳤다. 그는 니콜라스의 대담한 배짱에 매우 깊은 인상을 받은 눈치였다―아니면 그의 고지식함을 드러낸 것이던가. 쌤에게 그들의 식사를 주문한 뒤에 니콜라스는 정신과의사들 사이에서 벌어졌던 가장 최근의 모험담만을 제외하고ー 레온이 정신의학 쪽에 아는 사람이 있을지도 모르는 일이었다ー 밀리타리아에서 체포되었던 일로부터 그 뒤에 계속해서 일어났던 여러 가지 일에 대해서 레온에게 이야기했다. 자신의 이야기를 하면서 니콜라스는 그 모든 것이 얼마나 슬프게 들리는가에 충격을 받았다. 그것은 니콜라스에게는 끝없는 슬픔의 이야기로 느껴졌다. 레온의 반응은 동정과 동시에 연민이었다. 즉, 그것은 불운한 동료 희생자에 대한 동정인 동시에 환상ー 자신의 사명이 추구할 가치뿐만 아니라 고려할 가치가 있다는 환상ー에 의해 희생된 자를 위한 연민이었다.

레온은 "문제는 실현 가능한 최선의 세상을 찾아내는 것이 아니라 가장 최악의 세계를 피하는 것, 즉 가장 덜 나쁜 세계에 사는 것입니다. 당신이 나에게 이야기한 모든 세계 가운데, 이러한 세계는 아마도 리버타리아가 아닐까 합니다."라고 답했다.

니콜라스는 다시 물었다. "정말 당신은 리버타리아가 인간이 만들 수 있는 최선의 사회라고 생각하십니까?" 레온이 미소지으며 답했다. "이곳에 있는 사람들은 어딘가에 인간들이 모두 평등하게 살아가는 '이갈리타리아Egalitaria'라는 곳이 있으리라고 생각했답니다. 모두가 평등한 권리를 소유하고 있다고 가정되는 파라다이스. 그런 곳은 정말 존재하고, 이곳에서처럼 가상적인 것이 아니라고ー 엉터리 약속이 아닌 현실이라고ー 생각했지요. 모든 이들이 생활에 필요한 기본 임금과 직업과 집을 가지고 있고 좋은 학교에 다니고 적절한 의료를 보장받을 수 있는 곳 말이에요. 평범한 사람들은 정치에도 관심을 가지게 될 터인데, 왜냐하면 자신들의 힘으로 변화를 만들어낼 수 있다고 생각하기 때문이죠. 상상해보십시오! 노숙자도 걸인도 슬럼도 파괴주의도 없고, 출신이나 사상 때문에 혹은 동조하지 않는다고 무시당하는 일도 없을 겁니다. 모두가 평등하게

자기가 살고 싶은 대로 살고 시장에 구속되어 살지는 않을 겁니다. 모두
가 자유의 공기를 호흡하는 이곳에서는 당신의 사회적 지위가 무엇인가
는 중요하지 않을 겁니다. 이곳이야말로 당신과 내가 기꺼이 삶을 즐길
수 있는 그런 곳이죠."

"그런 곳이 어디에 있다고 생각했소?"라고 니콜라스가 물었다.

"북쪽 경계 너머에 있죠. 문제는 그것이 존재하지 않는다는 것이었죠.
유토피아였던 거죠. 내가 이해하는 그 의미처럼 '지구상에 없는 곳'이었
죠. 그건 꾸며낸 얘기, 우화, 동화에나 나오는 곳이죠. 저스틴이라는 이상
한 남자는 아직도 그런 얘기를 믿고 있는 것 같아요. 아니면 믿고 싶어하
거나." 레온이 말했다.

"왜 사람들은 그런 곳이 있다고 더 이상 생각하지 않게 된 거지?"

"많은 사람이 찾아나섰는데, 결국 찾지 못했던 거죠. 사람들은 실망
했어요. 그리고 이 새 정부가 들어오고 난 뒤에는 말하는 것조차 이상하
게 되어버렸죠. 처음에는 민영화 플랜을 비롯한 모든 것에 대한 저항이
매우 심했죠. 병원을 닫고 폐교를 하는 것에 반대해서 혹은 부동산 개발
업자들에 맞서서 자신들의 집을 지키기 위해 사람들은 시위에 나섰어요.
사람들은 북쪽에서는 사정이 더 나으니까 여기도 그렇게 될 수 있다는
생각을 가지고 있었어요. 그렇지만 다 지난 얘기죠."

"이젠 어떤 반대도 없다는 말인가?"라고 니콜라스가 물었다.

"없죠. 솔직히 말해서, 내가 당신에게 권하고 싶은 것은 이곳에서는
마음을 비우고 현실에 만족하며 살라는 것입니다. 돈 때문이라면 당신
은 언제라도 도둑질을 할 수 있습니다. 지금 경찰은 민영화되어 있어 초
과 근무 수당이 지급되지 않습니다. 그런 까닭에 경찰들은 더 이상 좀도
둑들을 체포하질 않아요. 재판에 회부된다고 해도 그렇게 큰 돈이 들지
는 않을 것입니다. 만일 체포된다고 해도 당신에게는 경고조치만 내려

지게 될 것입니다. 만일 당신이 조금만 돌아다니고 그렇게 폭력적으로만 굴지 않으면 당신은 꽤 잘 해 나갈 수 있을 겁니다."

니콜라스는 다소 의심스러운 눈초리로 레온을 바라봤다. 레온이 말을 이었다. "만약 그렇지 않다면 당신은 계속 일자리를 찾아야겠죠. 만일 당신이 열심히 노력한다면 다시 교수가 될 수도 있고 - 아니면 택시를 몰든지. 훨씬 더 못하게 될 수도 있을 것입니다."

"그건 그렇고 호텔 숙박은 어떻게 할까?" 니콜라스가 물었다.

"혹시 어떤 일자리가 나타날지 살펴보는 동안 며칠 더 머무르는 것이 어떨까요."라고 레온이 넌지시 말했다. 레온은 자리에서 일어나 계산을 하기 위해 계산대로 갔다가 잠시 뒤에 되돌아왔다.

"쌤이 당신에게 웨이터 일자리를 구해줄 수 있다고 말하네요. 그러니 당신은 며칠 내로 그를 찾아가봐야 할 겁니다. 그러나 보수는 매우 안 좋을 것이라고 합니다. 실제로 그 일은 거의 급료를 못 받는다고 봐도 좋을 것 같네요."

"고맙네. 그리고 저녁 식사도 고마웠고." 니콜라스가 말했다.

니콜라스는 다음날 아침 일찍 일어났다. 좀도둑질을 일삼으며 거리를 배회하는 삶에 대한 레온의 제안은 니콜라스에게는 썩 내키지 않는 일이었다. 아마도 그는 택시 운전을 하거나 웨이터 일을 구할 수 있지 않을까? 호텔 로비의 안내 데스크에 그가 처음 마주쳤던 심술궂은 노인이 서 있었다.

"얼마나 더 머무실 생각입니까?" 그가 물어왔다.

"1주일 정도."라고 니콜라스가 대답했고 그 답은 받아들여질 수 있는 것처럼 보였다.

노인은 니콜라스에게 공문서처럼 보이는 갈색봉투로 된 편지 두 개를 건네며 "여기요! 모두 당신에게 온 것인데요."라고 말했다. 그것들 모두에는 순례자의 안식처 호텔의 팽글로스 교수 앞으로 주소가 적혀 있었다. 니콜라스는 간절한 마음으로 그것들을 뜯어보았다.

첫 번째 것은 대학 인사과에서 보낸 구인 광고였다. 그것은 조명lighting을 전문적으로 하는 전기 기사를 모집한다는 내용이었다. 니콜라스는 매우 당혹스러워 했다. 그때 그의 머리 속에 스치는 한 가지 생각이 있었다. 그것은 그의 전공 난에 '계몽Enlightenment'이라고 기재했던 것에 대한 조처임에 틀림이 없었다. 니콜라스는 잠시 생각에 잠겨 그 일을 할 수 있을 것인가에 대해 고민해보았지만 이내 생각을 접고는 거절했다. 그는 얼마간 정신의학자로 행세할 뻔했다. 그가 들키지 않은 채 그 일을 얼마나 계속해나갈 수 있었을지 누가 알 수 있으랴? 그러나 전기 설비공 일은 명백하게 그가 할 수 있는 능력 밖의 일이었다. 그는 두 번째의 편지봉투를 뜯었다. 그것 또한 대학 인사과에서 온 것이었는데 병원의 운반 담당직에 대한 광고문이 들어 있었다. 그것은 그에게는 매우 유망한 직종으로 비추어졌다. 광고문에 지적된 바에 따르면, 지원 대상자들은 가능한 한 빨리 병원의 운반 담당 책임자를 만나 자신을 소개해야 했다. 이미 식어버린 모닝 커피를 허겁지겁 들이키고 나서 니콜라스는 8번 버스 정류장으로 달려갔다.

중년의 사내가 지칠 대로 지친 모습으로 여행 가방을 발치에 밀어두고서 비스듬히 벽에 기댄 채 땅바닥에 주저앉아 있었다. 그의 머리카락은 부수수하게 흐트러져 있었고, 면도는 물론이려니와 세수도 하지 않은 듯이 보였다. 니콜라스가 그에게 눈길을 던졌을 때, 그 사람은 벌떡 일어나 체면을 지키려는 듯 애써 자신의 넥타이를 곧게 고쳐 매었다. 니콜라스는 대학으로 가는 버스에 올랐다.

병원이 가까워지면서, 니콜라스는 병원에서 떠나가는 정신과 환자들, 그리고 자신의 냄비들과 프라이팬을 양손에 가득 움켜쥔 채 절망스런 표정으로 길을 따라 사라져가던 미야의 뒷모습을 보면서 느꼈던 슬픈 기억들을 떠올렸다. 그러나 니콜라스의 기억 속에 있었던 이러한 병원의 모습들이 오늘 너무도 놀라우리 만치 달라져 있었다. 아주 당당한 표정의 사람들이 드나들고 있었고, 병원의 주차 요원들은 넓은 주차 공간이 비어 있음에도 방문객들이 함부로 차를 세우지 못하도록 이리저리 바삐 움직이고 있었다. 니콜라스는 병원 안으로 들어가서 안내문에 지시된 바대로 운반 담당 책임자에게 그 자신을 소개했다.

"내 뒤를 따라오시오. 당신이 어떤 사람인지를 좀 봐야 할 것 같소." 책임자가 퉁명스러운 목소리로 이야기했다. 대머리에 체격이 좋은 그를 따라 니콜라스는 작은 사무실 안으로 들어갔다. 운반 책임자는 마치 자신이 무슨 군대의 사령관인 양 책상 뒤편에 거만한 자세로 앉아 니콜라스에게 그의 앞에 있는 의자에 앉으라고 손짓을 했다.

"음, 병원의 운반 담당직을 원하는 대학 교수라……뭐 좀 이상한데?" 그가 말문을 열었다.

니콜라스는 그렇다고 대답했다. "그러나 당신이 알다시피, 나는 추상적인 이론을 연구하는 데 너무도 오랜 시간을 써버리고 말았어요." 그는 상대방 책임자를 확신시키고자 온갖 노력을 기울여 설명하면서 간절한 심정으로 대답했다. "저는 사람들의 삶의 질을 실질적으로 개선하는 데 도움이 되는 구체적인 무엇인가를 해보고 싶었습니다."

그러나 그 책임자는 조금도 감동하지 않았고 호감을 보이지도 않았다. "급료 체계가 어떻게 되는지 알고 있소?" 한 장의 종이를 니콜라스에게 건네며 그가 다시 퉁명스레 물어왔다. "(그 종이 위의 그림에서 보이는 바) 당신의 위치는 가장 낮은 지점에 해당해. 왜냐하면 당신이 이전에 한 번도 이런 일을 해본 적이 없기 때문이지. 게다가 당신은 외국인이야. 그렇지? 다시 말해서, 임시직 노동자란 말이지. 그런 이유로 당신이 저 밑에서 시작해야 한다는 것은 우리로 봐선 매우 정확한 판단이야. 그래도 여전히 우리 일에 관심이 있나?"

"예." 니콜라스가 매우 단호하게 이야기했다.

그 책임자는 니콜라스에게 호감을 갖게 되었는데, 그것은 최악의 조건에도 불구하고 니콜라스가 순순히, 아니 오히려 매우 단호하게 그 일을 하겠노라고 응했기 때문이었다.

"좋소. 함께 일해봅시다. 오늘 아침부터 일을 시작해야 하는데……." 그는 서명 날인이 된 서류 하나를 그에게 내밀었다. "인사과에 가서 관련된 서류를 모두 챙겨 가지고 정오까지 돌아오시오. 그런 뒤에 당신에게 작업복을 지급해줄테니."

"감사합니다." 니콜라스는 감사의 표시를 잊지 않았다. "그런데 한 가지 부탁이 있습니다. 제가 교수라는 사실을 아무에게도 이야기하지 말아주셨으면 해서요. 알려지면 어색해질 것 같아서……."

"걱정 마쇼 교수 양반, 어떤 일이 있어도 당신의 비밀을 지키지." 그는 마치 같은 범죄에 연루된 공모자이기라도 한 듯 윙크를 하며 큰 소리로 대답했다.

인사과에서 니콜라스는 다시 뿔테 안경을 코끝에 걸치고 험상궂은 표정으로 앉아 있는 여성을 마주쳐야 했다. 그가 운반 관리 책임자에게서 받은 서류를 그녀에게 내밀었음에도 그녀는 알았다거나 혹은 무엇이 잘못되었다거나 하는 등의 표현을 일체 하지 않았다. 병원의 운반 담당 직원으로 일하기 위해서, 그는 병원의 환자 운송 서비스 부문을 하청받은 '환자 운송 담당 용역 회사'에 고용되어야만 했다. 그가 이후에 알게 된 사실이지만 병원의 서비스, 예컨대 환자 간호, 식사, 세탁 및 일반 사무 등 모두는 영리를 목적으로 하는 병원 외부의 사기업들과 유사한 방식으로 하청 혹은 도급 계약을 맺어 해당 기업이 전담하는 방식으로 운영되고 있었다. 반면에 의사들은 각자가 개별적으로 환자들을 상대했으며 진료비는 의사가 직접 환자 또는 환자의 보험회사에 청구하고 있었다. '환자 운송 담당'은 그들에게 고용된 피용자들의 급료 가운데 약 10%를 착복하고 있었다. 임시직 노동자로서 니콜라스는 투표권은 말할 것도 없고 각종 수당을 받을 권리로부터 배제되어 있음을, 그러나 반면 무거운 세금을 내야 하는 의무를 지니고 있음을 깨닫게 되었다. 처음 3개월 동안 니콜라스는 견습 사원의 신분으로 일해야 하기 때문에, 만일 그에게 부여된 의무를 '성실하고 정확하게 수행하지 않을' 경우에 '환자 운송 담당'은 언제라도 그를 해고할 수 있었다.

책임자에게로 되돌아오는 길에, 그는 그러한 일들이 무엇인지를 깨닫게 되었다. 그가 해야 하는 일은 약제실로부터 병동으로 의약품을 배달하는 것 그리고 병원 출입의 권한이 없는 사람들, 즉 병원에 들어올 수 있는 환자로 승인받지 못한 채 병원에 들어오고자 하는 사람들이 들어오는지를 감시하는 것이었다. 그런데, 이 병원에 들어올 수 있는 승인을 얻기 위해서는 미리 병원비와 상담료를 지불해야만 했다. 운송 담당 책임자의 말에 따르면, 상당수의 가난하고 헐벗은 사람이 실제로 승인받은 환자인 것처럼 가장하거나 혹은 모든 술수를 동원해 환자가 되고자 끊임없이 노력한다는 것이었다.

"꼭 병원 출입 허가서를 제시하도록 요구하시오." 그 책임자가 니콜라스에게 충고했다. "만일 그들이 출입 허가서를 제시하지 못한다면 그들의 멱살을 잡아 병원 밖으로 끌어내도 좋소. 적당한 수준에서라면 무슨 수단을 써도 좋소."

"적당한 수준의 수단이라는 것이 어느 정도인지는 누가 결정하는 것입니까?" 니콜라스가 물었다.

"내가 하오." 책임자가 대답했다. "이 병원은 자유 병원이오. 여기에서 치료받을 수 있는 병원비를 지불한 사람들을 위한 자유, (환자로서의 출입을) 승인받은 사람들의 그렇지 못한 사람들로부터의 자유. 그것을 기억하시오, 교수. 그것이 전부요."

그의 업무 관련 여러 가지 소개가 끝났다. 니콜라스는 교수로서의 그의 이전 직업에 대해 못마땅하다는 듯이 빈정거리는 태도를 보이는 그 운반 담당 책임자의 태도를 미처 알아채지는 못했지만 이러한 대답이 매우 전형적인 응답의 방식이라는 것을 곧 알게 되었다. 또한 직원용 식당에서 다른 동료 운반자들과 점심을 먹고 나서 알게 된 사실이지만, 그 책임자는 부하 직원들로부터 '나폴레옹'이라는 별명으로 불리고 있었다. 비록 키가 크고 뚱뚱하기는 했지만, 그가 커다란 야망을 가지고 있는 소小황제라고 하는 사실에는 모두가 동의하고 있었다. 그는 명백히 져굴라 힐데브란트의 충격 요법인 민영화에 대해 진정한 믿음을 가지고 있었다. 또한 사람들 사이에는 그가 정신과 환자들의 방출에 대한 매우 강력하고 영향력 있는 지지자라는 사실이 널리 알려져 있었다. 왜냐하면 그는 정신과 환자들이 병원의 좋은 질서를 위협하는 불순한 존재라고 믿고 있었기 때문이었다.

니콜라스의 동료 운반자들은 두 부류로 나뉘어졌다. 한편의 운반자들은 거의 모두가 그보다는 훨씬 어렸고 부양해야 할 가족을 거느리고 있는 사람이었음에도 불구하고 그와 같은 임시직 노동자 신분이었다. 직무에 대해 대부분 만족함에도 불구하고 그들은 스스로를 리버타리아의 이방인들로서 느끼고 있었고, 확신이 있는 것은 아니지만 언젠가는 '집'에 돌아가게 될 것이라고들 이야기했다. 다른 한편에 좀 더 경륜이 있고 나이가 든 운반자들이 있었다. 그들은 실질적인 생존자들로서 민영화되기 이전부터 병원에서 일해온 사람들이었는데, 그럼에도 불구하고 그들은 민영화 과정에서 수당을 받을 대부분의 권리들을 상실해버렸고 휴일 작업에 대한 보수인 특근 수당마저도 지급받지 못했다. 따라서 상당한 임금 손실의 고통을 감수해야만 했다. 그들 모두는 소득 감소의 조건 속에서도, 그리고 그들이 병원의 사기라고 불렀던 것의 완벽한 붕괴에 직면해서 음울한 기분들을 느끼고 있었지만 불만감에 대해 체념하는 심정으로 스스로를 다스리고 있는 듯이 보였다. 운반 담당자들, 간호사들, 청소부들 그리고 식사 담당자들은 여전히 각자의 담당 업무를 수행하고 있었다. 그러나 나이든 운반 담당자들이 니콜라스에게 과거에 대한 향수를 가지고 이야기한 바에 따르면, 그들은 더 이상 팀을 이뤄 각각의 팀 속에서 함께 일하지 않게 되었다. 지금은 어느 누구도 다른 어떤 사람들을 거의 알지 못하며, 게다가 환자들을 아는 사람은 아무도 없다.

그러나 모든 운반 담당자가 공통적으로 인정하는 바는 나폴레옹의 등장이 나쁜 소식이었다는 것이다. 그럼에도 불구하고 그가 제시한 규칙에 고분고분 순응하는 것은 그에게 부여해준 직무에 대한 대가였으며, 게다가 니콜라스가 나중에 알게 된 사실이지만 모든 사람이 병원비를 지불하지 못할 것 같은 환자를 가려내는 데 적당한 수준에서 힘을 사용할 수 있다는 나폴레옹의 정책에 동의하고 있는 것처럼 보였다. 나아가 그들 중 어느 누구도 매우 가난하지만, 그럼에도 의지할 데라고는 어디에도 없고 보험에도 들지 않은 어려운 사람에 대해 동정하지 않았다. 그 사람들은 그들에 비해 보더라도 형편없이 가난한 사람이었다.

니콜라스는 사물함과 청색 작업복을 배당받았다. 점심 식사 뒤에 그는 작업복을 입고 약제실로부터 병동까지 의약품을 운반하는 일을 시작했다. 엘리베이터를 수없이 타고 내려야 하며 무수히 많은 복도를 따라 수레를 밀고 다녀야 하는 그 일은 매우 힘겹고 피곤한 일이었다. 복도들과 병동들은 매우 다양한 동선으로 구성되어 있었기에 그들 모두에 어느 정도라도 익숙해지지 않으면 안 되었다. 응급실과 사고 병동 주변에서는 무언가의 사건들이 빈발하고 있었는데, 그 사건들은 때로는 매우 갑작스럽게 발생하곤 했다. 다른 병동들의 경우에, 예컨대 외래 병동 같은 곳은 전반적으로 정적인 분위기를 유지하고 있었다. 환자들은 의사의 진찰을 기다리며 오랫동안 나무로 된 긴 의자 위에 참을성 있게 앉아 있었다. 그들 가운데는 오랜 시간을 기다린 사람도 있었고 방금 전에 와 앉아 있는 사람도 있었다. 구석구석이 살균 처리된 건물 내부를 이리저리 오가며 니콜라스는 매우 바쁘게 움직였다. 치료를 받지 않은 환자들이며, 정신 없이 분주한 상담 의사들, 허둥지둥 서두르는 간호사들, 지칠 대로 지친 청소부원들, 그리고 당황해하는 얼굴빛이 역력한 방문객들 등이 니콜라스 옆을 지나쳐갔다. 그는 이러한 부류 중 어느 누구도 자기 일과 관련된 사람 이외의 다른 어떤 이들에게도 관심을 가지지 않는다는 사실을 알게 되었다.

일을 해 나가면서 니콜라스는 흥미로운 세 가지 교훈적 사실을 알게 되었다. 첫 번째로, 운반 담당자의 작업복을 입는 순간부터, 상사가 그를 긴급한 일로 찾지 않는 한 눈에 띄지 않는다는 사실이다. 즉, 서로가 서로에게 그토록 무관심하다는 사실이다. 두 번째, 병원은 항상 돈이 되는 환자들을 받기 위해 놀라우리 만치 많은 수의 병상을 비워둔 채 있다는 것이다. 그리고 마지막으로, 니콜라스가 보아온 몇몇 환자의 경우에 이미 병세가 회복되었는 데도 병원이 제공하는 간호 서비스와 각종 편익 그리고 아마도 그 안에서의 사교 활동 때문에 병원비를 계속 지불하면서 퇴원을 하지 않는다는 것이다. 그는 심지어 건강 상태가 양호해 보이는 그들에게 오히려 해가 될까 두려워 그가 배달하는 약을 복용하지 말도록 충고하고픈 생각이 들 정도였다.

일을 마친 뒤에 니콜라스는 평상복으로 옷을 갈아입고 호텔로 되돌아왔다. 호텔 안내 데스크에 레온이 서 있었다. 니콜라스는 그에게 그가 새로 얻은 일자리에 대해 이야기했다. 레온은 매우 고무된 표정으로 "네, 좋습니다. 모든 게 잘 될 겁니다. 누가 압니까? 당신이 승진을 해서 상담 전문의에 오르게 될지!"라고 떠벌렸다. 레온은 니콜라스가 어제와 거의 달라진 게 없다는 사실을 모르는 듯 했다.

다음날 아침, 니콜라스는 다시 한 번 버스 정류장 담벽에 기대어 쭈그리고 앉아 있는 여행 가방을 든 사내를 지나쳤다. 그리 민첩한 동작은 아니었지만, 그는 다시 니콜라스의 출현에 대해 반응했다. 면도를 하지 않아 수염이 덥수룩했으며 씻지를 못해 꼬질한 모습으로 맥없이 앉아 있었다. 그럼에도 불구하고 그런 그에게서 걷잡을 수 없이 잃어가는 자존심의 끝자락을 부여잡고자 애쓰는 모습을 읽을 수 있었다.

니콜라스는 그의 담당 직무와 관련된 전반적인 내용과 병원의 전체 구조 및 배치 상황 등을 익히며 첫날을 보냈다. 그 다음날 그는 병원 생활의 또 다른 특징 몇 가지에 주목하기 시작했다. 고참 운반 담당자들이 옳았다. 그곳은 전체적으로 서로에 대한 무관심이 지배하는 공간이었다. 스태프들 가운데 사적인 친분관계를 맺고 있는 사람은 거의 없는 것처럼 보였으며, 그리고 모든 사람이 환자들과 모르거나 아니면 무시하며 지내고 있었다. 간호사들, 개인들이 고용하고 있는 간병인들이 환자들을 돌보고 있었지만 그들이 일하는 시간은 불규칙했으며, 게다가 일하는 시간 이외의 시간에 그들은 다른 곳에서 좀 더 나은 돈벌이를 할 수 있는 일에 자신의 시간을 사용하고 있었다. 식사 담당 스태프들은 환자들에게 직접 만든 음식 대신에, 포장된 인스턴트 식품들을 제공했다. 병원에도 한때 부엌이란 것이 있긴 했으나, 지금은 폐쇄된 지 오래였다. 현재 모든 음식물은 병원의 냉동 창고로 배달되고, 그곳에 있는 전자 렌지 오븐에서 데워진다. 병원에서 환자들에게 제공하는 음식은 그런 방식으로 만들어졌다.

그는 또한 환자인 체하며 혼자서 또는 소규모의 패거리를 이뤄 이리저리 병원을 배회하는 사람들을 알게 되었다. 만일 그들에게 누군가가 입원 환자임을 확인하고자 요구할 경우에 그들은 사돈의 팔촌을 들먹이며 그들로부터 문병을 와달라는 부탁을 받았노라고 둘러대곤 했다. 그들은 스스로를 변호하며 니콜라스의 동료 운반 담당자들의 눈을 바라보았으나, 운반 담당자들이 그들을 병원 밖으로 몰아내기 위해 결코 힘을 사용할 필요가 없는 사람들이었다. 때때로, 그들은 병원에 입원 가능한 침대가 꽤 있고, 게다가 그들이 큰 문제를 일으키지 않을 것이라고 주장하며 자신이 가진 병 때문에 특별한 조처가 필요하다고 역설할 정도의 대담함까지 보이곤 했다. 니콜라스는 미안함을 느끼며 애처로워 보이는 그들의 눈길을 피하고자 많은 노력을 기울였다.

세 번째 날에도 여전히 여행 가방을 든 사내는 버스 정류장의 벽을 등지고 앉아 있었다. 처음으로 니콜라스는 그에게 목을 끄덕여 인사했다. 그는 그런 니콜라스에게 거의 신경을 쓰지 않았고, 니콜라스도 걷기를 계속해 병원으로 가는 버스 위에 올랐다. 버스가 병원에 도착하자 니콜라스는 곧장 그의 사물함으로 향했다. 사물함에 다다랐을 때 그는 '팽글로스 교수 앞'이라고 주소가 적혀 있는 편지봉투가 그의 라커에 핀으로 꽂혀 있는 것을 보았다. 그 안에는 정신의학과 선임 교원인 줄리어스 스터펑턴 박사가 타자로 친 편지가 들어 있었다. 결국 나폴레옹은 니콜라스의 이력과 관련된 비밀을 지키겠다고 했던 약속을 어기고 만 것이다. 그 편지의 내용은 다음과 같다.

친애하는 팽글로스 교수
당신이 이 병원의 운반 담당자로 일하고 있다는 사실에 우리는 주목하고 있습니다. 우리가 이해하기로 당신은 외국에서도 저명한 철학자에 속하는 사람입니다. 따라서 우리는 당신에게 다시 생각해달

320

라고 제안하고자 합니다.

나는 리버타리아로 이민온 사람들이 겪는 문화적 충격의 결과, 특히 자유 시장의 현실에 대한 그들의 다양한(그리고 항시 순조로운 것은 아니지만, 드러날 것 같은) 반응들에 대한 조사 연구를 수행하고 있습니다. 신드롬 교수는 내가 이 조사 연구에 당신이 같이 참여할 의사가 있다면 그것은 우리에게 큰 기쁨이 되리라는 사실을 당신에게 알릴 수 있도록 허락해주었습니다. 그리고 나 또한 개인적으로 당신이 이 연구의 가능성에 관해 우리와 토론하기 위해 방문해주신다면 대단히 영광스럽게 생각할 것입니다.

그러나 솔직히 말해 제가 한 가지 유감으로 생각하는 것은 우리가 조사 연구 작업을 공동으로 수행하게 되더라도 당신에게 연구비 명목의 재정적 지원을 해드릴 수가 없다는 것입니다. 단지 지적인 연구 성과가 남게 되겠죠. 당신이 잘 알고 있는 바 대로, 그 병원에 있는 정신의학 병동은 얼마 전에 폐쇄되었고, 따라서 우리의 조사 연구비 또한 끊기게 된 것이지요. 그럼에도 불구하고 우리는 조사 연구 작업을 중단하지 않고 계속해나갈 생각입니다. 부디 당신이 우리의 조사 연구에 함께 할 수 있는 길을 찾을 수 있기 바랍니다.

줄리어스 스터펑턴

스터펑턴! 스터펑턴은 정신의학회 모임에서 그의 어깨에 손을 얹었던 최초의 사람이었다. 니콜라스가 글로불루스로서가 아니라 팽글로스로서, 지금 그를 방문한다는 것은 니콜라스에게는 다소 위험한 일일 수도 있을 것이었다. 스터펑턴이건, 신드롬이건 두 사람 중 한 사람은 니콜라스를 알아볼 수도 있는 일이었다. 반면에 그 (요청이라기보다는, 즉 그것이 정확하게 요청이 아닐 수도 있기 때문에) 제안은 관심이 가는 것이었다.

니콜라스는 그날 일을 마치고서 스터핑턴을 찾아가보기로 결심했다.

그는 약품을 운반하는 작업을 시작했다. 오전 10시 쯤 그는 방문객 휴게실에서 매우 인상적인 광경을 목격했다. 서로 친숙해 보이는 세 사람이 테이블에 앉아서 찻잔을 하나씩 들고 가련해 보이는 모습으로 한 모금씩 들이키고 있었다. 매부리코에 눈에는 안대를 하고 있는 아리스토텔레스, 얼굴에 흉터가 있는 세네카, 그리고 작은 눈에 겁먹은 표정의 미야. 그들은 마치 무엇인가 혹은 누군가를 찾고 있는 양 주위를 슬그머니 둘러보고 있었다. 니콜라스가 그곳으로 들어가서 차 한 잔을 주문한 뒤에 그들 옆 테이블에 앉았다. 아리스토텔레스가 그의 눈을 뚫어지게 쳐다보더니 몇 분 뒤에 그에게 말을 건넸다.

"안녕하세요!"

니콜라스도 고개를 끄덕였다.

"내가 잘못 본 게 아니라면 당신은 새로 들어온 운반 담당이군요." 아리스토텔레스가 말을 이었다.

니콜라스는 그렇다고 이야기했다.

그러자 아리스토텔레스가 그의 의자를 니콜라스 쪽으로 끌고 와 더욱 더 자신 있는 표정으로 계속 말을 걸어왔다. "제가 감히 당신에게 몇 가지 문제에 관해 상의를 드려도 되는지 모르겠습니다. 당신이 아시다시피 우리들은 곤경에 처해 있어요. 우리는 여기에 살고 있던 사람들입니다. 말하자면 이곳이 우리의 가정이었단 말이죠. 나는 어떤 한 문제를 해결하려고 매달려 있었고, 또 내 친구들은 여기에서 아주 잘 지내고 있었습니다. 그런데 갑자기, 경고 한 마디 없이 이 끔찍한 여자가 들어와서 우리들을 모두 밖으로 내몰아버렸습니다."

"그러면 그 이후로 당신들은 어디에서 지내고 있죠?" 니콜라스가 물었다.

"집도 절도 없이 떠돌아다니고 있습니다." 아리스토텔레스가 대답했다. "그러나 우리가 원하는 것은 하루도 좋고 이틀이라도 좋으니 이곳으로 돌아오게만 해달라는 겁니다. 그것은 우리 모두에게 중요한 일입니다."

그들 셋 모두는 애원하듯이 니콜라스를 바라보고 있었다.

"내가 할 수 있는 일이라면 무엇이든 해보겠습니다. 하지만 장담할 수는 없습니다." 니콜라스가 말했다. "내일 아침 같은 시간에 이곳으로 와보시겠소?"

이 말에 세네카가 흥분을 참지 못해 몸을 떨기 시작했고, 다른 두 사람은 재빨리 휴게실 밖으로 그를 밀어내버렸다. 니콜라스는 그들이 떠날 때 미야가 대여섯 개의 플라스틱 가방을 낡아빠진 검정 외투에 소지하고 있는 것을 보았다.

그날 오후 회의론자에게도 기적을 믿게 만들 그런 종류의 사건이 벌어졌다. 점심 식사 뒤에 약제실에 도착해서 니콜라스는 병원 창고로 가서 환자들의 입퇴원 업무를 관리하는 원무과에 가져다줄 몇 가지 물품을 가져오라는 이야기를 들었다. 병원 창고에서 그는 병원에 환자로 입원을 허락받고자 하는 사람들이 자필 서명한 서류 양식들이 들어 있는 짐꾸러미를 건네받았다. 원무과의 문에 도착했을 때 니콜라스는 그 중 세 개의 양식을 빼내 작업복 안쪽 주머니에 집어넣었다. 그는 사무실 문을 열고 들어갔다. 담당 사무원은 접수 창구 밖의 입원 신청자와 이것저것 이야기하느라 바빴고 주위에는 아무도 없었다. 바로 그때 사무원의 뒷편 테이블 위에 놓여 있는 병원 직인이 니콜라스의 눈에 들어왔다. 그는 사무원이 환자와의 상담을 마치고 하급자들에게 보이는 의례적인 무관심과 함께 그 서류 양식들을 건네받기 위해 돌아선 것과 거의 동시에 그 도장을 재빨리 주머니 속에 넣었다.

배달 업무가 끝나자 니콜라스는 약제실로 돌아가 오후 작업을 계속했다. 그 와중에 그는 지금은 성형외과로 쓰이고 있는 구 정신과 병동에 자리가 남아 있다는 사실을 알게 되었다. 그곳에는 적어도 10병상 정도는 여유가 있어 보였다. 아직은 수요가 공급에 미치지 못하고 있음이 명백했다.

그날 말미에, 그는 자신을 알아보지 못하도록 하기 위해 작업복을 그대로 입은 채 스터펑턴 박사를 찾아갔다. 스터펑턴 박사의 사무실은 아직까지는 병원에 있었다. 그러나 추측컨대, 그 사무실은 곧 폐쇄될 예정이었다. 왜냐하면 지금 정신과 의사들은 더 이상 환자들을 진료하지 않고 있었고 단지 설교나 강의만 하고 있었기 때문이다. 그가 스터펑턴 박사 사무실의 문을 노크하자 들어와도 좋다는 다소 유쾌하게 들리는 목소리가 들려왔다.

스터펑턴은 두 손을 덥석 잡으며 따뜻하게 그를 맞이해주었다.

"당신이 이곳에서 일하고 있었다니 놀랍군요!" 그가 소리치듯 이야기했다. "놀라운 일이군요. 당신은 진정한 선교사임에 틀림없습니다."

니콜라스는 그것이 충분히 권장할 만한 사고 방식이라고 생각했기에 "사람들은 아무리 하찮은 일일지라도 좋은 일이라고 생각하면 하고자 하기 마련이지요."라고 말했다.

스투펑턴은 다소 주춤해 하는 모습을 보였다. "좋습니다, 팽글로스 교수. 단도직입적으로 요점부터 이야기합시다. 당신이 아시다시피, 우리는 일부 사람들이 문화적 충격이라고 부르는 것에 대해 연구를 진행하고 있습니다. 이 문화 충격이라는 말을 우리는 글자 그대로 해외에서 이곳으로 들어온 사람들, 이민자들 그리고 자신의 삶을 우리 리버타리아 사람들의 요구에 적절하게 적응시키지 못하는 사람들 등이 겪고 있는 다양한 징후를 묘사합니다. 우리는 이를테면 매우 지적임에도 불구하고 병원 스태프들 가운데 이민자들과 매우 친밀한 관계를 유지하며 일을 하고 있는 당신과 같은 사람이 우리 연구에 도움이 되는 '참여 관찰자'로서의 역할에 흥미를 가질 수 있으리라 생각합니다.

"그런데 소위 이러한 문화적 충격이라는 말이 갖는 특징이 무엇이라고 생각하십니까?" 니콜라스가 물었다.

"아, 네! 문제가 바로 거기에 있습니다. 아주 고무적인 질문인데요." 스터펑턴은 니콜라스의 질문에 매우 만족스러운 표정을 지으며 속삭였다. "아직은 우리도 시작에 불과하기 때문에 어떠한 생각도 가지고 있지 못합니다. 이제까지의 생각은 모두 다 신드롬 교수의 생각이었죠. 그는 항상 어떠한 징후들을 찾아내려고 애를 쓰는 사람이죠. 실제로 우리는 문화적 충격의 특성이 일반적으로 용인되는 기준에 따르기보다는 그것을 만드는 개인들 각자의 견해에 의존하는 듯이 보인다는 것을 발견한 정도입니다. 다만, 그러한 명칭이 그로부터 고통을 당하는 사람들이 드러내 보이는 증상이나 징후만을 지적하지는 않는다는 사실입니다. 우리 정신과 의사들이 찾아낼 수 있었던 문화적 충격이라고 하는 증상의 공통적인 특징은 해당 환자들이 아픈 듯이 보인다는 사실입니다."

"아마도, 실제로는 그렇지 않을 텐데요."라는 니콜라스의 답에 대해, 스터펑턴은 "그러나 그것은 리버타리아에 새로 이민온 사람들에게서 보이는 공통된 병리적 현상으로 보여진다는 것입니다."라고 응수했다.

이에 "혹시, 병리적이라고 하는 것이 그들이 살아가야만 하는 삶을 이야기하는 것인가요?"라고 니콜라스가 재차 말을 건넸다.

스터펑턴은 미간을 찡그리며, "팽글로스 교수, 당신이 일종의 사회 비평가라고 하는 사실을 나는 잘 알고 있소."라고 다소 언짢은 표정으로 이야기했다.

아무래도, 니콜라스가 잘못 이야기를 한 것 같았다. 스터펑턴 박사가 서둘러 이야기를 마치고자 하는 것 같았다.

"팽글로스 교수, 내가 당신에게 이야기하고자 하는 것은 우리 둘이서 그 문제에 대해 곰곰이 생각해보자는 것입니다. 우리가 제안한 바에 대해 다시 잘 생각해보십시오. 우리 또한 당신이 우리 일에 적합한지 여부를 판단해볼 것입니다. 만나뵙게 되어 반가웠습니다."

니콜라스는 악수를 한 뒤에 뒤도 돌아보지 않고 스터펑턴의 사무실을 나와버렸다. 바깥쪽 복도에서 두 사람이 니콜라스 쪽으로 걸어오고 있었다. 둘 다 어디서 많이 본 듯한 얼굴들이었다. 니콜라스는 그들과 가까워지고 나서야, 그들이 신드롬과 오르빌 글로불루스 교수라는 사실을 알았다. 그들은 밀리타리아에서 신드롬 교수에게 온 편지에 담긴 내용에 대한 기대감에 대해 토론하느라 정신이 없어 보였다. 니콜라스가 그들을 지나쳤을 때 글로불루스가 그를 발견했고, 잠시 그의 얼굴을 응시했다. 그러나 니콜라스는 뒤도 돌아보지 않은 채 걷기를 계속했다. 그런데 그가 생각하기에 참으로 이상한 일은, 어떻게 글로불루스가 밀리타리아의 감옥에서 만난 이래로 줄곧 그를 따라왔는가 하는 점이었다. 니콜라스가 있는 곳이라면 어디든, 그는 기분 나쁜 모습에 다소 위협적이기까지 한 동반자로 나타나 당시에 유행하는 교리를 전도하고자 준비하고 있었다. 왜 글로불루스가 계속해서 그를 따라다니는 것일까? 그가 더 이상의 영향력을 가질 수 없는 세상을 알게 된 것일까?

호텔로 돌아오는 길에 니콜라스는 아리스토텔레스와 세네카 그리고 미야를 도울 수 있는 방법에 대해 생각했다. 그는 밤을 새워서라도 그가 할 수 있는 최선을 다해 그들의 서류 양식들을 채워넣고 거기에 병원 직인까지 찍어서 정상적인 등록을 마친 것으로 공식화시키겠다고 결심했다. 그러나 그에게는 가장 중요한 것 한 가지, 즉 잉크가 없었다. 그는 호텔에 있는 레온에게 찾아가 도움을 요청하기로 했다.

"짐 나르는 일이 어때요. 교수님." 레온이 반갑게 맞으며 이야기했다.

"꽤 힘든 일이야. 복도를 따라서 무거운 수레를 밀고 다니는 일은 보통 일이 아니라네." 니콜라스는 사실대로 말했다. 이어 그는 속삭이듯 레온에게 물었다. "그런데 내가 자네에게 작은 부탁이 한 가지 있는데 말이야. 자네의 그 스탬프 잉크 좀 빌려줄 수 있겠나?"

레온이 기분 좋은 목소리로 "물론이죠. 돈 안 받고 빌려드리죠."라고 농담까지 건넸다.

니콜라스는 그것을 받아들고 방으로 올라가 환자들이 직접 작성해야 하는 개인의 신상과 관련된 세부 항목을 제외하고서 그가 할 수 있는 한 모든 항목을 작성했다. 그는 세 사람 모두가 성형외과 병동에 입원을 허락받을 수 있도록 모든 것을 상세히 기록했다. '요구되는 치료'라는 항목에는 아리스토텔레스의 경우에 '코를 높임', 세네카는 '흉터 제거', 그리고 미야에게는 '얼굴 주름살 제거'라고 써넣었다. 그는 각각의 수술비를 적당히 비싼 수준에서 대강 적어넣고는 병원 직인을 찍었다. 더불어 서류 양식의 하단에 알아보기 힘들 정도로 휘갈겨 쓴 사무원의 서명까지 더했다. 그 일을 마치고 니콜라스는 스탬프 잉크를 레온에게 돌려주고 다시 돌아와 잠자리에 들었다.

다음날 아침 출근길에도 니콜라스는 여느 때와 마찬가지로 여행 가방을 든 사내를 지나쳤다. 전에 보았던 그의 깔끔한 옷매무새는 온데간데 없었고 옷은 온통 구겨진 채 아무렇게나 엉클어져 있었다. 면도는커녕 세수도 하지 않고 있음이 분명해 보였고, 나아가 자신의 모습이 니콜라스뿐만 아니라 다른 사람들에게 어떻게 비춰질까 하는 등의 문제에는 전혀 관심이 없는 것처럼 보였다. 그 사람은 바로 자신의 바로 옆 주변 환경도, 그리고 자신이 보금자리랍시고 쭈그려 앉아 있는 길거리의 소란스러움조차도 전혀 인식하지 못하는 일종의 망각 상태에 빠져 있는 듯이 보였다. 니콜라스는 그의 주목을 끌고자 시도했으나 끝내 실패하고 말았다.

일터로 돌아온 니콜라스는 방문객 휴게실을 살펴보고 있었다. 마침내 그는 애처로운 동작으로 차를 홀짝거리며 무언가 애원하는 듯한 표정을 하고 두리번거리는 세 사람을 발견했다. 니콜라스는 그들이 앉아 있는 테이블 옆에 앉아서 아리스토텔레스 쪽으로 비스듬히 몸을 구부린 뒤에 테이블 밑으로 서류 양식들을 전달했다.

그리고 "이 양식들 가운데 당신들이 써넣어야 하는 부분을 빠짐없이 채워서, 당신들이 예전에 있던 병동의 원무과에 제출하시오. 그런데 그것의 이름과 담당 직무가 바뀌었소."라고 속삭이듯 말했다.

아리스토텔레스가 고개를 끄덕였고, 그러고 나서 곧 세 사람은 그곳을 빠져나갔다. 그곳을 빠져나가는 미야의 등 뒤에는 땅에 질질 끌리는 플라스틱 가방이 매달려 있었다.

오후 나절에 니콜라스는 입원 환자들에게 필요한 여러 가지 물품을 가지고 성형외과 병동으로 오라는 연락을 받았다. 거기에는 그의 도움을 통해 올 수 있었던 세 사람의 이전 '거주자'들이 원래 그들이 있었던 병상을 차지하고 있었다. 미야는 그녀의 주전자며 냄비 그리고 다른 여러 가지 잡동사니들을 이전에 그것들이 있었던 자리에 가지런히 정리해놓았고, 아울러 함부로 들어오지 말라는 경고문 또한 원래의 위치에 되돌려놓았다. 그녀는 아무런 움직임도 없이 자리에 앉아 있었다. 그리고 니콜라스가 그녀의 곁을 지날 때 보일 듯 말 듯한 감사의 표시를 했다. 세네카는 니콜라스를 골똘하게 쳐다보며 꼿꼿한 자세로 앉아 있었다. 그가 가져왔던 의료품 가운데 하나인 진정제는 아마도 그를 위한 것이 아닌가 싶었다. 병동의 맨 끝에 위치한 아리스토텔레스는 커다란 종이 위에 무언가의 숫자를 적어 내려가느라 정신이 없어 보였다. 니콜라스가 그의 침대 옆에 다가가자 고개를 들어 쳐다보았다. 니콜라스는 그를 방해하거나 또는 주제넘게 참견한다는 인상을 주지 않길 바라면서 조심스레 말을 건넸다.

"어때요. 좋습니까?"

"네, 덕분에 모든 일이 잘 되었소. 감사합니다." 아리스토텔레스가 말했다. "그들이 우리에게 '수술 전' 검사라는 것을 하고 있습니다. 그들이 오늘 오후 세네카의 수술에 관해 이야기를 했습니다. 그건 그렇다 치고, 우리는 이곳에 돌아올 수 있게 되어 매우 기쁩니다. 한 가지 희망이 있다면 가능한 한 빨리 당신이 우리에게 베푼 친절에 대해 보답할 수 있게 되는 것입니다. 당신을 제 요트에 초대해 이곳저곳을 항해하며 즐기고 싶군요."

니콜라스가 고개를 끄덕였다. 세네카와 미야의 눈길이 병동을 나아가는 니콜라스의 등 뒤에 오랫동안 머물러 있었다.

다음날 아침 사물함에 도착했을 때, 니콜라스는 그의 동료 운반 담당자 가운데 한 사람이 남긴 메모를 발견했다. 거기에는 '나폴레옹이 매우 화나 있음. 그가 당신을 보자고 함'이라고 적혀 있었다. 작업복을 입고 니콜라스는 병원의 입구에 있는 운반 담당 책임자의 사무실로 향했다. 그는 사무실 문을 노크한 뒤에 안으로 들어갔다. 그가 들어서자 나폴레옹은 꼿꼿한 자세로 서서 니콜라스에게 테이블에 앉으라고 명령했다. 나폴레옹은 여전히 근엄한 자세로 뒷짐을 짚고 서서 그를 내려다보며, 냉소적인 목소리임이 분명한 어투로 "당신을 이곳에 모시게 되어 기쁘게 생각하오, 교수."라고 말문을 열었다. "지금부터 당신에게 네 가지만 말하겠소."

"먼저, 당신은 병원의 자산을 도둑질한 혐의를 받고 있소. 다시 말해서, 당신은 세 개의 입원 신청용 양식 서류와 한 개의 병원 직인을 빼돌렸단 말이오. 이와 관련해 이야기할 것이 있으면 해보시오"

니콜라스가 보기에 적당히 얼버무리는 것은 적절하지 않은 행동이었다. "그 양식들에 관해서라면, 내가 알고 있는 한 그것들은 다시 돌아왔습니다. 직인은 다시 제자리에 되돌려놓으려 이렇게 가져왔습니다." 니콜라스는 그의 주머니에서 병원 직인을 꺼내 나폴레옹의 책상 위에 내려놓았다. "따라서 저는 그것들을 훔친 것이 아니라 단지 빌렸던 것뿐입니다."

나폴레옹은 그의 이야기에는 미동도 하지 않은 채 이야기를 계속했다. "두 번째는 명령 불복종에 관련된 사항이오. 당신은 내 명령을 무시하고 불법적인 수단을 통해 병원에 환자로 입원할 자격이 없는 사람들을 그것도 세 사람씩이나 입원 허락을 받을 수 있도록 주선했다는 사실이오."

니콜라스는 아무 말도 하지 않았다.

"세 번째, 당신은 아무 문제가 없음에도 성형 수술을 받게 함으로써 그 세 사람들에게 심각한 신체상의 손상을 끼칠 수 있는 일을 도모했다는 사실입니다. 물론 결과적으로 그들 가운데 한 사람이 수술받기 바로 전에 한심한 이야기의 전말을 다 털어놓았기에 그러한 상황에까지는 이르지 않았지만."

나폴레옹의 이러한 이야기는 니콜라스를 매우 의아스럽게 만들었다. 정당한 절차를 밟아 병원에 입원한 뒤에 적절한 치료비를 내고 수술을 받는 사람에게는 외과적 수술이 신체에 도움이 되는 것으로서 이로운 것이고 그렇지 않은 경우에, 즉 정당한 절차 없이, 아울러 수술비 없이 수술을 받는 사람의 신체에는 상해가 된다는 말인가.

마지막 네 번째, "이 모든 문제를 야기한 결과로 당신은 이시간부터 해고되었소."

그는 니콜라스에게 서명과 직인이 찍힌 서류를 하나 건넸다. "이 서류를 인사처에 가지고 가서 얼마 되지는 않을 테지만 퇴직금을 받도록 하시오."

세금과 그가 문책당해 해고에 이르게 한 세 가지 범죄 사유에 대한 벌금을 제외한 퇴직금은 실제로 얼마 되지 않는 돈이었다. 뿔테 안경 너머로 험상궂은 표정을 하고 있는 인사처의 사무원 여자는 공제 대상 항목을 제하고 나서 그에게 나머지 급료를 지불한 뒤에 창구의 문을 닫아버렸다.

　니콜라스는 그의 사물함으로 돌아와서 그가 입었던 작업복을 벗고 다시 평상복으로 갈아입었다. 그가 무슨 일을 했고 왜 해고까지 당하게 되었는지는 몰랐지만, 젊은 운반 담당자들 가운데 몇몇이 그의 주변으로 모여들어 위로의 말을 건넸다. 틀림없이, 세네카는 마취 주사 맞기를 거부했을 것이고 수술실에 거울을 가져다달라고 우겨댔을 것이며, 그래서 결국 그는 그 곳에서 무슨 일이 벌어지는지를 볼 수 있었을 것이다. 수술을 집도한 의사가 세네카의 얼굴에 메스를 가져다댔을 때, 그가 갑작스레 비명을 질렀을 테고 그와 나머지 친구 둘이 그곳에 거짓으로 들어와 있음을 고백했을 것이다. 수많은 질문이 쏟아지자 결국 그는 모든 것을 다 털어놓게 된 것이다. 비록 오후 늦게이긴 했지만, 그들 세 명 또한 병원 건물에서 즉시 쫓겨났으며 그리고는 이내 보이지도 않았다.

　니콜라스는 병원 문을 나와 곧바로 8번 버스에 몸을 실었다. 그는 여러 가지 문제로 인해 범죄자로 고발당했다. 아마도 병원 측에서는 그를 체포하고자 노력할 것이었다. 그들은 니콜라스가 호텔에 기거하고 있다는 사실을 알고 있었다. 물론 어느 호텔에 묵고 있다는 사실까지. 아마도 호텔을 옮기는 것이 더 낳지 않을까? 버스에 오른 뒤에 내내 그런 생각에 잠겨 있던 니콜라스는 어느 순간 생계를 유지하기 위해 또 다른 방도가 있음을 깨닫게 되었다. 그것은 다름 아닌 식당의 종업원이었다. 물론 국립 도서관 주식 지분이 크게 터져 한 몫 잡을 수 있을 수도 있다는 마지막 희망은 비록 한 가닥이라고 할지라도 항상 가지고 있었지만, 수익 배당을 언제나 받을 수 있을 것인지 등의 문제는 전혀 알 수 없는 터였다. 그러저러한 생각에 깊이 잠겨 니콜라스는 그가 내려야 할 정거장을 지나쳐 버렸고, 결국 중앙 버스 정류장에 가서 그곳의 사람들의 다 왔다는 소리에 그때서야 내려야 한다는 사실을 깨달았다.

그곳은 더럽고 시끄러운 건물이었다. 석유와 휘발유의 연소가스 냄새가 진동을 하고 있었는데, 그곳을 가득 메운 사람들은 이러한 상황 속에서 버스를 기다리느라 지칠 대로 지쳐 있었다. 그 바깥쪽으로 난 길은 기업들이 민영화된 이후 날로 붐비고 있었다. 여러 가지 잡다한 물건을 모아다 파는 잡화상, 양말 판매꾼, 손님 끌기에 여념이 없는 짐꾼들, 무허가 택시 운전자들, 사기꾼과 도둑들이 그 도로를 메우고 있는 부류들이었다. 현관 출입통로 안쪽과 벽에 기댄 채 자리를 깔고 눕거나 땅바닥에 주저앉아 있는 사람들을 제외한 모든 사람은 돈을 벌기 위해 애쓰고 있었다. 아울러 이렇듯 힘없고 맥 풀린 채 있는 사람들은 다른 사람들의 눈에 띄지 않기 위해 안간힘을 쓰고 있었다.

그때 갑자기 니콜라스의 눈에 아리스토텔레스, 세네카, 미야의 모습이 들어왔다. 그의 눈에 처음 들어온 것은 플라스틱 가방에 둘러싸인 미야의 모습이었는데, 그녀는 어떤 사무실로 향하는 계단의 밑바닥에 쭈그리고 앉아 있었다. 그 벽에 기댄 채 비스듬히 앉아 있는 그녀의 곁에는 니콜라스에게도 이제는 오히려 친숙해진 나머지 두 사람이 발치에 가방들과 원통형으로 말아놓은 매트리스를 놓아둔 채 앉아 있었다. 니콜라스는 그들에게로 걸어갔다.

"안녕하시오, 여러분!"

니콜라스를 본 그들 세 사람은 잔뜩 겁에 질려 있었다. 그러나 그 표정들은 두려움에 기인한 것인지, 죄의식에 기인한 것인지 분간할 수가 없었다.

세네카가 다소 긴장한 모습을 하며 "당신에게 해를 끼치고자 의도한 것은 아니었어요."라고 말을 건넸다. "어쨌거나 그곳은 단지 한순간 머물다 가는 곳 아닌가요?" 아리스토텔레스는 다소 철학적인 내용을 담아 진지하게 이야기했다.

니콜라스는 그들 일행이 오늘 저녁 어디에서 지낼 것인지를 물어보았다.

"네, 우리는 자리를 옮길까 생각중입니다." 아리스토텔레스가 답했다.

"어디로 말입니까?" 니콜라스가 다시 물었다.

아리스토텔레스가 가리킨 곳은 곧게 뻗은 도로 위를 가로질러 있는 철로 아치였다. "우리는 슈퍼마켓에서 밤을 지새우기에 충분하리 만큼 상태가 좋은 박스 3개를 구해서 그것들을 들고 오늘밤 저리로 이동할까 생각중입니다."

"박스를 하나 더 구하는 것이 가능하겠소?" 니콜라스가 물었다.

아리스토텔레스는 특별한 감정을 드러내지 않고 고개를 끄덕였다. "좋습니다, 당신이 우리에게 도움을 주셨으니 우리도 당신을 돕는 건 당연하죠."

니콜라스는 그가 묵고 있는 호텔로 되돌아왔다. 그때까지도 그는 여전히 깊은 생각에 잠겨 있었다. 만일 그의 수중에 있는 돈으로 호텔 숙박료를 계산해버린다면 이제 그에게는 한 푼의 현금도 남지 않게 될 것이었다. 그가 지불할 의무를 다해야 한다는 사실은 칸트가 말한 바의 정언적 의무, 즉 절대적인 명령에 속하는 것인가? 아니면 적어도 그의 존재적 범주, 즉 현재 그가 처한 실존적인 어려움이 그러한 절대적 의무를 완화시켜줄 수 있을 것인가?

호텔의 안내 데스크에는 며칠 전에 보았던 심술궂게 보이는 노인이 오늘도 역시 근무를 하고 있었다. 니콜라스는 열쇠를 받아서 그의 방으로 향했다. 문을 열고 들어서자마자, 그는 모피 망토며 그의 침대 위에 놓여 있던 양모 담요 등을 포함해 얼마 되지는 않는 소지품을 모두 챙겨 여행용 가방에 집어넣어 짐을 꾸렸다. 부드러운 소리로 휘파람까지 불면서 그는 작게 난 창문을 열고서 그의 짐을 아래쪽에 있는 호텔 정원에 집어던졌다. 그리고 나서 그는 방을 나와, 문을 잠그고 계단을 내려가 호텔을 빠져나왔다. 일단 밖으로 나오자 그는 급히 몸을 움직여 정원 안으로 들어갔다. 가방을 집어들고는 잽싸게 밖으로 나와 소리 없이 정원의 문을 닫고 여전히 휘파람을 불며 중앙 버스 정류장 쪽으로 유유히 걸어갔다.

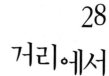

28
거리에서

아리스토텔레스, 세네카와 미야는 그가 떠났던 자리에 여전히 앉아 있었다. 그는 그의 가방을 인도 위에 내려놓았다.

"같이 있어도 되지요?" 그가 물었다.

"물론이죠. 눈치볼 것 없어요." 아리스토텔레스가 벽에 기댈 자리를 내주면서 말했다. 조금 떨어진 곳에는, 외모와 소리로 보아 마약 중독자임이 확실한 10대들이 기타를 치면서 앉아 있었다.

아리스토텔레스가 자기들 세 명은 져굴라 힐데브란트에 의해 병동에서 쫓겨난 다른 사람들보다 운이 좋은 편이라고 말했다. 주소지를 건네주었던 대부분의 사람은 그들이 적어낸 이름의 사람들로부터 버림받았다는 것이다. 지역 사회는 그들을 환영하지 않았던 것이다. 한 사람은 자살했고, 몇몇 사람은 폭력죄로 체포되었다.

"그래도 우리한테는 집이 있으니까." 아리스토텔레스가 말했다. "어, 점심 시간이 다 됐네. 점심과 박스들을 가지러 갑시다. 미야와 제가 슈퍼마켓에 갔다 오죠. 미야가 예전에 일하던 곳이지요." 그가 니콜라스에게 은밀히 속삭였다. "세네카가 슈퍼마켓 근처에 못 가게 해야 되요. 세네카와 함께 있어줘요. 우리 물건과 자리를 지키고 있으세요." 니콜라스는 승낙하고 세네카 옆에 앉았다.

어떻게 세네카는 자신의 광포한 열정을 통제할 수 없는 스토아 철학자가 되었을까? 그는 그것이 궁금해졌다. 세네카는 자신을 향해 돌격해 온 수술용 메스 앞에서 투항해버린 것에 대해서 아직도 당혹감을 버리지 못한 것 같았다. 니콜라스는 그의 삶에 대해 질문함으로써 긴장을 풀어주고자 했다.

그가 알게 된 바에 따르면, 세네카는 광고대행사의 CF 음악 작곡가였으며, 샴푸에서 애완견용 비스킷에 이르기까지 각종 상품 판촉을 위한 노래를 썼다. 그는 자신의 직업을 무척 좋아했다. 그는 창의력 넘치는 사람이었다. 그의 머리 속은 언제나 아이디어로 꽉 찼고, 적당한 CF 음악이 바닥나는 일은 없었다. 하지만 직업적 영감과 헌신은 오래가지 못했다. 그가 니콜라스에게 설명한 바에 따르면, CF 음악이 그를 미치게 만들기 시작했다. 그의 눈에는 광고업자admen가 광인madmen으로 보였다. "그들은," 그가 격정적으로 말했다. "사람들의 자유를 파괴하는 자들입니다."

"하지만," 니콜라스가 이의를 제기했다. "자유란 원하는 삶을 선택하는 것이잖아요. 광고업자들이 어떻게 그것을 파괴한다고 말할 수 있습니까?"

세네카가 반박했다. "사람들이 자신들이 원하는 것을 원하고 싶어한다고 생각하십니까? 무엇으로부터 그들의 욕구가 생긴다고 생각하십니까? 제 생각을 말해드리죠. 바로 CF 음악이 그걸 만들어내는 겁니다!"

"하지만," 니콜라스가 세네카에게 물었다. "그렇다면 당신이 원하는 것은 무엇입니까."

세네카는 강렬한 시선으로 그를 바라보았다. "내가 원하는 것은," 그가 말했다. "사람들이 그들의 욕구로부터 해방되는 것입니다. 그리고 그들이 진정 자신들이 원하는 바를 갈망하기를 원합니다. 그렇게 되려면 사람들은 스스로를 억제해야 하고 그들이 현재 원하고 있는 것을 원하기를 그쳐야 합니다. 그때 그들은 비로소 자유로워질 것입니다." 그는 그들 주변의 거리 풍경을 둘러보았다. "물론 그것은 쉽지 않은 일이지요." 그가 인정했다.

니콜라스는 어떻게 해서 세네카의 얼굴에 흉터가 생기게 되었는지 궁금했다. 그는 한때 직장을 그만두고 혼자서 캠페인을 벌이고 다닌 것 같았다. 그는 이 캠페인을 '욕구에 대한 전쟁'이라고 불렀다. 그런 와중에 그는 소란을 피운다는 이유로 슈퍼마켓 밖으로 끌려가 스킨헤드족에게 두들겨 맞았던 것이다.

아리스토텔레스와 미야는 네 개의 커다란 골판지 상자와 식료품 봉지를 팔에 끼고서 돌아왔다. 그들은 봉지를 열어 유통 기한이 지난 요구르트와 소시지 몇 개를 꺼냈다. "자, 이걸 지금 다 먹어치워야 되요. 아직은 냉장고가 없으니까." 아리스토텔레스가 설명했다. 식사를 끝낸 뒤에 그는 자리를 옮기자고 말했다. "해지기 전에 미리 잠자리를 찾는 것이 우리의 수고를 덜어줄 겁니다." 그가 말했다.

박스와 소지품을 들고서 철도 다리 밑으로 걸어가는 동안, 니콜라스는 아리스토텔레스에게 미야가 어떻게 음식물과 숙박 설비를 제공할 수 있게 되었는지를 물었다. 그의 설명에 의하면, 그녀는 예전에 슈퍼마켓 계산대에서 점원으로 일했다. 그런데 자기 자신에게는 불행한 일이었지만 미야에게는 미혼모, 방황하는 10대들 같은 가난한 친구들이 있었고, 그녀는 이들에게서 강한 매력을 느낌과 동시에 이들을 대할 때면 마음이 약해졌다고 한다. 그 가운데 한 친구가 자신들이 슈퍼마켓에서 물건을 구입하면 그 중에서 매번 네 번째 품목만 계산하라고 꼬드겼고, 결국 그들은 모두 현장에서 체포되었다. 법정에서 미야의 친구들은 그 모든 것이 미야가 생각해낸 것이라면서 그녀에게 불리한 증언을 하였다. 그 당시에 미야는 그녀 자신이 곧 미혼모가 될 상황에 처해 있었다. 그들 앞에 나타난 판사는 미야가 임신을 빌미로 어떻게 해서든지 구속을 피해보고자 하지만 죄인에게는 구속 판결을 내리는 것이 마땅하므로 다른 사람들에 대한 본보기로 6개월을 선고한다고 말했다. 그후 그녀는 엄마가 될자격이 없다는 이유로 갓 태어난 아기를 빼앗겼으며, 아기는 고아원으로 보내졌다. 이러한 일련의 사건을 체험한 뒤에 미야는 세상이 온통 도둑놈들로 득실거리며, 더구나 이들은 그녀가 가장 소중하게 간직해온 것들, 즉 그녀의 자존심, 생계 수단과 그녀의 아이를 훔치려고 한다는 확고한 믿음을 갖게 되었다. 하지만 슈퍼마켓의 동료 직원 중 일부는 의리를 져버리지 않았고, 복역 기간이 끝나서 미야가 일자리를 찾을 수 없게 되자 유통 기한이 지난 음식물 꾸러미와 골판지 상자를 그녀에게 정기적으로 공급해주었다. 그래서 그녀가 음식물과 은신처를 제공해주는 역할을 맡게 된 것이다.

그들은 철도 다리 밑에 이르렀으며, 중간 쯤에서 비바람을 막아줄 오른 편의 거적때기에 아직 임자가 없는 것을 확인하고서 그 자리를 차지했다. 매 시간마다 엄청난 소음을 내면서 기차가 머리 위로 지나갔다. 그들 네 명은 땅 위에 상자를 내려놓았다. 거기서 그들은 소지품을 발치에 두고서 해가 질 때까지 앉아 있을 것이다. 니콜라스는 아리스토텔레스 옆에 앉았다.

아리스토텔레스의 인생 역정은 가장 알 수 없는 것이었다. 니콜라스는 그가 예전에 부유한 선주였고, 비밀 번호를 잊어버려서 재산을 날렸다는 것이 어쩌면 사실일지도 모른다고 생각했다. 다른 두 사람은 이 부분에 대해서 어떠한 의구심도 표명하고 싶지 않은 것이 분명했다. 오후 내내, 아리스토텔레스는 앉아서 번호들을 적었고, 니콜라스에게 그 번호들이 맞을 성 싶냐고 물었다. 그는 그 작업에 완전히 몰두해 있었다. 니콜라스는, 끊임없이 희망을 불어넣는 일련의 무한한 숫자들로 가득한 아리스토텔레스의 정신 세계로 그 자신은 들어설 수 없으리라고 결론내렸다.

니콜라스는 점차 자신이 길거리 인생을 살아갈 준비가 되어 있지 않다는 사실을 깨닫기 시작했다. 호텔 담요를 제외하면, 그는 물리적 요인으로부터 그를 보호할 어떤 것도 지니고 있지 않았다. 반갑지 않은 인간적 요인의 기습으로부터 자신을 방어할 무기도 없었다. 그의 내적 자원도 상태가 더 좋아지지 않았다. 그는 과거 18세기의 상담자들을 기억 속에서 떠올리려 했지만, 그들은 나타나기를 완강히 거부했다. 그는 읽을 거리가 아무 것도 없었지만 오히려 그 편이 나았다. 독서는 새로 온 사람들에게 관심을 보이기 시작한 주위 사람들로부터 미심쩍은 주의를 끌게 될 것이기 때문이다. 그들의 옆자리에는 각양각색의 사람이 있었다. 공업용 변성 알코올을 마시고 있는 것 같은 나이든 알코올 중독자 한 쌍, 인도 위에 앞 뒤 안 맞는 기나긴 불운의 스토리를 적었던 창백하고 슬픈 표정의 젊은이, 면도칼로 장난을 치고 있는 것처럼 보이는 검은 안경과 가죽 잠바 차림의 위협적인 세 명의 20대 청년들, 그리고 니콜라스로서는 그 까닭을 알 수 없는 어떤 일에 대해서 스스로를 심하게 꾸짖고 있는 중년의 여인.

어둠이 내리자, 미야는 살라미 소시지와 요구르트를 조금씩 나눠주었다. 다른 사람들은 묵묵히 앉아서 식사를 하면서 길 건너편을 공허하게 바라보았다. 니콜라스는 약간 으슬으슬해져서 여행 가방에서 모피로 안감을 댄 외투를 꺼냈다. 그는 그 옷을 입고, 보온을 유지하기 위해 모피 깃을 세웠으며, 자리에서 일어나 다리를 쭉 뻗었다. 그리고 나서 그는 인도를 따라서 긴 다리를 벗어나 산책을 했다. 다리 너머의 길거리에는 사람이 없었으며, 불빛도 어두웠다. 갑자기 뒤에서 누군가가 니콜라스를 움켜잡았다. 누군가의 손이 그의 눈을 가리면서 얼굴을 휘감았고, 그는 등 뒤에서 자신의 외투가 벗겨지는 것을 느꼈다.

그는 있는 힘껏 발버둥쳤으며, 결국 완장을 찬 단정한 옷차림에 모양새도 어엿한 두 명의 중년 남자 여자와 대면할 수 있게 되었다.

"당신은," 남자가 비난조로 말했다. "범죄자입니다."

"우리는 S.O.S.의 프리덤 구역 대표자들입니다." 여자가 설명했다.

그녀는 자신의 완장을 그의 눈 앞에 들이댔다. 그 위에는 슬픈 눈빛의 소와 송아지가 둥근 원 속에 그려져 있었고, '우리의 가죽을 보호해주세요'라는 문구가 씌어져 있었다.

"그리고 당신은," 그녀가 계속 말했다. "동물 학살자입니다."

남자는 니콜라스의 외투를 공중에 들어올려 마치 대규모 군중에게 연설하듯이 말했다. "이 동물의 가죽은 인간의 소유권으로부터 해방되었습니다. 이것은 이제 어느 누구의 소유물도 아닙니다."

"거 듣던 중 반가운 소리구만!" 그들의 등 뒤에서 누군가 소리쳤으며 갑자기 한바탕 소동이 일어났다. "그것은 우리가 그걸 훔치고 있는 것이 아니라는 것을 의미하는 것이지." 목소리의 주인공은 세 명의 면도칼 애호가 중의 하나였으며, 그는 다리를 나서서 니콜라스 뒤를 쫓은 것이 틀림없었다. 그들 세 명은 니콜라스를 밀어 땅에 넘어뜨렸으며, 남자에게서 외투를 낚아챘다. 여자가 소리를 지르기 시작했다.

"입 닥쳐, 이 늙은 암소야!" 그 중 한 명이 그녀에게 소리쳤다. 그 고의적인 욕설은 대상을 잘못 겨냥한 것 같았다. 그들 세 명은 외투를 가지고서 옆길로 달아났다.

"미안하오." 남자가 왠지 소심하게 말했다. 여자는 흐느끼고 있었다.

니콜라스는 아무튼 그들은 자신들의 살가죽만은 지켜냈다고 생각했다.

그는 그들을 떠나서 동료 삼총사에게 돌아왔다. 그들은 밤을 지새우기 위해 박스를 모으기 시작했고, 니콜라스도 따라서 도왔다. 그의 상자는 무릎을 가슴 위쪽으로 구부리고 새우잠을 잘 수 있는 만큼의 크기였다. 담요를 두르고, 자신과 외부 세계 사이에 방벽을 쌓듯이 여행 가방을 자기 앞에 끌어안은 채 그는 잠자리에 들었다.

니콜라스는 잠을 설쳤다. 시간마다 기차가 경적을 울리면서 다리 위를 덜컹거리며 지나갔다. 낯설고 의미를 알 수 없는 거리의 소음들은 이따금씩 밤의 불안한 침묵을 깼다. 여행을 하면서 처음으로 두려움이 그의 내면을 엄습해왔고, 희망이 미끄러지듯 빠져나갔다. 아무리 애써봐도, 그는 이 무기력함에서 벗어날 수 없을 것이다.

여명이 밝아올 무렵, 그는 깊은 잠에 빠졌고, 어두운 터널 속에 있는 꿈을 꾸었는데 터널 끝에는 빛이 있었다. 그 빛은 그를 향해 막무가내로 돌진해왔다. 그는 선로 위에 누워 있었고, 기차는 계속 경적을 울리면서 그를 압박해왔다. 꿈이 끝나갈 무렵 그는 선로 위에 누운 채 자신에게 다가오는 기관차를 멈추려고 힘없이 손을 들었다. 기차가 그를 으스러뜨리려는 찰나에 그는 격렬한 두통에 시달리면서 잠에서 깨어났다.

미야, 세네카와 아리스토텔레스는 접어놓은 상자 위에 앉아서 카드 게임을 하고 있었다. 니콜라스는 상자 밖으로 기어나와서 그들에게 아침 인사를 건넸으며, 잠시 산책을 다녀오겠다고 말했다. 그들은 고개를 끄덕였고, 그의 물품을 봐주겠다고 말했다. 그는 버스 터미널 공중 화장실로 가서 세수와 면도를 하였다. 그리고 나서는 칙칙한 셀프 서비스 카페테리아에서 아침 식사를 했다. 때는 오전 10시 경이었다.

어쩌면 쎔이 아직도 그를 웨이터로 쓰고 싶어하지 않을까? 그는 순례자의 안식처 호텔을 거쳐 가지 않으려고 주의하면서 식당으로 걸어갔다.

햇빛 밝은 날이었으며, 그의 기분은 일에 대한 기대로 인해서 약간 좋아졌다.

쌤은 테이블을 세팅하느라고 바빴다. 그는 상냥했지만 조심스러웠다.

"자네는 신용 증명서는 확실하지만" 그가 말했다. "경력이 없단 말이야."

니콜라스는 동의할 수밖에 없었다.

"그래도," 쌤이 계속 말했다. "돈을 많이 줄 수는 없지만 나도 도움이 좀 필요하거든." 그는 정식으로 급여를 줄 수 없으며, 니콜라스가 전적으로 팁에 의존할 수밖에 없다는 사실을 분명히 밝혔다.

"언제부터 출근할까요?" 니콜라스가 기회를 놓치지 않고 물었다.

"지금부터 시작하면 안 될까?" 쌤이 제안했다. "이 테이블을 마저 세팅해줘."

한 시간 뒤에 점심 시간에 맞춰 레스토랑은 문을 열었다. 쌤의 종업원은 그의 아내와, 식당 뒤편의 증기 가득한 부엌에서 일하고 있는 성질 나쁜 요리사, 이렇게 단 둘이었다. 메뉴는 기본적이었지만 음식은, 니콜라스가 기억하고 있듯이 맛이 꽤 괜찮았다. 그 이후 3시간 동안, 손님이 몇 사람 왔으며 니콜라스는 작은 수첩을 들고 주문을 받아서 바로 뒤편의 쪽문을 통해 쌤의 아내에게 건네주었다. 그는 그럭저럭 큰 사고 없이 음식과 음료를 서빙했다. 단골 손님들은 쌤에게 그가 누구인지를 물었다.

"레온의 친구라네!" 쌤이 말했다. "괜찮은 사람이지!"

하지만 아무도 그에게 팁을 주지 않았다.

그는 3시 반에 일을 끝내고 철도 다리 밑으로 돌아갔다. 아리스토텔레스는 여전히 숫자와 씨름하고 있었다. 세네카는 잠이 들어 있었고 미야는 여느 때와 마찬가지로 주위를 살피면서 앉아 있었다. 니콜라스는 아리스토텔레스에게 그의 새 직업에 대해서 이야기를 했다.

"내 요트 위에는 여섯 명의 웨이터가 있는데, 다들 금색 테를 두른 백색 유니폼을 입고 있지요." 아리스토텔레스가 말했다. "13000이라는 번호는 어떨 것 같아요?"

니콜라스는 그후 몇 시간 동안 아리스토텔레스가 번호를 기억해내는 일을 도왔고, 저녁 때가 되어서 일을 다시 시작하기 위해 쌤의 레스토랑으로 갔다. 레스토랑은 한가했고 쌤은 이야기를 나누고 싶어했다. 레온이 그에게 니콜라스가 철학 교수였다는 사실을 말한 것 같았다.

"여기서 계속 일하게 되면," 그가 말했다. "별 볼일 없을 텐데."

니콜라스는 레스토랑 주인에게 피고용자의 서빙 일을 과소 평가하지 말아달라고 거듭 이야기했다. 그럼에도 불구하고 쌤은 급여를 올려줄 것 같지는 않았다.

"모든 것의 가치는 돈을 줄 수 있는 사람들의 능력 여부에 의해서 결정되는 거지." 쌤이 말했다. "난 학교에서 그렇게 배웠다고. 그렇게 보면 결국 자네의 철학이라는 것도 가치가 별로 없는 셈이로군."

그때 레온이 레스토랑으로 들어왔다. 그는 쌤에게 반갑게 인사를 하고 니콜라스를 발견했다.

"맙소사!" 쌤이 자리를 떠나자 그가 테이블에 앉으면서 소리쳤다. "다행히 살아계셨네요."

니콜라스는 병원에서 일어났던 일들과 왜, 그리고 어떻게 호텔을 떠나게 됐는지를 간략히 설명했다. 그는 마치 나쁜 짓을 하다 들킨 어린아이 같았다.

"염려 마세요, 교수님." 레온이 그를 안심시켰다. "그와 비슷한 일이 일어났을 것을 예상하고서 호텔 관리자한테는 교수님이 호텔 근처 골목길에서 맞아 죽었고, 제가 시체를 확인하러 영안실에 갔다왔다고 말했어요."

"고마워."니콜라스가 감동을 담아 말했다.

"한 가지 점만 주의하시면 돼요. 호텔 근처에는 가지 마세요." 레온이 경고했다.

"아 참! 그리고 한 가지 더 있어요." 레온이 안 주머니에서 봉투를 꺼 냈다."이게 선생님 앞으로 호텔에 배달되었더군요. 혹시나 하고 제가 보 관했어요." 그는 그것을 니콜라스에게 전해주었으며, 니콜라스는 즉시 봉투를 열어보았다. 그것은 1000개의 국립 도서관 주식이었다.

"정말 운이 좋으시군요." 레온이 말했다. "그 주식은 값이 아주 많이 올라갔어요. 나라면 그것을 빨리 팔아버리겠어요. 아무도 도서관이 민영 화되고 나면, 책이 모두 팔릴 것이라고는 예상 못했었죠. 수많은 외국인 딜러들이 그 중에서 가장 값비싼 것들을 천문학적인 액수로 입찰하고 있 지요. 팁스터 교수님 말이 맞았어요." 니콜라스는 그에게 아낌없이 감사 를 표하고 나서 주머니 속에 봉투를 넣었다.

"쌤이 선생님께 일자리를 줘서 기뻐요." 레온이 말했다. "맥주 한 잔 과, 약간만 익힌 스테이크와 감자 칩을 주세요." 니콜라스는 신이 나서 레 온의 주문을 받고서 쪽문을 통해 쌤의 아내에게 주문받은 내용을 소리쳐 서 전달했다. 식사와 계산을 마친 레온은 니콜라스에게 팁을 후하게 주 었다. 저녁 시간의 유일한 팁이었다.

밤 12시가 되어 니콜라스는 다리 밑으로 돌아갔다. 그의 동료들은 상 자 속에서 잠이 든 상태였다. 그도 자기 상자를 내려놓고 상자 안으로 기 어 들어갔다. 그는 주식이 든 봉투를 자기 몸 옆의 셔츠 안에 넣고, 담요 를 둘둘 말고 다리를 가슴 위로 구부린 채 불편한 잠에 빠졌다.

그는 다음날 아침 일찍 일어나서 깨끗한 셔츠로 갈아입고 버스 정류 장으로 갔다. 그리고 남은 동전을 탈탈 털어 세수와 면도와 아침 식사를 하였으며, 다시 3총사에게 가서 일을 보러 나갔다오겠다고 말했다. 그는 주식 중매인 오스굿 미클스러스트라는 이름이 적혀 있는, 팁스터 교수가 준 명함을 다시 찾아냈다. 그는 이제 완전한 빈털터리가 되어 걸음을 내딛었으며, 곧장 중매인 사무실로 향했다.

미클스러스트는 부드럽고 빛나는 불그레한 얼굴에 크고 화려한 콧수염을 기르고서 온 몸으로 신용을 발산하고 있었다. 그의 머리카락은 반들반들 했으며, 깔끔하게 손질되어 있었다. 그리고 그는 반짝이는 분홍색 넥타이를 매고, 커다란 이니셜이 새겨진 금 커프스 단추를 단 반짝이는 회색 셔츠를 입고 있었다. 그는 아주 바쁜 것 같았다.

니콜라스는 팁스터 교수의 충고를 따라 사두었던 주식을 팔고 싶다는 자신의 단순한 용건을 설명했다. 미클스러스트는 한껏 미소를 지었다. "팁스터 선생이 정말 좋은 충고를 했군요." 그가 말했다. "그 늙은 사기꾼은 요즘 어떻게 지내나요? 하도 본지 오래되어 말이에요."

다행히도 미클스러스트는 대답을 기다릴 정도로 한가하지 않았다. "자," 그가 말했다. "저는 지금 당장 입찰을 하러 가야 합니다. 언제나 그래왔듯이 팁스터 선생의 친구 분이라면 기꺼이 도움을 주고 싶군요. 원하신다면, 저와 함께 가서 지금 가지고 계신 주식을 바로 파실 수 있습니다. 그 외에도 매매할 것이 많아서요. 노다지가 따로 없지요."

니콜라스는 승낙했고 그를 따라서 개인 운전사가 딸린 벤츠 승용차 뒷좌석에 탔다.

"팁스터 선생에 대한 제 생각을 있는 그대로 말씀드린다면" 미클스러스트가 말했다. "그 사람은 교수로 썩기에는 너무 아까운 인물인 것 같습니다. 굉장히 약삭빠른 사람이니까요." 니콜라스는 전적으로 동의했다.

"그건 그렇고, 선생님은 어떤 사업을 하십니까?" 미클스러스트가 물었다.

"음, 저는 팁스터의 동료로서 외국에서 온 방문객입니다." 니콜라스가 모호하게 말했다.

"학계에 대한 저의 시각을 너무 공격적이라고 생각하지 마세요." 미클스러스트가 말했다. "교수님들이 보지 못하는 것은 바로 지식의 가치입니다. 팁스터 선생은 그걸 이해하죠. 누군가가 지식으로부터 이윤을 얻지 못한다면 지식이 무슨 가치가 있겠습니까?"

"모든 지식이," 니콜라스가 부드럽게 반박했다. "직접적으로 유용한 것은 아니지요."

"맞습니다!" 미클스러스트가 소리쳤다. "바로 그거예요. 모든 고서적 속에 있는 모든 지식이 팔리고 있다고 생각해보세요. 그 매매로부터 이윤을 얻는 사람은 필자도 독자도 아닌 선생이나 나, 그리고 팁스터 선생 같은 사람들이지요."

드라이브는 금방 끝났다. 그들은 고층 빌딩 안에 자리 잡고 있는 증권 거래소에 도착했다. 니콜라스는 미클스러스트를 따라서 거대한 유리문을 통해 수많은 인파로 북적대는 현관 앞 홀로 들어갔고, 미클스러스트가 자신의 명찰을 보여주고 니콜라스의 1일 출입 허가증을 얻어낸 프런트를 지나 10층으로 올라갔다. 거기서 그는 상품 거래소로 들어갈 수 있는 또 다른 출입증을 니콜라스에게 얻어주었다.

"리버타리아 삶의 중심부를 방문객의 발코니에서 관찰하는 것은 아무 소용이 없지요." 그가 말했다. "렌즈를 통해 어슴푸레하게 보는 것은 소용없습니다. 직접 체험을 해야지요. 아주 가까이 에서 있는 그대로를 말입니다!"

입구가 가까워지자, 니콜라스는 크고 걸걸한 남자들의 목소리와 여자들의 날카로운 쯧소리가 섞인 거친 불협화음을 들을 수 있었다. 그것은 통제력을 잃은 난폭한 정신병 환자들의 병동처럼 소란스럽게 느껴졌다.

하지만 그의 청각이 예고했던 것과는 상반되는 풍경이 그의 시각 앞에 펼쳐졌다. 그 층은 각각 다른 상품을 파는 구역들로 세밀하게 조직되어 있었고, 그 안에는 서로에게 소리치고 손짓하는 활기 넘치는 젊은 남자들과 여자들이 모여 있었다. 이들은 이따금씩 전화에 대고 무언가를 소리치거나 가까이 있는 컴퓨터 단말기에서 무언가를 체크했다. 대부분의 구역은 고함소리로 가득 차 있었지만, 어떤 구역들은 다음 개장에 대비해 상태를 점검하면서 쉬고 있었다.

그들은 고함치고 있는 사람이든 쉬고 있는 사람이든 그 누구도 방해하지 않으려고 조심하면서, 그리고 얽혀 있는 전화 선과 컴퓨터 전원 선을 요리조리 피해가면서 입회장을 비집고 가로질러갔다. 미클스러스트는 니콜라스를 '도서관 주식 담당' 구역으로 데리고 갔다. 그 구역은 임시 휴장중이었고, 미클스러스트는 주변에 서 있는 동료들에게 서둘러 몇 가지 질문을 할 수 있는 기회를 얻었다. 그는 니콜라스를 그들에게 소개시켰다.

"팁스터 교수의 친구 분이라오." 그가 밝혔다. "음, 성함이……저……"

"팽글로스입니다." 니콜라스가 말했다.

딜러들은 그에게 고개를 끄덕여 보였고 그들 사이의 신속한 상담을 마무리지었다.

"무슨 과목 교수라고 하셨지요?" 미클스러스트가 물었다.

"철학이요." 니콜라스가 말했다.

미클스러스트는 관심을 보였다. "제 철학을 말씀드릴까요? 저는 이상주의자입니다. 세계는 이상에 의해 지배되고 있습니다. 주위를 돌아보세요! 여기는 **상품** 거래소입니다만, 사람들이 정말로 거래하고 있는 것은 무엇일까요? 기대입니다! 미래입니다! 파생 상품derivative입니다. 그것이 어떤 것이든지요!(그는 니콜라스에게 윙크를 했다) 이 사람들은 무엇을 하고 있는 것일까요! 투기를 하고 있는 것이지요!"*

니콜라스는 자신의 접대자이자 중매인인 그와 철학을 논하고 싶은 유혹을 뿌리쳤다. 그는 더 실제적인 문제에 마음을 빼앗겨 다른 것을 생각할 겨를이 없었기 때문이다. "그거 참 흥미롭군요." 그가 말했다. "그건 그렇고, 제 주식 시세는 어떻습니까?"

"선생님은 정말 운이 좋으십니다." 미클스러스트가 빠른 속도로 지나가는 숫자들로 가득 찬 화면을 가리키면서 말했다. "도서관 주식 값이 벌써 5배나 뛰었어요. 좀 더 기다려 보지 않고 바로 파실 결심에는 변함이 없으십니까?"

"없습니다." 니콜라스가 말했다.

시장이 다시 개장되었고, 고함소리도 재개되었다. 그는 미클스러스트가 능숙한 솜씨로 소리치는 모습을 눈 앞에서 볼 수 있었다. 춤추듯이 부드럽게 흔들리는 그의 우아한 자태로 미루어보아, 그는 전직 축구 코치나 하사관일 수도 있을 것 같았다. 거대한 파도가 휩쓸고 다니는 듯한 격심한 소음의 물결 속에서도 사람들이 서로 소리치는 소리를 듣고 응할 수 있다는 사실이 신기하기만 했다. 미클스러스트는 자신의 수첩 위에 무언가를 성급히 갈겨쓰고 나서 고함지르기를 멈추었다.

마침내 휴장이 되자, 그는 니콜라스에게 다가와 등을 툭 쳤다.

"자, 이제 선생님은 부자가 되었습니다. 지금 막 수천만 원어치의 주식을 팔았습니다. 선생님의 주식도 팔았고요. 언제, 그리고 어떻게 돈을 드릴까요?"

"오늘 현금으로 주시면 안 될까요?" 니콜라스가 대담하게 물었다.

---

* Speculating은 '사색에 잠기다'라는 뜻과 '투기를 하다'는 뜻 모두를 가지고 있으며, 여기서 미클스러스트는 사람들은 주식 투자를 하고 있으면서 동시에 그들의 미래를 숙고하고 있다는 양의적인 뜻으로 이 말을 쓰고 있다.

"안 될 것 없지요." 미클스러스트가 자신의 사무실에 가서 제시할 메모를 써주면서 말했다.

니콜라스는 그에게 깊은 감사를 표시했다. "늙은 팁스터 선생의 친구 분 일이라면 언제든지 기꺼이 돕겠습니다." 미클트러스트가 작별을 고하며 말했다. "팁스터 선생한테도 사례비를 챙겨주십시오."

니콜라스는 중매인 사무실로 가는 길에 그의 제의에 대해서 생각해 봤지만, 그것을 묵살하기로 마음을 정했다. 팁스터의 조언은 자기 말고도 다른 수혜자들이 있을 수 있는 박애 행위였던 것이다.

사무실에 도착해서 그는 바로 현금으로 지불해줄 것을 요청하면서 미클스러스트의 메모를 출납원의 손에 쥐어 주었다. 출납원은 당연히 높은 수수료를 내야 한다고 말했다. 니콜라스는 그 돈을 네 개의 작은 봉투에 고르게 분배해서 넣어줄 것을 부탁했다.

그가 새 거주지로 돌아왔을 때, 미야와 아리스토텔레스는 식료품을 더 가지러 슈퍼마켓에 가고 없었다. 니콜라스는 세네카 옆에 앉아 그에게 느리고 조심스럽게 말을 걸었다.

"저……저는 당신이 물질주의와 소비주의에 반대한다는 것을 잘 알고 있습니다." 그가 말했다. "하지만 저는 당신이 경멸하는 어떤 선물을 당신께 드리고 싶습니다. 방금 돈을 조금 벌었는데(세네카가 아첨하듯 굽실거렸다), 그것을 네 사람 몫으로 똑같이 동등하게 나누고 싶습니다. 어쨌든," 그가 덧붙였다. "돈은 언제나 유용하게 쓰일 수 있고 여러분들은 제게 많은 도움을 주었으니까요."

그는 등을 거리 쪽으로 한 채 세네카에게 다가가 네 봉투 중 하나를 그에게 건네주었다. 세네카는 바로 봉투를 받아서 보이지 않는 곳에 숨겼다. 때마침, 미야와 아리스토텔레스가 식료품을 잔뜩 지고서 돌아왔다.

"두 사람 모두에게 드릴 것이 있습니다." 니콜라스가 그 둘에게 봉투를 건네면서 말했다. "세네카가 설명해줄 거요." 그 말과 동시에 그는, 외투를 도둑맞은 뒤로는 전보다 가벼워진 여행 가방을 들고 다리 밑을 벗어나 버스 정류장으로 걸어갔다.

그는 공중 전화 박스로 가서 쎔에게 전화를 걸었다.

"팽글로스 교수입니다." 그가 말했다. "죄송하지만, 오늘부터 일을 나갈 수 없을 것 같습니다." 그는 쎔에게 도와줘서 고맙다는 인사를 하고 레온에게 메시지를 전달해줄 것을 부탁했다. "그 사람에게 전해주세요," 그가 말했다. "그 사람이 제게 어떤 아이디어를 주어서 제가 저의 사명을 다할 수 있을 때까지 일을 계속 추진할 수 있게 되었다고요. 그렇게 말하면 알 겁니다." 그는 전화를 끊었다.

그 다음에 니콜라스는 버스 터미널의 안내소로 갔고, 자기 차례가 되자, 리버타리아 북쪽 북경으로 가려면 몇 번 버스를 타야 되는지 물었다.

"미네르바로 가는 360번 버스를 타시면 됩니다." 안내소 직원이 말했다. "버스는 정오에 출발합니다. 꽤 먼 곳이죠."

니콜라스는 매표소로 가서 미네르바행 티켓을 샀다. 그리고 나서 그는 긴 여행에 대비해서 샌드위치를 조금 샀다. 360번 버스 정류장은 다른 정류장들과 따로 떨어져 터미널의 가장 후미진 곳에 있었다. 거의 비어 있는 오렌지색의 1층 버스가 대기하고 있었다. 니콜라스는 버스에 올라 티켓 검사를 받은 뒤에 자리에 앉았고, 버스는 출발하였다.

북쪽으로 갈수록 풍경은 점점 더 황량해졌다. 니콜라스는 저 멀리 노천굴 채탄으로 검게 변한 언덕들, 버려진 탄광촌들과 폐기된 제철 공장들을 볼 수 있었다. 버스는 한때 공업의 중심부이자 그 지방 주민의 자부심이었지만 지금은 변두리의 불규칙한 확장에 의해 포위된 채로 다 쓰러져가는 황폐한 마을들을 스쳐갔다. 그의 눈 앞에는 깨진 유리창의 잿빛 공동 주택 블록과 같은 비참한 주택 단지가 펼쳐졌으며, 그 단지들은 젊은 실업자들이 떠돌고 있는 좁은 골목 주변에 세워져 있었다. 고속도로 변에는 줄곧 호화로운 광고판들이 있었지만, 그것은 예전에 산업화되었 던 이 풍경의 거주자들을 겨냥하는 것 같지는 않았다.

29
여행길에서

그들이 미네르바에 도착했을 때는 초저녁 무렵이었다. 버스가 도시 중앙 광장에 도착했다. 황량하게 펼쳐진 커다란 광장은 불 꺼진 상점들과, 호텔, 교회, 시청 건물 그리고 '헤겔 카페'라고 불리는 카페 등에 둘러싸여 있었다. 한 여름인지라 해 지는 시간이 매우 늦었다. 햇볕이 거리의 모든 것을 달구고 있었고 대기는 무더위로 가득 차 있었다. 광장의 가운데에는 헬멧을 쓰고 있는 여신의 모양을 한 동상이 우뚝 솟은 분수대가 있었으나 물은 보이지 않았다. 그 동상의 아래에 있는 받침대와 크고 둥글지만 그리 깊지는 않은 분수대 안은 푸르죽죽한 이끼들로 뒤덮여 있었다. 그 광장에는 천천히 무언가를 찾아 어슬렁거리는 검은 고양이를 제외하곤 아무 것도 찾아볼 수 없었다. 상점들의 문은 모두 다 닫혀 있었으며 주위에는 개미 한 마리 찾아볼 수 없었다. 니콜라스는 그 카페를 지나 좀 황량해 보이는 공간에 마련된 테이블 하나를 차지하고 앉아서 여행용 가방을 그의 옆 의자에 내려놓았다. 그 카페에는 늙수그레해 보이는 두 사람만이 창가 옆의 테이블에 앉아서 무언가를 들이키며 노닥거리고 있었을 뿐 아무도 보이지 않았다. 그들은 따뜻하고 너그러운 듯 보이는 눈빛으로 그를 바라보고 있었다.

주름모양의 장식이 달린 앞치마를 입은 다소 옅은 금발의 통통한 웨이트리스가 그에게 다가왔다.

"뭐 간단하게 배 채울 만한 거 없습니까?" 그가 물었다.

"오믈렛 같은 것은 어떠세요 손님?" 그녀가 상냥한 미소를 지으며 대답했다.

오믈렛이라! 배고픔에 지칠대로 지친 꽁도르세가 공화주의 자코뱅의 독재 체제에 의해 사형 선고를 받고 도피 생활을 하던 시절에 은신할 곳을 찾아 그의 오래된 친구 수아르드를 찾아갔으나 자신에게 화가 미칠까 두려워한 그 친구로부터 거절을 당한 뒤에 클라마트에 있는 여인숙으로 들어가 오믈렛을 주문했다. "계란을 얼마나 넣을까요?" 여관 주인이 꽁도르세에게 물었다. 잠시 머뭇거린 뒤에 그는 "12개요."라고 대답했다. 그 대답 때문이었을까? 초라한 차림의 누더기를 걸치고, 희끗희끗하고 거친 수염에 다리에는 붕대를 감고 있었지만 여관 주인은 이 방랑객이 귀족 계급의 일원임을 확신하고 있었다. 여관에서 점심을 먹고 있던 두 사람이 즉시 꽁도르세를 그의 지역 교구에서 그를 심문했던 '지역 감찰 위원회'에 신고했다. 이내 그는 체포되었고, 파리로 이송되어 참수형에 처해지기로 결정되었다. 그러나 배고픔에 지친 나머지 꽁도르세는 좀도둑들과 걸인들을 수용하기 위해 만들어진 작고 지저분한 감옥 안에서 반듯하게 누워 두 팔을 그의 몸에 붙인 채 이틀이 채 지나기도 전에 숨을 거두고 말았다. 수배중이던 바로 그 시절 꽁도르세는 계몽주의 낙관론의 대표적 저작이라 할 수 있는 『인간 정신의 진보에 대한 역사적 이해를 위한 소묘』를 완성했다. 니콜라스는 그 저작의 마지막 문장을 떠올렸다. 꽁도르세는 미래를 예견하는 일은 철학자들에게 하나의 위안이 된다고 쓰고 있다.

사색은 그를 박해하는 자들의 기억이 미치지 못하는 철학자의 은신처이다. 인간으로서의 권리와 천부적인 존엄을 회복한 사람들에 대한 생각 속에 살면서, 그는 탐욕과 공포 그리고 질투에 의해 타락하고 고통받는 현실로서의 인간에 대해 망각하게 된다. 그곳이야말로 그가 자신의 주변 사람들과 함께 공존하는 곳이며, 그의 이성이 창조해낼 수 있었던 그리고 그의 인류애가 순수한 환희로 장식되는 이상향이다.

"그래 바로 이거야. 난 오믈렛을 먹겠소." 니콜라스가 기쁨에 넘친 표정으로 주문했다.

니콜라스는 그의 여행 가방을 열고 노트를 꺼내 종이 몇 장을 찢은 뒤에 편지를 쓰기 시작했다.

리버타리아에 있는 미네르바 마을 광장에서
친애하는 저스틴
미지의 세계로 가는 또 다른 여행을 준비하며 황혼이 지는 리버타리아의 북쪽 국경 근방에서 이 편지를 쓴다네. 이곳 자유의 땅에서 겪었던 삶의 또 다른 경험은 내게 그리 행복한 것이 아니었어. 확신하건대, 나는 이곳을 나의 안식처로서 생각하고 있지 않네. 또한 마르커스나 엘리자에게도 이곳에 와서 살아보라고 권유하고 싶은 생각이 조금도 없네.

나는 자네가 이곳을 오해하지 않기 바라네. 자유의 땅에서의 삶이 몇몇 가지 아주 중요한 점에서 자유롭다고 하는 사실은 의심의 여지가 없어. 나는 경찰이나 군대에게 체포되거나 고발되거나 혹은 괴롭힘을 당하거나 한 적이 없고, 당연한 일이겠지만 감금된 적도 없었어. 나는 자비로운 전문가들이나 사회경제적인 문제에 대한 기획 담당자들의 계산과 예측의 결과에 크게 영향을 받지 않았고, 또한 다른 사람들이 생각하는 바 '사람이면 어떻게 살아야 한다'고 하는 도덕적 명령과 같은 것에도 전혀 부담감을 느끼지 않았다네. 특색 없이 말하자면 나는 혼자 내버려진 것이야. 내가 자유의 땅에서 만났던 사람은 모두가 괜찮은 사람들이었어.

그러나 우리가 정말 자유로웠던 것일까? 니콜라스는 자문해보았다. 칼과 프레드가 이 말을 들었다면 아마도 박장대소했을 것이었다. 그러나 확신컨대, 저스틴은 칼과 프레드에 대해서 그리고 그들의 꿈에 대해서 듣고 싶어하지 않을 것이고, 따라서 그와 같은 것을 구태여 이야기할 것까지는 없는 일이기에 니콜라스는 그에게 이와 관련한 언급을 하지 않기로 결심했다. 그는 다시 한 번 생각했다. 우리가 '부자유'스럽진 않았어. 심지어 철도 다리 밑에서도……어느 누구도 '당신 그곳으로 가서 거기에서 사시오'라고 명령하거나 강요하거나 몰아대거나 하지 않으니까. 그러나 진짜 우리가 자유로웠던 것일까?

그는 저스틴에게 교수들이 흔히 사용하는 투로 편지 쓰기를 계속했다.

어찌되었든, 그렇다면 자유롭다는 것이 의미하는 바는 무엇일까? 홀로 남겨진다는 바로 그 사실? 어느 누구에 의해서도 명령받거나 강요되거나 괴롭힘이나 협박을 당하거나 아니면 간섭받지 않는 것? 아니면 이 모든 것은 보다 기본적인 무언가 때문일까? 기본적인 것은 자신이 선택하고 가치 있다고 생각하는 삶을 살아가도록 허용되는 것이 아닐까? 하지만 만일 그것이 자유의 기초라면, 홀로 남겨진다고 하는 것이 전부일 수는 없겠지. 적어도 선택지, 즉 선택할 가치가 있는 선택지들이 있어야 하겠지.

웨이트리스가 오믈렛을 가져왔을 때, 니콜라스는 그가 병원에서 일할 때 만났던 동료 운반 담당자들과 철도 다리 밑에서 같이 생활했던 사람들 그리고 레온과 버스 정류장에서 여행용 가방을 들고 지친 표정으로 앉아 있던 남자를 생각했다. 레온이 말한 바에 따르면, 버스 정류장의 남자는 쥐꼬리만한 급료를 주는 가장 천한 일을 제외하고는 다른 어떠한 일거리도 찾을 기회를 갖지 못했는데 그것은 기회라고까지 할 수도 없었다. 물론 그는 기대고 앉을 벽을 선택하거나, 아니면 앉거나, 서거나 아니면 드러눕거나 또는 구걸을 하거나 말거나 하는 데 있어서 자유로울 수 있었다. 리버타리아의 사람들은 그들이 오스굿 미클스러스트만큼이나 자유로운 존재들이라고 말할지도 모른다.

내가 어떤 사회 질서 속에서 태어날 것인가를 (혹은 어떤 성과 인종, 종교를 가지고 태어날까) 알지 못하는 현명하고 분별력이 있지만 무지한 태아에게 도움이 될 조언을 하고 싶어한다는 사실을 자네도 기억하겠지? 그 아이는 요컨대 살 만한 가치가 있는 삶을 선택할 수 있는 기회가 가장 최대로 보장된 곳이 어디일까 알고자 한다네. 그것이 태어나기로 마음먹는 사회는 몇 가지 점에서 확신을 주어야만 한다네. 우선, 무엇보다도 사회의 기본적인 골격을 갖추어야겠지. 기본적인 치안 질서의 체계, 시민적인 상호 평화의 관계, 사회 구성원 상호 간의 신뢰의 확보, 시민적 동의에 기반을 둔 법률 체계의 정비와 법적 지배 체제 확립 등. 다음으로, 사회의 유지를 위한 기본적인 준비가 있어야 합니다. 적어도 사회가 유지될 수 있는 기본적인 안전 장치로서의 최소한의 기초 자원이 있어야 하고, 그들이 가장 가난한 사람들에게조차도 가능한 한 풍요로움을 보장해주는 공정한 보상의 시스템이 있어야 할 것이야. 그리고 세 번째로 단순히 돈을 벌고 소비하는 방식에 관한 문제들뿐만 아니라, 자신들이 가지고 있는 고유한 목적의 성취를 위해 소중한 독특한 실천 관행과 전통의 풍요롭고 다양한 사회적 맥락들이 제공되어야 하는 것이지. 위에서 말한 세 가지 점에 있어서 리버타리아가 끔찍한 곳이라는 사실을 태아에게 말해줘야만 할 것 같네.

여하튼 이제 다시 길을 떠나야 한다네. 그러나 어디로 가야 하는 걸까? 어느 곳이 우리—태아와 나—의 기대에 가장 부합하는 곳일까? 실제로, 나의 궁극적 종착점이 어디인가를 누가 알 것인가라는 문제로 우리들, 즉 태아와 나의 견해가 점차 모아지고 있다는 생각이 드네. 나는 이곳에서 가까운 곳에 있을 것으로 추정되는 또 다른 어떤 곳에 대해 이야기를 들은 적이 있네. 비록 내게 말해준 이들 가운데 어느 누구도 확실하게 알고 있는 사람은 없지만. 오래지 않아 자네에게 다시 소식을 전할 수 있길 바라네.

내가 종종 생각하는 나의 두 아이들에게 나의 사랑을 전해주게.

팽글로스로부터

니콜라스는 하루 이틀 내로 보낼 생각을 하며 편지를 접어 봉투 속에 넣었다. 오믈렛을 다 먹고 웨이트리스를 다시 불러 계산을 마친 다음에 가방을 둘러메고서 창가 쪽에서 이야기를 하고 있는 두 사람에게로 다가갔다. 그들 가운데 한 사람이 신문을 읽고 있었는데 머리 기사의 제목이 니콜라스의 눈에 들어왔다. '야생 생태계의 자유화! 리버타리아의 삼림 민영화.' 그 제목 아래에는 환희에 찬 표정으로 웃고 있는 져굴라 힐데브란트의 사진이 실려 있었다.

"실례합니다. 방해가 되지 않는다면 몇 가지 좀 여쭤볼까 하는데요. 국경까지 가는 길을 좀 가르쳐주실 수 있습니까?"

그들 가운데 한 사람이 광장 반대편의 오른쪽 모퉁이를 가리키며, "저쪽으로 가면 국경으로 가는 길이 나옵니다. 그런데 걸어가실 생각입니까?"

니콜라스가 고개를 끄덕이자, 그 사람은 놀란 표정으로 "걸어서 가자면 꽤 먼 거리일 텐데요. 그곳에 가서서 특별히 하고자 하는 일이라도 있으신 겁니까?"라고 말을 건넸다.

"아니요. 그렇다기보다는 저는 지금 도보 여행을 하고 있거든요." 니콜라스가 대답했다.

"이갈리타리아로 가려는가 보군요." 그들 가운데 다른 한 사람이 다소 조롱하는 듯한 말투로 말했다.

니콜라스는 그들에게 고맙다는 말을 남기고 그 식당을 떠났다.

"좋은 여행이 되길 바랍니다." 방금 전에 말했던 사람이 소리쳤다. 니콜라스는 그들 두 사람이 자신을 비웃고 있다고 생각했다.

그는 광장을 배회하는 검은 고양이 한 마리를 지나쳐, 식당에서 쓴 편지를 우체통에 집어넣고는 광장을 가로질러 식당에서 들은 대로 국경으로 향하는 길로 들어서 걷기 시작했다. 얼마쯤이나 걸었을까? 그가 국경에 다다랐던 모양인지 밑에 나무가 우거진 언덕 아래로 향한 열린 벌판이 보였다. 걷고 있는 길 양편에는 넓은 들판과 나무들이 가로놓여 있었고 저 멀리에 청회색 빛의 언덕이 눈에 들어왔다. 전보다 가벼워지기는 했으나 등에 짊어지고 있는 여행용 가죽끈으로 만들어진 여행 가방이 그의 어깨를 무겁게 내리누르고 있었다.

언덕 아래쪽에 거의 다다랐을 때, 니콜라스는 갑자기 그의 머리 근처에서 새들이 힘찬 날개짓을 하며 날아오르는 소리를 들었다. 그가 고개를 들어 주위를 둘러보았으나 눈에 보이는 것은 아무것도 없었다. 그때 니콜라스는 아래쪽으로 눈을 돌렸다. 거기에는 크고 아름다운 흰색의 눈을 가진 부엉이가 그가 걷고 있는 그 길을 따라 걷고 있었다. 그러나 아주 이상한 일은 그 부엉이가 걷는 방향과는 정반대인 뒤쪽으로 머리를 돌리고, 부리부리한 크고 둥근 눈으로 그의 어깨 너머 니콜라스가 걸어온 방향을 뚫어지게 응시하고 있다는 것이었다.

해가 뉘엿뉘엿 서산에 걸리기 시작했고, 저 멀리에 있는 청회색의 언덕이 황금빛으로 물들고 있었다.

그때, 고요한 침묵을 깨며 가늘고 다소 자극적인 목소리가 들려왔다. "먼 길을 오시느라 고생 많으셨습니다. 캐리타트 교수."

니콜라스는 멈추어 서서 주위를 둘러보았다. 부엉이 또한 같이 멈춰섰다.

눈에 보이는 것이라곤 아무것도 없었다. 참 기막히군! 그가 생각하기에 무슨 소리가 들린 것 같은데.

그때, 니콜라스는 그 목소리를 다시 들었다. "사람이 이야기할 때 좀 공손하게 대답할 수 없습니까?"

그가 주위를 둘러보았으나 그곳에는 여전히 아무 것도 보이지 않았다. 그리고 나서 니콜라스는 부엉이가 마치 무언가를 기다리기라도 하는 양 고개를 한쪽으로 치켜들고 그를 쳐다보고 있는 것을 알아차렸다.

"미안하다." 니콜라스가 말했다.

부엉이는 여전히 뒤쪽을 응시한 채 눈길을 니콜라스에게 고정시키고 걷기 시작했다. 니콜라스가 그 뒤를 따라 걷기 시작했다. 그들이 걷고 있는 바로 앞에는 커다란 숲이 펼쳐져 있었고 그들은 그곳을 향해 걷고 있었다. 그들이 숲 속에 들어섰을 때 그들의 앞을 붉게 물들였던 햇볕은 이내 사라져버렸고, 그들이 걷고 있는 외로운 길의 적막을 뚫고 비둘기며, 부엉이 그리고 이름을 알 수 없는 여러 종류 새의 재잘거리는 노랫소리가 소란스럽게 울려퍼지고 있었다. 어느새 숲 속에는 어둠이 깔리기 시작했고 그들이 걷고 있던 곧게 뻗은 길 또한 이내 알아볼 수 없게 되어버렸다. 니콜라스는 두려움을 느꼈다. 어두워 진 숲은 스산한 분위기에 음침하고 황량한데다 공포감마저 느끼게 하는 그런 곳이었다. 그러나 니콜라스는 그의 앞에서 거침없이 걷고 있는 부엉이를 놓치지 않으려고 애쓰면서 눈을 부엉이에게 고정시킨 채 커다란 나무들 사이를 헤쳐 나아갔다.

긴장하며 걷고 있던 니콜라스에게 갑자기 무언가가 느껴졌다. 가까운 거리에서 외치는 소리가 들리는가 하면, 어떤 사람은 다른 누군가를 부르기도 하고, 그들 가운데 몇몇은 흥얼거리며 노래를 부르기도 했는데 여하튼 그것은 틀림없는 사람의 목소리였다. 그러나 어둠이 내려 컴컴한 그곳에서 볼 수 있는 것이라곤 아무 것도 없었다. 그때 니콜라스가 고개를 치켜들었고 거기에서 그는 놀라운 광경을 목격했다. 길 옆에 높이 솟은 나무들 꼭대기에 한 스무 명 남짓한 젊은이들이 있는 것이 아닌가? 그들 가운데 몇몇은 나뭇가지 위에 앉아 있었고, 다른 사람들은 나뭇가지들 사이를 가로질러 걸려 있는 그물침대 위에 누워 있었으며, 또 다른 사람들은 그들 머리 위 높은 곳에 임시방편으로 만들어놓은 나무 위의 집에서 바깥쪽을 응시하고 있었다. 그리고 다른 몇몇은 마치 공중 도시를 방어하기 위해 높은 탑 위에 집을 짓고 살던 중세 사람들 같이 나무 위의 집들 사이를 연결한 여러 개의 나뭇가지 위를 불안스러운 모습으로 왔다 갔다 하고 있었다. 헐렁한 바지에 스웨터를 걸친 소년 소녀가 기분이 좋아 어쩔 줄 모르고 있었는데, 그러나 그들은 모습은 무엇인가에 흥분해 동요하고 있는, 어찌 보면 화가 난 것 같아 보이기도 했다.

"저들이 모두 뭘 하고 있는지 나에게 말해줄 수 있겠니?" 니콜라스가 부엉이에게 물었다.

"저들이 우리의 나뭇가지들을 차지하고 있네요." 무언가에 심사가 뒤틀렸는지 부엉이는 뿌루퉁한 표정으로 대답했다. "그렇지만 저들은 우리 나무들을 보호하려고 애쓰고 있는중입니다."

"누구로부터 보호를 한단 말이냐?" 니콜라스가 재차 물었다.

"들어보세요!" 부엉이가 말했다.

니콜라스는 귀를 기울여 저 멀리서 들려오는 덜거덕거리는 낮은 기계음 소리를 들었다.

"불도저들이죠." 부엉이가 말했다. "저들은 택지 개발업자들입니다. 우리의 집이 '개발'될 운명에 처하게 된 거죠."

"그렇다면 저들이 지켜낼 수 있을까?" 니콜라스가 부엉이에게 물었으나 부엉이는 아무런 대꾸도 하지 않은 채 침묵으로 일관했다. 지금 생각해보니 레온의 생각은 잘못된 것이었다. 리버타리아에도 저항은 여전히 살아 있었다. 그들이 길을 걸으며 나무들 사이로 살펴보니 노란색 헬멧을 쓴 두 사람의 남자가 조정하는 커다란 오렌지색 불도저가 작업을 하고 있는 것을 볼 수 있었다. 그것은 아주 느린 속도로 숲 쪽으로 접근하고 있었다. 그때 나무 위에 있던 젊은이들이 입을 맞춰 노래하기 시작했다. 그들 가운데 한 사람이 니콜라스에게 나무 위로 올라와서 자신들에게 동참하자고 소리쳤다. 니콜라스는 그 소리를 듣고 잠시 진지하게 생각해보았다. 그러나 그 나무 위에까지 올라가는 일은 그에게는 거의 불가능에 가까운 일이었기에 거절과 작별의 메시지를 담은 표시로 손을 흔들어 정중하게 답례하며 큰 소리로 격려의 말을 남기고 돌아섰다. 그는 계속해서 빛이 보이는 곳을 향해 앞질러 가고 있는 부엉이를 따라 걷기 시작했다. 불빛은 그들의 곧 빠져 나가게 될 숲의 저쪽 끝 어딘가에서 비추고 있었다.

그들은 지금 해가 넘어가는 서녘을 향해 걷고 있었다.

"우리 앞에 펼쳐진 저 푸른빛의 언덕이 황금빛 하늘과 대조를 이루어 자아내는 모습이 얼마나 아름다운가!" 니콜라스가 감탄에 마지 않았다.

부엉이는 여전히 뒤쪽을 돌아본 채 계속해서 앞을 향해 걷고 있었다.

"나는 무어라 할 말이 없습니다. 왜냐하면 나는 볼 수 있는 능력이 제한되어 있기 때문입니다. 나는 단지 한 방향만 볼 수 있을 뿐이며, 게다가 색맹입니다. 나에게 세상의 모든 것은 단지 회색에 불과합니다." 그 말을 하는 동안 부엉이의 굳게 닫혀져 있던 부리가 순간적으로 열렸다 닫혔는데, 그 속에서 끝이 뾰족한 역삼각형 모양을 한 밝은 분홍색의 혀가 순간적으로 드러났다.

"상당히 불편하겠구나?" 니콜라스가 물었다.

"전혀 그렇지는 않아요. 그것은 오히려 아주 중요한 무엇인가에 마음을 집중시키고자 할 때 큰 도움이 되지요." 부엉이가 대답했다.

"그게 어떤 의미지?"

"지나간 일들의 의미를 이해하는 데 도움이 된다는 말입니다." 부엉이가 대답했다.

니콜라스가 부엉이에게 그가 방금 겪었던 일들의 의미에 대해 설명을 요청하려고 하던 바로 그때 부엉이는 다시 말을 이었다.

"사실, 세상을 보고 이해하는 능력을 따지자면 진실로 제한된 능력만 가지고 있는 이들은 인간, 다름 아닌 당신과 같은 인간입니다."

"왜 그렇지?" 니콜라스가 다시 물었다.

"당신들은 한 번에 한 가지 이상을 볼 수 있는 능력이 없습니다. 다시 말해서, 당신들은 이 세상에 존재하는 모든 사물들 사이의 상호관련성을 파악하는 데 상당한 어려움을 가지고 있다는 말입니다. 당신들은 자연이 인간의 이상과 떼려야 뗄 수 없는 불가분의 관계를 맺고 있다는 사실을 알지 못합니다."

"그게 무슨 말인지 다시 설명해줄 수 있겠니?" 니콜라스가 부엉이에게 다시 물었다.

"한때 당신이 방문했었고, 결국 뒤로 하고 떠날 수밖에 없었던 그 모든 나라를 생각해보십시오. 당신은 그들 나라들이 모두 가치 있는 목적의 추구를 위해 노력하며 헌신하고 있었다는 사실을 알고 계실 것입니다. 어떤 나라들은 사회적 질서와 안전을 위해 노력하고, 다른 나라들은 부와 행복의 극대화를 위해 힘을 쓰며, 또 다른 나라에서는 그 나라의 사람들이 비슷한 부류의 다른 사람들과 함께 편안함을 느끼며 살아갈 수 있는 안정적인 일체감을 보호하고자 애쓰고 있는 모습을 보았을 것입니다. 아울러 어떤 나라들은 모든 다른 사람들과의 조화 속에서 개인의 실질적 자유가 보장될 수 있도록 적극적으로 노력하기도 하고, 또 다른 나라에서는 개인들이 선택한 삶에 누군가가 개입하는 것을 거부하고 개인과 개인의 재산 소유권을 보호하는 데 힘을 쏟기도 하는 모습 또한 목격했을 것입니다.

그러나 그들 각각은 다른 여러 가지 가치를 제외한 채 그들이 만들어놓은 추상화된 이상적 목표로 수없이 많은 사람을 만족시키고자 하는 과정 속에서 그들 사회에서 통용되고 선호되는 목표들만 일방적으로 추구하는 편협함을 보여주고 있습니다. 얼마나 많은 사람이 이러한 이상들의 이름 아래에서 황폐화되고 파괴되어왔습니까? 인간이 얼마나 어리석은 존재인지 이제야 아시겠습니까?"

"그래……그렇다면 대안은 뭐지?" 니콜라스가 물었다.

"단지 결합하시오." 부엉이가 말을 이었다. "대안을 말하자면 먼저 해야 할 일은 인간이 만들어놓은 그 이상 가운데 어떤 것도 다른 것들이 없이는 가치 있는 것이 되지 못한다는 사실을 알아야 한다는 것입니다." 이어 부엉이는 무언가가 생각난 듯이 덧붙이듯 한 마디를 더 했다. "그러한 사실을 깨닫고 난 뒤에야 비로소 당신들은 인간, 아니 우리 같은 부엉이까지도 살아가기에 적합한 세계를 만들어낼 수 있을 것입니다."

그들은 계속 걸었다. 니콜라스는 부엉이가 한 말을 곱씹으며 되뇌었다.

부엉이가 뭔가를 크게 잘못 생각하고 있는 것이 틀림없어. 그렇지 않고서야 어떻게 그 모든 이념들이 한 사회 내에서 동시에 실현될 수 있다는 말인가? 하나의 가치를 추구한다는 것은 다른 어떤 가치를 버린다는 의미일 텐데. 모든 것은 그 자체일 뿐 다른 것이 될 수는 없지. 좋은 것들이 모두 조화를 이룰 수는 없는 거야. 그것들이 조화로울 수 있다고 생각했던 것이 인간의 최고의 어리석음 아니었던가? 완벽에 목표를 두고 모든 인간의 목표가 함께 실현되는 조화로운 세상을 만들어보고자 시도하는 것, 확실히 그와 같은 희망은 우리 시대의 가장 위험한 환상이야.

니콜라스는 이러한 문제들에 관해 부엉이와 토론하길 원했으나 부엉이는 급하게 서두르는 것처럼 보였고, 게다가 이와 같은 논쟁에 참여하고 싶은 생각이 없는 듯했다.

그럼에도 불구하고 그는 부엉이에게 다시 말을 걸었다. "내가 진정 알고자 하는 것은 네가 조금 전에 말했던 인간에게, 아니 부엉이가 살기에도 적합한 세상이 가능한지 아니면 불가능한지 하는 문제야. 그것이 이 갈리타리아라고 불리는 곳인가? 그것이 우리 앞에 놓여 있는 곳인가?"

땅거미가 내리고 있었다. 니콜라스의 말에 자극을 받았는지 부엉이는 눈을 윙크하듯 깜박거리며 양쪽 날개를 펴고 날카로운 울음소리와 함께 어둠이 내리는 하늘로 솟아올랐다.

이제는 니콜라스 혼자였다. 그는 계속 걸었다. 밤이 깊어갈수록 등에 멘 짐은 점점 더 무거워져 갔다. 얼마나 걸었을까? 잠시 뒤에 니콜라스의 눈에는 저 멀리 외로이 서 있는 건물이 한 채 들어왔다. 니콜라스는 그곳에 다다라 그 건물이 국경의 수비대 건물이라는 사실을 알게 되었다. 그러나 그곳에는 아무도 보이지 않았다. 비록 불이 켜져 있었지만, 그곳은 매우 적막하고 황폐해 보였다. 니콜라스가 그 건물에 들어섰을 때, 그는 누군가가 휘갈겨 써놓은 메시지 한 장을 전등불 아래의 벽 위에서 발견했다. 거기에는 다음과 같이 적혀 있었다. "이곳에서 나가는 모든 이들이여 희망을 버리지 마시오."

니콜라스는 그 벽을 등지고 땅바닥에 주저앉아서 그의 여행 가방을 열고 나머지 노트를 꺼내 또 다른 편지를 쓰기 시작했다.

리버타리아의 북쪽 국경에서

친애하는 저스틴, 마르커스, 엘리자

두 가지의 아주 이상한 일이 방금 전 이곳에서 일어났네. 무엇보다도 먼저 이야기할 것은, 내가 새 한 마리를 만나 대화를 했다는 사실이라네. 이야기를 나누던 그때 나는 나무 위에서 살고 있는 몇 사람의 젊은이를 보았어. 이 글을 읽으면서 자네들은 아마도 내가 혼란스러운 나머지 미쳐버렸구나 생각할지도 모르겠네. 하지만 내가 겪었던 일들 속에서 나는 몇 가지 교훈을 얻을 수 있었고, 내가 느낀 그 교훈이 자네들에게도 흥미로울 수 있는 것들이기에 나는 자네들이 이 편지를 끝까지 읽어주길 바라네.

먼저 새에 관해 이야기하도록 하지. 그것은 부엉이, 이름하여 '미네르바의 부엉이'였다네. 그것은, 부엉이들이 일반적으로 그렇듯이 아주 현명한 놈이었어. 그것은 나의 여행에 관한 모든 것을 알고 있었고, 내가 지금까지 경험했던 모든 여행의 과정과 그 의미들을 인간이 가지고 있는 이상들이 불가분의 관계로 서로 밀접하게 연계되어 있다는 꽁도르세의 통찰을 인용해 설명해주었지. 그러나 정작 중요한 사실은 그 부엉이가 그러한 통찰에 대해 이전까지 내가 전혀 생각하고 있지 못했던 의미를 부여해주었다는 것이야. 나는 항상 그러한 주장이 계몽의 낙관주의에서 지나친 것, 심지어 위험하기까지 한 것을 나타낸다고 생각해왔었네. 진리와 행복, 선이 모두 일치하고 가치들 사이의 갈등도, 도덕적 딜레마도, 권리와 권리 사이의 충돌도, 더 이상의 비극도 없는 완벽에 대한 꿈 말일세. 정치적 평등과 경제 성장, 효율적인 조직과 사회 정의가 서로에게 그리고 보편적인 개인의 자유와 상호 공존할 수 있는 세상, 보편주의가 더 이상 특수주의와, 사회적 연대가 개별성과, 공공성이 개인적 충성심과 갈등하지 않는 세상에 대한 꿈이기도 하지. 하나의 가치 있는 인간의 이상을 추구하기 위해 더 이상 다른 것들을 희생할 필요가 없다는 말이기도 하지. 모든 것을 포괄하고 모든 것을 조화롭게 유지시키는 이 지상에서의 완전의 추구가 곧 콩도르세가 자신을 죽음으로 몰고 간 바로 그 덕德의 독재를 가져왔던 것은 아닐까? 그때 이후로, 무엇보다도 이 끔찍한 세기 동안에 수많은 죽음과 파괴에 대한 책임이 거기에 있는 것 아닐까? 희망이 공포로 바뀐 것은 아닐까?

그럼에도 불구하고 질문을 던져야만 하는 것은, 이 희망이 실제로 이토록 치명적인, 즉 그것이 지양하고자 했던 초현실적이고 내세적인 신념들보다 더 치명적인 힘을 가지고 있었는가 하는 것입니다. 사실 광신주의야말로 그 희생 양을 찾아서 어떤 이상들이건 손에 잡히는 대로 장악하는 인간의 속성이 아니던가?

하지만 부엉이가 이상들 사이의 불가분한 연계구조에 부여했던 그의미는 전적으로 다른 것이었네. 우리가 하나의 이상을 추구할 때, 다른 모든 이상에 눈감게 되는 것은 매우 불행한 일이라는 단순한 생각이지. 그와 같이 하는 것이 바로 맹신주의이지. 내가 이제까지 경험했던 모든 나라는 인생에 가치를 부여하는 것으로서 모든 것을 포괄하는 최우선의 관념에 집착하는, 좁은 터널과 같은 전망을 가진 광신자들이 운영하고 있었네. 그들 모두는 실현 가능한 최선의 세계가 왜 그들이 살고 있는 그곳이어야 하는지를 알고 있었다네. 그들과 그들의 동료들은 모두가 똑같은 환상의 희생자들인 것이지. 내가 우연히 마주칠 수 있었던 반체제 인사들조차도 자신의 힘으로 생각하고 그것을 꿰뚫어보는 데 있어서 매우 많은 어려움을 갖고 있는 것 같았습니다.

자, 이제 나무 위의 사람들에 대해 말해보도록 하지. 내가 해먹과 나무 위의 집에서 살며 노래를 부르는 그들을 본 것은 부엉이와 함께 어둑어둑해지는 숲을 지나고 있을 때였어. 그들은 머리뿐만 아니라 행동으로도 맹신주의에 저항하고 있었다네. 그들은 불도저들, 즉 개발주의자들에 대항하여 그 숲과 나무들을 보호하고자 애쓰고 있었어. 그것은 사적 재산의 소유권에 대한 맹신에 저항해 자유의 공간을 지키고자 애쓰는 것과 마찬가지였는데, 그러한 자유의 개념은 리버타리아에서의 자유에 대한 견해와는 모순되는 것이었네. 그들은 자신들과 자신들의 미래를, 그리고 부엉이와 부엉이의 미래를 지키고 있었지. 그들은 또한 집합 행위를 금기시하는 나라에서 함께 행동하며 함께 저항하고 있었네. 그들은 나에게 자신들과 함께 투쟁하자고 제안했고, 솔직히 말해서 그 제안을 받아들여 같이 하고자 하는 생각도 있었지만 나무 위에 올라가는 일이 나에게는 불가능한 일이었네.

여행을 하는 동안에 나는 자네들 세 사람에 대해서 많은 생각을 했네. 숲을 지나면서도 나는 자네들을 생각했지. 그러면서 내가 가졌던 확신 하나는 만일 자네들이 이곳 리버타리아에 살았다면 자네들도 아마 그 나무 위에 있었을 것이라는 점이었어. 단지 하나의 이상에 대한 맹신 때문에 사람들의 삶이 얼마나 협소해지고 왜곡되는지를 이해하는 것만으로도 자네들 세대의 수많은 사람은 그렇게 했을 것이야. "자네들이야말로 유일한 희망이지!"

언제 우리가 서로를 다시 볼 수 있을까? 나는 알지 못하네. 누구보다도 저스틴이 먼저 지적하겠지만, 나는 새로운 이념을 완성해야 하는 임무를 부여받았지. 그런데 내가 그 임무를 언제나 완수할 수 있을지 잘 모르겠어. 다만 이전에 비해 지금은 그것에 대해 약간이나마 명확해진 것 같네. 내가 터득한 한 가지 사실은 사람들이 나에게 '당신의 임무가 끝났다'고 말해주는 바로 그 시점에 나의 여행은 계속될 수밖에 없다는 것이지. 내가 알게 된 또 한 가지 사실은 내가 지금까지 여행 과정에서 만났던 모든 사람이 무언가에 대한 지적 탐구의 노력을 이제는 하지 않는다는 것이었어. 그들은 마치 자신들의 언어와 자신들의 세계 안에 단단히 결박되어 다른 어떠한 사상이나 이념, 이상을 받아드릴 마음이 없이 빗장을 걸어 잠그고 있는 듯이 보였다는 말이네. 그럴 의도는 없었겠지만, 그들은 나에게 '열린 사회의 적들을 어떻게 알아볼 것인가'에 대해 다시 생각하도록 가르쳐주었다네.

자네들은 아마도 노인과 보석에 관한 우화를 알고 있겠지. 임종 직전의 농부가 아들에게 밭에 보석이 묻혀 있다는 말을 남기고 숨을 거두었어. 그 노인이 죽은 뒤에 아들은 자기 아버지가 말한 그 밭을 샅샅이 파헤쳤지. 그러나 어디에서도 보석을 발견할 수 없었어. 실제로 거기에 보석은 없었던 거야. 그러나 보석을 찾느라 파헤친 땅은 이제 비옥한 농지로 변해 있었고 그것은 행복의 토대가 되었다네. 밭을 일구고 가꾸면서, 그들은 그 밭에 널린 곡식들을 보살피고 풍성한 야채며 채소 등을 정성스럽게 재배했던 거야. 그러나 그 모든 것이 똑같이 풍성해질 수 있었을까? 잡초가 무성한 밭은 황폐해지기 마련이지. 물론 나도 계몽주의 시대 이래로 어떤 식물들을 잡초로 간주할 이성 혹은 자연의 기초가 없다는 것을 알고 있네.

사랑과 행운을 빌며.

니콜라스

저 멀리 언덕들이 어둠 속으로 사라지는 광경이 니콜라스의 눈에 들어왔다. 니콜라스가 걷고 있던 길이 여러 갈래로 갈리는 교차로에 연해 있었다. 그러나 그 길들이 얼마나 멀리까지 뻗어 있는지는 알 수 없었다. 그 가운데 어떤 길은 점점 가늘어지다 이내 사라져버리는 듯했고, 다른 길은 꾸불꾸불한 모양이 불규칙하게 계속되다가 사라져버렸다. 그리고 또 다른 길은 뒤로 접혀 있기도 했다. 니콜라스는 어떤 길을 가야 할지 알 수가 없었다. 불빛들도 점차 빠르게 사라지고 있었다.

그가 생각하기에 열심히 주시하면 그리 멀지 않은 곳의 반짝이는 불빛을 볼 수 있을 것도 같았다. 불빛을 발하는 그곳은 아마도, 그가 또다시 길을 떠나기 전에 하룻밤 동안 여장을 풀고 지친 몸을 쉬게 할 수 있는 여관이나 호텔일 것이다.

옮긴이의 말

　이 소설은 서양의 철학 소설의 전통을 따른, 보다 엄밀히 말하자면 "사상의 우화comedy of ideas"이다. 1995년에 출간된 이 소설은 근대 사회 사상의 가장 궁극적인 질문인 "가능한 최선의 세계"를 찾고자 하는 계몽주의 철학 교수 니콜라스 캐리타트의 여정을 담고 있다.

　군사 독재의 사회에서 조용한 학자의 삶의 살고자 했지만 결국 체포되어 조사를 받게 된 니콜라스를 구출해낸 반정부 게릴라 조직은 그에게 여러 나라를 돌아다니며 "가능한 최선의 세계"를 찾으라는 임무를 맡긴다. 이후 니콜라스가 방문하게 되는 공리주의 사회인 유틸리타리아, 다문화주의 사회인 코뮤니타리아, 프리덤으로 가는 기차 안에서 꿈으로 만난 프롤레타리아, 그리고 현실로 돌아와서 찾아가게 된 시장자유주의 사회인 리버타리아에 이르기까지 모든 사회는 하나의 단일한 가치만을 추구하는 사회이다.

　하지만 모두 스스로 최선의 세계라고 강변하는 이들 사회에서 니콜라스는 언제나 문제에 봉착하고 결국 피신해야 하는 운명에 놓인다. 하나의 가치만 극단적으로 추구할 경우에 스스로 모순에 봉착하게 된다는 역설을 니콜라스는 자신의 기구한 운명을 통해 보여주는 것이다. 유토피아를 찾고자 하는 인류의 염원은 이 소설에 앞서 볼테르의 철학 소설인 『깡디드Candide』에서 볼 수 있다. 이 소설 역시 깡디드를 모델로 하고 있다. 하지만 깡디드가 허구성이 다분한 반면, 이 소설은 약간의 과장을 제외한다면 지금을 사는 우리들에게 낯익은 현실의 모습을 보여준다.

이 소설을 통해 우리는 과거 군사적 권위주의 사회로부터 벗어나 사회, 경제, 정치적으로 많은 혁신과 개혁을 통해 보다 나은 사회를 만들고자 노력했던 지난 20여 년 동안의 우리의 자화상을 보기도 한다. 특히 물질주의에 젖어 극도로 피폐해진 리버타리아의 모습은 시장과 부의 지배 앞에 무력해진 21세기 우리 삶의 단면을 반영하기도 한다.

역설적이게도 결국 모든 환상이 깨진 후 허탈한 심경이 된 니콜라스에게 미네르바의 부엉이는, 최선의 세계를 만드는 것은 각자의 가치가 지닌 일면성을 인정하고서 과거의 경험으로 배우며 현재의 문제들을 해결하고자 시민들이 힘을 합치는 것에서 출발해야 한다는 것을 깨우쳐준다. 수많은 시행착오를 거치고 극단적 주장들이 난무하는 현재의 우리에게 이러한 깨달음은 소중하다. 2000년대 세계 경제의 위기와 함께 닥친 사회적 위기 때문에 불신과 분노, 불평등과 불안이 과거 어느 때보다 높은 지금, 험난한 파고를 헤치며 보다 좋은 세상을 만들고자 노력하는 사람들에게 이 소설은 재미와 함께 소중한 깨달음의 기회를 제공할 것이다.

이 소설의 저자인 스티븐 룩스Steven Lukes는 영국 출신의 저명한 사회 이론 및 정치 이론가이다. 옥스퍼드 대학교에서 학위를 마치고 교수 생활을 시작한 그는 현재 뉴욕 대학교의 사회학 및 정치학 교수이다. 이 소설 이외에 그의 주된 저작으로는 고전 사회학자 뒤르께임의 지적 전기인 *Emile Durkheim:His life and work*(1972), 권력에 대한 사회 이론서인 *Power: A radical view*(1974), 맑스주의에 대한 논저인 *Marxism and morality*(1985) 등이 있으며, 최근에는 도덕 철학 논저인 *Moral relativism*(2008)을 출간하기도 했다.

**사회 사상을
소설로 만나다**

초판 1쇄 인쇄 / 2014년 8월 25일
초판 1쇄 발행 / 2014년 8월 30일

지은이 / 스티븐 룩스
옮긴이 / 한준
펴낸이 / 신성모
펴낸곳 / 북&월드

등록 / 2000년 11월 23일 제10-2073
주소 / 경기도 양평군 용문면 덕촌길 211번길 129-11
전화 / (02) 326-1013
팩스 / (031) 771-9087
이메일 / gochr@hanmail.net

ISBN 978-89-90370-98-3 03100